1 MONTH OF
FREE
READING

at

www.ForgottenBooks.com

By purchasing this book you are eligible for one month membership to ForgottenBooks.com, giving you unlimited access to our entire collection of over 1,000,000 titles via our web site and mobile apps.

To claim your free month visit:
www.forgottenbooks.com/free621359

ISBN 978-0-484-41327-5
PIBN 10621359

This book is a reproduction of an important historical work. Forgotten Books uses
state-of-the-art technology to digitally reconstruct the work, preserving the original format
whilst repairing imperfections present in the aged copy. In rare cases, an imperfection in
the original, such as a blemish or missing page, may be replicated in our edition. We do,
however, repair the vast majority of imperfections successfully; any imperfections that
remain are intentionally left to preserve the state of such historical works.

ACTES

ET

DOCUMENTS ANCIENS

INTÉRESSANT

LA BELGIQUE.

ACTES

ET

DOCUMENTS ANCIENS

INTÉRESSANT

LA BELGIQUE,

PAR

Charles DUVIVIER,
MEMBRE DE L'ACADÉMIE ROYALE DE BELGIQUE.

BRUXELLES

HAYEZ, IMPRIMEUR DE L'ACADÉMIE ROYALE DES SCIENCES
DES LETTRES ET DES BEAUX-ARTS DE BELGIQUE
rue de Louvain, 112

1898

PRÉFACE

En nous livrant à des recherches sur divers sujets dans les riches dépôts de la France, et spécialement dans ceux du Nord, nous avions eu l'occasion de noter un certain nombre d'actes, dont les uns concernent directement la Belgique, et dont les autres offrent un réel intérêt pour notre histoire, parce qu'ils se rapportent à des territoires qui ont longtemps partagé nos destinées et à des populations unies avec nous dans une communauté de mœurs et d'institutions. Notre histoire n'est pas circonscrite dans les limites des neuf provinces, elle s'étend au loin en pays voisins.

Les actes conservés à l'étranger et qui intéressent notre pays sont nombreux. Nous aurions pu allonger considérablement ce recueil en entrant dans le XIII⁰ siècle, et même en épuisant la période immédiatement antérieure. Nous avons cru devoir nous arrêter à une époque où les matériaux historiques commencent à devenir abondants.

Nous nous sommes attaché surtout aux plus anciens actes. Tout ce qui est antérieur au XII⁰ siècle est rare et mérite d'être connu, quelle que soit la valeur intrinsèque du document : les notions sont si incomplètes sur ces temps obscurs que la moindre lueur est précieuse pour les éclairer. Nous avons pu réunir une quarantaine d'actes appartenant à cette période du IX° au XI° siècle.

La plupart des documents ici publiés fournissent des détails topographiques sur la composition et la division des territoires de l'ancienne Belgique ; d'autres révèlent certaines particularités sur les événements ou les personnages ; d'autres encore présentent des données sur l'administration intérieure des grandes abbayes, chapitres, etc., ou fournissent une contribution à l'histoire des institutions, comme le servage, les avoueries d'églises, etc. Des tables détaillées faciliteront les recherches à cet égard.

La Commission royale d'histoire a bien voulu admettre ce recueil parmi ses publications. Nous souhaitons qu'il puisse rendre service à ceux qui travaillent à la reconstitution des annales de notre pays.

ACTES

ET

DOCUMENTS ANCIENS

INTÉRESSANT

LA BELGIQUE

I

LE CHAPITRE CATHÉDRAL DE NOYON.

M. Armand Rendu a publié, en 1875, un *Inventaire analytique du cartulaire du chapitre cathédral de Noyon*, du XIIIe siècle, qui se trouve aux archives de l'Oise (1). Ce cartulaire contient, entre autres, une confirmation par Charles le Chauve, à la demande d'Immon, évêque de Noyon et de Tournai, d'immunités concédées au chapitre par Pépin le Bref, Charlemagne et Louis le Pieux

---

(1) Beauvais, Moisand, 1875.

1

(24 décembre 842), et une confirmation par Charles le Simple des biens du même chapitre (31 octobre 901) (1).

On trouve aussi, dans le cartulaire, le diplôme de l'an 902 environ, par lequel Charles le Simple confirme à l'église de Noyon et de Tournai ses possessions dans le Hainaut, le Vermandois, la Flandre, etc. Nous avons republié ce diplôme, en 1865 (2), d'après le texte de Le Vasseur, collationné sur le cartulaire des évêques de Tournai, se trouvant aux Archives du Royaume, à Bruxelles. Entre autres biens confirmés par le prince, figure un fisc situé dans la ville de Tournai : « *Necnon et* » *fiscum in Tornaco in eadem civitate, cum villa Marke-* » *duno* (3) *ad ipsum pertinente, a Hilduino comite datam,* » *quamque Halduinus* (4) *comes inique quondam molie-* » *batur auferre...* »

L'acte de donation du comte Hilduin est transcrit dans le cartulaire, et il est inédit.

On y voit qu'Hilduin obtient la jouissance, à titre d'usufruit, de certains biens de l'église de Noyon et de Tournai dans le Vermandois, et qu'il avait reçu du roi Carloman (880-884) le fisc dont il dispose.

---

(1) Ces deux diplômes, publiés par J. Le Vasseur (*Annales de l'église cathédrale de Noyon*) d'après d'autres registres, ont été republiés, d'après le cartulaire dont il s'agit ici, par M. Abel Lefranc, *Histoire de la ville de Noyon et de ses institutions*, pp. 177 et 178. Paris, Vieweg, 1887.

(2) Voir nos *Recherches sur l'ancien Hainaut*, p. 323.

(3) *Markedinio*, d'après le cartulaire. Marquain, arrondissement et canton de Tournai.

(4) *Balduinus*, d'après le cartulaire. Il s'agit sans doute de Baudouin le Chauve, comte de Flandre, qui gouverna le comté de 879 à 917.

Vers 900.

LE COMTE HILDUIN DONNE A L'ÉGLISE DE NOYON UN FISC DANS LA
VILLE DE TOURNAI. (De quodam fisco in Tornaco dato nobis
per Hilduinum comitem.)

5 *Cartulaire du chapitre cathédral de Noyon aux archives
départementales de l'Oise, G, 1894, fol. 30 et 31 (A). —
Collection Moreau, à la Bibliothèque nationale, à Paris,
t. III, p. 143 (B). — Collection de Picardie, à la Bibliothèque
nationale, t. CCXXXIII, fol. 75, copie de Dom Grenier,*
10 *d'après le petit cartulaire du chapitre de Noyon, fol. 44, v°,
col. 2 (C).*

Omnibus qui, sacris prisce noveque legis paginis imbuti,
unice inherentes fidei, divino reguntur imperio, liquido constat quod quicunque ad laudem et honorem obsequiumque
15 sui conditoris atque omnium bonorum largitoris exercendum,
necnon ad evitandos temporalis eternique examinis laqueos,
aliqua sui juris que possidet bona, cultui divino omnipotentis
sincera sancte religionis devotione offerens, delegare studue-
rit, spe credende immutationis fretus, apud eundem omnium
20 remuneratorem dominum, in sancta resurrectionis gloria sibi
esse profutura dubitare non patitur, cum dominica per evan-
gelium tuba cotidie clamitans in auribus ortodoxorum totius
matris ecclesie populorum voce intonet vivifica, dicens : Facite
vobis sacculos qui non veterascant thesaurum indeficientem
25 in celis, quo fur non appropiat neque tinea corrumpit; et iterum : Thezaurizate vobis in celo, et cetera; item : Date
elemosinam et ecce omnia munera *ᵃ* sunt vobis; et alibi : Date

a. munita C.

(4)

Vers 900 et dabitur vobis; et rursum : Facite vobis amicos de Mammona
iniquitatis, ut, cum defecerint, recipiant vos in eterna tabernacula. Hiis itaque dominice admonitionis testimoniis prelibatis
nichil hoc desiderabilius negocio, nichil hoc salubrius consilio
credimus, quam si quid valemus de temporalibus eterna,
de transitoriis stabilia, de mutabilibus incommutabilia, de
caducis mercari festinemus sine fine mansura, et in hac pere-
grinatione accommodata nobis commercia celesti thesaurize-
mus in patria, ne deficiamus in via. Quapropter ego, in Dei
nomine, Hilduinus comes, cogitans de Dei timore vel eterna
bona retributione, dono et trado ad partem ecclesie Sancte
Marie et Sancti Medardi in Noviomo infra murum constructe,
ubi Heidilo presul venerabilis rector esse videtur, quendam
fiscum, quem dominus Karlomannus mihi per preceptum
suum tradidit, qui est situs in pago Tornacensi, in eadem
scilicet civitate Tornaco, cum omni integritate terrarum videlicet atque mancipiorum ad ejusdem caput fisci pertinentium,
in ea siquidem ratione ut pars prefate ecclesie hec ad integrum
recipiat, teneat atque possideat, vel quicquid deinceps exinde
facere voluerit, liberam in omnibus habeat potestatem faciendi.
Propterea igitur mea fuit petitio et sua decrevit voluntas ut, hiis
que supra dicta sunt presentialiter receptis, de rebus predicte
ecclesie supra memoratus presul in pago Vermandensi constitutis, villam Viennam (1) nuncupatam cum omni integritate sua.
hoc est mansum indominicatum cum ecclesiis duabus, terris,
cambis, molendinis, mansa etiam singula huic deservientia XL
ac servos ª xxiii cum mancipiis desuper residentibus et ad se

a. seticos, B et C.

(1) Voyennes, dans la Somme, arrondissement de Péronne, canton
de Nesles.

jure pertinentibus, et in codem pago silvam I (1); item, circa Vers 900
Noviomum in plantis vineas v, et Ursicampo (2) pratum unum
et in Castello mansionem unam, beneficium mihi tempore vite
sue usufructuario excolendi faceret. Quod ita, cum consensu
5 clericorum atque laïcorum fidelium suorum fecit, in ea vero
ratione ut, dum advixerimus, ego scilicet et frater meus Geilo
necnon et filius meus Hilduinus, quiddam ex hiis licentia nobis
vendendi non fiat, nec commutandi, nec minuendi vel naufra-
gandi sed augmentandi et emeliorandi, annisque singulis, ad
10 festivitatem sancti Medardi, denariorum solidi III nostra de
parte solvantur, sin aliter legibus componamus Post nostrum
itaque de hoc seculo discessum predicte res, cum integritate
et emelioratione, ad potestatem prefate ecclesie absque ullius
contradictione recipiantur, et si aliquis horum, quod minime
15 est credendum, repetitor existens, contra hanc traditionem a
me sponte factam venire voluerit eamque infringere conatus
fuerit, nequaquam ad effectum perducat, sed potius inferat,
cui litem intulerit, auri pondera c, et argenti libram I*, coactus
exsolvat, et quod repetit evendicare non valeat, sed presens
20 hec donatio firma stabilisque permaneat cum stipulatione *
subnixa.

    a. libras mille, B et C.
    b. astipulatione, B et C.

---

    (1) La forêt d'Y, dans la Somme, arrondissement de Péronne, can-
25 ton de Ham.
    (2) Ourscamp, dans l'Oise.

Radbod, évêque de Noyon, par des lettres du 12 juillet 1091, avait autorisé la fondation d'un chapitre de chanoines dans l'église de Notre-Dame de Bruges, à la demande de Bertulphe et de Gomer, qui avaient possédé le personnat de cette église (1). Pendant l'absence du prévôt, dit Warnkönig (2), « Bertulphe, mécontent de ces « chanoines, vint rendre à Radbod le privilège du cha- » pitre et demander, au nom de celui-ci et du prévôt lui- » même, qu'ils fussent remplacés par des religieuses : ce » qui eut lieu effectivement. Le prévôt revint, protesta « contre tout ce que Bertulphe avait fait à son insu, et » demanda à rentrer dans ses droits. Radbod ne voulut » point y consentir sans prendre l'avis des autres évêques » soumis à la métropole, lesquels, en présence des cha- » noines de Reims, statuèrent en faveur du prévôt. Radbod » mourut peu de temps après (en 1098), et la restitution » du privilège ne fut effectuée que par son successeur » Baudri, le 31 mars 1101. Ce privilège fut confirmé par » le pape Pascal II, le 8 avril 1105. »

La charte de Bandri, de 1101, supprime le monastère de femmes établi dans l'église de Notre-Dame (3).

Les détails ci-dessus sont connus par le texte de ce dernier acte et par la bulle de Pascal II. L'acte d'érection d'une abbaye de femmes est resté inédit jusqu'ici.

---

(1) MIRÆUS, t. II, p. 956; BEAUCOURT DE NOORTVELDE, *Description de l'église de Notre-Dame, à Bruges*, p. 10. Voir WAUTERS, *Table chronologique des chartes et diplômes*, etc., t. I, p. 576.

(2) *Histoire de la ville de Bruges* (édit. GHELDOLF), p. 45.

(3) MIRÆUS, t. II, p. 955; BEAUCOURT DE NOORTVELDE, *Description*, etc., pp. 11 et 13. Comparer WAUTERS, *Table chronologique*, etc., t. II, pp. 2 et 22.

1093.

RADBOD, ÉVÊQUE DE NOYON ET DE TOURNAI, FONDE UN MONASTÈRE   1093
DE FEMMES DANS L'ÉGLISE DE NOTRE-DAME DE BRUGES. (De
ecclesia Sancte Marie Brugensis.)

5 *Cartulaire du chapitre cathédral de Noyon, aux archives de
l'Oise, G, 1984, fol 57 et 58 (A). — Collection Moreau,
t. XXXVII, p. 76, copie de Dom Grenier (B).*

In nomine Patris et Filii et Spiritus sancti. Ego Rabodus,
[omnium] minimus episcoporum Noviomensium seu Tornacen-
10 sium, notum esse volo generationi omnium fidelium, tam presentibus quam eis qui succedent in posterum, ecclesie sancte
Marie, que Brugis est, libertatis me hujusmodi concessisse privilegium : Bertulfus siquidem clericus et Gunimarus, qui altare
illud diu sub personatu habuerant, divine admodum gracie
15 respectu compuncti, per Gualterum, tunc temporis archidia-
conum, ceterosque clericos, infatigabili me precum instantia
interpellaverunt, quatinus altare illud de manibus eorum
libere reciperem, ab omni exactione seculari libere absolverem
et de redditibus ejusdem altaris et aliis que, ob remissionem
20 peccatorum suorum, voverant, sanctimoniales ad serviendum
inibi ordinarem; quorum benivole petitioni aurem benivolam
accommodans, predictum Sancte Marie altare, sicut petierant,
libere recepi, sanctimonialibus inibi constituendis canonice
abbatissam suam eligendi potestatem concessi, cui episcopus
25 curam commendaret spiritualem et providentiam substantie
temporalem; ipsa quoque abbatissa, ab episcopo utramque
suscipiens prelationem, in utroque canonicam et debitam
episcopo exhiberet subjectionem, atque, a sanctimonialibus

1093 electa canoniceque ab episcopo substituta, canonice prebendas disponendi facultatem haberet, et, unoquoque anno, in festivitate sanctorum apostolorum Symonis et Jude, v solidos episcopo, pro respectu ecclesie, solveret. Quia vero in dominio episcopi predicta manet ecclesia, confratrum nostrorum consilio. alterius quiddam ei subscripsi, malefactores scilicet ecclesie illius canonice excommunicandi absolvendique potestatem eis concessi, ea tamen conditione ut, si per ministros episcopi excommunicatio confirmata fuerit, episcopo et ministris ejus emendatio solvatur excommunicationis Ut autem hoc hujus concessionis privilegium amodo non possit dissolvi, cartam banc, sub testimonio sacerdotum et clericorum, sigillo meo jussi confirmari. S. domni Rabodi. episcopi. S. Gualteri, archidiaconi. S. Petri, decani S. Herimari, Noviomensis decani. S. Herimanni, prepositi. S. Sigeri, cantoris. S. Elberti. S. Tetberti. S. Lamberti.

Actum Tornaci anno dominice incarnationis M° XC° III°, indictione ı¹ °, regnante rege Philippo anno XXXV, domno R. episcopante anno XX° VI°. Ego Wido, cancellarius, subter firmavi.

` Le même cartulaire renferme, d'une écriture du XIII° siècle, une liste des évêques de Noyon et de Tournai; elle diffère quelque peu de celle que donnent Gams et les *Monumenta Germaniæ historica* (1). Nous la reproduisons, bien qu'elle figure déjà en partie dans l'*Inventaire analytique* de M. Armand Rendu.

a. III³, B.

---

(1) Gams, *Series episcoporum*, p. 589; *Monumenta, etc.*, t XIII, p. 385.

Cartulaire du chapitre cathédral de Noyon, fol. 26.

Sanctus Medardus. Hic, propter Vermandi subversionem, Noviomum sedem constituit; qui etiam, post sancti Eleutherii, episcopi Tornacensis, obitum, regendam suscepit ecclesiam
5 Tornacensem.

Nomina episcoporum Noviomensium ac Tornacensium :
Augustinus — Gundulfus — Ebrulfus — Bertinundus — Sanctus Acharius — Sanctus Eligius — Sanctus Mommole-
nus — Gunduinus — Guarailfus — Crasmarus — Framen-
10 gerus — Hunianus — Guido cum Eunicio — Eliseus — Edel-
fridus — Dido — Gislebertus — Pleon — Guandelmarus — Rantgarius — Ficardus — Emmo martyr — Rantelmus — Heidilo — Rambertus — Amardus — Gualbertus — Trans-
marus — Rodulfus — Fulcherus — Hadulfus — Leudulfus —
15 Ratbodus — Harduinus — Hugo — Balduinus — Radbodus — Baudricus — Lambertus — Symon, quo presidente facta est Tornacensis et Noviomensis episcopatuum divisio.

Signalons enfin qu'on trouve dans ledit cartulaire :
1° La bulle du pape Jean XV du mois de mars 988, confirmant les biens et privilèges de l'église de Noyon et de Tournai. Publiée par Le Vasseur, elle a été republiée, en 1887, d'après notre cartulaire, par M. Lefranc (1). On sait qu'entre les privilèges et les possessions ainsi con-

----

(1) *Histoire de la ville de Noyon*, p. 180.

firmés figurent la justice, la monnaie et le tonlieu de
Tournai, le village d'Helchin avec une chapelle *in Mulnis;*
dans la Flandre, Jabbeke, Oudenburg, Leffinghe, Ghistelles et Vlisseghem (fol. 46);

2° L'acte de 1096 de Robert de Jérusalem donnant en
gage au chapitre et à l'abbaye de Saint-Éloi, de Noyon, une
avouerie qu'il avait à Noyelles (arrondissement de Lille,
canton de Seclin) (1);

3° La concession, en l'an 1100, par l'évêque Baudry, à
la collégiale de Saint-Donat, de Bruges, de l'exemption du
personnat pour l'église d'Uutkerke (fol. 68) (2).

---

(1) ARMAND RENDU, *Inventaire analytique*, etc., p. 51. L'acte a été
publié, d'après une copie de la collection Moreau, par M. WAUTERS,
*Rapport sur des manuscrits, chartes et autres documents qui se
trouvent à la Bibliothèque nationale et aux Archives nationales de
Paris*, pp. 15 et 105.

(2) ARMAND RENDU, p. 68. Voir MIRÆUS, t. III, p. 513; comparer
WAUTERS, *Table chronologique*, etc., t. I, p. 616.

II

L'ABBAYE DE SAINT-GHISLAIN.

Les Bénédictins avaient recueilli, au XVII° siècle, de nombreux matériaux destinés à la composition d'un *Monasticon Benedictinum;* des notices et des documents leur avaient été envoyés notamment de l'abbaye de Saint-Ghislain, par dom Simon Guillemot (1). Nous avons trouvé parmi ces documents un acte inédit, des années 1027-1039.

1027-1039.

EVRARD ET SA FEMME FRESSENDE DONNENT A L'ABBAYE DE SAINT- 1027-1039
GHISLAIN CINQ COURTILS ET DIX BONNIERS DE TERRE A ASQUILLIES.

Monasticon Benedictinum, t. XVII, lettre G, fol. 284, *à la Bibliothèque nationale, à Paris, manuscrits latins,* n° 12674.

In nomine sanctae et individuae Trinitatis, ego Evrardus cunctorum hominum minimus, mecum plura revolvens, momordit mentem criminum pondus; tetigit animam inferni

_____

(1) Voir WAUTERS, *Rapport sur des manuscrits, chartes,* etc., pp. 71 et 73.

1027-1039 cruciatus chorum ᵃ persepe virga percussus et multorum commonitus exhortationes ᵇ loquela, proposuimus pariter, ego et
Fresdescendis, uxor mea, adire ᶜ principum terrae, scilicet Petri
et Pauli, mente una tradentes eisdem in Asquileyas (1) con-
fessori Christi Ghisleno, v curtilia, nec non decem terrae
bonaria, ea tamen ratione quod, quamdiu maneret vitalis
aura, sumptibus Ursi ᵈ adforent congrua, post vitae vero tempora prefatis sanctis lege perpetua. Acta est igitur traditio ista
Conradi imperatoris in orbe fulgente gloria, nec non Reneri
comitis Castriloci Montis a parte ejus gubernante prudentia.
Traditores hujusdem allodii : Evrardus atque uxor ejus Fre-
descendis Testes quoque subnotantur : Signum Gontherii. —
S. Tretbini. — S. Adalardi. — S. Valdrici. — S. Alemani. —
S. Franconis. — S. Roberti. — S. Gotfridi.

    a. quorum?

    b. exhortationis?

    c. Il faut suppléer ici presentiam.

    d. Pour Ursidungi, *si le texte est exact ; mais il faut plutôt lire*
nostris.

---

(1) **Asquillies, arrondissement de Mons, canton de Pâturages.**

III.

L'ABBAYE DE SAINT-AMAND.

Il subsiste peu de chose des titres anciens de l'abbaye de Saint-Amand; ses archives furent détruites plusieurs fois, notamment lors de la prise de la ville par les Français, en 1477 (1). Le cartulaire heureusement a échappé à la destruction, et il se trouve aujourd'hui aux archives du département du Nord, à Lille (2). Le chartrier contenait certainement d'autres actes, dont plusieurs, qui existaient encore au siècle dernier, nous sont parvenus en copie et font partie de la collection Moreau, à la Bibliothèque nationale, à Paris (3).

---

(1) LE GLAY, *Mémoire sur les archives de l'abbaye de Saint-Amand* (Valenciennes, 1854), p. 6.

(2) Les Archives du royaume, à Bruxelles, possèdent aussi, sous le titre de *Cartulaire de Siraut,* un recueil renfermant quelques copies de chartes du monastère.

(3) Voir notamment l'acte de 1082 publié ci-après. — L'original d'un diplôme de Charles le Chauve, de 867, concernant Barizis, a été réintégré par un particulier, vers 1840, dans les archives de l'Aisne: il faisait partie sans doute des titres conservés dans le prieuré de Barizis, dépendant de l'abbaye (MATTON, *Dictionnaire topographique du département de l'Aisne,* Introduction, p. 32). Ce diplôme a été publié, d'après le cartulaire, par MARTÈNE et DURAND, *Amplissima collectio,* t. I, col. 192; *Recueil des historiens de France,* t. VIII, p. 603.

Guérard a mis au jour un fragment d'un polyptyque de l'abbaye de Saint-Amand, dont il ne reste qu'un feuillet, d'une écriture du IX⁰ siècle, servant de garde à un manuscrit in-4° de la bibliothèque de Valenciennes (1).

Ce fragment concerne des biens donnés en bénéfice à un certain Salaco (*de beneficio Salaconis*) et comprenant plusieurs localités de notre pays.

Le début du feuillet se rapporte à une localité ainsi désignée : « *In villa Businiacas est mansus dominicatus* » *cum casa et ceteris œdificiis cum orto et arboreto, etc.* » Il s'agit ici du village de Bousignies (arrondissement de Valenciennes, canton de Saint-Amand), érigé en commune au commencement de ce siècle et dépendant autrefois d'Hasnon au temporel, et de Brillon au spirituel.

Le document continue : « *... In villa Madria est mansus* » *dominicatus...* » *Madria* est certainement Maire, dépen-dance de Tournai. Le texte, en effet, poursuit en détaillant les redevances payées à l'abbaye dans cette ville : « *... Sunt* » *in Tornacu sedilia II, etc.* » *Madria* est signalé comme appartenant à Saint-Amand dans deux diplômes, l'un du roi Charles le Chauve, du 13 avril 871 (*in pago Tornacense, Madria, Walsna, etc.*), l'autre de Charles le Simple, du 17 mars 899 (2). L'état du domaine de l'abbaye dans la ville de Tournai, quoique incomplet, est intéressant : « *Sunt in Tornacu sedilia II : de uno exeunt solidi II,* » *de altero denarii VI. Molina II : de utroque exeunt* » *solidi IIII. Sunt ibi camsilariæ VI, quæ redimunt cam-* » *siles denariis VIII. Serviunt in æstate... p... ele... sæ...* »

---

(1) *Polyptyque de l'abbé Irminon*, pp. 22 et 925.

(2) Martène et Durand, *Amplissima collectio*, t. I, col. 192 et 247; *Recueil des historiens de France*, t. VIII, p. 632, t. IX, p. 473; Miræus, t. III, p. 291.

Le fragment cite encore une localité du nom de *Millio :*
« *Item de beneficio Salaconis. In villa Millio est man-*
» *sus*, etc. »

Nous serions tenté de lire *Brillio*, domaine de l'abbaye,
mentionné en 871 (*Brillio*) et en 899 (*Blillio*) (1); on a
vu qu'à la paroisse de Brillon se rattachait autrefois Bousignies, cité plus haut. Il y a, d'autre part, à 3 kilomètres
sud-est de Saint-Amand, une localité appelée Millonfosse,
dépendant autrefois du village d'Hasnon, comme Bousignies (2).

La perte du polyptyque de Saint-Amand est regrettable :
ces états de biens, malgré leur sécheresse, présentent un
véritable intérêt pour l'étude de l'histoire économique de
ces temps obscurs (3). Ils sont rares, surtout en Belgique,
où nous ne connaissons que des descriptions de domaines
particuliers et non de l'ensemble des possessions d'une
abbaye. Ce serait faire une chose utile que de republier
les textes qui nous restent, ou tout au moins d'en dresser
une liste complète (4).

---

(1) Brillon (France), arrondissement de Valenciennes, canton de
Saint-Amand.

(2) *Statistique archéologique du département du Nord*, pp. 436
et 438.

(3) Sur le caractère des polyptyques et leur utilité, voir GUÉRARD,
t. I, pp. 20, 30, etc.

(4) Nous avons republié : 1° Un état des revenus du chapitre de
Maubeuge au X⁰ siècle, à Solre-Saint-Géry et Cousolre; 2° le détail
des possessions de Saint-Pierre de Blandain, à Douchy, vers 1050;
3° l'état des possessions de l'abbaye de Saint-Vannes de Verdun, à
Buvrinnes (Hainaut), au XI⁰ siècle. Voir nos *Recherches*, etc., pp. 361,
388 et 389. Nous publierons ci-après une liste des redevances dues
à l'abbaye du Saint-Sépulcre de Cambrai, à Bruxelles, au XII⁰ siècle.

Martène et Durand ont publié, sous l'année 853, des lettres d'un abbé de Saint-Amand, Robert, aux religieux de ce monastère, au sujet d'un échange de deux possessions de l'abbaye, *Barisiacus* et *Diptiacus* (1). M. Wauters a analysé l'acte sous la même année 853 (2).

La date est erronée, et elle a été rectifiée par les auteurs de la *Gallia christiana* et du *Recueil des historiens de France.* Le siège abbatial de Saint-Amand était occupé, en 853, par Gislebert, successeur d'Adalléode, et l'abbé Robert ne gouverna l'abbaye qu'à la fin du IXe siècle et pendant les vingt premières années environ du Xe siècle.

L'abbaye de Saint-Amand possédait, dans le Laonnais, depuis le VIIe siècle, le domaine de Barizis, qui devint un important prieuré de l'abbaye (3). Ce bien lui fut confirmé, au IXe siècle, par une série de diplômes impériaux et royaux des années 822, 831, 840, 847, 863, 867, 871 et 899 (4).

---

(1) *Thesaurus anecdotorum*, t. I, col. 59.

(2) *Table des chartes et diplômes*, etc., t. I, p. 228.

(3) Barizis est situé dans l'arrondissement de Laon, canton de Coucy-le-Château.

(4) MABILLON, *Acta sanctorum ordinis sancti Benedicti*, seculo IV, pars. I, pp. 66 et 67; IDEM, *Annales ordinis sancti Benedicti*, t. II, p. 699; MARTÈNE et DURAND, *Amplissima collectio*, t. I, col 98, 167, 180, 192, 195, 247; *Recueil des historiens de France*, t. VI, pp. 530 et 569; t. VIII, pp. 568, 488, 587, 603, 632, 634; t. IX, p 473. — LE GLAY (*Mémoire sur les archives de Saint-Amand en Pévèle*, p. 25) a republié, d'après le cartulaire de l'abbaye, le diplôme de l'empereur Louis le Débonnaire de l'an 831, par lequel il restitue au domaine de Barizis une portion de la forêt de Coulomniers, qui en avait été indûment détachée.

Le village de Dechy en Ostrevant, *Diptiacus* (1), figurait d'autre part parmi les anciennes possessions de l'abbaye: il est cité dans les actes rappelés ci-dessus de 847, 863 et 899.

Aux IXe et Xe siècles, les riches abbayes étaient aux mains d'hommes puissants, comtes, ducs, officiers royaux, qui dissipaient les biens ou s'en attribuaient les revenus au détriment des moines. De là l'usage d'affecter certains domaines à la dotation de l'abbé et d'autres aux besoins de la communauté, et de répartir ces derniers entre les différents services du monastère, le service divin, les ornements, le luminaire, les vêtements des moines, la nourriture, etc. Au IXe siècle, Dechy appartenait au bénéfice de l'abbé de Saint-Amand, et le domaine de Barisis, d'après le diplôme de 867, était affecté aux vins des moines.

Par son diplôme du 7 septembre 906, daté de Laon, le roi Charles le Simple, à la demande de l'abbé Robert, avait opéré, entre celui-ci et la communauté des frères du monastère, l'échange des deux domaines.

L'acte royal fut suivi, entre l'abbé et ses moines, d'une négociation pour ratifier l'échange et en régler les conditions; et un contrat, régulièrement fait en double, fut rédigé sous forme épistolaire.

L'abbé Robert, se trouvant avec plusieurs grands personnages à Saint-Amand, le 24 septembre 906, adresse aux frères des lettres dans lesquelles il relate la teneur de la convention; ce sont ces lettres qui ont été publiées et erronément attribuées à l'année 853.

---

(1) Dechy, arrondissement de Douai, canton de Douai-Sud.

2

L'abbé y expose que, Barizis lui étant utile à raison des nécessités de son service près du roi, il en jouira sa vie durant. En échange, il attribue à la communauté le domaine de Dechy, qui restera définitivement acquis aux moines (1).

Le même jour, la communauté répond à l'abbé en reproduisant presque textuellement les conditions de l'accord.

La réponse est inédite, et elle présente un intérêt plus grand que les lettres de l'abbé Robert; elle indique, en effet, les dépendances du domaine de Barizis (2), et elle est souscrite par tous les moines de l'abbaye. Ils ajoutent une clause au contrat : « l'abbé venant à mourir, les frères,
» après avoir célébré chaque année son anniversaire, pren-
» dront part à un excellent repas (*obtima refectio*) sur les
» revenus de Dechy. »

---

(1) En 921, à la demande de Robert, Charles le Simple détache aussi du domaine de l'abbé le village d'Escaupont, pour l'attribuer à la communauté. MARTÈNE et DURAND, *Amplissima collectio*, t. I, col. 278; *Recueil des historiens de France*, t. IX, p. 552. Voir aussi nos *Recherches*, etc., p. 331.

(2) On peut voir également, sur l'importance du domaine, des actes de 1136, 1152, 1164, dans le *Premier cartulaire de Saint-Amand*, à Lille (fol. 32, recto et verso), et des actes de 1202, 1235 et 1267 dans le premier carton du fonds de Saint-Amand, aussi à Lille.

24 septembre 906.

24 sept. 906

LES MOINES DE SAINT-AMAND ACCEPTENT L'ÉCHANGE, PROPOSÉ PAR
L'ABBÉ RORERT, DU DOMAINE DE BARIZIS CONTRE LE DOMAINE
DE DECHY. (Responsio fratrum abbati Roberto.)

Premier cartulaire de l'abbaye de Saint-Amand (XIIIᵉ siècle),
à Lille, fol. 96 rᵒ, pièce 151. — Copie figurée du même
cartulaire, à la Bibliothèque nationale, ms. nouv latins.,
1219, fol. 165 — Collection de Picardie, t. CCLV, p 51,
et t. CCXXXIII, p. 79, d'après le cartulaire. — Cartulaire
10 *de la prévôté de Siraut, aux Archives du royaume, à*
Bruxelles, pièce nᵒ 9.

Domno venerabili in Christo Rotberto, abbati monasterii
almi presulis et confessoris Christi Amandi, nos, fratres congregationis ejusdem cenobii, pluribus notum esse volumus
15 qualiter vos a nobis expetistis quasdam res nostras, ab ipso
beatissimo pontifice Amando suis monachis olim traditas, et
preceptis imperatorum seu regum usibus nostris specialibus
confirmatas, sed vobis propter senioris nostri domni regis
Karoli servitium necessarias et convenientes, in pago Laudu-
20 nense sitas : hoc est cellam que vocatur Barisiacus, cum omnibus ad se pertinentibus, hoc est Montem, Vallem Haidulphi,
Cortem Bovonis, Cortem Mactaldi, Cortem Nigras macerias (1),

---

(1) Normezière, hameau de Fresne.

4 sept. 906 Frasnam (1), Petremantula (2), Manascias (3), Cerserias (4), Marcellici (5), Altavilla (6), Persici, videlicet ut easdem res vobis in beneficium, diebus tantum vite vestre, concederemus. Quod nequaquam presumptive aut potestative, sicut non debuistis, ita nec agere voluistis; sed pre oculis habentes Dei justum judicium, et ne forte sanctissimi et amantissimi ejus sacerdotis Amandi incurreretis offensam, atque ne nobis aliquam exinde inferretis molestiam, precario more jure beneficii prefatas res expetistis et accepistis. Et ne nobis hujus causa facti, in accipiendis rebus stipendiariis, necessaria in quantum fieri potest desint subsidia, a domino rege postulastis Karolo quatinus, ex ipsa abbatia et vestro dominicatu, villam que dicitur Diptiacus, cum omnibus ad se pertinentibus, nostris specialibus delegaret, et a die presenti perenniter profuturam contraderet, et precepto sue auctoritatis confirmaret, usibus; ea videlicet inter nos pacta firmitate, ut jam dictas

---

(1) Fresne, arrondissement de Laon, canton de Coucy-le-Château.

(2) Pierremande, arrondissement de Laon, canton de Coucy-le-Château. Cette localité est citée déjà dans le diplôme de 867, qui mentionne aussi *Crustido*, le Crottoir, ferme à Barizis, et *Leor*, ferme de la commune de Trosly-Loire, canton de Coucy-le-Château.

(3) Mennessis, arrondissement de Laon, canton de la Fère. — En 1133, Absalon, abbé de Saint-Amand, donne au monastère d'Ourscamp : *terram Manessiarum et Vadulorum*, c'est-à-dire Mennessis et Voyaux, ferme située dans cette commune. *Bulletins de la Société historique et littéraire de Tournai*, t. XII, p. 330. Voir aussi MATTON, *Dictionnaire topographique du département de l'Aisne*.

(4) Cessières, arrondissement de Laon, canton d'Anizy-le-Château.

(5) Marcilly, hameau de Faucoucourt, arrondissement de Laon, canton d'Anizy-le-Château. Ce lieu est appelé *Marciliacus* dans le diplôme de 867. — On peut voir, sur ces diverses localités, MATTON, *Dictionnaire*, etc.

(6) Hauteville. Voir ci-après un acte de 1018.

res quas a nobis accepistis, quamdiu advixeritis, usu fructuario tenere, excolere et emeliorare, nec aliquid ex eis
alienare vel minuere debeatis, sed quicquid ibidem in quibuslibet causis addere et emeliorare potueritis omnimodis
5 studeatis, annisque singulis, causa vestiture, denarios xii ad
festivitatem sancti Amandi, que est vii kalendas novembris,
nobis exsolvere faciatis. Post vestrum vero, quando Deus
voluerit, ex hac luce discessum, prefata cella Barisiacus, cum
omni sua integritate, absque ullius abbatis contradictione, in
10 nostrum revocetur dominium. Sed et villa Diptiacus, ab
odierna die, absque alicujus prejudicio, sub nostra dominatione habeatur in perpetuum. In anniversario autem vestre
depositionis die, ex ipsa villa Diptiaco, ob memoriam vestri,
post expleta pro vobis missarum et oblationum sollemnia,
15 obtima fratribus preparetur refectio. Pro firmitatis autem
studio duas uno tenore factas conscribi fecimus scedulas, que
ut stabiles et inconvulse permaneant, manu propria subter eas
firmavimus, et bonorum hominum manibus roborari fecimus.
Actum Elnone monasterio beati Amandi, anno XIIII regnante
20 domino Karolo glorioso rege, sub die viii kalendas octobris.
Signum Ricfridi prepositi. S. Teutberti sacerdotis. S Agerici
sacerdotis. S. Ludionis sacerdotis. S. Motgisi sacerdotis. S. Elegii
sacerdotis. S. Madelgeri sacerdotis. S. Stephani sacerdotis. S. Hil-
debrandi sacerdotis. S. Rodvali dyaconi. S. Magenardi sacer-
25 dotis S. Gerardi dyaconi. S Eureberni sacerdotis. S. Ratberi
sacerdotis. S. Brelitgeri dyaconi. S. Mainheri sacerdotis.
S. Dumheri dyaconi S. Weneberti subdyaconi S. Liederici
subdyaconi. S. Fredenodi subdiaconi. Ego Hucbaldus notarius
relegi et subscripsi.

L'abbé Robert eut pour successeur, entre les années 920 et 924, le comte Roger ou Otger, fils de Roger, comte de Laon. On a cru que ce nouvel abbé n'était pas resté en charge après l'année 937 ; Mabillon (1) pense au contraire que le siège resta occupé par Roger jusqu'au moment où, à la suite de la réforme de Gérard de Brogne, un nouvel abbé, Leudric, fut ordonné le 1er juin 952.

Nous avons déjà publié un acte par lequel, au temps de l'abbé Otger, Liétarde, mère de Leudric, donne à Saint-Amand le village d'Anvaing (arrondissement de Tournai, canton de Frasnes) (2).

Nous publions ici un autre acte de la même donatrice.

La date de ce document est facile à déterminer : il fut dressé au temps de Rodolphe ou Rodulphe, évêque de Tournai et de Noyon (950 à 952).

On remarquera que cet acte ne mentionne pas l'abbé Otger ; mais il est souscrit par un comte Otger, qui est peut-être le même personnage. Il est possible qu'il ait cessé ses fonctions quelque temps avant l'ordination de Leudric.

---

(1) *Annales ordinis sancti Benedicti*, t. II, p. 752 ; *Gallia christiana*, t. III, p. 258,

(2) Voir nos *Recherches*, etc., p. 334.

950-952.

✲ Une femme du nom de Liétarde donne a l'abbaye de Saint-Amand le village de Froidmont. (Rescriptum de donatione Frigidi-montis.)

5 *Deuxième cartulaire de l'abbaye de Saint-Amand (XIIIe siècle), à Lille, fol. 68 r°. — Copie figurée à la Bibliothèque nationale, nouv. lat., n° 1220, p. 106 — Collection Moreau t VIII, p. 26bis, copie d'après le cartulaire.*

Divinis preceptis amonemur et apostolicis doctrinis edoce-
10 mur ut dum tempus habemus operemur bonum ad omnes,
maxime ad eos quos omnipotentis Dei servitio artius et devo-
tius insudare noverimus. Quocirca ego Lietardis, relicta nobilis
viri Odonis, notum volo fieri tam presentibus quam futuris
quod villam mei dominicatus, Frigidum scilicet montem (1),
15 presentia Arnulphi marcisi Flandrie comitis, ad ecclesiam sancti
Amandi, in qua dilectus filius meus Leudricus sub monastica
professione Deo deservire cognoscitur, liberam sicut hactenus
ab antecessoribus meis libere tenueramus, ecclesiam etiam cum
casa ad nostrum dominicatum pertinente, et quicquid ad
20 eandem villam pertinet, cum domibus, curtilibus, pratis, pascuis,
terris cultis et incultis, atque omnibus illic circumjacentibus et
ad eundem locum pertinentibus [tradidi]. Et quoniam perver-
sitas malorum hominum pacem et tranquillitatem servorum
Dei infestare et inquietare conatur, utilitati servorum Dei

---

(1) Froidmont, arrondissement et canton de Tournai.

950-952 in prefata ecclesia Deo et sancto Amando pie deservientium providens, libertatem ipsius ville, sicut ego et antecessores mei absque alicujus contradictione vel infestatione tenuerant, posterorum memorie scripto tradere volui Comitatus ville, justitia, scabini, et quicquid ad comitatum prefate ville pertinet est sancti Amandi. Ad hanc igitur dationem confirmandam et corroborandam, me petente et comite Flandrensi Arnulfo marciso astante, prolata est sententia excommunicationis in omnes tam presentes quam futuros quicumque per violentiam, vel surreptionem, vel fraudem, quod ecclesie sancti Amandi tam prona animi devotione a me collatum est surripere temptaverint et se inde non subtraxerint. Et ut hec traditio firmior sit, testium nomina qui dationi interfuerunt subtus assignari rogavimus. S. Rodulfi Noviomensium seu Tornacensium episcopi. S. Arnulfi marcisi. S Otgeri comitis. S Odacri. S. Leudrici monachi filii ejus S. Riefridi prepositi. S. Fredenodi S Donheri.

———

En s'occupant de Richard, trentième abbé de Saint-Amand, la *Gallia christiana* (t. III, p. 259) fait mention d'une concession accordée par lui, en 1018, à l'abbaye d'Homblières. L'acte figure au cartulaire de cette abbaye, conservé dans les archives du département de l'Aisne (1), et dont une copie existe à Paris.

———

(1) MATTON, *Dictionnaire topographique*, Introduction, p. xxxii.

20 juin 1018.

Richard, abbé de Saint-Amand, et les moines de cette abbaye 20 juin 1018
cèdent, moyennant une redevance, a l'abbaye d'Homblières,
la jouissance d'un bien situé a Hauteville, dans le pays de
Laon. (De septem mansis qui sunt apud villam quæ dicitur
Altavilla, in pago Laudunensi, sub censu quinque solidorum
persolvendorum in festo S. Remigii.)

*Cartulaire de l'abbaye d'Homblières (copie), à la Bibliothèque
nationale à Paris, ms. lat., n° 13911, fol. 39. — Collection
de Picardie,* t. CCXXXIII, p. 138, *d'après le cartulaire.*

Prudens consuetudo præcedentium patrum schedulis propriis decrevit tradere quicquid necessarium videretur auribus
posterorum mandare Unde nos quoque Richardus, videlicet
gratia Dei abbas, cum ceteris fratribus Helnonnensibus, vestigia priorum imitantes, notificare volumus omnibus posteritatem
nostram subsequentibus, quod quamdam beati Amandi terram,
in pago Laudunensi sitam, in loco dicitur Alta Villa (1), communi consensu delegavimus habere fratribus Humolariensis
cenobii usu fructuario et gratia emeliorandi, eo scilicet tenore,
ut singulis annis, quamdiu ipsam tenere voluerint, quinque

(1) Hauteville, arrondissement de Vervins, canton de Guise
(Aisne). Voir Matton, *hoc verbo.* — Hauteville était, comme on l'a
vu, une dépendance du domaine de Barizis : l'abbaye d'Homblières
ne conserva pas cette possession, car on voit qu'en 1153 l'abbé de
Saint-Amand donne cette localité à l'abbaye d'Anchin, moyennant
une redevance à payer aux moines de Barizis (*Premier cartulaire de
Saint-Amand,* f° 4; collection Moreau. t. LXVI, p 191).

20 juin 1018 solidos denariorum, pro septem mansis quibus numerantur, pro respectu persolvant in festivitate sancti Remigii. Si vero exinde negligentes reperti justificare noluerint, eo solo deinceps frustrentur publica lege convicti; sicque restituatur proprio heredi. Ut hec traditio firma remaneret et inviolabilis, 5 hanc manu scriptionem communiter decrevimus fieri ac nominibus fratrum utriusque loci ceterorumque fidelium firmiter insigniri. Actum Helnone monasterio, die mensis junii 20, anno vero Domini 1018, regnante Francorum rege Roberto, sub horum testificatione quos presens nota describit. Signum 10 domni abbatis Richardi S Balduini marchionis. S. Raineri. S. Geroldi. S Leudonis. S. Hunoldi. S. Elgeri. S. Gerardi. S. Herimanni. S Bernardi. S Godescalci. S. Roderici. S. Winemari. S. Jegardi. S. Fulcuini.

Martène et Durand ont édité, d'après le cartulaire de Saint-Amand, un acte daté de l'an 1002, contenant donation du village de Bouvines et confirmation de ce don par Hugues, évêque de Tournai, en présence de l'abbé Malbode (1). Trompés par la date, Martène et Durand ont proposé d'ajouter à la liste des évêques de Tournai un évêque du nom de Hugues, à la date indiquée.

L'acte n'est certainement pas de l'an 1002 : Malbode ne prit le gouvernement de l'abbaye qu'en 1018 et Hugues ne fut évêque de Tournai que de 1030 à 1044. Il faut en outre, pour concilier entre elles les souscriptions de l'acte, supposer une erreur de nom relativement à l'évêque Hugues ou à l'empereur Henri (mort en 1024). Dans le

---

(1) *Amplissima collectio*, t. I, col. 361.

premier cas, l'acte pourrait être placé entre 1018 et 1024;
dans le second cas, entre 1030 et 1031.

Le texte publié contenant certaines incorrections, nous
le republions ici.

1018-1031.

ARNOULD ET SA FEMME RICHILDE DONNENT LE VILLAGE DE BOUVINES 1018-1031
A L'ABBAYE DE SAINT-AMAND. (Quidam Ernoldus cum sua
conjuge Richelde dedit ecclesie sancti Amandi Bovinas.)

5 *Deuxième cartulaire de l'abbaye de Saint-Amand, fol. 90. —*
Copie figurée, ms. nouv. lat., n° 1220, p 142.

In nomine sancte et individue Trinitatis. Ego Hernoldus
cum mea conjuge Richelde traditionem hanc fecimus. Cum
omnia in terra rotatu celeri videantur ad yma delabi, et quod-
10 cumque est mundi, sedem fugiens aeternitatis, pertranscat ut
flos feni, expedit nobis in terrenis divitiis diutius non delectari. Sed quum ea solummodo nesciunt finem que a nobis
propter Domini fiunt amorem, procul dubio per transitoria-
rum rerum oblationem felicis eternitatis mercari possumus
15 capacitatem. Quapropter ego Ernoldus cum mea conjuge
Richelde, audiens veritatis verba : *facite vobis amicos de*
iniquitatis mammona, ut cum defeceritis recipiant vos in
eterna tabernacula, sancto et amantissimo Amando, sibique in
Christo famulantibus fratribus in ipso cenobio, pro remedio
20 et salute animarum nostrarum, villam que dicitur Bovines (1),
offero, trado, dono et in perpetuum donatum esse volo, cum
omnibus ad se aspicientibus, cum servis et ancillis, qui in
presenti cartula habentur denotati : Euvradus, Rodulfus,
Gossuinus, Azechinus, Robertus, Osanna, Rainsendis, Fruwetia,

25   (1) Bouvines, arrondissement de Lille, canton de Cysoing.

1018-1031 Ida, Lidewit, Roburgis, Landrada, Fremelendis, **Laurentia**,
Roselina, Servasia. Que familia unoquoque anno, in festivitate
sancti Amandi que est vii kal. novembris, persolvat de respec-
tione capitis sui ii denarios, de mortua vero manu vi, de
licentia maritali vi simili modo. Hec autem omnia supra   5
memorata eo tenore trado, ut amodo fratres jam dicti loci,
absque ulla contradictione heredum meorum vel quorum-
cumque aliorum hominum, habeant illa jure hereditario; inde
faciant quod ad profectum et usus eorum sibi fuerit animo, et
ut nullius inibi nisi solius sancti Amandi dominetur advocatio   10
vel defensio. Quod si quis violari presumpserit vel minorari,
iram Dei sanctorumque omnium sentiat damnatricem sui, ita
ut omni tempore vite sue anathema vel maranata sit, et, quando
eum extrema dies occupaverit, lectum digne paratum habeat
in gehennalibus flammis. Et ut nostre auctoritatis donatio   15
permaneret durabilior et coeva seculo, sub venerabilium virorum fecimus testimonio, quorum nomina retinentur cartule
praesentis in ultimo loco. Ego Hugo, gratia Dei ᵃ Noviomensium seu Tornacensium episcopus, tam jussu comitis
Balduini quam rogatu ipsius Ernoldi, hanc traditionem pre-   20
sentia mea confirmavi; et ut firma et stabilis permaneat evo
perenni, coram altari sancti Amandi, astante domno abbate
Malbaldo et cuncta congregatione sancti Amandi, violatorem
seu infirmatorem hujus traditionis excommunicavi, anathema-
tizavi, atque perpetua damnatione multavi.   25

Actum Elnone monasterio, anno dominice incarnationis
M. II., regnante rege Francorum Roberto, imperante vero
Romanorum imperatore Henrico, annuente et consentiente
marchione nostro magno Balduino, astante quoque cum aliis
pluribus advocato nostro Rodulfo. S. Ernoldi hujus traditionis   30
auctoris. S. Rogeri de Waurinio. S. Rogeri de Spelcin. S.
Gerulphi de Tornaco. S. Gossuini de Tornaco. S. Sigeri. S. Ar-

a. Hugo Grandis, *dans Martène et Durand.*

nulphi de Scelmis. S. Herimanni de Dosemaro. S. Vuizelini 1018-1031 de Brecs. S. Engelberti de Petengien S. Macellini de Warcon. S. Hugonis de Perona. S. Everardi Calvi.

Malbode, trente-unième abbé de Saint-Amand, gouverna ce monastère pendant l'espace de quarante-cinq ans (1018-1063) (1). Vers 1055, il eut l'honneur de tenir sur les fonts baptismaux Arnould, fils aîné de Baudouin de Mons et de la comtesse Richilde, et, à la suite de cet événement, il devint, dit un récit du temps, l'un des familiers du prince (2).

Il reste quelques actes de l'abbé Malbode. Nous en avons publié un de 1034-1047 (3), concernant une localité de l'ancien Brabant appelée *Germiniacus*, que nous avons prise à tort pour *les Germes*, dépendance de Soignies. Il s'agit là, à n'en pas douter, de Germignies ou Guermignies, dépendance du village de Pottes (arrondissement de Tournai, canton de Celles) (4).

Malbode fut un administrateur intelligent et habile : il s'attacha à réparer les pertes qu'avait subies son abbaye par suite des dilapidations de ses prédécesseurs. Vers la

---

(1) *Gallia christiana*, t. III, p. 259.

(2) « Quod postquam est expletum, abbas apud comitem velut » compatrem suum multæ familiaritatis optinuit contubernium. » *De lite abbatiarum Elnonensis et Hasnoniensis*, apud *Monum. Germ. hist.*, t. XIV, p. 158. Voir aussi t. V, p. 13, et t. VIII, pp. 12 et 13.

(3) Voir nos *Recherches sur l'ancien Hainaut*, p. 381.

(4) Cette localité est citée, sous le nom de *Germinium*, dans une bulle de Pascal II de 1107 (Miræus, t. II, p. 1151). Un acte de 1194 cite les pâturages existant entre Escanaffles et *Germeni*. Piot, *Cartulaire d'Eenham*, p. 79. Voir aussi, ci-après, l'acte de 1143-1163.

fin de son gouvernement, comme on le verra plus loin,
il consigna par écrit la relation de diverses donations faites
au monastère, à l'effet, dit-il, de mettre ainsi un obstacle
à la rapacité des usurpateurs des biens destinés aux servi-
teurs de Dieu.

1033.

1033   Doa, femme de condition libre, se donne en servitude
avec sa postérité a saint Amand (De Doa).

Premier cartulaire de l'abbaye de Saint-Amand, pièce n° 70,
fol. 38 r°. — *Copie figurée, ms. nouv. lat.*, n° 1219, p. 86. —   5
Collection Moreau, t. XXII, p. 30, *copie de Dom Queinsert,
d'après l'original.*

Summa ingenuitas ista est in qua servitus Christi compro-
batur. Hoc sciens, ego Doa, cum secundum seculi dignitatem
ex ingenuis parentibus essem progenita, spontanea voluntate,   10
libera manu, me et omnem posteritatem meam habendam
perpetuoque possidendam sancto Amando ad altare ipsius in
servitutem tradidi, sub presentia venerabilis abbatis Malbodi
et fratrum ejusdem monasterii et plurimorum clericorum et
laicorum. Hunc autem modum legis vel servitutis michi meis- 15
que posteris indidi ut singuli, sive vir, sive mulier, singulis
annis, pro censu capitali, duos tantum denarios ad altare ipsius
sancti, ad speciales usus ecclesie, persolvamus pro salute animarum nostrarum, et deinceps ab omni mundana lege et advocatione liberi ac securi permaneamus Si quis vero posteritati 20
mee aliquam injuriam inde inferre voluerit, defensionem ab
ipso sancto Amando necnon ab abbate loci requirat et semper
habeat. Quod quia notum est presentibus, nichilominus hac
carta propalante notificare decrevi futuris fidelibus. Insuper
predictus abbas Malbodus et fratres loci omnes quicumque nos 25
a servitio sancti Amandi subtrahere temptarent vel mundana

advocatione gravarent excommunicaverunt, et cum diabolo et 1033
angelis ejus eternaliter damnandos addixerunt. Actum Elnone
monasterio, anno Domini M° XXXIII°, regnante Henrico rege
Francorum, Balduino honeste barbe comite Flandrentium,
5 Hugone episcopo Tornacensium, presentibus itaque bonis viris
et idoneis testibus, quorum nomina subter annotari fecimus.
Signum Fulquini. S. Lamberti, custodis. S. Rollandi, prepositi.
S. Herchenbaldi. S. Elgeri, cantoris. S. Hunaldi. S. Gerulphi.
S. Gunteri. S. Walberti. S. Aleni.

10   1041.

DONATION DE BIENS A BRACHEUX ET A VITRY, FAITE A L'ABBAYE 1041
DE SAINT-AMAND PAR ERMENTRUDE, VEUVE DE GAUTIER, CHATE-
LAIN DE CAMBRAI (Donatio Ermentrudis de Braceolo) (1).

Premier cartulaire de l'abbaye de Saint-Amand, fol 38. —
15 *Copie figurée, ms. nouv. lat.,* n° 1220, p. 357. — *Collection
Moreau,* t. XXIII, fol. 107.

In nomine summe et individue Trinitatis. Ego Ermentrudis,
relicta Gualteri, notum volo fore omni future posteritati quod
dominus meus, idem Gualterus (2), invita sua societati se copu-

20   (1) Un fragment de cet acte a été mis au jour par BUZELIN (*Gallo-
Flandria,* p. 532). M. WAUTERS (*Table chronologique,* etc., t. VII,
p. 131) l'a analysé d'après un prospectus de quelques pages annon-
çant la publication d'un *Cartulaire du Nord,* par DESPLANQUES; mais
ce recueil n'a jamais paru.
25   (2) Balderic est très sobre de détails sur la mort de Gautier,
châtelain de Cambrai. Elle est racontée comme suit dans les *Annales
Elnonenses majores* : « Anno ab incarnatione Domini M°XLI°, Gal-
» terus, Cameracensis castellanus, ad januam ecclesie Sancte Marie,
» dum oraret, interfectus est. Tamen, antequam debitum morti per-
30 » solvisset, quod injuste fecerat Deo et sancte Marie atque episcopo
» ecclesie voluit emendare. Episcopo autem renuente quod optulit,

1041 laverit Elnonensis ecclesie, adeo ut ibi penitentiain sibi injunc-
tam egerit in quadragesima precedente finem vite sue. Inter-
fecto itaque eo Cameraci privatoque ecclesiastici jure sepulcri,
dum per episcopum Gerardum restitutus fuisset ecclesie vel
atrio, cum multo comitatu nobilium virorum, feci eum deferri
ad monastarium sancti Amandi, ubi et honorifice feci eum
sepeliri, regressaque a sepultura ejus, presentibus episcopis
domno Fulcone Ambianense nec non et Drogone Teruannense,
presente etiam Adela Flandrense comitissa, tradidi ad usus
fratrum ibidem Deo servientium quicquid possederat in vico
qui vocatur Braceolus (1), in pago Cameracensi, scilicet in
terra arabili, in pratis, in silva, in aqua, ita liberum et ab omni
advocationis exactione securum, sicut idem hactenus tenuerat
a predecessoribus suis sibi relictum. Donavi etiam eisdem
fratribus, in pago Attrebatensi, in villa que vocatur Vitris (2),

---

» juxta sententiam episcopi excommunicatus obiit et sepultus est juxta
» Oisum in Monte Acri. Quod quidem ad tantum mali parvenit ut
» omnis regio Cameracensis fere igne combusta, jussu uxoris sue
» Ermentrudis, penitus vastaretur. Hujus itaque mortem comes
» Flandrensis Balduinus dolens graviter tulit, quod ab atrio sancte
» matris ecclesie corpus ejus injuste ab episcopo sequestratum fuisset,
» sed ideo injuste, quia moriens coram astantibus se culpabilem Deo
» reddidit. Qua de re ab archiepiscopo et a comite B. compulsus,
» episcopus eum juste absolvit quem injuste ligavit, et sic corpus
» ejus a loco superius nominato dissepultum ad sancti Amandi
» monasterium secus Elnonem fluvium situm, translatum est et
» sepultum in claustro monachorum ante fores ecclesie ». *Monumenta
Germaniæ historica*, t. VII, p. 12.

(1) Bracheux, dépendance de Masnières, arrondissement de Cambrai, canton de Marcoing. L'abbaye de Saint-Amand céda, en 1122,
à l'abbaye de Saint-Lazare, tout ce qu'elle possédait à Bracheux.
(LE GLAY, *Glossaire topographique de l'ancien Cambrésis*, p. 186.)

(2) Vitry, canton de ce nom, arrondissement d'Arras (Pas-de-
Calais).

omnem decimam anguillarum que ibi caperentur, nec non et   1041
curtile unum cum inhabitante qui eisdem recipiendis inser-
viret usibus fratrum. Donavi preterea ad altare sancti Amandi
servum unum, nomine Liesbrandum, necnon et ancillam unam
5 nomine Hersendam, ea conditione ut pro censu capitali xii
denarios, et pro licentia maritali v solidos, pro mortua vero
manu totidem solidos persolvant, et deinceps ab omni exactione securi permaneant. Et ne quando per aliquam oppositam
vel Deo resistentem personam hec mea infringatur donatio,
10 rogatu meo et providentia presentium virorum fidelium,
supradicti episcopi, auctoritate Dei omnipotentis et omnium
sanctorum, anathematizaverunt omnes tam presentes quam
futuros quicumque hujus donationis libertatem quocumque
pacto conarentur infringere. Facta est hec traditio Elnone,
15 coram testibus subtitulatis, anno millesimo XLI, imperante
rege Francorum Henrico, comite Flandrensium Balduino, presidente cathedre pontificali Cameracensis ecclesie Gerardo.
Signum Fulconis Ambianensis episcopi. S. Drogonis Teruanensis episcopi. S. Lieduini Attrebatensis abbatis. S. Helgoti.
20 S. Rotberti. S Hugonis. S. Hugonis. S. Tietzonis. S. Ragineri.
S. Heriberti. S. Balduini. S. Arnulphi. Ego Fulquinus, rogatus a
domno abbate Malbaldo, scripsi et subscripsi in Dei nomine.

1061

25 L'ABBÉ MALBODE ÉNUMÈRE DIVERSES ACQUISITIONS DE BIENS FAITES   1061
PAR SON ABBAYE DANS L'ANCIEN BRABANT (Malbodus abbas pro
elemosina.)

Premier cartulaire de l'abbaye de Saint-Amand, fol. 97 r°, et
98 v°. — *Copie figurée, nouv. lat.*, n° 1219, pp. 166 et 169.
30 — *Collection Moreau*, t. XXVII, p. 171, *d'après le même
cartulaire.*

Prudentia et in futurum precavens hoc decrevit sollertia
precedentium patrum, ut quod de rebus ecclesiasticis sit per
cartam et atramentum notitie mandetur posterorum, quatinus,

3

1061 adversus auras contra Deum insanientium qui hodieque mul-
tiplicati sunt super numerum, hoc quasi turris in alto fundate
sit munimentum. Quapropter ego Malbaldus, licet beati
Amandi servorum minimus tamen abbas solo nomine dictus,
notum esse volo tam presentibus quam et subsequentibus
que in regione Bracbanti ad elemosinam beati A[mandi]
stabilivimus.

Walcherus igitur quidam vir nobilis alodium de Speluco (1),
pro anima sua, tradidit beato Amando, unde et in monasterio
ipsius requiescit sepultus, et a fratribus nostris Deo commen- 10
datur anima ipsius. Quod videlicet alodium domnus abbas
Ratbodus (2) dedit cuidam Engelberto in beneficium propter
advocationem contra malefactores faciendam. Postea id ipsum
alodium dedimus in beneficium filio ipsius Ascherico, et postea
ab ipso ex bono sancti Amandi redemimus, tali scilicet ratione 15
ut duos denariorum solidos, in festivitate sancti A[mandi] que
est in octobri, ei solvamus et deinde ipsa terra ab omni lege
beato Amando franca remaneat. Huic conventioni interfuerunt
Gonterus et Gerricus frater ejus, atque Gotsellus.

Ecclesia Malbradii (3) solida et quieta est sancti Amandi. 20
Ermennardus, Guazelinus et Ricardus quicquid habuerunt in
terra et in silva tradiderunt beato Amando propter prebendam

---

(1) Ancienne dépendance de Wasmes ou de Braffe (arrondissement de Tournai, canton de Péruwelz). Vers 1150, Absalon, abbé
de Saint-Amand, concède à l'abbaye de Saint-Médard ou de Saint- 25
Nicolas-des-Prés, « *mansum terre in pago Bracbantinse, penes locum*
» *qui vocatur Speluz* ». (Vos, *Cartulaire de l'abbaye de Saint-Médard ou
de Saint-Nicolas-des-Prés*, t. I, p. 12.) Dans ce cartulaire, le document
figure sous la rubrique « *de curte de Boucegnies* » ; or Bouchegnies
était une ferme de l'abbaye à Wasmes-Briffœul. Un acte de 1269 30
cite un Jean de Pelut. (*Ibidem*, p. 342.)

(2) L'abbé Ratbode gouverna l'abbaye de 996 à 1015.

(3) Maubray, arrondissement de Tournai, canton d'Antoing.

ipsius habendam Samuel quoque et Gonterus frater ejus suum   1031
alodium tradiderunt sancto A[mando] super altare ipsius, ea
videlicet lege ut unoquoque anno, in festivitate ipsius que est
in februario, iiii denarios in vita sua persolvant, et post decessum
5 illorum solidum sancto Amando remaneat. Engrannus frater
illorum suam ex ipso alodio partem vendidit sancto A[mando],
Auffridus et Guidricus suam partem ex ipso alodio dederunt
in vadium sancto A[mando] propter duodecim solidos Quinque
partes ex alodio Uzelini emimus ad opus sancti Amandi.

10 Alodium de Balgiis (1) est sancti Amandi ex parte Wadzelini,
et de ipso vestituras babet sanctus A[mandus]. Fruvinus suum
alodium habet vadiatum sancto A[mando] propter duas libras.

De tribus curtibus apud Vesonium (2) sunt due sancti
A[mandi], et de tercia curti tres partes. Alodium Widrici filii
15 Burcardi habet sanctus A[mandus] in vadium propter quinquaginta solidos

In Calanella (3) emimus unum curtile triginta solidis, super
quod habet sanctus A[mandus] unam cambam.

Sire-pratum (4) in vadio habemus propter duas libras. Cur-
20 tile Engelwardi similiter in vadio possidemus propter duas
libras. Alodium Richeldis in vadio tenemus propter sex libras
et duodecim solidos ad viginti marcos meri argenti, nobis ab ea
dum redemerit reddendos. Gisla quedam Dei famula dotalitium
suum, quod ex parte conjugis sui Hetzelini habebat, unde dotata
25 fuerat ante patrem suum Gualterum, astantibus Adelardo,

---

(1) Bailly, hameau de Saint-Sauveur, arrondissement de Tournai,
canton de Frasnes lez-Buissenal. Le nom de Saint-Sauveur apparaît
peu de temps après dans l'histoire de l'abbaye ; voir *Acta sanctorum
Belgii*, t. IV, p. 285.
30 (2) Vezon, arrondissement de Tournai, canton de Péruwelz.
(3) Callenelle, arrondissement de Tournai, canton de Péruwelz.
(4) Lieu inconnu.

1061 Gerulfo atque Tietmaro, tam propter prebendam beati A[mandi] quam propter salutem anime sue, sancto A[mando] propter viginti marcas meri argenti infra decem annos solvendas, in vadium, veridicis viris coram astantibus, dedidit, Gotselino scilicet, Sihero, Werimundo, Fastrado et aliis quam plurimis. Hanc autem supradicte matrone traditionem litteris mandavimus, jubente comite Balduino de Monte Castriloco, immo suadente fratre nostro Azelino, circumstantibus ingenuis viris Ysaac et Eustacio. De cetero vadium quod Werimundo in pratis dederat ad viginti annos, de quibus jam sex transierunt, dedit ipsa matrona beato A[mando] ad redimendum propter triginta octo solidos. Filius quoque ipsius Engelberti, propter remedium sui veniens ad conversionem in monasterium sancti A[mandi], alodium suum, quod habebat ultra plancam Vesencelli (1), in silva et terra et hospitibus totum beato A[mando] tradidit. Hoc igitur bonum, quod hic annumeravimus, ad elemosinam beati A[mandi] in servicium pauperum Christi determinavimus, et ex parte Dei et sancti A[mandi] atque omnium sanctorum interdicimus ne quis ex ipso bono fortitudinem facere presumat; et, si fecerit, ego frater Malboldus et fratres nostri, ex auctoritate patris et filii et spiritus sancti, a consortio sanctorum et christianorum hominum separamus.

Due quoque partes Glancinii (2) et unum quartarium prati de Sire-prato est alodium sancti A[mandi], quod similiter ad elemosinam ipsius determinavimus. Anno Domini hec astipulatio facta est M. LXI., concurrente septima, epacta vigesima sexta.

---

(1) Vezonchaus, dépendance de Maubray.

(2) Glançon? Il existait, au XIIIᵉ siècle, un bois de ce nom entre Valenciennes et Tournai. (J. DE GUYSE, t. XIV, p. 350.)

Vers 1061 (1).

L'abbé Malbode relate diverses libéralités faites, de son Vers 1061
temps, a l'abbaye de Saint-Amand. (Instrumentum Malbodi
abbatis de pluribus clemosinis)

Premier cartulaire de l'abbaye de Saint-Amand, pièce n° 164,
fol. 109, v°. — *Copie figurée, ms. nouv. lat.* 1219, p. 187.

In nomine domini nostri Jhesu Christi. Que operamur
debemus operari. Undique secus adversus ecclesiam Dei
rabidi insurgunt canes, malicie sue morsu attrectantes. Nam
quicquid fideles, loca sanctorum construentes, pro suarum
lucro animarum in usum Deo servientium deputavere, hoc
malivoli quique ecclesias inhianter depopulantes sibi conantur
diripere. Unde ab antiquis salubre repertum est consilium,
ut ea que a religiosis quibusque ad loca traduntur sanctorum, qualiter vel a quibus tradantur, per kartam et
atramentum notitie mandetur posterorum, quatinus contra
inhiantium fauces firmum habeatur propugnaculum, ne suis
moliantur addere prediis sive familiis que coram bone
memorie seu honeste fame testibus collata sunt in utilitatem
Dei fidelium Quocirca ego frater Malboldus, abbatum ulti-
mus, talia cavens et mala in die conspiciens augmenta sui
capere, decrevi apicum notamine, ad agnitionem futurorum,
beneficia mittere que sancto Amando nostro tradita sint tempore, pigrum ducens et incommodum ea inerti otio tradi aut
incurie.

----

(1) Malbode étant mort en 1063 et la dernière des trois donations
ici énumérées étant de 1049-1056, la présente relation se place
ainsi entre 1049 et 1063. Elle est vraisemblablement antérieure à
l'acte de 1062 qui suit, sinon l'abbé Malbode eût mentionné ce
dernier avec les autres.

Vers 1061   Gotsuinus Tornacensis quicquid habuit in villa que Monti-
culus (1) noncupatur sancto Amando visus est condonasse.
Witricus quoque, cum Blithelde sorore illius sibi desponsata,
post ejus excessum ad ipsius sancti tradidit altare, idoneis
testibus in ipsa adhibitis traditione, Valtero, Hugone, Gotse-   5
lino, Witrico, Bosone, Gottero, Oberto, Engelgoto Facta est
autem hec traditio Henrico imperante, Gerardo pontifice (2).

Villam quam dicunt Lurcium (3) in beneficio ex comite Balduino Eustachius comes et quidam miles Rainerus possidebant.
Hanc, voluntate atque rogatu ipsius ex quo tenebant, ab   10
ipsis accepimus, dantes pro ipsa quicquid in Hordenio (4)
atque Blathericorte (5) necnon et Sugoniscorte (6) tenebamus.
Testes etiam sunt adhibiti, qui ipso in tempore huic interfuere commutationi simul et traditioni. Signum Walteri.
S. Hugonis. Item S. Hugonis. S. Rotberti S. Arnulfi   15
S. Weremfridi. S. Anselmi (7).

In pago Cameracensi, post Walteri decessum, tradidit
Ermentrudis uxor ipsius, ob ejus anime redemptionem, sancto
Amando vicum quem vulgari locutione nominamus Bracio-
lum (8). Hujus rei testes affuerunt quorum nomina in presen-   20

---

(1) Monchaux (France), arrondissement et canton de Valenciennes.

(2) Henri III régna de 1039 à 1056 et Gérard fut évêque de
Cambrai de 1015 à 1048. La donation se place donc entre 1039
et 1048.

(3) Lourches (France), arrondissement de Valenciennes, canton   25
de Bouchain.

(4) Hordain (France), arrondissement de Valenciennes, canton de
Bouchain.

(5) Blécourt (?), arrondissement et canton de Cambrai.

(6) Sancourt (?), arrondissement et canton de Cambrai.   30

(7) Comme l'auteur de la relation va l'énoncer plus bas, cette
donation fut faite sous le règne de Henri, roi de France (1031-1060).

(8) Bracheux. Il s'agit de la donation de 1041 que nous avons
publiée plus haut.

tiarum voluimus subtitulare. Signum Helgoti. S. Rotberti. Vers 1061
S. Hugonis. S. Hunonis. S. Tietzonis. S. Ragineri. S. Heriberti.
S. Balduini. S. Arnulfi. Facta est hec traditio Lurcii scilicet
atque Bracioli Elnone, monasterio sancti Amandi prelibato,
5 antistite Henrico Franciam gubernante.

Tres etiam sorores Gysla, Liegardis, Ermentrudis, annuen-
tibus maritis earum Stephano, Tietbaldo et Lietduino, quicquid predii in Haltiaco (1) jure hereditario videbantur possidere, fratri suo Adoni et uni maritorum, Stephano scilicet,
10 coram idoneis testibus, Balduino, Winemaro, Adalardo et filio
ejus Adalardo, Waltero, Gontero, in fidei manus tradidere,
ut ipsi, Elnonense adeuntes monasterium, illud sancto Amando
non differrent tradere. Quod juxta petitionem earum fideliter
adimplentes, adhibuerunt secum huic traditioni nobilis pro-
15 sapie testes. Signum Balduini advocati. S. Rotgeri. S. Winemari. S. Amulrici. S. Gerulfi. S. Gotberti. S. Ragineri. S. alterius Ragineri. Que traditio facta est Elnone monasterio super
altare sancti Amandi, Henrico imperante, Lietberto pontificium
cathedre Cameracensis amministrante (2). Ubi Ado quoque
20 memoratus suam ipsius alodii partem eidem sancto contra-
didit

Hec universa a possessoribus suis tradita omnis noverit
posteritas, ea conditionis santione, ut immunia permaneant
ab omni secularium judicum potestate; et si quis forte ex hac
25 lege in aliam ea violenti commutaverit fortitudine, hic, a nobis
anathematizatus, Dei pro ipsa sui malitia expectet judicium
terribile.

---

(1) Haussy (France), arrondissement de Cambrai, canton de
Solesmes.
30 (2) L'empereur Henri, comme on l'a vu, régna de 1039 à 1056;
Liebert fut évêque de Cambrai de 1049 à 1076. La donation remonte
donc aux années 1049-1056.

1062.

1062 HELGER ET SA FEMME BERTHE DONNENT EN AUMÔNE A L'ABBAYE
DE SAINT-AMAND DIVERS BIENS, SPÉCIALEMENT A FLINES LEZ-
MORTAGNE. (Elemosina Helgeri et Berte uxoris ejus.)

Premier cartulaire de l'abbaye de Saint-Amand, fol. 108 rᵒ. —
Copie figurée, ms. nouv. lat. nᵒ 1219, p. 185.

Quoniam inter orthodoxe fidei cultores nonnulli reperiuntur
qui, contra eandem fidem agentes, moribus quoque et actioni-
bus contradicentes, voce tantum fatentur, ab antiquis patribus
traditum nobis habetur, ut quicquid a bonis ecclesie cultoribus
in alimoniam monasterii confertur, sequentibus sub nomine
veracium testium notificetur. Unde hodieque mos increbuit ut
quicquid alodii Deo in ecclesia deservientibus traditur, posteris
per cartam et atramentum debeat mandari; quatinus contra
seva jacula dibaccantium sive linguas latrantium firmissimi sit
causa obstaculi, ne quod veri christicole Deo contulerunt pro
redemptione sui, insanientes pseudo christiani sinantur depre-
dari. Unde hoc epilogo manifestare tam presentium quam et
subsequentium volumus notitie, quomodo quendam Elegerum
cum sua uxore Berta nobilis prosapie voluerit Dominus
visitare, faciens eos forte in fecunditate virtutum humane
stirpis sobole infecundos permanere. Qui nullum ginnentes ᵃ
fructum ex se quem haberent heredem sui relinquere, sapienti
usi consilio, heredem adepti sunt sanctum Amandum qui eis
provideat hereditatem incorruptibilis vite. Igitur quod ad
vitam monacorum ejus de suo infrageris ᵇ reliquere, in presentiarum habemus subnotare : in terra Lietzelini jacent vii
bonaria; inter culturam Frawere et Balteri fossam vi; in

a. pour gementes?

*b. Sic. Le texte de l'acte, mal lu par le copiste du cartulaire, portait
sans doute :* irrefragabiliter eis.

Pancimonte x et quarta pars unius; in terra Hermari iii; in
Andelmari sarto ii et unum dimidium; in Folmari sarto iii et
unum dimidium; in Carneto ii; in terra Geroldi i; de terra
que est juxta Plicatorium ii; ad hoc ortus Everardi et ortus
5 Erchiardi; in Felinis (1) vii bonaria prati et dimidium. In saltu,
et in pratis, et in pascuis, et in vastitate dat Elgerus cum sua
uxore sancto Amando quicquid in his locis habuit, ita liberum
sicut ipse in sua vita tenuit; talique ratione hoc determinavit
atque a patre monasterii seu a monachis petiit determinari,
10 ne quisquam, sive pro censu solvendo seu aliqua qualicumque
occasione, cuiquam sive laico sive etiam clerico velit largiri,
sed semper custodiatur ad prebendam monacorum sancti
Amandi. Si quis vero adversus hoc decretum rabiem malesuase
mentis presumpserit temerario ausu commovere, huic epis-
15 copus, abbas quoque, cum omni congregatione anathema
imprecatur concordi voce; ei etiam qui preter ipsum abbatem
videlicet super quicquam horum statuerit sive iniqua mente
decreverit dominum advocationis attrectare. Preterea famulos
famulasque adhibuit, quorum quarumque nomina presens
20 cartula nunc exprimit: Raincrum, Amulricum, Hermarum,
Walterum, Heldacum, Ramelinum, Fremboldum, Heliam,
Fastadam, Helduidem, quorum unusquisque pro respectu
capitis sui debet duos denarios, pro licentia iiii, de mortua
manu vi, pro quo vi, tantum dum advixit, per singulos annos
25 ipse Elgerus propria manu persolvit. Hec traditio alodii sive
familiarum facta est in monasterio sancti Amandi, sub die
kalendarum aprilis, coram testibus quorum nomina infra
conscripta tenentur. Signum Gonteri. S. Herimanni S. Gerrici.
S. Adalardi et filii ejus Gonteri S. Hugonis. S. Olboldi. S Frorici.
30 S. Walcheri. S. Machelini S. Heribrandi. S. Ricouardi fratris

---

(1) Flines lez-Mortagne (France), arrondissement de Valenciennes,
canton de Saint-Amand.

1062. ipsius Elgeri, qui et ipse absque ulla contradictione audivit et vidit Et tercio nonas aprilis, cum ipso et cum istis testibus et aliis quamplurimis, ivit idem Elgerus ipsum alodium metiri. Acta sunt hec anno ab incarnatione Domini M°LXII, indictione xv, epacta vii, concurrente i, Balduino comite Flandrentium, ipso quoque procuratore Philippi pueri, regis Francorum, Lietberto autem episcopo Cameracensi ad cujus dyocesim territorium respicit hujus alodii, Balduino vero Noviomensi intra cujus parrochiam ipsa consistit abbatia Helnonensis monasterii. Huic etiam chorus monacorum applicitus est, testimonio quorum aliquantos hoc subnotavimus titulo. Signum abbatis Malboldi. S. Fulquini notarii. S. Fulcardi cognomento Lamberti. S. Alwoldi. S Ispanii prepositi cognomento Benedicti. S. Olberti. S Gerrici. S. Gontardi. S. Otberti. S Wirici. S. Bovonis. Nolumus autem id utique sequens lateat eum, quod matrona nobilis, Wencheldis nomine, mater scilicet prelibatorum Elgeri et Riquardi, duo bunaria terre, duos etiam ortos, adhuc vivens tradidit sancto Amando monachis quoque ipsius in jam dicto vico Felinarum. Nec illud quoque consilium est nibili pendi silentio, neque taceri in hoc cartule testimonio, quod avunculus illorum Gotrannus eidem sancto duos ortos cum familiis reliquit in ipso vico. Hec sunt vero nomina familiarum : Everardus, Mainerus, Witzelinus, Godefridus, Berta, Godescalcus, item Berta, qui omnes ejusdem legis sunt cujus illi supradicti quos ipse Elgerus cum predicto alodio eidem sancto Amando tradidit. Ego frater Fulquinus, jubente domno abbate Malboldo, hec denotavi.

A Malbode succèda, en 1063, l'abbé Fulcard, appelé aussi Lambert, qui régit l'abbaye jusqu'en 1076. Ce fut de son temps qu'Anselme de Ribemont donna à l'abbaye

le village d'Hertain. M. Wauters (1) a analysé l'acte
d'après une copie de la collection Moreau, et il considère
avec raison comme erronée la date de 1070 qui y figure.
Il propose en conséquence de substituer à l'année 1070
(MLXX) celle de 1065 (MLXV), que le rédacteur du cartulaire aura mal lue dans l'original. M. Wauters n'ayant
donné que quelques lignes de cette charte, nous la publions dans son entier.

1070-1065.

ANSELME DE RIBEMONT DONNE A L'ABBAYE DE SAINT-AMAND LE 1070-1065
VILLAGE D'HERTAIN. (Anselmus de Monte Ribodi dedit ecclesie
sancti Amandi Hertinium.)

5 *Deuxième cartulaire de l'abbaye de Saint-Amand, fol. 90
recto. — Copie figurée, ms. nouv. lat., n° 1220, p. 141. —
Collection Moreau, t. XXIX, p. 102.*

Si res nostras ad loca sanctorum et ad necessitates servorum
Dei relevandas delegamus, Deum nobis retributurum non
10 dubitamus. Quapropter ego, Anselmus de Monte-Ribodi, in
nomine Domini cogitans de Dei timore vel eterne retributionis
mercede, ad monasterium Elnonense, quod est constructum in
honore sancti Stephani prothomartiris sanctique Amandi confessoris Christi, trado villam Hertinium (2), in pago Torna-
15 censi sitam, liberam sicut hactenus ab antecessoribus meis
libere tenueram; ecclesiam etiam cum casa ad nostrum domi-

---

(1) *Rapport à M. le Président de la Commission royale d'histoire
sur des manuscrits, etc., qui se trouvent à la Bibliothèque nationale et
aux Archives nationales de Paris*, p. 9; *Table chronologique, etc*,
20 t. VII, p. 149.

(2) Hertain, arrondissement de Tournai, canton de Templeuve.

nicatum pertinente, et quicquid ad eandem villam pertinet, cum domibus, curtilibus, pratis, pascuis, terris cultis et incultis, atque omnibus illic conjacentibus et ad eundem locum pertinentibus; ea videlicet ratione, ut abbas et fratres jam dicti monasterii, in festo sancti Remigii, III solidos denariorum Tornacensis monete ecclesie domine nostre sancte Marie Tornacensi omni anno solvant, et sic deinceps sine exactione, sine reclamatione, sine advocatione, eam libere teneant, jure hereditario possideant, et quicquid in ea vel de ea ordinaverint et disposuerint ad utilitatem ecclesie faciant. Mancipia vero ad eundem locum pertinentia libera ab omni advocatione et exactione et dominio alicujus, excepto abbatis et fratrum, sicut hactenus libere tenuimus, concedimus ea lege ut, in festo sancti Remigii, quod est kalendis octobris, duos denarios pro censu capitali unusquisque persolvat; licentiam vero maritandi ab abbate vel a ministris ejus, prout eis placuerit, accipient; pro mortua manu, si uxorem duxerint non de sua lege, quicquid habuerint et possederint in jus deveniet ecclesie. Et ut hec traditio firmior sit, Agnes, mater mea, huic traditioni interfuit, laudavit et consensit, presente venerabili abbate Fulcardo, qui et Lambertus, cum ceteris fratribus; presentibus etiam viris nobilibus quorum nomina in testimonium subter annotari fecimus S. Anselmi, hujus traditionis auctoris. S. Agnetis matris ejus. S. Ysaac. S. Christiani. S Hugonis filii ejus. S. Alardi Wascet. S. Gualteri Ciret. S. Fastradi Tornacensis. S. Gerulphi castellani. S. Gualteri de Wali. S. Herimanni prepositi. Actum Elnone monasterio, anno Verbi incarnati M. LXX, regnante rege Francorum Philippo, tenente Flandriam marchione nostro Balduino, filio Balduini barbati; presidente Noviomensi seu Tornacensi cathedre Balduino.

A la même époque, l'abbaye obtint d'Élinand, évêque de Laon, l'autel de Saint-Remi de Barizis (1).

13 février 1065.

ÉLINAND, ÉVÊQUE DE LAON, DONNE A L'ABBAYE DE SAINT-AMAND L'AUTEL DE SAINT-REMI A BARIZIS. (Elinandus, Laudunensis episcopus, dedit ecclesie sancti Amandi altare de Baresi)

5 *Premier cartulaire de l'abbaye de Saint-Amand, fol. 31. —*
Copie figurée, ms. nouv. lat., n° 1219, p. 76. — Collection
Moreau, t. XXVIII, p 198, d'après l'original. — Collection
de Picardie, t CCXXXIII, fol. 204, d'après l'original —
Cartulaire de Siraut, aux Archives du royaume, à Bruxelles,
10 *fol. 11.*

In nomine sancte et individue Trinitatis, ego Elinandus, episcopus Laudunensis Quicumque fidelium in hoc laborant ne Dei
cultus qui in ecclesia fit labendo deficiat, et locis ideo Deo sacra-
tis res unde continentur et qui " inserviunt victiture possint, pro
15 posse augmentant, scimus quod Deo cui servitur reddunt placita et sanctorum meritis et servientium votis juvantur, ut
exonerati a peccatis percipiant de benefactis merita. Ex diversis et probatis procedunt testimonia quia, his qui promerentur
preces que in ecclesia fiunt, multa dant suffragia ut qui eas
25 sibi emunt securi esse possint de animarum redemptione ex
Dei clementia. Hinc Salomon ait : redemptio anime viri divitie
ejus; ille sibi ad redemptionem anime divitias parat, qui eas
misericorditer, pro Dei amore, vel pauperibus erogat vel suis
ecclesiis et inibi servientibus subministrat. Idcirco notum esse
30 volo omnibus nostre ecclesie fidelibus, tam futuris quam presentibus, quod quidam abbas sancti Amandi Elnonensis cenobii,

a. sibi, *Moreau. La phrase doit avoir été mal lue sur l'original.*

---

(1) Barizis avait autrefois deux paroisses, Saint-Remi et Saint-
Médard. L'autel de Saint-Médard fut donné à l'abbaye, en 1136,
par Barthélemy, évêque de Laon. Voir MATTON, v° *Barizis.*

1065   Fulcardus nomine, cum ceteris sibi subditis fratribus, interpellavit nos suis postulationibus, poscens dari sibi ad suum locum
altare sancti Remigii de ecclesia eorum que est in Barisiaco
villa in perpetuum, ut absque divisione, sicut oportet de ecclesia fieri, obtinuissent totum, et per hoc considerationis solida-   5
mentum, ut memoriam mei, et predecessorum, et qui post nos
succederent episcopos, agerent ipsi et posteri eorum eter
naliter in postmodum, omniumque simul nostre congregationis fratrum et quicumque deinceps de nostris ex hac vita exce-
derent, tale eis obsequium quale alicui suorum impenderent,   10
quin etiam monachum unum propter hoc accrescerent. Nos
vero, considerantes tantam petitionis eorum competentiam,
annuimus illis, sed secundum institutionem canonicam, per
archidiaconorum et decanorum clericorumque nostrorum consilium et coniventiam ut annuatim per vicarios eorum sacer-   15
dotes qui curam animarum susciperent et synodos inde cele-
brarent, exactionem quam debet ecclesia, id est circadam,
scilicet solidum unum et ...ᵃ ad jus ecclesie nostre, persol-
vendo deferrent. Ut igitur firmius valeret existere, hoc scriptum
fieri decrevimus ac sigilli nostri signari impressione. Ego Eli-   20
nandus episcopus, in capitulo sancte Laudunensis ecclesie lau-
davi propriaque manu confirmavi. Testes etiam in quorum
presentia hoc signatum fuit ecce sunt consignati. S. Alardi
decani. S. Manasses archidiaconi. S. Fulconis abbatis Sancti-
Michaelis. S. Warneri precentoris. S. Herimundi, Rogeri, Tes-   25
celini, Herberti, presbyterorum. S Werimundi, Fulberti, Odonis,
et iterum Odonis, Oilrici, Wascelini, diaconorum. S. Theoderici,
Haimonis, Fulcuini, Geleri, Odonis, Rotardi, Dragonis, subdiaconorum. Actum Lauduno, idus februarii, anno incarnationis
dominice Mᵒ LXᵒ Vᵒ, indictione III, epacta XI, regnante rege Phi-   30
lippo anno IIII, presulante episcopo anno XIII. Itemque ratum
alia vice Lauduno, in sancta synodo, III nonas novembris, coram
omni clero. Amen. Ego Robertus cancellarius relegi.

---

a. Le mot n'a été lu par aucun des copistes.

Au temps de l'abbé Fulcard (1063-1076), un différend
s'était élevé entre lui et Herman, prévôt de l'abbaye, au
sujet de prétentions abusives et d'exactions exercées par
celui-ci à l'égard des hommes de l'abbaye à Saint-Amand.
Le débat avait été jugé dans un plaid tenu par l'abbé (1);
mais la querelle ne tarda pas à renaître, et elle donna lieu
à un nouveau plaid sous le successeur de Fulcard (2).

1082.

L'abbé Bovo, dans un plaid, condamne une seconde fois les usur- 1082
pations d'Herman prévôt de Saint-Amand

Collection Moreau, t. XXXIII, p. 114, copie de dom Queinsert,
5 *d'après un parchemin, large de 8 pouces 7 lignes, haut de*
23 pouces 4 lignes, trouvé à Saint-Amand, en 1772.

Bovo, abbas Sancti-Amandi, et omnis sibi commissa congregatio, omnibus nunc et in futuro sancti Amandi fidelitatem
servare cupientibus, gaudium summæ beatitudinis. Notum esse
10 volo omnibus sancti Amandi fidelibus tam futuris quam præsentibus dudum fuisse placitum inter antecessorem nostrum,
domnum   scilicet   abbatem   Fulchardum,   et   præpositum
Herimannum, de quibusdam tortitudinibus quas tunc temporis
injuste faciebat infra procinctum villæ sancti Amandi, de
15 quibus omnibus recognovit se Herimannus, præsente domno
abbate Fulchardo et coram fidelibus sancti Amandi, et
emendavit illi quicquid inde ante peccaverat, et abbas

---

(1) L'acte a été publié par Mangeart (*Catalogue des manuscrits
de la bibliothèque de Valenciennes*, p. 686), et republié par Waitz
20 (*Urkunden zur deutschen Verfassungsgeschichte im XI und XII jahr-
hundert*, t. VII, p. 423).

(2) Ce second plaid, comme le premier, a été publié par Mangeart,
d'après une copie très inexacte, incomplète et sans date, écrite sur le
feuillet de garde d'un manuscrit de l'abbaye.

1082　victus fidelium suorum precibus recredidit illi vadium,
ea scilicet ratione ut, si quando ipsas tortitudines, unde tunc
placitum erat, repeteret, aut xx: l. daret, aut ministerium
cum beneficio perderet. Tortitudines vero ipsas quas emendavit et de quibus se recognovit idem abbas decrevit litteris
describendas, ut has cognosceret omnis posteritas; quas
etiam, a nobis rursus notatas, si quis scire voluerit, subtus
descriptas videre poterit. Ego enim Bovo, abbas, nostris temporibus intelligens jam dictum Herimannum de his omnibus
tortitudinibus rursus incidisse, præcepi ut inde fieret placitum
coram me. Statuto autem die, congregatis fidelibus nostris,
rursus Herimannus de cisdem tortitudinibus coram me se
recognovit, et quicquid inde peccaverat sancto Amando et
michi emendavit; et ego, fidelibus nostris deprecantibus et
ipso annuente, vadium illi recredidi; ea scilicet ratione ut, si
amplius de omnibus his reus inveniretur, aut infra xl. dies
xl l. daret, aut beneficium suum cum ministerio perderet.
Decretum est autem coram me et fidelibus nostris, ipso etiam
Hermanno annuente, ut hoc placitum in karta describendo
posteris manifestarem et scripto et anathemate omni tempore
observandum mandarem. Sunt autem he tortitudines quas
Hermannus, judicio fidelium sancti Amandi, recognovit se non
debere habere in villa sancti Amandi. Ad cambas sancti Amandi
non accipiet cervisiam quam solebat injuste accipere, scilicet
dimidium quartarum. Creditionem nullam faciet quæ damno
sit hominibus villæ Violentam precem quam vulgo vocant
tolpri[a] nullo modo faciet *Herbans*[b] et coruuedas non faciet nisi

---

a. Torpri, *dans une charte de Gérard, évêque de Tournai, de*
l'an 1152, que nous citerons ci-après, sous un acte du comte Thierry
de 1154. Du Cange, au mot Tolpri, *renvoie à* Polpre, *qui ne fournit*
aucun sens acceptable. Torpri *ne serait-il pas l'équivalent de* tortfait
(tortfactum), *qu'on rencontre dans des actes du moyen âge?*

b. *Voir Du Cange, v°* Heribannum, *service militaire ou service de*
corvée.

licentia abbatis. Neque jumenta per villam violenter mutua-
bit, neque auferet ad ullum opus faciendum. Quercum et
fagum et terram neque dabit neque vendet, sed abbas potenter
et dabit et vendet; et si quis quercum sive fagum occiderit et
5 præsente Herimanno abbati per legem reddiderit, Herimannus
nichil habebit, excepta rectitudine sua, scilicet uno sextario-
rum. De justitia pontis se non intermittet, neque subtus
neque supra; neque de justicia molendini, quandiu cellararius
per se rectum habere poterit. De sanguine, et ictibus, et leto, et
10 manumissura nullo modo se intermittet, et nichil habebit
quandiu custos per se justitiam habere poterit; neque masua-
rios justificabit de his que ad mansos pertinent. De terris censualibus quas tenet, censum unoquoque anno dabit, neque
amplius se intromittet. De Warnerisart et de Domberiis et de
15 molendino quod est in Pevela dimidiam partem amplius
sancto Amando dabit. De his omnibus recognovit se Herimannus coram fratribus nostris et coram fidelibus sancti Amandi,
et promisit se ab omnibus his amplius observaturum. Nos
vero, communi consilio fratrum et fidelium nostrorum, ipso
20 etiam Herimanno annuente, excommunicavimus, ex auctoritate
patris et filii et spiritus sancti et sanctorum canonum, hunc
qui hec que supra diximus infregerit. Primo autem placito
interfuerunt hi: Fastradus, Walterus, Alulfus, Adalardus, Amulricus, Segardus, Waldricus, Rotbertus, Wizelinus, Wido,
25 Hellinus, Odradus, Wido. Secundo autem placito interfuerunt
hi : Clarebaldus, Gotfridus, Gommarus, Lanfridus, Rogerus,
Eurardus, Rotbertus, Odradus, Richewardus, Wido, Amulricus,
Wericus, Ernulfus, Goismarus. Actum anno Domini M°LXXXII,
indictione quinta.

''Aux actes que nous venons de publier, nous ajouterons quelques autres documents du siècle suivant.

1105.

1105 ODON, ÉVÊQUE DE CAMBRAI, CONFIRME A L'ABBAYE DE SAINT-AMAND
LA POSSESSION DE SEPT AUTELS DANS SON DIOCÈSE. (Confirmatio
Odonis, Cameracensis episcopi, de septem altaribus.)

Premier cartulaire de l'abbaye de Saint-Amand, fol. 29 v°. —
Copie figurée, ms. nouv. lat., n° 1219, p. 72. — *Collection
Moreau*, t. XLII, p. 34, *d'après le cartulaire.*

In nomine summe et individue trinitatis, patris et filii et spiritus sancti. Ego Odo, servus servorum Dei, Cameracensium humilis episcopus, omnibus Christi fidelibus tam futuris quam presentibus sic transire per bona temporalia, ut non amittant eterna. Divina institutio nos monet et ortatur ut ecclesiasticis incrementis incessanter advigilemus, et que in ecclesia contra canones tepide acta sunt canonico examine rescindamus, et que in ea autentice concreverunt canonica confirmatione eternemus. Nos igitur, per omnia canonibus consentientes, ecclesiasticam libertatem et utilitatem provehere satagimus ut nostre atque successorum nostrorum saluti provideamus. Proinde petitionem fratris nostri Hugonis, de Sancto-Amando abbatis, hortativo abbatum atque archidiaconorum ceterorumque clericorum nostrorum consilio, exaudiens, altaria que in episcopio nostro hactenus sub personatu tenuerat, scilicet altare de Nova-villa (1), et altare de Wareniaco (2), et altare de

_____

(1) Neuville-sur-l'Escaut (France), arrondissement de Valenciennes, canton de Bouchain.

(2) Wargnies-le-Grand et Wargnies-le-Petit (France), arrondissement d'Avesnes, canton du Quesnoy.

Scalponth (1), et altare de Warchin (2), et altare de Anvinio (3), et   1105
altare de Villari (4), et altare de Herlengova (5), cum omnibus appenditiis corum, libera et impersonata ecclesie sancti
Amandi concedimus; jura tamen pontificalia in nostra et
5 successorum nostrorum manu retinemus, ea conditione ut
presbyteri, qui eisdem altaribus deservierint, ab abbate Sancti
Amandi vel ab ejus legato michi atque successoribus meis ad
curam animarum suscipiendam presententur, et ab eisdem
nostra et ministrorum nostrorum capitula celebrentur. Ut
10 igitur hec perpetuo munimento ecclesie prefate inconvulsa
perdurent, in violatores hujus nostre auctoritatis, quoad ecclesie
satisfecerint, spiritus sancti iram atque maledictionem super-
seminamus, atque subnotato legitimarum personarum testimonio libertatem hanc sigilli nostri impressione corroboramus.
15 Signum domini Odonis episcopi. S. Raineri abbatis de Sancto-
Sepulcro. S. Guisfridi abbatis Sancti-Andree. S Authberti
abbatis de Maricolis. S Rodulfi archidiaconi. S. Anselmi archidiaconi. S. Theoderici archidiaconi. S. Erlebaldi prepositi
Sancte-Marie. S. Johannis prepositi Sancti-Gaugerici. S. Mas-
20 celini, S. Widonis, Ricuardi, canonicorum. Actum in synodo
celebrata in ecclesia Sancti-Brictii, anno Domini M.C.V., indictione XIII, anno primo presulatus domini Odonis. Ego Warin-
boldus cancellarius legi et subter signavi.

---

(1) Escaupont (France), arrondissement de Valenciennes, canton
25 de Condé.

(2) Warchin, arrondissement et canton de Tournai.

(3) Anvaing, arrondissement de Tournai, canton de Frasnes lez-
Buissenal.

(4) Villers-Saint-Amand, arrondissement de Mons, canton de
30 Chièvres.

(5) Herlinkhove, hameau d'Oultre, arrondissement d'Audenarde,
canton de Ninove. — En 1115, l'abbaye fit un échange avec le
comte Baudouin de Flandre : elle lui céda Herlinkhove et reçut
l'alleu que possédait le prince à Testerep, ou Ostende. Voir DE SMET,
Chronique de Flandre, t. II, p. 752 ; voyez aussi pp. 753, 755, etc.

1085-1107 HUGUES, ABBÉ DE SAINT-AMAND, AUTORISE LA CONSTRUCTION DE
DEMEURES S'ÉTENDANT DE QUARANTE PIEDS DANS LE CIMETIÈRE
ENTOURANT L'ÉGLISE DE L'ABBAYE (Hugo abbas, de mansio-
nibus circa atrium) (1).

Premier cartulaire de l'abbaye de Saint-Amand, fol. 44. —
Copie figurée, ms. nouv. lat., n° 1219, p. 97. — *Collection
Moreau,* t. XXXIV, p. 237, *d'après le cartulaire.*

Ego, frater Hugo, Dei miseratione humilis minister ecclesie
beati Amandi, notum fieri volo tam presentibus quam futuris
fidelibus quod, assensu et consilio fratrum nostrorum, intra
ambitum atrii quod a meridiana plaga ecclesiam beati Amandi
cingit, quibusdam hominibus nostris mansiones quadraginta
pedum spatio porrectas habere concessimus, sub ea conditione
ut manentes in eis censum sibi assignatum atque prescriptum,
singulis annis in festivitate sancti Remigii, custodi ecclesie
persolvant. Porro quando, quovis manentium decedente, redi-
menda erit decedentis mansio, singulis denariis qui pro censu
solvuntur duodecim denarii ad redemptionem supputabuntur;
et ita nec quicquam addetur nec minuetur investituris que
fieri solent in redemptione aut venditione sive emptione.
Nichilominus emendationes pro forisfactis intra atrium commissis solus ecclesie custos habebit. Prepositus vero monasterii sive ministerialis ville nichil inde sibi vindicabit. Statutum est etiam et firma ratione sancitum ut, in ea mansionum
parte que ecclesiam respicit et muro conjungitur, nec appen-
dicia muro inherentia faciant, neque egressum vel exitum aut
quamlibet fenestram faciant, nisi forte ad hoc ut, si necessitas
ingruerit, utensilia domus versus ecclesiam, intra atrium, ultra
murum projiciant; sordes vero sive quisquilias domorum
nequaquam aliquociens ibidem projicient.

(1) Cette concession pourrait se rapporter aussi à Hugues II, qui
fut abbé de 1150 à 1168 ou 1169.

(1085-1107) (1).

IVETTE DE CRESPLAINE, FEMME DE CONDITION LIBRE, SE FAIT SERVE 1085-1107
DE L'ABBAYE DE SAINT-AMAND AVEC TOUTE SA POSTÉRITÉ (De
Iveta de Crespelainnes).

5 *Premier cartulaire de l'abbaye de Saint-Amand, fol. 38. —*
Copie figurée, ms. nouv. lat., n° 1219, p. 87. — Collection
Moreau, t. XXXIV, p. 171, copie de dom Queinsert d'après
l'original.

Summa ingenuitas ista est in qua servitus Christi compro-
10 batur. Hoc frequenter a spiritualibus viris audiens, ego Ivetta
de Crespelenis, secundum seculi dignitatem ex ingenuis parentibus orta, libera manu me et omnem posteritatem meam
babendam perpetuoque possidendam sancto Amando ad altare
ipsius in servitutem tradidi, sperans me cum omni posteritate
15 mea et in hoc seculo et in futuro ejus patrocinio protegi. Hunc
etiam modum legis vel servitutis mihi meisque posteris indidi,
ut singuli, sive vir sive mulier, singulis annis pro censu capitali
duos denarios sancto Amando persolvamus, et sic deinceps
ab omni mundana lege et advocatione liberi et securi perma-
20 neamus. Quod, quia notum est presentibus, nichilominus hac
carta propalante notificare decrevi futuris fidelibus. Hujus
autem mee traditionis descriptionem, factam Elnone monasterio sub presentia domni Hugonis abbatis et fratrum ejusdem
monasterii, idem abbas et fratres confirmaverunt, et omnes
25 quicumque nos a servitio sancti Amandi subtrahere temptarent, vel mundane advocationis jugo gravarent, excommunicaverunt, presentibus bonis viris et idoneis testibus.

---

(1) L'abbé Hugues, cité dans l'acte, régit l'abbaye de 1085 à 1107.
(2) Creplaine est un hameau de Lamain, arrondissement et canton
30 de Tournai. Un hameau du même nom existe à Camphin-en-Pévèle
(France), arrondissement de Lille, canton de Cysoing.

1107.

Baudri, évêque de Noyon et de Tournai, confirme a l'abbaye de Saint-Amand la possession de dix autels situés dans son diocèse. (Confirmatio Baldrichi Tornacensis episcopi de decem altaribus.)

Premier cartulaire de l'abbaye de Saint-Amand, fol. 25, pièce 38. — *Copie figurée, ms. nouv. lat, n° 1219, p. 64. — Collection Moreau,* t. XLII, p. 225, *d'après l'original.*

In nomine Patris et Filii et Spiritus sancti. Ego Baldricus, Dei gracia Noviomensium atque Tornacensium episcopus, universis sancte matris ecclesie filiis, sic mundanas vanitates transire ut ad eterna gaudia feliciter valeant pervenire. Quoniam, karissimi, de profectu sancte matris ecclesie nostrum est gaudere, atque in vinea Domini pro mercede laboris operantibus auxilium ferre, dignum est ut quod fideles quilibet pro ipsius libertate seu multiplicatione devote postulaverint adtendamus, et in quantum possumus orationem eorum exaudiamus. Proinde notum fieri volumus universis fidelibus tam futuris quam presentibus quod frater Hugo, vir prudens et religiosus, abbas cenobii sancti Amandi, ejusque monachi, in Tornacensi ecclesia, nostram adierint presentiam, humiliter obsecrantes quatinus altaria hec, scilicet de Sancto Martino (1), de Ruma (2), de Willemel (5), de Frigido Monte (4), de Hertinio (5), de Marchengem (6), de Winginis (7), de Berneham (8), de Sedelen-

---

(1) Ne serait-ce pas Sint-Martens-Veldeken, dépendance d'Ardoye, arrondissement de Bruges?

(2) Rumes, arrondissement de Tournai, canton d'Antoing.

(5) Willemeau, arrondissement et canton de Tournai.

(4) Froidmont, arrondissement et canton de Tournai.

(5) Hertain, arrondissement et canton de Tournai.

(6) Marckeghem, arrondissement de Courtrai, canton d'Oostroosebeke.

(7) Wyngène, arrondissement de Bruges, canton de Ruysselede.

(8) Beernem, arrondissement et canton de Bruges.

gem (1), de Bichengem (2), que ipsi actenus sub personatu
tenuerant, eis eorumque ecclesie perpetua sub libertate tenenda
concederemus, nostreque auctoritatis privilegio confirmaremus.
Quorum petitioni condescendentes, ego videlicet Baldricus, et
5 Lambertus Tornacensis ecclesie archidiaconus, consilio et
assensu clericorum nostrorum, concessimus eis eorumque
ecclesie predicta altaria sub perpetua libertate tenenda; ea
tamen conditione ut presbyteri ab abbate Sancti Amandi vel a
monachis ipsius in eisdem locis constituti curam animarum,
10 ab episcopo seu ab ejus archidiacono susceptam, quamdiu
concessione vel permissione abbatis vel fratrum altaribus illis
deservierint, custodiant, et debitam eis eorumque decanis obedientiam exhibeant. Abbas vero vel fratres episcopalia atque
sinodalia jura more solito persolvant, sicque ipsa ecclesia sancti
15 Amandi eadem altaria ab omni alia exactione libera in perpetuum teneat. Quicumque vero hanc libertatem quolibet modo
infringere temptaverit, anathematizatus in eternum cum
diabolo pereat, nisi resipuerit. Quod ut nostris seu futuris in
temporibus ratum et inviolatum maneat, pontificali auctoritate
20 nostrorumque clericorum testimonio et assensu confirmavimus Signum domini Baldrici episcopi. S. Lamberti archidiaconi Tornacensis. S. abbatis Wlucrici sancti Bavonis. S. Goteri,
decani Tornacensis. S. Gonteri prepositi. S Balduini cantoris.
S. Lieberti. S. Henrici decani. S. Amulrici. S Herigeri. S. Tan-
25 credi. S. Walteri. S. Gerardi, archidiaconi Noviomensis. S. Roscelini decani. S. Petri cantoris. S. abbatis Henrici de Monte
sancti Quintini. S. Disderi. S. Rodulfi. S. Rascelini. S. Bernardi.
Actum anno dominice incarnationis M. C. VII, indictione xv,
regnante rege Philippo, episcopante domno Baldrico, comite
30 Flandrentium Rotberto. Ego Wido cancellarius subscripsi et
relegi.

---

(1) Zedelghem, arrondissement et canton de Bruges.
(2) Bisseghem, arrondissement de Courtrai, canton de Menin.

5 août 1111.

5 août 1111 Robert, comte de Flandre, confirme a l'abbaye de Saint-Amand l'exemption du droit de songnie a Saméon, et règle la perception de ce droit a charge des tenanciers de l'abbaye, dans la Pévèle. (De quitatiane songcie de casa et de Cella (1).

Deuxième cartulaire de l'abbaye de Saint-Amand, fol. 15 v°. — Copie figurée, ms. nouv. lat., n° 1220, p. 21. — Collection Moreau, t. XLVI, p. 18, copie de dom Quienseit d'après l'original.

In nomine summe et individue Trinitatis. Ego Rotbertus junior, divina providentia comes Flandrie, sciens mercedem a Domino repromitti omnibus qui recta intentione usibus servorum ejus aliquid de suo jure contulerint, notum fieri volo, per hujus inscriptionis testamentum, et successoribus meis et omnibus fidelibus, quod aliquando divertens ad cœnobium amantissimi Deo pontificis Amandi, ad petitionem venerabilis abbatis Hugonis et fratrum ejusdem cœnobii, curtem quam habent in parrochia de Samion (2) ad usus infirmorum liberam feci ab exactione illa quam songeiam vocant, cum hospitibus ad eam pertinentibus. Postea vero, cum songeiam que michi debetur in Pabula cuidam militi meo, Stephano de Landast, ex me tenendam concessissem, et ipse vellet eam exigere tam de supradicta curte, quam liberam feceram cum hospitibus ad eam pertinentibus, quam de aliis curtibus eorum que sunt in

---

(1) La songnie, *songeia, sonegia,* etc., consistait en une prestation à payer à celui qui avait le droit de gîte.

(2) Saméon (France), arrondissement de Douai, canton d'Orchies.

parrochia de Cella (1), que nunquam dederant vel debuerant, 5 août 1111
sicutnec quisquam omnium ad ipsam parrochiam pertinentium, excepta vetere terra de Rosut (2), venerabilis abbas
Bovo, successor supradicti Hugonis, et fratres predicti cœnobii
5 super hac injuria querimoniam ad me fecerunt. Tunc ego,
justam eorum querelam recognoscens, et libertatem quam
prius feceram confirmavi, et quod injuste exigebatur a curtibus sancti Amandi et a parrochianis de Cella, ne deinceps
unquam ulla acciperetur occasione, coram idoneis testibus
10 decrevi. Precavens etiam injustas occasiones que solent in ipsa
exactione a quibusdam fieri, ne fierent hospitibus sancti
Amandi ad alias parrochias pertinentibus et predictam songeiam debentibus, sano consilio baronum meorum favente et
jam ipso Stephano, statui ut ad colligendum villicus sancti
15 Amandi, premonitus ab exactore ejusdem Stephani, octo vel
plures, si ita voluerit, dies ante parari submoneat in ecclesia;
et, statuta die colligendi, circumeuntes domos ubi paratam
invenerint, accipiant. Quisquis autem ipsa die non solverit,
exigente villico Sancti Amandi infra octo dies, per legem
20 duorum solidorum, exactori Stephani quod debet persolvat.
Transactis vero prefatis octo diebus, ipse Stephanus exiget sibi
persolvi residuam songeiam lege curie mee : L. pro solutione X
solidorum. Ut autem hoc testamentum omni tempore inconvulsum permaneat, ne que fidelibus Dei habenda concessimus
25 ab aliquo successore nostro subtrahantur, et testium subscriptorum attestatione firmavimus, et sigilli nostri impressione
corroboravimus. S. Gerrici de Hera. S. Gerardi de Waschenhal.
S Ratbodi de Blanden. S. Guilelmi d'Espinoit. S. Raineri de
Alesnis. S. Gerardi de Cassello. S Fastradi de Tornaco. S. Liet-

---

30 (1) Lecelle (France), arrondissement de Valenciennes, canton de
Saint-Amand.

(2) Rosult, arrondissement de Valenciennes, canton de Saint-
Amand.

5 août 1114 tardi de Henim. S. Gualteri de Bergis. S. Engelberti de Pei-
tengen. S. Roberti de Arborea. S. Gualteri filii Evrardi. S. Godefridi de Bulcinio S. Amulrici de Landast. S. Alardi filii
Cononis. S. Gothelmide de Antonio. S. Gerulfi fratris ejus
S. Johannis de Erkengen. S. Rogeri de Insula. S. Theoderici
de Aiscez. S. Gerrici fratris ejus. Data non. augusti, anno
Domini M. C. XI., indictione III^a. Actum apud Insulam, in Dei
nomine feliciter, amen.

L'abbaye de Saint-Amand possédait, en Frise, des biens
qu'elle vendît en 1115 à ceux qui les détenaient à cens.
L'acte de vente indique ces biens comme étant situés aux
environs de Dokkum et de Stavoren (*circa Dochengas et
Stauveras*) (1). Une bulle du pape Paschal II, de 1107,
porte : « *in Frisia, terras censuales apud Dochenchas et
Stouras* » (2).

En remontant plus haut, on remarque que le diplôme du
roi Charles le Simple, donné à Reims le 17 mars 899,
cite parmi les biens de Saint-Amand : « *ultra Renum,
villa Escreda* » (3). A supposer que la mention se rapporte
aux biens de Frise, *Escreda* correspondrait peut-être à une
localité du nom d'*Esterga*, marquée sur les cartes de la
Frise aux environs de Stavoren. On connaît aussi un lieu
nommé Haskerdyken.

---

(1) VAN DEN BERGH, *Gedenstukken tot opheldering der Nederlandsche
geschiedenis*, etc., p. 6.

(2) MIRÆUS, t. II, p. 1151 ; LE GLAY, *Revue*, etc., p. 105.

(3) MIRÆUS, t. III, p. 291 ; *Amplissima collectio*, t. I, col. 247 ;
Recueil des historiens de France, t. IX. p. 473.

Vers 1115.

L'ABBÉ BOVO RÈGLE L'EMPLOI DU PRIX DE VENTE DES BIENS QUE Vers 1115
L'ABBAYE POSSÉDAIT EN FRISE ET QU'ELLE VENAIT D'ALIÉNER.
(Munimentum Bovonis abbatis.)

5 *Premier cartulaire de l'abbaye de Saint-Amand,* fol. 102 v°,
pièce 157. — *Copie figurée, ms. nouv. lat.,* n° 1219, p. 175
— *Collection Moreau,* t. XLVII, p. 229, *d'après le cartulaire.*

Ego Bovo, abbas ecclesie sancti Amandi, notum volo fieri
tam presentibus quam futuris, quod argentum quod accepimus
10 de terra quam distraximus in Frisia, scilicet LVI marcas, communi consilio condonavimus in redimendis quibusdam vadi-
moniis que Petrus Duacensis tenebat, scilicet dimidia parte
molendinorum de Berberia (1), et IIII°r libris denariorum de reditibus Ditiaci (2), et IIII°r modiis frumenti de mansis Ferinii (3),
15 eo scilicet tenore ut eosdem reditus quidam fratrum recolli-
gendos suscipiat, donec eadem quantitas argenti in ecclesia
nostra, ad redimendos reditus, in vestiariis fratrum deputan-
dos, ex integro restituatur. Volens interim providere necessi-
tatibus fratrum, designavi VI marcas in vestimentis fratrum
20 emendis, V de ministerio nostro, scilicet de decima Ledde (4),
sexta vero de decima altaris Bernchan (5) addita, ea quidem

---

(1) Brehières (France), arrondissement d'Arras, canton de Vitry
(Pas-de-Calais).

(2) Dechy. Voir plus haut, p. 17.

25 (3) Férin, arrondissement et canton de Douai.

(4) Lede, hameau de Meulebeke, canton de ce nom, arrondissement de Courtrai.

(5) Beernem, arrondissement et canton de Bruges.

Vers 1115 conditione ut, dum cadem quantitas argenti in ecclesia nostra
restituta fuerit, v ad nostri curam redeant, sexta vero in usus
fratrum remaneat. Hec minus ad notitiam presentium quam
futurorum volo transeat, quod ego post hoc, attendens ecclesiam
nostram multis adhuc debitis graviter obligatam, et perpen-
dens, nisi cito succurrerem, in posterum propter instantes
necessitates gravius obligandam, vii marcas auri, quod collec-
tum et jam operatum fuerat ad reficiendam auream tabulam,
cum x et vii marcis argenti fertonem et dimidium minus
habentibus, ex communi etiam fratrum sentencia expendi, et
ex eis debita pro quibus ecclesia plurimum gravabatur persolvi. Malum vero et indignum reputans thesaurum, quem ad
honorem et decorem ecclesie religiosi viri providerant, irre-
cuperabiliter erogari, designavi ad candem quantitatem auri
recolligendam et operandam partem altaris decime de Ledda,
ita ut, prius v marcis de ea decima, sicut supra dixi, ad vestia-
ria fratrum receptis, viii marce si super fuerint pro marca
auri singulis annis in ecclesia reconsignentur. Quod si ipsa
decima minus valens fuerit ut viii marce suppleri non possint,
suppleantur de reditibus de Testereph (1). Ipse autem v marce
quas designavi in vestiariis fratrum, postquam, recollectis
lvi marcis, ad curam nostram redierint, pro x et vii marcis,
fertonem et dimidium minus habentibus, donec ex integro
restitute fuerint, in ecclesia reconsignentur.

---

(1) Ancien nom d'Ostende.

1116.

LE COMTE BAUDOUIN RÈGLE L'ASSISTANCE DES HOMMES DE L'ABBAYE
AUX PLAIDS GÉNÉRAUX TENUS PAR L'AVOUÉ DE SAINT-AMAND, ET
RÉDUIT DE TROIS A UN JOUR LA DURÉE DE CE SERVICE. (Balduinus
5   comes, de placitis generalibus.)

*Deuxième cartulaire de l'abbaye de Saint-Amand, fol. 18,
pièce 6. — Copie figurée, ms. nouv lat., n° 1220, p. 26. —
Collection Moreau, t. XLVII, p. 229, d'après le cartulaire.*

In nomine summe et individue Trinitatis, ego Balduinus,
10   divina ordinante providentia comes Flandrie, notum volo fieri
tam futuris quam presentibus, quod Bovo, abbas de ecclesia
sancti Amandi, nostram benivolentiam adiens, interpellavit
quatinus quandam conventionem, que temporibus domini
genitoris mei Roberti comitis facta est inter abbatem Hugonem,
15   ejus predecessorem, et Godefridum, ville Sancti Amandi
advocatum, in presentia nostra facerem recognosci, recogni-
tamque nostra auctoritate roborari. Facta autem ejusdem
conventionis retractatione, recognitum est ab his qui interfuere quod supradictus Godefridus, de tribus generalibus
20   placitis, scilicet post natale Domini et post pascham et post
festivitatem beati Johannis, in quibus homines de procinctu
ville beati Amandi tres dies observabant, pro salute anime sue
et pro remedio predecessorum suorum, duos dies de singulis
placitis, ad honorem ecclesie beati Amandi, domino genitori
25   meo, a quo eandem advocationem in feodum tenebat, in manu
reddidit. Idem vero genitor meus eosdem dies, per manum
venerabilis abbatis Hugonis, servis et hospitibus beati Amandi

1116   perpetualiter relaxandos ecclesie supradicte concessit; et ne a quoquam hec conventio violaretur excommunicari precepit. Data vero postmodum eadem advocatione Alardo, Cononis filio, a supradicto Godefrido in feodum, adiens idem Alardus villam beati Amandi, supradictam conventionem voluit infringere et homines per tres dies sibi in placito assistere, et etiam in curtibus dominicis beati Amandi et in sociis earundem curtium advocationem sibi injuste usurpare. Pro qua injusticia adiens supradictus abbas Bovo Godefridum, per homines ejus cum interpellavit quatinus conventionem, que facta fuerat inter eum et supradictum abbatem Hugonem, beato Amando recognosceret, et Alardum desistere ab incepta injusticia compelleret. Communi itaque assensu et favore, Godefridus mihi in manu supradictos dies placitorum et libertatem curtium reddidit, et ut auctoritate nostra confirmarem annuit. Ego vero, volens in posterum a tali exactione immunem et quietam esse villam Sancti Amandi, coram obtimatibus meis impressione sigilli mei testamentum inde factum confirmavi, et eos qui ulterius hanc libertatem infringerent excommunicari precepi. Signum Godefridi. S. Amulrici de Ninive. S. Rogeri castellani. S. Gualteri castellani. S. Amulrici de Landast. S. Guidonis. S. Gerrici. S. Almanni prepositi. S. Gerardi. Actum Elnone monasterio, anno M° C° XVI°, indictione X, anno V comitatus Balduini.

1116.

BAUDOUIN, COMTE DE FLANDRE, TERMINE UN DÉBAT ENTRE L'ABBAYE
DE SAINT-AMAND ET LE CHATELAIN GAUTIER, RELATIVEMENT A LA
MANOEUVRE DES ÉCLUSES DE THUN (Balduinus comes, de ven-
taili de Thuns).

Deuxième cartulaire de l'abbaye de Saint-Amand, fol. 48 v°,
pièce 56. — *Copie figurée, ms. nouv. lat.*, n° 1220, p. 73.

In nomine summe et individue Trinitatis, Balduinus, divina
propitiante clementia comes Flandrie. Exigit a nobis censura
justicie ut in vinea Domini debeamus laborare, quatinus cum
operariis hore prime pro mercede denarium mereamur accipere. Quapropter ego Balduinus, Roberti junioris filius, ad
suggestionem venerabilis abbatis Bovonis, adiens cenobium
gloriosi pontificis Christi Amandi, injustas consuetudines a
malis hominibus male assuetas pro posse correxi et correctas
pro tempore auctoritate nostra corroboravi : ubi, inter cetera,
abbas et fratres predicti cenobii in presentia nostra questi
sunt de Gualtero castellano, qui, infracta quadam conventione
que tempore genitoris mei facta fuit inter bone memorie
abbatem Hugonem et Evrardum castellanum, per nimiam ele-
vationem molendinorum et ventaili de Tuns (1), aquam redun-
dare faciebat in segetes et prata et etiam in ecclesiam sancti.
Convocatis itaque hominibus meis qui, ex precepto genitoris
mei, huic interfuere conventioni, et hominibus ejusdem Gualteri cum hominibus sancti Amandi, recognitum est ab eis quod,
a vigilia Pentecostes usque ad Assumptionem sancte Marie,

_____

(1) Thun-Saint-Amand, arrondissement de Valenciennes, canton
de Saint-Amand.

remoto omni obstaculo, cursus aque deberet aperiri Decretum fuit etiam in supradicta conventione, ut, si ille in cujus feodum eadem molendina devenirent predicto termino vel alio quolibet tempore, succrescente nimia inundatione aquarum, ventail nollet apperire, abbas de Sancto Amando ventail, quod ob hanc causam super terram sancti factum fuit ob imminuendas aquas, absque ulla contradictione apperiret. Cui cognitioni cum idem Gualterus vellet obsistere, judicio baronum meorum compulsus est abnuere. Et ut hec conventio per futura tempora inviolabilem obtineat firmitatem, in presentia baronum meorum sigilli mei impressione roboravi; abbatem et fratres violatorem anathematis vinculo innodare rogavi. Sigillum Godefridi de Bulcen. S. Alardi filii Cononis. S. Rogeri castellani. S. Amulrici conestabuli. S. Balduini camerarii S. Gerardi de Vuaschenhal. S. Johannis de Herchenghen. S. Amulrici de Landast. S. Gerrici de Hera. S, Almanni prepositi. S. Gualteri de Dons. S. Guiselini fratris ejus. S. Lieberti de Samio. Actum Elnone monasterio, anno verbi incarnati M° C° XVI°.

1117.

1117   RAOUL, ARCHEVÊQUE DE REIMS, CONFIRME LES FAVEURS ACCORDÉES PAR LE COMTE BAUDUIN A L'ABBAYE DE SAINT-AMAND.

Deuxième cartulaire de l'abbaye de Saint-Amand, fol. 18 v°. — Copie figurée, ms. nouv. lat., n° 1229, p. 27. — Collection Moreau, t. XLVIII, p. 138, copie d'après l'original, et p. 135, copie d'après le cartulaire.

In nomine Patris et Filii et Spiritus sancti, ego Radulfus, nomine non merito Remorum archiepiscopus, quanto liberalitatis studio quantaque devotione Balduinus, Flandrensium comes, que minus suppetebant ecclesiis Dei supplere elaboraret considerans, ad petitionem ipsius et abbatis sancti

Amandi Bovonis et fratrum Deo in ecclesia illa militantium, 1117
privilegia que eidem ecclesie predictus comes concesserat et
sigilli sui inpressione consignaverat, nos, auctoritate nostra ac
nostre imaginis impressione, ipso suggerente, confirmamus;
5 et ne aliquis in posterum ea violare presumpserit, anathematis
eum gladio percutimus. Confirmamus igitur ecclesie beati
Amandi, sub anathemate, quod Almannus prepositus consuetudines quas injuste sibi in procinctu ejusdem ecclesie usurpaverat, abdicavit, et, in presentia comitis et obtimatum ejus,
10 data fide, tactis etiam sacrosanctis reliquiis, imperpetuum
abjuravit(1)..Confirmamus etiam, sub codem anathemate, quod
de tribus placitis generalibus duos dies de singulis, annuente
eodem comite, Godefridus et Alardus ecclesie sancti Amandi
cum libertate indominicarum curtium que infra procinctum
15 continentur, recognoverunt (2). Confirmamus etiam, sub
eodem anathemate, quod recognitum est in presentia comitis,
assentiente Gualtero castellano, quia cursus aque que dicitur
Scharp, in vico Tuns nuncupato, a vigilia Pentecostes usque
ad assumptionem beate Marie, remoto omni obstaculo, debeat
20 aperiri (5). Confirmamus etiam, sub anathemate, divisionem
que facta est, jubente prefato comite, inter silvam sancti
Amandi, que sita est in pago Pabulensi, et silvam comitis que
adjacet, in pago Tornacensi (4). Ut autem nostre hujus auctoritatis testamentum nullius temerarii ausus calumpniam vel
25 evacuationem incurrat, sed firmum in posterum inconvul-

---

(1) L'acte, qui est du 1er janvier 1117, est publié dans Miræus,
t. II, p. 1153; Le Glay, *Revue*, etc., p. 104.

(2) Voir ci-dessus l'acte de 1116, p. 61.

(3) Voir l'acte précédent.

30 (4) L'acte a été publié par Teulet, *Layettes du Trésor des chartes*,
t. I, p. 40.

1117 sumque permaneat, sigilli nostri impressione corroboravimus
et in prevaricatorem hujus testamenti, presentibus testibus
subtitulatis, excommunicationis ultionem intorsimus. Signum
domni Radulfi Remorum archiepiscopi. S. Lamberti Noviomensis episcopi. S. Borchardi Cameracensis episcopi. S. Nicholai archidiaconi. S. Cirici archidiaconi. S. Ebali prepositi.
S. Joffridi decani. S. Joffridi abbatis Sancti-Theoderici.
S. Lamberti abbatis S. Symonis abbatis. S Gulurici abbatis.
S. Arnulfi abbatis. Actum Remis, anno Verbi incarnati millesimo C° XVII°, indictione X^{ma}, archiepiscopatus autem domni 1
Radulfi anno VIIII°.

Nous avons mentionné plus haut le diplôme de Charles
le Simple du 17 mars 899. Entre autres localités, il cite
les suivantes : « ... *donationes insuper bonorum hominum*
» *super fluvium Renum, Campas et Merulas dictas, cum*
» *aliis donationibus per diversos pagos, tam pro remedio*
» *animarum suarum quam et pro stipendia monastica vel*
» *etiam sepulture causa eidem monasterio collatis.* »
Campæ est certainement Camp, sur la rive droite du
Rhin, en face de Boppard (arrondissement de Saint-
Goarshausen, régence de Wiesbaden). *Merulæ* pourrait
correspondre à Merl, mais cette localité est sur la Moselle
(arrondissement de Zell, régence de Coblence).

Au XIIe siècle, l'abbaye possédait encore, sur le Rhin, le
domaine de Boppard et le lieu appelé Sohl (*Sula, Sulla*),
arrondissement de Neuwied, régence de Coblence. Ils lui
furent confirmés par les papes Paschal II en 1107, et
Calixte II en 1119 : « *super fluvium Rhenum, terras de*

« *Sulla et de Bobarga* » (1). Boppard avait sans doute
formé, à une époque antérieure, une dépendance de Camp.

Ces deux possessions étant trop éloignées pour être
gérées convenablement et soustraites aux usurpations,
l'abbé Absalon les céda à l'abbaye de Sainte-Félicité
de Vreden, en Westphalie, et employa les cinquante marcs
d'argent, reçus comme prix de vente, à l'acquisition de
la dîme de blé d'Esplechin (arrondissement et canton de
Tournai) (2).

1143

ABSALON, ABBÉ DE SAINT-AMAND, VEND A L'ABBAYE DE SAINTE- 1143
FÉLICITÉ DE VREDEN, EN WESTPHALIE, LES POSSESSIONS DE SOHL
ET DE BOPPARD, SUR LE RHIN (Traditio abbatis Absalonis abba-
tisse sancte Felicitatis in Fretena de Sula et Bobart).

Premier cartulaire de l'abbaye de Saint-Amand, fol. 103 v°,
pièce 159. — *Copie figurée, ms. nouv. lat.,* n° 1219, p. 177.
— *Collection Moreau,* t. LX, p. 190, *d'après l'original.*

In nomine Sancte et individue Trinitatis, Patris et Filii et
Spiritus sancti, frater Absalon, dictus abbas monasterii sancti
Amandi, totaque fratrum congregatio crucem Christi ferens in
eodem monasterio, Deo militantibus, venerabili et in Christo
honorande Agane, abbatisse, per Dei graciam, in ecclesia sancte

---

(1) MIRÆUS, t. II, pp. 1151 et 1155. Dans la bulle de Calixte II,
Miræus a imprimé *Bogarda*, mais la rectification a été faite, d'après
le cartulaire, par LE GLAY (*Revue*, etc., p. 104). C'est par une véri-
table distraction que ce dernier ajoute : « J'aimerais mieux lire
» *Bogarda*, qui serait Bogaerden, province de Brabant, tout près de
» Bruxelles! ».

(2) Voir, ci-après, l'acte de 1143-1163.

1143   Felicitatis in Frethena (1), devotisque sororibus in eadem
ecclesia, sic levam celestis sponsi habere sub capite, ad presentem consolationem, ut ipsius dextere mercantur amplexum
ad celestem remunerationem. Sanctus Davit, loquens in spiritu
Dei cum dicit : « cedros Libani ad hoc plantatas, ut in ipsis
» nidificent passeres », vult intelligi per hanc similitudinem
florentes divitiis et honoribus ad hoc positos in ecclesia, ut ex
ipsorum abundantia pauperum Christi sublevetur inopia.
Preterea summa omnium potestas potentibus in seculo ad hoc
concedit gladium portare in judicio et justicia, ut requiescentes
sub Christi ficu et vinea, securos faciant ab infestantium et
malignantium injuria. Verum quia tempus pessimum est, et
sua diei sufficit malitia, nostris diebus rarescente justicia, ea
que liberalis munificentia seu quorumlibet fidelium ecclesiis
Dei contulit devotio, videmus a malis et importunis hominibus
diripi et imminui. Illas autem maxime possessiones pravitas
secularium nititur surripere, quibus ipsi possessores, pro eo
quod longe sunt remoti, non valent providere, vel curam in
amministratione necessariorum impendere. Quod quia jam in
quibusdam nostris longe a nobis remotis possessionibus contigit, et in futurum gravius damnum nos passuros pertimesci-
mus, quinquaginta marcis meri argenti pro commutatione
acceptis, possessionem quam ex antiquo juste et legaliter in
Suilla et apud Bobbarth hactenus tenuimus et possedimus,
tibi, o venerabilis abbatissa Agana, vobisque devotis sororibus
vestrisque posteris in Frethenensi ecclesia Deo militantibus,
cum rebus et hominibus ad ipsam pertinentibus, cumque ser-

---

(1) Vreden, arrondissement d'Ahaus, régence de Munster (Westphalie). Les archives et le cartulaire de l'abbaye de ce nom se
trouvent dans les archives des princes de Salm-Salm, à Anholt.
Nous devons ce renseignement à M. le conservateur des archives de
l'État à Munster.

vis et ancillis sancti Amandi in vicino morantibus, communi
consilio et assensu ita perpetualiter in integrum tenendam ac
possidendam tradimus et concedimus, ut super his que annotavimus nullam deinceps nostri calumpniam sive contradictio-
5 nem sustineatis, sed ea secure ac quiete pro voto ad usum
vestrum sive profectum, secundum quod justum est, disponatis
et habeatis. Simili ratione vobis concedimus possidenda que
qualibet surreptione seu incuria in predictis locis nobis sub-
tracta, vobis juste adquirere poteritis. Et ut in his que vobis
10 concedimus rata et inconcussa firmitas per omnia sicut scri-
bimus teneatur, presentem paginam vobis servandam impressione sigilli beati Amandi corroboravimus, quorumdam etiam
fratrum nostrorum subscribentium et confirmantium nomina
subter annotavimus. Signum Gualteri prioris. S. Gualteri,
15 Gerardi, Hugonis, Fulconis, Salomonis, sacerdotum S. Karoli,
Gerardi, Ebroini, dyaconorum. S. Hugonis, Alulfi, Haimberti,
Gualteri, Sauvali, subdiaconorum. S. Herberti, Hellini, Hugonis,
Gommari, Georgii, Nicholai, Gotscelini, puerorum. Ceterum volumus sciatis et precamur ut per terram illam quam vobis
20 concedimus publice anuntietis, quod ipsius terre olim ab antiquis fidelibus ecclesie nostre facta oblatio non perit aut
diminuitur in oculis divine majestatis, quum proposuimus, et in
verbo veritatis firmavimus, quod de precio quod a vobis
accepimus terram fertiliorem et reditus valentiores, Deo
favente, comparabimus. Actum anno Domini M° C° XLIII°.

1123-1145.

1123-1145 L'ABBAYE DE SAINT-AMAND REÇOIT LES SERFS QUE POSSÉDAIT ERMEN-
TRUDE D'ANVAING, AUX CONDITIONS FIXÉES PAR LA DONATRICE.
(Absalon abbas pro servis Ermentrudis de Anvennio.)

Premier cartulaire de l'abbaye de Saint-Amand, fol. 38 r°, 5
pièce n° 171. — *Copie figurée, ms. nouv. lat.*, n° 1219, p. 87.

In nomine sancte et individue Trinitatis, Patris et Filii et
Spiritus sancti. Plerique fidelium, amori conditoris inherentes,
quanto ardentius ad vitam anelant eternam, tanto studiosius
presentia contempnentes, secundum apostoli preceptum, ex sua 10
habundantia servorum Dei student supplere inopiam. Quorum
sacra devotio et larga munerum exhibitio a filiis sancte matris
Ecclesie non sunt ullatenus oblivioni tradenda, sed fideli rela-
tione posteris notificanda. Proinde ego Absalon, humilis
minister ecclesie sancti Amandi, notum volo fieri tam presen- 15
tibus quam futuris fidelibus, quod domina Ermentrudis, illustris viri Heribrandi Anvennensis (1) filia, servos suos, videlicet
Bernardum, Evrardum, Hugonem et Odilam, et alios quos
pater suus ei moriens dereliquit, sancto Amando ea conditione
intulit, ut, salvo honore Anvennensis advocati, singulis annis 20
in festo sancti Amandi quod est vii° kalendas novembris, pro
censu capitali duos denarios persolvant, pro licentia maritali
sex, pro mortua manu duodecim. Ut autem hujus decreti sententia inconvulsa permaneat, sigillum sancti Amandi appo-
suimus et violatores excommunicationi subjecimus. 25

---

(1) Anvaing, arrondissement de Tournai, canton de Frasnes.
Comparer nos *Recherches*, etc., p. 334.

1154.

LE COMTE THIERRY CONFIRME LA DÉCISION, INTERVENUE ENTRE
L'ABBAYE DE SAINT-AMAND ET LE PRÉVÔT ÉTIENNE SUR LES
USURPATIONS DE CE DERNIER, ET ATTESTE LA RENONCIATION FAITE
5 PAR LUI AUX DROITS QU'IL S'ARROGEAIT (Theodericus comes
contra injustas consuetudines Stephani prepositi).

Deuxième cartulaire de l'abbaye de Saint-Amand, fol. 17 v°.
— *Copie figurée, ms. nouv. lat.,* n° 1120, p. 24. — *Collection
Moreau,* t. LXVII, p. 56, *d'après le cartulaire.*

10   In nomine Patris et Filii et Spiritus sancti. Ego Theodericus,
comes Flandrie, notum volo fieri tam presentibus quam futuris, quod Stephanus, ministerialis ville Sancti-Amandi, gravi et
intolerabili insolentia adversus ecclesiam sancti Amandi, cui
homo legius erat, insurgens, injustas consuetudines quas avus
15 ejus Almannus, sub presentia comitis Balduini predecessoris
mei, penitus abjuraverat (1), sibi usurpare volebat. Tandem
tam ecclesiastici vigoris censura quam nostra, liberalitati
abbatis Hugonis secundi, cujus homo legius erat, se subdidit,
ut quod de jure ecclesie et suo abbas decerneret, ipse Stepha-
20 nus omnino ratum haberet. Abbas vero, paci et quieti ecclesie
in futurum providens, causam ipsam terminandam super
electos judices, assentiente Stephano, posuit, quorum nomina

---

(1) Voir l'acte de 1117 dans MIRÆUS, t. II, p, 1153, et la confirmation de cet acte par Raoul, archevêque de Reims, au cours de
la même année, ci-dessus, p. 64.

1151 hec sunt : Gerardus de Foriest, avunculus Stephani; Amulricus de Landast; Almannus Bruns, patruus Stephani; Almannus
de Thuns, cognatus Stephani; Alulfus de Remelgiis; qui supti-
lius et diligentius jus ecclesie et Stephani requirentes, sub
presentia domni Geraldi, Tornacensis episcopi (1), et abbatum   5
Gualteri Sancti-Martini, Falconis Hansonie, recognoverunt
quod ipse Stephanus in curte Sancti Amandi et in atrio ecclesie nil juris haberet, neque in dominicis curtibus que sunt
in procinctu ville. De ministerio cellararii, infirmarii seu de
mansuariis se non intromittet, quandiu cellararius, infirmarius   10
vel custos ecclesie justiciam per se habere potuerint. De vivario, quod abbas idem magno sumptu fecit, quoniam pars
quedam facta est super terram cellararii, in illa que de cella-
rario est nihil omnino pro forisfacto habebit; pars autem super
terram que de communi erat, in illa vero que est de communi,   15
suum tercium; et hujus tercii villicus ville tercium [habebit].
Vadium, si pro forisfacto ab aliquo acceperit, non alibi quam
in curte sancti Amandi deponet. Latro ab eo captus in curte
sancti Amandi custodiendus adducetur. Exactionem quam
vulgo *tolpri* a vocant, sive herbam b aut corvedas, inconsulto   20
abbate, non exigat. Ab adventiciis nichil accipiet nisi vi den.

a. *Voir p. 48.*
b. herban.

---

(1) Voir la confirmation de la décision par Gérard, évêque de
Tournai, en 1152. Martène et Durand, *Thesaurus anecdotorum*, t. I,   25
col. 429; Gousset, *Les actes de la province ecclésiastique de Reims*, t. II,
p. 255; Mangeaert, *Catalogue des manuscrits de la bibliothèque de
Valenciennes*, p. 672; De Haisnes, *Histoire de l'art dans la Flandre,
l'Artois et le Hainaut avant le XV⁵ siècle*, t. I, p. 56. Comparez
Wauters, *Table chronologique*, etc., t. II, p. 560, et t. VII, p. 1450.

p ª et ıı´capones. De omnibus placitis que fiunt per scabinos suum tercium habebit, et villicus ville hujus tercii tercium. In silva nichil omnino juris habet, excepto *herben-
gage* ª et igni necessarii ª. De terris censualibus censum dabit,
5 neque aliud exinde in feodum dare poterit, neque terram ab
aliquo emere, neque aliqua terra aliquem investire, absque
voluntate abbatis. Non placitabit, nisi presente abbate vel
preposito monacho. Rustico si diem vel horam placitandi cons-
tituerit, concordiam cum eo non faciet nisi assensu abbatis
10 vel prepositi monachi. Hec omnia ipse Stephanus apud Attrebatum, in presentia mei et baronum meorum, ita se habere
recognovit; et hec se pro posse suo deinceps observaturum,
sub presentia domni Geraldi Tornacensis episcopi, super corpus
beati Amandi jurasse asseruit. Ego vero, paci et quieti eccle-
15 sie sancti Amandi in futurum providens, scriptum presens
sigilli mei impressione signari jussi, et baronum meorum qui
interfuerunt nomina subter annotari. S. Sibille, Flandrie comitisse. S. Philippi, filii mei. S. Henrici de Broburc, conestabuli.
S. Rogeri de Wavrin. S. Rogeri, castellani de Curtrai. S. Rogeri
20 de Cyson. S. Hugonis de Bapalmes. S. Stephani de Landast.
S. Amulrici de Landast. S. Gualteri, castellani de Duaco.
Actum apud Attrebatum, anno Domini MᵒCᵒLIIIIᵒ

a. Le texte de l'acte de 1117, dans Miræus, t. II, p. 1153, porte :
VI deneratas panum, *et cette leçon est conforme au texte du cartulaire*
25 (*Deuxième cartulaire,* pièce, 4) ; *les mêmes expressions se retrouvent
dans l'acte de 1152. Il faut donc supposer, dans l'acte de 1154, une
erreur de la part du copiste du cartulaire, à moins que les deux expressions n'aient représenté une même valeur en argent.*

b. Pour herbergage.

c. La phrase exigerait : et ligno igni necessario.

1143-1163 (1).

1143-1163 ÉTAT DES REVENUS DE L'ABBAYE DE SAINT-AMAND ET DES DIFFÉ-
RENTS SERVICES AUXQUELS ILS SONT APPLIQUÉS. (Que res monasterii, ad quos usus pertineant.)

Premier cartulaire de l'abbaye de Saint-Amand, fol. 98 r°, 5
pièce 153. — *Copie figurée, ms. nouv. lat.*, n° 1219, p. 167.

Ad luminare et ornamenta ecclesie pertinet census capitalis
qui colligitur in festivitate sancti Amandi de transitu; census
domorum que sunt in atrio; sanguis, letum, ictus, manumissura, oblationes que fiunt in ecclesia; Alanium (2), Bovinias (3). 10
   Ad thesaurum autem ecclesie reparandum pertinet Hertinium (4), quod emptum fuit ex argenteo crucifixo.
   Ad opera vero claustri pertinet Moncels (5), reditus de
Aisin (6), terragium de Horden (7), et reditus ortorum ejusdem ville, molendina de Berberiis (8), fossagium de Rapido- 15

---

(1) Ce document est antérieur à 1163, date à laquelle l'abbaye
de Saint-Amand donne à celle de Cambron tout ce qu'elle possède à
Lombise et Lombisœul (DE SMET, *Cartulaire de Cambron*, p. 311).
Il est, d'autre part, postérieur à 1143, date de la vente de Sulle et de
Boppard.   20
   (2) Allain, dépendance de Tournai.
   (3) Bouvines (France), arrondissement de Lille, canton de
Cysoing.
   (4) Hertain, arrondissement et canton de Tournai.
   (5) Moncheaux (France), arrondissement et canton de Valenciennes. 25
   (6) Anzin (France), arrondissement et canton de Valenciennes.
   (7) Hordain (France), arrondissement de Valenciennes, canton
de Bouchain.
   (8) Brébières (France), arrondissement d'Arras, canton de Vitry
(Pas-de-Calais).

ponte (1); masuarii qui secundo anno vadunt ad vineas aut 1143-1163
redimunt se a preposito.

Ad vinum monachorum pertinet Barisiacus (2) cum appenditiis suis, Guariniacus (3) et Halciacus (4) cum appenditiis
5 suis, et census terrarum qui colligitur in festivitate sancti
Remigii ad conducendum vinum.

Ad panem fratrum et hospitum et operariorum pertinet
Ferinium (5) et Diptiacus (6) cum appenditiis suis, Scaldi-
nium (7) cum appenditiis suis, Salcem (8), Rueth (9), Bulci-
10 niolum (10), Locus sancti Amandi (11), Nova villa (12) cum
appenditiis suis. Harum prepositi villarum ad panem perti-

---

(1) Probablement à Saint-Amand. Comparer le diplôme du roi
Charles le Simple, de 899 (Miræus, t. III, p. 291; *Amplissima
collectio*, t. I, col. 247; *RHF.*, t. IX, p. 473).

15 (2) Barizis Voir plus haut l'acte de 906, p. 19.

(3) Wargnies-le-Grand et Wargnies-le-Petit (France), arrondissement d'Avesnes, canton du Quesnoy.

(4) Haussi (France), arrondissement de Cambrai, canton de
Solesmes.

20 (5) Férin (France), arrondissement et canton de Douai.

(6) Déchy (France), arrondissement et canton de Douai.

(7) Escaudain (France), arrondissement de Valenciennes, canton
de Bouchain.

(8) Saulx, hameau de Lourches (France), arrondissement de
25 Valenciennes, canton de Bouchain.

(9) Rœulx (France), arrondissement de Valenciennes, canton de
Bouchain.

(10) Boucheneuil, hameau de Bouchain, arrondissement de Valenciennes.

30 (11) Lieu-Saint-Amand (France), arrondissement de Valenciennes,
canton de Bouchain.

(12) Neuville-sur-Escaut (France), arrondissement de Valenciennes, canton de Bouchain.

1143-1163 nentium respondent abbati; si quid residuum fuerit, in necessariis et utilitatibus ecclesie debet expendi.

Ipse autem abbas de dominicatu suo habet in Flandris
xxv libras denariorum et xv marcarum argenti. Ad ipsum
quoque abbatem pertinet relevatio feodorum hominum sancti 5
Amandi.

Ad cellararium coquine fratrum pertinent molendina supra
Scarb (1), furni, cambe, maiera cervisie, theloneum mercati,
transitus pontis infra et supra, excepto de vino quod est fratrum, decima lini ad retia confitienda, piscationes aquarum, 10
decima anguillarum de Bulcinio (2), de Berberiis (3); hospites
de Marelonio(4), plurima prata Caisnoiti(5), curtis Bullientis fontis (6), curtis ville Hus (7), curtis Anselmi, decima de Samione(8),
Tuns (9), Lurcium (10), Vi (11) et Scalpons (12) cum appenditiis

---

(1) La Scarpe, rivière. 15

(2) Bouchain, arrondissement de Valenciennes.

(3) Brebières. Voir ci-dessus.

(4) Marlion, hameau de Rosult, arrondissement de Valenciennes,
canton de Saint-Amand.

(5) Carnoye (?), à Saint-Amand. 20

(6) Fontaine-Bouillon, à Saint-Amand.

(7) Lieu inconnu.

(8) Saméon (France), arrondissement de Douai, canton d'Orchies.

(9) Thun-Saint-Amand (France), arrondissement de Valenciennes,
canton de Saint-Amand. 25

(10) Lourches (France), arrondissement de Valenciennes, canton
de Bouchain.

(11) Vicq (France), arrondissement de Valenciennes, canton de
Condé.

(12) Escaupont (France), arrondissement de Valenciennes, canton 30
de Condé.

suis, Heriñias (1), Sein (2), Spiere (3), Bacherot (4) cum appen- 1143-1163
ditiis suis. Hec villa ab antiqua consuetudine deputata est sal-
monibus et sturjonibus, emendis in festivitate sancti Cyrici et
sequentibus sollemnitatibus. Habet etiam cellararius in Flan-
5 dris xv marcas argenti et dimidium quorum x sunt pro reditu
caseorum.

Ad camerarium pertinent Willemels (5) cum appenditiis
suis, Tintinias (6), Haudiun (7), Ruma (8), Lamhiliolum (9),
Frigidus mons (10) cum appenditiis suis; decima annone de
10 Esplecin (11), que empta est de pecunia Sulle et Bobart (12),
Harignas (13) cum appenditiis suis, xv libre denariorum in

---

(1) Hérinnes, arrondissement de Tournai, canton de Celles. Dans
la bulle du pape Calixte II, de 1119, on lit : *Herinias, in pago
Bracbatensi.*

15 (2) Sin, hameau de Laplaigne, arrondissement de Tournai, canton d'Antoing.

(3) Espierres, arrondissement de Courtrai, canton de Mouscron.

(4) Baesrode, arrondissement et canton de Termonde.

(5) Willemeau, arrondissement et canton de Tournai.

20 (6) Taintegnies, arrondissement de Tournai, canton d'Antoing.

(7) Haudion, dépendance de Lamain, arrondissement et canton
de Tournai.

(8) Rumes, arrondissement de Tournai, canton d'Antoing.

(9) Dépendance de Lamain, arrondissement et canton de Tour-
25 nai? Un acte de 1205 fait mention de la dîme de *Lamegnuel.*
(*Deuxième cartulaire*, f° 27.)

(10) Froidmont, arrondissement et canton de Tournai.

(11) Esplechin, arrondissement et canton de Tournai.

(12) Voir ci-devant l'acte de 1143.

30 (13) La bulle de Paschal II, de 1107, porte : *Harignæ super Mosam*
(MIRÆUS, t. II, p. 1151). Il y a aussi Harguies (France), arrondissement de Valenciennes, canton de Condé.

1143-1163 Flandris et xvii marce argenti, quarum sex sunt pro reditu de Frisia (1).

Ad prepositum pertinent justicia ville, placida, corveie, silve, prata, terre culte et inculte, redemptio terrarum, curtes in Pabula (2), exceptis hospitibus et terris et pratis et curtibus 5 cellararii et elemosinarii, et exceptis illis que deputata sunt canonicis Sancti Andree (3). Est etiam de ministerio ejusdem prepositi Cella (4) cum appenditiis suis, Germinium (5), Aines (6), Ansvennium (7) cum appenditiis suis, villa que dicitur Sancti Salvatoris (8), Villare (9), Lumbisiacus (10), Nove 10 domus (11), Securiacus (12) cum appenditiis suis. Habet etiam

---

(1) Sur la vente des biens de Frise, voyez ci-devant la charte de 1115, p. 59.

(2) La Pévèle.

(3) Il y avait, à côté de l'abbaye, des chanoines de Saint-André. 15 Ils furent supprimés en l'an 1200, par Guillaume, archevêque de Reims. Voir *Premier cartulaire de Saint-Amand*, fo 71; Miræus, t. II, p. 1206; *Thesaurus anecdotorum*, t. I, col. 776.

(4) Lecelle (France), arrondissement de Valenciennes, canton de Saint-Amand. 20

(5) Germignies ou Guermignies, dépendance de Pottes, arrondissement de Tournai, canton de Celles. Voir plus haut, p. 29.

(6) Eyne, arrondissement et canton d'Audenarde.

(7) Anvaing, arrondissement de Tournai, canton de Frasnes lez-Buissenal 25

(8) Saint-Sauveur, arrondissement de Tournai, canton de Frasnes lez-Buissenal. Voir plus haut, p. 35.

(9) Villers-Saint-Amand, arrondissement de Mons, canton de Chièvres.

(10) Lombise, arrondissement de Mons, canton de Chièvres. Nous 30 avons dit que Lombise fut donné, en 1163, à l'abbaye de Cambron.

(11) Neufmaison, arrondissement de Mons, canton de Lens.

(12) Sirault, arrondissement de Mons, canton de Lens.

idem prepositus in Flandris vi poisas casei et xviiii marcas 1143–1163 argenti; quarum xviiii ^a sunt in Testerep (1), pro commutatione Herlengove.

1168.

5 Hugues, abbé de Saint-Amand, place sous la protection d'Alard 1168 d'Antoing les serfs et serves de Saint - Amand habitant Antoing et Péronnes. (Hugo abbas de servis sancti Amandi in territorio de Anthonio.)

Premier cartulaire de l'abbaye de Saint-Amand, fol. 39 r°,
10 pièce n° 73. — *Copie figurée, ms. nouv. lat.,* n° 1219, p. 88. —
Collection Moreau, t. LXXV, p. 119, *d'après le cartulaire.*

In nomine Patris et Filii et Spiritus sancti, amen. Ego Hugo, ecclesie sancti Amandi abbas, totiusque ejusdem loci capitulum, notum facimus tam presentibus quam futuris, quod nos, ad
15 petitionem nobilis viri Alardi de Antonio, servos et ancillas sancti Amandi in territorio de Antonio (2) et de Perona (3) manentes, pro evitandis calumpniis malignantium, sub tutela et protectione ipsius Alardi ponimus, ea conditione ut, singulis annis, xii tantum denarios Tornacensis monete, tam masculus
20 quam femina, scilicet pro advocatione, eidem Alardo persolvat, et sic deinceps ab omni aliena oppressione et injusta exactione liber permaneat. Ut igitur id ratum et inviolabile

a. Le texte portait XIIII; *ce chiffre a été effacé et remplacé par* XVIIII.

---

25 (1) Testerep, ancien nom d'Ostende. Voir ce que nous avons dit sous l'acte de 1105, de l'échange opéré, en 1115, entre l'abbaye et le comte de Flandre.

(2) Antoing, canton de ce nom, arrondissement de Tournai.

(3) Péronnes, arrondissement de Tournai, canton d'Antoing.

1168 maneret, et ne in posterum ab ullo unquam infringi possit, sigillo sancti Amandi roboravimus et nomina eorum qui interfuerunt annotari fecimus. Signum Stephani prepositi, Azonis de Pontoit, Nicholai de Lato loco, Lietberti de Samion, hominum sancti Amandi. S. Alardi de Antonio, Gosselini, 5 Willelmi, Hugonis, filiorum ejus. Actum Elnone, anno Domini M°C°LX°VIII°.

1177.

1177 ALARD, ÉVÊQUE DE CAMBRAI, DONNE A L'ABBAYE DE SAINT-AMAND L'AUTEL DE SCHOORISSE (Alardus, Cameracensis episcopus, 10 dedit ecclesie sancti Amandi altare de Scornai).

Premier cartulaire de l'abbaye de Saint-Amand, pièce n° 49, fol. 30 v°. — *Copie figurée, ms. nouv. lat.*, n° 1219, p. 75. — *Collection Moreau*, t. LXXXI, p. 25, *d'après le cartulaire.*

In nomine Patris et Filii et Spiritus sancti, amen. Ego 15 Alardus, Dei gratia Cameracensium episcopus, tam presentibus quam futuris in perpetuum. Veri doctoris magistri gentium verum et salubre consilium advertentes, bonum operantes, non deficiamus : utile nobis arbitramur, quoad vivimus, ut ad omnes, maxime ad domesticos fidei, bonum operemur. 20 Magister Gislebertus de Scornai, fidelis et amicus noster, personatum altaris de Scornai (1) canonice possidebat; qui saniori via, quam in multis offendimus omnes, precipue in ecclesiasticis, anime sue volens consultum iri, ad nos veniens et altare, videntibus clericis nostris, libere et absolute in manibus nostris 25 reddens, ut ad ecclesiam sancti Amandi pro salute anime sue et antecessorum suorum illud donaremus, flexis genibus humi-

---

(1) Schoorisse, ou Escornaix, arrondissement d'Audenarde, canton d'Hoorebeke-Sainte-Marie.

liter imploravit. Nos igitur, bone voluntati ejus conscensientes   1177
et opus sanum approbantes, altare de Scornai Johanni abbati
et ecclesie sancti Amandi quam specialius nobis domesticam
paterne diligimus, libere et absolute, salvo in omnibus episcopali et ministrorum nostrorum jure, tradidimus atque presens
scriptum sigilli nostri appensione, subsignatis testibus, confirmamus. Ne quis autem ausu temerario donationem istam
infringere presumat episcopali auctoritate prohibemus, conservatoribus benedictionem, prevaricatoribus eternam indi-
centes maledictionem. S. Theoderici prepositi et archidiaconi
ejusdem altaris. S. Petri, Hugonis, Ostonis, Rogeri, archidiaconorum. S. Berneri, Gerardi, Nicholai, sacerdotum. S. Walteri,
Olrici, Johannis, levitarum. S Johannis cantoris. S. Walteri,
Vincentii, Nicholai, sublevitarum. S. abbatis Lamberti de
Sancto Gisleno. S. Amulrici abbatis de Sancto Auberto. S. Cla-
reboldi abbatis de Alto Monte. S. Helgoti abbatis Letiensis.
Ego Walcherus cancellarius scripsi, et in synodo fideliter
recensui. Actum anno dominice incarnationis M°C°LXX°VII°,
presulatus autem nostri I.

IV

L'ABBAYE DE SAINT-VANNE DE VERDUN.

Godefroid et Herman, fils de Godefroid le Captif, possédaient, dans l'ancien Brabant, un comté auquel on a donné par la suite le nom de comté d'Eenham et dont le siège pourrait avoir été Velsique, avant la construction de la forteresse qui donna son nom au comté (1). Ces deux seigneurs possédaient également des biens dans les anciens *pagi* de Hainaut, de Huy et de Namur, ainsi que le montrent les documents dont il va être question.

Godefroid mourut en 1025, et son frère Herman en 1029 (2).

Nous avons publié, dans nos *Recherches sur le Hainaut ancien,* plusieurs actes concernant les dons faits par les deux comtes à l'abbaye de Saint-Vanne de Verdun, au commencement du XIe siècle. L'un est une bulle du pape

---

(1) Deux des enfants d'Herman furent enterrés dans l'église de Velsique. Voir les autorités citées par ERNST, *Dissertation historique et critique sur la maison royale des comtes d'Ardennes (CRH.,* 2, X, p. 280). Voir aussi nos *Recherches sur le Hainaut ancien,* p. 112.

(2) ERNST (pp. 277 et 278) fait mourir Herman après 1034 : le comte de ce nom dont il est fait mention en cette année était probablement le fils du précédent. Le nécrologe de l'abbaye de Saint-Vanne, dans les extraits que nous publions, fixe au 28 mai 1029 la date du décès du frère de Godefroid; les *Annales abbatiœ sancti Petri Blandiniensis* (p. 9) indiquent l'année 1028.

Jean XII, de 963 ou de 971 (1); elle est évidemment interpolée : on a ajouté à son texte, dans le cartulaire de Saint-
Vanne où nous l'avons puisée, la mention des donations
dont il s'agit et qui n'ont eu lieu que quarante ou cinquante
ans plus tard ; elle se trouve sans cette addition dans dom
Calmet et dans le *Recueil des historiens de France* (2).

Les autres documents que nous avons édités consistent
en deux diplômes de l'empereur Henri, de l'an 1015,
l'un confirmant à l'abbaye trente manses au village de
Buvrinnes, l'autre signalant en outre les localités de l'ancien
Brabant dont nous allons parler (3). Nous avons aussi
publié une bulle du pape Léon IX, de 1053, confirmant
les libéralités dont il s'agit (4), et nous avons reproduit
des extraits du polyptyque de Saint-Vanne, édité par
Guérard (5).

---

(1) Voir nos *Recherches*, etc, p. 541 ; Dom CALMET, *Histoire de
Lorraine*, t. II, preuves, p. 212; *RHF.*, t. IX, p. 238; *MGH.*, t. VIII,
p. 366. — L'interpolateur a évidemment copié le texte du diplôme
de l'empereur Conrad que nous publions.

(2) Voir nos *Recherches*, etc., p. 368. Cet acte a été republié par
STUMPF, *Die Reichskanzler*, t. III, p. 633, n° 451.

(3) Voir nos *Recherches*, etc, pp. 368 et 370.

(4) *Ibidem*, p. 589. Cette bulle a été rééditée en 1869, d'après
une copie de la collection Moreau prise sur l'original, dans les
Analecta juris pontificii, X° série, pp. 334 et 335; elle y porte la
date du 2 janvier 1053, et le texte en est plus pur que celui que
nous avons donné d'après le cartulaire de Saint-Vanne. — PFLUGK-
HARTTUNG (*Acta pontificum romanorum inedita*, t. I, p. 21) donne
cette bulle comme inédite.

(5) Voir nos *Recherches*, p. 588. — Dans l'ordre chronologique, le
polyptyque doit être placé en premier lieu, et on peut en fixer la
rédaction un peu avant l'an 1015. Il est à remarquer, en effet,
qu'après la mention des plus anciennes possessions de l'abbaye, con-

Nous publions aujourd'hui un document nouveau sur ce sujet, c'est-à-dire, un diplôme de l'empereur Conrad II, de l'an 1051, et nous y joindrons des extraits du nécrologe de l'abbaye. Deux bulles du pape Nicolas II des 13 avril 1060 et 25 avril 1059-1061, concernant particu-lièrement les possessions de Saint-Vanne dans les comtés de Huy et de Namur et dans le Luxembourg, ont été récemment publiées par Pflugk-Harttung (1).

Les biens donnés par Godefroid et Herman sont donc les suivants :

1° Dans le *pagus* de Hainaut :

Berones, Beurunes, Buvrinnes (arrondissement de Char-leroi, canton de Binche), cité dans le polyptyque et dans les diplômes des empereurs Henri II et Conrad II. Ce nom disparait dans les actes postérieurs, et, en 1181, on voit que l'autel de Buvrinnes (*Beverunes*) appartient au chapitre de Cambrai (2).

2° Dans le *pagus Bracbatensis :*

A. — *Feilsecum*, *Fesseca*, Velsique, cité dans les diplômes de 1015 et de 1031, dans la bulle de 1053 et dans le nécrologe.

---

firmées en 963 ou 971 par le pape Jean XII et en 980 par l'empereur Othon II (Stumpf, *Reichskanzler*, t. III, p. 523, n° 230), on lit dans le polyptyque ce qui suit : « *Ista sunt in antiquo scripto regali et* » *apostolico. Quæ sequuntur de novo addita sunt et nequaquam scripto* » *firmata* » ; puis vient notamment la mention de localités dont la possession est confirmée pour la première fois en 1015 par l'empe-reur Henri II et en 1031 par l'empereur Conrad. (Guérard, *Poly-ptyque de l'abbaye de Saint-Vanne*, à la suite du *Polyptyque de l'abbaye de Saint-Remi de Reims*, p. 115.)

(1) *Acta pontificum*, etc., t. I, pp. 27 et 30.

(2) Voir nos *Recherches*, etc., p. 153, note 4.

B. — *Rolgeri-curtis*, mentionné dans le polyptyque (1),
dans la bulle de 1053 et dans le nécrologe. Nous avions
pensé qu'il s'agissait là de Roucourt (arrondissement de
Tournai, canton de Péruwelz) (2); mais il est certain
que ce nom désigne Rudershove ou Rutgershove, dépendance de Velsique (3). Le polyptyque détaille les redevances dues à l'abbaye dans ce lieu.

C. — *Haslud*, cité dans le polyptyque, dans les diplômes
de 1015 et de 1031, et dans le nécrologe (4). Nous avions
proposé de traduire ce nom par Elsloo, dépendance d'Ever-
gbem (canton de ce nom, arrondissement de Gand) (5).

---

(1) Voir nos *Recherches*, p. 111.

(2) *Ibidem*, pp. 111, 388 et 390. Roucourt, dans l'arrondissement de Tournai, est indiqué en 1189 sous le nom de *Rocort*
et en 1253 sous le nom de *Roucourt* (voir *Cartul. de l'abbaye de
Saint-Médard*, p. 99; acte de 1253 dans le fonds de Saint-Amand,
premier carton, à Lille).

(3) C'est, en effet, à *Rolgeri-curtis* que font allusion les diplômes
de 1015 et de 1031, après avoir mentionné Velsique : « In eodem
» denique loco .. octo mansos... » — Sur l'origine du nom de Rudershove, voir DE SMET, *Essai sur les noms des villes et communes de la
Flandre orientale*, pp. 5 et 27. (MÉMOIRES DE L'ACADÉMIE, t. XXIV.)

(4) Ne serait-ce pas de notre localité qu'il est question dans un
acte de 1025, emprunté par Du Cange aux archives de Saint-Vanne,
et duquel il se voit que deux femmes de *Haslum* ou *Haslom* se sou-
mettent au monastère, en présence du comte Herman? Voir DU CANGE,
Glossaire, v° *Oblati monasteriorum*.

(5) Voir nos *Recherches*, etc., p. 111. On pourrait songer à Elst
(canton d'Audenarde, arrondissement d'Hoorebeke-Sainte-Marie);
mais ce lieu est nommé *Elsuth* et *Helset* dans les actes anciens (VAN
LOKEREN, *Chartes et documents de l'abbaye de Saint-Pierre de
Blandin*, t. 1, pp. 48, 82, 86).

D'après M. Piot, il s'agirait d'Op-Hasselt (arrondissement d'Audenarde, canton de Nederbrakel) (1). Les chartes des XII⁰ et XIII⁰ siècles signalent souvent des seigneurs de *Haslut* ou *Hallud*, qui possédaient des biens aux environs de Paryckc et d'Overboulaere (2).

D. — *Ermefredegehe, Hermefregehem*, Hemelveerdegem (arrondissement d'Audenarde, canton de Nederbrakel), cité dans le diplôme de l'empereur Conrad de 1031, dans le nécrologe et aussi dans Hugues de Flavigny (3).

Il est certain que l'abbaye de Saint-Vanne ne resta pas longtemps en possession de ces quatre localités. Hugues de Flavigny et le nécrologe rapportent que l'abbaye abandonna ses biens de l'ancien Brabant à Baudouin, comte de Flandre, qui lui en donna d'autres en échange (4). L'échange se place entre les années 1033 et 1061 : en 1033, en effet, ces localités sont citées dans la bulle de Léon IX et elles n'apparaissent plus dans les deux bulles de Nicolas II.

---

(1) *Les pagi de la Belgique*, p. 98. Voir aussi DE SMET, *Chroniques de Flandre*, t. II, table, v⁰ *Hallut*. — La ville de Hasselt, dans le Limbourg, est parfois désignée au XIII⁰ siècle sous le nom de *Halut* (*Analectes pour servir à l'histoire ecclésiastique de la Belgique*, t. XVI, pp. 256 et 248).

(2) PIOT, *Cartul. d'Eenham*, pp. 82, 93, 99, 101, 363, 364; DE SMET, *Cartulaire de Cambron*, pp. 112, 318, 319, 708, 716, 792, 801, 802, 881; DEVILLERS, *Description de cartulaires*, t. V, p. 155.

(3) Voir nos *Recherches*, etc., p. 111.

(4) « De his factum est, post mortem ejus (Herimanni) concam-
» bium, et dedit pro his comes Balduinus Flandrensis Bonvillarc
» cum dimidia ecclesia, Hevenges similiter cum dimidia, in Vitcreio
» vineas cum quadam parte ecclesiæ, in Harvia triginta mansos
» cum familia magna. » *MGH.*, t. VIII, p. 375.

En 1065, le comte Baudouin donne l'église de Velsique à l'abbaye d'Hasnon (1).

Ce ne furent pas les seules libéralités dont le comte Herman gratifia l'abbaye de Saint-Vanne. Il lui donna notamment encore deux églises pour le repos de l'âme de son fils, nommé Godefroid, né d'une concubine (2). Ces églises sont :

1° *Gengeavia*, appelé aussi (par suite d'une mauvaise lecture) *Gengeania, Genglavia, Gengravia, Glavia, Gravia, Gengeaiva*. Ce lieu est cité dans le polyptyque, dans les actes de 1051, 1055, 1060, 1059-1061, dans Hugues de Flavigny et dans le nécrologe ; il est placé dans le comté de Huy par l'interpolateur de la bulle du pape Jean XII (5) et par le diplôme de l'empereur Conrad de 1031. Le polyptyque fournit des détails intéressants sur cette localité (4).

---

(1) Voir nos *Recherches*, etc., p. 405.

(2) « Dedit etiam pro anima filii Godefridi ex concubina nati, in claustro tumulati, non tamen juxta fratres et patrem, duas ecclesias quorum una dicitur Ham, alia Gengeavia. » HUGUES DE FLAVIGNY, dans les *MGH.*, t. VIII, p. 575.

(5) Voir nos *Recherches*, p. 545.

(4) « Est in Gengeania (*alias* Gengeamia) mater ecclesia in honore S. Lamberti. Aspiciunt ad eam capella de eadem villa in honore S. Maximi, et alia in Soreias in honore S. Martini, dimidia vero in honore S. Remigii in Waleias. Sunt ibi de indominicata terra v mansi et unum bonarium de prato, et camba solvens XII modios, VIII de frumento, IIII de bracio. De alia terra, quæ est in servitio, mansus et quartarius. Unusquisque solvit per annum aut secundam feriam aut opus manuum, et, in nativitate Domini, hii quartarii x pullos. Tantum terræ est ibi quæ solvit XIII denarios in nativitate S. Joannis Baptistæ. Haistolei vero solvitur census capitis in festivitate S. Martini, unusquisque II denarios ; de præbenda S. Maximi, quam presbiter tenet, III quartarii in bonarium de prato, in bonarium de terra, jacens juxta Dirvant (*alias* Dionant). » GUÉRARD, p. 119.

Contrairement à l'opinion que nous avons émise dans nos *Recherches*, il nous semble qu'il s'agit là de Gesves (arrondissement de Namur, canton d'Andenne), à qui le polyptyque donne comme dépendances Sorée, *Soreias* (même arrondissement et même canton) et Walhay, *Waleias*, dépendance d'Ohey (même arrondissement et même canton) (1). D'après le nécrologe, Gesves et une autre possession, *Harvia* (Herve?), furent échangés contre une localité appelée *Brouceium* (2).

2° *Ham*, mentionné dans les actes de 1031, 1053, 1060, 1059-1061 et aussi dans Hugues de Flavigny et dans le nécrologe. Ce lieu est placé par le diplôme de 1031 dans le comté de Namur (3). S'agirait-il là de Ham-sur-Sambre (arrondissement de Namur, canton de Fosses), ou de Hamois (arrondissement de Dinant, canton de Ciney), qui n'est pas éloigné de Gesves?

3° *Monau, Mounau, Munau*, sans doute Muno (arrondissement d'Arlon, canton de Florenville). Ce lieu est cité dans les actes de 1031, 1053, 1060, 1059-1061, dans Hugues de Flavigny et dans le nécrologe.

---

(1) Voir aussi ROLAND, *Les seigneurs et comtes de Rochefort*, dans les ANNALES DE LA SOCIÉTÉ ARCHÉOLOGIQUE DE NAMUR, t. XX, pp. 77 et 81 (note).

(2) En 1091, le comte Baudouin de Hainaut confirme au chapitre de Huy la possession de l'alleu de *Gengetavia* et de la terre de Saint-Remacle que Richilde, sa mère, avait vendus aux chanoines (SCHOOLMEESTERS et BORMANS, *Notice d'un cartulaire de l'église de Notre-Dame, à Huy*, p. 20; CRH., 4, I, p. 100. Ces auteurs traduisent aussi par Gesves. Comparer WAUTERS, *Table chronologique*, etc., t. VII, p. 170.)

(3) Il faut évidemment lire aussi « in *Namurcense* » au lieu de « in *Mainicense* », dans la partie interpolée de la bulle du pape Jean XII. Voir nos *Recherches*, etc., p. 343.

Signalons aussi, d'après le nécrologe, au 8 des calendes de juillet, la donation de Mont-Saint-Martin, en 1096, par Albert II, comte de Moha, dont la femme Ermesinde épousa ensuite Godefroid, comte de Namur (1).

24 avril 1031.

L'EMPEREUR CONRAD II CONFIRME LES DONATIONS FAITES A L'ABBAYE DE SAINT-VANNE DE VERDUN.

Collection Moreau, t. XXI, fol. 136, copie de dom Michel Colloz,
5   *moine de Saint-Airy de Verdun, d'après un original de 19 pouces et demi de large, sur 2 pieds 4 pouces et demi de haut.*

La réduction de l'acte est en partie empruntée au diplôme de l'empereur Othon II du 3 juin 980, en faveur de Saint-
10 *Vanne (MGH., diplomata, t. II, p. 245), et au diplôme de l'empereur Henri II de 1014-1015 (DOM CALMET, Hist. de Lorraine, t. II, preuves, p. 249; nos Recherches, etc., p. 370).*

In nomine sanctæ et individuæ Trinitatis, Conradus, divina disponente clementia, imperator augustus. Celebre est et memoriæ commen-
15 dandum, in præceptis nostris imperialibus, continue illud apostolici observari præcepti. nos hujuscemodi cohortantis : ergo, dum tempus habemus, operemur bonum ad omnes, maxime autem ad domest'cos

---

(1) Voir les actes dans la *Gallia christiana*, t. XIII, preuves, p. 565. Voir aussi DARIS, *Le comté de Moha*, dans le BULLETIN DE
20 L'INSTITUT ARCHÉOLOGIQUE LIÉGEOIS, t. XI, p. 260; DE MARNEFFE, *Recherches sur les anciens comtés de Moha et d'Avernas*, IBID., t. XIV, p. 258; TIHON, *Généalogie des comtes de Moha*, IBID., t. XXIII, p. 436.

24 avril
103 !

fidei : tempus advenit, tempus præterit; sed quod boni fit, in tempore
æternitatis indefectiva præmia condonabit. Hoc hortamento commoniti
et in caducis his quasi ad mansura suspensi, beneficiis matrem nostram
ecclesiam catholicam, non solum per nos ditare, sed etiam id agentibus
opem in omnibus præstare et per imperialia præcepta confirmare proce- 5
rum nostrorum palatinorum consultu decrevimus. Quare noverint
omnes consecretales palatii cæterique fideles nostri, qualiter nos, per
interventum Ramberti fidelis nostri, sanctæ Virdunensis ecclesiæ episcopi, expetiti sumus, ut res ecclesiæ suæ, antea per apostolicum privilegium, et per divæ memoriæ antecessoris nostri Heinrici præceptum, 10
ecclesiæ et monasterio Sancti Petri collatas, ubi Berengarius, beatæ
recordationis episcopus, regulam beati Benedicti abbatis sacra devotione
inceptam pro posse monachili ordine decoravit, suisque successoribus
peradornandum reliquit, per præceptum confirmationis, uti imperatoribus
et regibus decessoribus nostris moris fuerat; insuper quæ ipse eidem 15
monasterio, prudenti solertia, condonaverat, conferremus, nostraque
adstipulatione corroboraremus. Quod devote expostulatum, juste est ex
imperiali auctoritate concessum. Damus ergo, et in jus jam dictæ ecclesiæ
conferimus abbatiam quæ sancti Vitoni dicitur, cum omnibus ad se pertinentibus, id est, villas, resque subnotatas : in Scantia (1) octo 20
mansos, molendina novem; ad Ballonis cortem (2), mansos quatuor; ad
Frasnidum (3). mansos sex; ad Crucem (4), ecclesiam unam; ad Castonis
cortem (5), ecclesiam unam; ad Novam Villam (6), ecclesiam unam cum
quatuor capellis; et mansos quatuor et dimidium apud Gaulini

---

(1) Scance, ancien faubourg de Verdun (Meuse).   25
(2) Baleycourt, à Verdun.
(3) Fresnes en Woëvre, canton de ce nom, arrondissement de
Verdun.
(4) Ban de la Croix, à Fromeréville, arrondissement de Verdun,
canton de Charny, ou à Nixéville, arrondissement de Verdun, canton 30
de Souilly.
(5) Chattancourt, arrondissement de Verdun, canton de Charny.
(6) Neuville-en-Verdunois, arrondissement de Commercy, canton
de Pierrefitte.

cortem *a* (1); cum silvis et pratis, aquis, aquarumque decursibus ad eandem ecclesiam pertinentibus; et picturam vineæ unius, et molendina duo super Helnam (2) fluvium, et molendina duo super Mosam; in Marcolfi corte (3), ecclesiam unam, cum mansis tribus, silvis, pratis et terris indominicatis, ex dono Richeri et Harduini; ad Parrelum *b* (4), ecclesiam unam, simulque et capellam, cum mansis sexdecim inter Cosantiam et Limiam *c* (5) sitis, et molendinum unum, cum pratis et silvis; ad Harbodi villam (6) in Wapra (7), ecclesiam unam et mansos duos, et quartarium dimidium ad Frasnidum (8), mansum unum et dimidium ad Liniacum *d* (9); quartam partem ecclesiæ de Fontanis (10) et mansos duos, et molendinum dimidium, cum silva et pratis; in Barrensi comitatu (11), mansos duos in villa Villare (12) vocata;

24 avril 1031

a. Gautini curtem.
b. Paridum.
c. Lumam, *alias* Buniam.
d. Lumacum.

---

(1) Gouraincourt, arrondissement de Montmédy, canton de Spincourt.

(2) Le ruisseau d'Esnes.

(3) Maucourt, arrondissement de Verdun, canton d'Étain.

(4) Parois, arrondissement de Verdun, canton de Clermont-en-Argonne.

(5) La Cousance et le Bunet (?)

(6) Herbeuville, arrondissement de Verdun, canton de Fresnes-en-Woèvre.

(7) La Woëvre (*pagus Wabrensis*).

(8) Fresnes-en-Woëvre, voir plus haut.

(9) Lemmes (?), arrondissement de Verdun, canton de Souilly.

(10) Fontaines, arrondissement de Montmédy, canton de Dun.

(11) Le Barrois.

(12) Villers-aux-Vents, arrondissement de Bar-le-Duc, canton de Revigny.

24 avril
1431

ad Pulliacum (1), mansos duos assos *a*. Dedit etiam idem Berengarius
piscaturam bonam apud Tilliacum (2); et decimam arietum qui suæ
ecclesiæ persolvuntur ex Bracensi centena (3), et decimam foratici suæ
civitatis de vino; ad Amonzei villam (4), ecclesiam unam; Flavinia-
cam (5) quoque villam, cum ecclesia, et capella una apud Cratinau *b* (6)   5
cum mansis triginta, et piscatura, et molendinis, et pratis, silvisque et
omnibus adjacentiis; ecclesiam quoque de Marleio (7); et ecclesiam
sancti Petri (8) in suburbio Virdunensi sitam, cum mansis quinque,
et prato dimidio, et decimam de vineis episcopi indominicatis in
Medotia; mansum etiam in civitate Mettis (9), qui vocatur Altum   10
macellum; ad Amantionis cortem *c* (10), mansos quatuor et dimidium;
ad Ballonis cortem *d* (11), molendinum unum; ecclesiam sancti Aman-
tii (12) cum omnibus appenditiis suis in suburbio; ecclesiam sancti

a. assos *pour* absos.
b. Crantinam.   15
c. Mantionis curtem.
d. Bellonis curtem.

(1) Pouilly (?), arrondissement de Montmédy, canton de Stenay.
(2) Tilly-sur-Meuse, arrondissement de Verdun, canton de Souilly.
(3) Bras, arrondissement de Verdun, canton de Charny.   20
(4) Montzéville, arrondissement de Verdun, canton de Charny.
(5) Flavigny-sur-Moselle, arrondissement de Nancy, canton de
Saint-Nicolas (Meurthe).
(6) Crantenoy, arrondissement de Nancy, canton d'Haroué
(Meurthe).   25
(7) Merles, arrondissement de Montmédy, canton de Damvillers
(Meuse).
(8) Saint-Pierre, à Verdun.
(9) La ville de Metz.
(10) Menoucourt, à Triaucourt, canton de ce nom, arrondisse-   30
ment de Bar-le-Duc.
(11) Baleycourt. Voir plus haut, p. 90.
(12) Eglise de Saint-Amand, à Verdun.

Remigii et capellam de Berleia corte (1), cum adjacentiis suis; 24 avril 1031
ecclesiam de Maroa *a* (2), cum suis appenditiis; ecclesiam de Petri-
villa (3) in Wapra; ecclesiam de Bocchonis monte *b* (4); ecclesiam de
Donnaus (5), juxta Castrum Hadonis (6), cum molendino uno;
5 ecclesiam de Maurivilla (7); ad Rivualdi mansum *c*, quatuor mansos,
cum terris indominicatis, pratis, pascuis; ad Rahereicortem *d* (8) et Gilla-
nicortem *e* (9), mansos triginta cum ecclesia et capella una, terris
indominicatis, molendinis, pratis, silvis, pascuis, aquis, aquarumque
decursibus; vineas etiam in Arnaldi villa *f* (10), ex dono Richuware

10   *a*. Marra.
    b Boconis monte.
    c. Rimualdi mansum.
    d. Ratherii curtem.
    e. Gislam curtem.
15   *f*. super Mosellam.

---

(1) Blercourt, arrondissement de Verdun, canton de Souilly.

(2) Marre, arrondissement de Verdun, canton de Charny.

(3) Pierreville, ferme à Ginercy, arrondissement de Verdun, canton d'Étain.

20   (4) Bouquemont, arrondissement de Commercy, canton de Pierrefitte.

(5) Deuxnouds-aux-Bois, arrondissement de Commercy, canton de Vigneulles.

(6) Hattonchâtel, arrondissement de Commercy, canton de 25 Vigneulles.

(7) Lamorville, arrondissement de Commercy, canton de Vigneulles.

(8) Rarécourt, arrondissement de Verdun, canton de Clermont-en-Argonne.

(9) Gimécourt, arrondissement de Commercy, canton de Pierrefitte.

30   (10) Arnaville, canton de Thiaucourt, arrondissement de Toul (Meurthe). — Comparer Hugues de Flavigny (*MGH.*, t. VIII, p. 566).

24 avril
1031
ductricis(1), cum manso indomicato; item vincas quas Adelaldus,
Amalricus, Albertus, et Warnerus, de suo contulerant; clausum
unum super Mosellam; alterum qui dicitur Adelendi; tertium qui dicitur
Adelberti; item vineam quæ dicitur sancti Martini; item quæ dicitur in
Mortario *a*; item quæ dicitur in Plantaria (2); item quæ dicitur in Argi-   5
leto *b*; item quæ dicitur in Marmoreio, nec non et mansum unum,
cum servis et ancillis, atque vincis, dono Gerulfi; ad Flori-
hing (3), mansum unum, cum vincis, dono Gerardi comitis;
ad Sanctum Julianum (4), mansum dimidium et vincam dimidiam dono
Heinredi *c*; super Mosellam, apud Moreium *d* (5), sedilia duo, et vineas,   10
dono Martini; in Medocia, clausum unum; super Scantiam (6), molendinum cum manso et terris appenditiis, dono Bertharii; coram porta
civitatis quæ ipsum adit monasterium, dono Flothildis, quantum sibi
fuerat allodii; ad Haponis cortem *e* (7), mansum indominicatum, molendina

a. Mortacio.   15
b. Argeleto.
c. Herardi.
d. Maureiam.
e. Happonis cortem.

---

(1) Le diplôme de l'empereur Henri II, de 1014-1015 (partie iné-   20
dite), contient la même mention. (*Cartulaire de Saint-Vanne*, ms. lat.,
n° 5214, fol. 75.) — On trouve dans Beyer (*Urkundenbuch*, etc., t. 1,
p. 272), un acte du 10 juin 965, par lequel un comte Herman fait
une donation à Saint-Martin de Munstermaifeld; il y mentionne sa
mère Richwara, déjà morte à cette date.   25
(2) Plantières (?), arrondissement et canton de Metz (Moselle).
(3) Florenge, arrondissement et canton de Thionville (Moselle).
(4) Saint-Julien, arrondissement et canton de Metz (Moselle).
(5) Malroy (?), arrondissement de Metz, canton de Vigy.
(6) La Scance, ruisseau.   30
(7) Ippécourt, arrondissement de Bar-le-Duc, canton de Triaucourt (Meuse).

tria, mansos vestitos duos, unum ex potestate sancti Juliani (1),
cum omnibus appenditiis dono Adelbardi et Dudonis; culturam quoque
unam quæ Belleni dicitur; pratum qui dicitur Guitteri, ex
dono Amandi, insulam etiam quæ Frumosa (2) vocatur; pratum
quoque adjacens Balareio (3) territorio. Dedit etiam ipse Dudo
terras, et sedilia ad Villam super Cosantiam (4); ad Flabasium (5), mansos
quatuor, cum terris indominicatis, pratis, silvis, pascuis et utriusque
sexus mancipiis, dono domni Berardi; Solidiaco (6), quartam partem
ecclesiæ, cum duobus mansis et mancipiis, dono Richeri; apud Busleni
villam (7), medietatem ecclesiæ, dono Anscheri (8); ad Rigildi
cortem, mansos duos, dono Herembaldi "; allodium de Essio (9),
vineamque optimam, cum silva, dono Berneri, et aliam silvam
eidem territorio adjacentem, ab uxore Dodilini emptam,
presentibus filiis ejus; ad Donnaus (10) vero, juxta Flabasium,
mansum unum dimidiamque capellam, cum silva, dono Got-

24 avril
1031

a. Fremboldi.

---

(1) Saint-Julien, arrondissement et canton de Commercy.

(2) Fromezey, arrondissement de Verdun, canton d'Étain.

(3) Belleray, arrondissement et canton de Verdun.

(4) Ville-sur-Cousance, arrondissement de Verdun, canton de
Souilly.

(5) Flabas, arrondissement de Montmédy, canton de Damvillers.

(6) Souilly, canton de ce nom, arrondissement de Verdun.

(7) Bulainville, arrondissement de Bar-le-Duc, canton de Triaucourt. — On trouve dans la collection Moreau, t. XX, p. 155, un
acte du temps de l'abbé Richard (1004-1046), contenant don de
Bulainville.

(8) Rignaucourt, arrondissement de Bar-le-Duc, canton de
Vaubecourt.

(9) Eix, arrondissement de Verdun, canton d'Étain.

(10) Deuxnouds-devant-Beauzée (?), arrondissement de Bar-le-
Duc, canton de Triaucourt.

berti; ad Villam *a* (1), in comitatu Stadunensi (2), super Acsonam *b* (3)
fluvium, mansos quatuor, cum silvis et pratis et terris indominicatis,
aquis, aquarumque decursibus, et molendino uno, et mancipiis utriusque sexus, dono Almarici (4); in eodem dominatu *c*, ad Biunnam *d* (5)
et ad Domnum Martinum (6), et ad Braus *e* (7), mancipia utriusque sexus,   5

    a. Villarem.

    b. Asnam.

    c. comitatu.

    d. Byonnam.

    c. Boans.   10

---

(1) Villers-en-Argonne, arrondissement et canton de Sainte-Menehould (Marne).

(2) Le *pagus* ou comté d'Astenois. Voir Longnon, *Etudes sur les
pagi de la Gaule*, dans la *Bibliothèque de l'école des hautes études*,
premier fascicule, pp. 5 et suiv.   15

(3) L'Aisne, rivière.

(4) L'acte de donation d'Almeric, qui est inédit, se trouve dans le
cartulaire de Saint-Vanne, n° 5214, fol. 27 et n° 5435, fol. 8; il est
daté : « *Sub die II junii, anno XII regnante Lothario rege* ». Il porte:
« e portione mea villa quæ dicitur Villare super fluvium Casnidum,   20
» et in alio loco Alsno, in pago Stadunensi super fluvio Aicona,
» mansum indominicatum.» (867 ou 966). Comparez Longnon, p. 12.

(5) Sommebionne, arrondissement et canton de Sainte-Menehould
(Marne).

(6) Dommartin-la-Planchette, arrondissement et canton de Sainte-   25
Menehould (Marne).   .

(7) Braux-Sainte-Cohière ou Braux-Saint-Remy, arrondissement
et canton de Sainte-Menehould (Marne). — Sur ces trois localités de
l'Astenois, voir Longnon, pp. 12 et 13.

cum alodiis suis, dono Hildrici; Castinido ^a (1), mansos duos, cum 24 avril
silvis et terris appenditiis, dono Rotgeri; ad Aumacum, 1031
mansos duos, dono Angelelmi; ad Samaze (2), medietatem
allodii, quam habuit Rasenna, et dedit eidem monasterio, excepto manso
indominicato, et ecclesia super Mosam; in finibus Novæ Villæ (3), decem
et octo picturas vinearum; et e Barrensi comitatu, semper in maio
mense, de redemptione suorum capitalium, decem solidos,
dono Wigfridi præsulis; apud Leudonis sartum (4), mansum
unum, cum terris, silvis, familia, dono Gerbergæ; ad Geldulfi
villam (4), integram medietatem alodii, et medietatem ecclesiæ,
tam in terris, quam in pratis, silvis, pascuis, cultis et incultis,
mancipiis utriusque sexus, dono Rodulfi, filii Rodulfi comitis;
ecclesiam de Betolani villa (5), cum mansis dimidiis, terris,
silvis, reddita a domno Heimone præsule. Delegavit etiam idem
præsul Heimo prædicte ecclesiæ, publicum mercatum in Monte
sancti Vitoni (6); ad Masmelli pontem, quatuor mansos cum
pratis, silvis et cæteris appenditiis; ecclesiam quoque de

a. Castuneo.

---

(1) Laurent de Liége (*Gesta episcop. Virdun.*, dans les *MGH.*,
t. X, p. 492) cite un Gérard, *comes Castiniensis*. Il y a Châtenay-
Macheron et Châtenay-Vaudin, arrondissement et canton de Langres
(Haute-Marne); il y a aussi Châtenois, canton de ce nom, arrondissement d'Épinal (Vosges).

(2) Une note, dans les *MGH.*, t. X, p. 506, cite Sammazane dans
la paroisse de Til, doyenné de Chaumont. Il y a aussi Salmagne,
arrondissement de Bar-le-Duc, canton de Ligny (Meuse).

(3) Neuville en Verdunois. Voy. plus haut.

(4) On trouve dans la collection Moreau, t. XLVI, p. 203, l'acte
de donation, par le comte Rodolphe, de « *Geldulfi villa*, in pago et
« comitatu Virdunensi. »

(5) Bethelainville, arrondissement de Verdun, canton de Charny.

(6) Mont-Saint-Vanne, à Verdun.

24 avril
1031 Tilliaco (1), cum manso uno; piscaturam quoque, quæ ab antecessore injuste fuerat ablata, eidem loco restituit, cum pisca-
toribus et terra ad eosdem pertinente, et decimam de Sartange
apud Vesuns. Comes Gotdefridus quasdam res ad præfatum locum
subnotatas dedit : in villa quæ Borbac nuncupatur, mansos viginti,
cum ecclesia et silva, pratis, pascuis, aquis, aquarumque decursibus,
et familia utriusque sexus; ad Domnum Basolum (2), mansum unum,
et terras indominicatas, cum prato uno et molendino uno. Dedit quoque
ipse comes ad eundem locum, prædium quod vocatur Borrai ª (3), habens
mansos duodecim, cum silva, pratis, pascuis, vincis indominicatis, aquis
aquarumque decursibus, et familia utriusque sexus. Herimannus quoque
venerabilis comes, in comitatu Bracbantinse, in prædio quod Haslud (4)
vocatur, triginta eidem contulit mansos loco, cum ecclesia, terris, pratis,
pascuis, aquis, aquarumque decursibus et mancipiis utriusque sexus.
Simili modo apud Feilsecum dedit ecclesiam ejudem prædii, cum tribus
mansis ad eandem pertinentibus, cum omnibus adjacentiis. In eodem
denique loco, ex eodem suæ proprietatis allodio, octo mansos tradidit,
cum familia utriusque sexus et suis appenditiis, et ecclesiam de
Ermefredegehe. In villa Beurunes, quæ sita est in pago Hainau,
dederunt tam ipse quam frater ejus dux Godefridus, triginta mansos,
cum ecclesia integra, et omnibus appenditiis. Dedit etiam idem comes
Herimannus ecclesiam Genglaviam cum præbenda et tribus
mansis, quæ est in comitatu Hoiensi sita; et in Namucensi,
ecclesiam de Ham. Cæterum, in senectute bona, prædium

a. Bovai?

---

(1) Tilly-sur-Meuse, arrondissement de Verdun, canton de Souilly.

(2) Dombasle, arrondissement de Verdun, canton de Clermont.

(3) Bovéc (?), arrondissement de Commercy, canton de Void
(Meuse).

(4) Op-Hasselt. Sur cette localité et celles qui suivent, voy. pp. 84
et suiv.

nomine Monnau dedit beato Petro : adspiciunt ibi quatuor 24 avril 1031
fiscales mansi cum ecclesia et molendino uno, pratis, pascuis et
utriusque sexus mancipiis, silva spaciosa. Comes etiam Liuthar-
dus, in eodem monasterio monachus factus, dedit in pago Waprensi,
in comitatu de Custerei (1), prædium Bailodium (2) dictum, ecclesiam
scilicet, cum dote sua, mansum indominicatum, cum aliis quadraginta;
tradiditque in ipsius monasterii usus, cum omnibus omnino
reditibus; ad villam quæ Elna (5) dicitur, tenet locus mansum
indominicatum, cum terris, pratis, silvis, aquis, aquarumque
decursibus, ex dono Lauvuini; ad Morinicortem (4), mansum
unum, cum terris, silvis et omnibus adjacentiis, dono Gersen-
dis; ad Rongeivillam (5), terras, cum pratis et silva; apud
Germundivillam (6), terras cum pratis et silvis et sedilibus;

---

(1) Le comté de Cutry, arrondissement de Briey, canton de
Longwy (Moselle). — On lit : *comitatus Decusteri*, dans le diplôme de
l'empereur Henri II, de 1014-1015; il s'agirait, d'après Dom Calmet
(t. II, preuves, pp. 222 et 250). d'un comté de Dextroch, cité dans
un acte de 966.

(2) Baslieux, arrondissement de Briey, canton de Longwy. —
Hugues de Flavigny (*MGH.*, t. VIII, p. 576) rapporte ainsi la
donation : « *Lietardus comes de Marceio dedit Bailodium.* » *Marceium*
est Mercy, arrondissement de Briey, canton d'Audun-le-Roman
(Moselle). En 1014-1015, l'empereur Henri II confirme à l'abbaye
de Saint-Vanne la donation du comte Liétard : « *predium Ballodium*
« *in pago Macensi* » Stumpf, *Die Reichskanzler*, t. III, p. 574, n° 266.
En marge du manuscrit, on lit : « *Donatio Bollodii prope Lominicum*
« (*Lonwinicum?*), *in Treverensi episcopatu.* »

(5) Esnes, arrondissement de Verdun, canton de Varennes (Meuse).

(4) Morlaincourt, arrondissement de Verdun, canton de Clermont.

(5) Régneville, arrondissement de Montmédy, canton de Mont-
faucon.

(6) Germonville, hameau de Fromeréville, arrondissement de
Verdun, canton de Charny.

24 avril
1031
ad Ornam in Wapra (1), terras cum silvis et pratis; apud
Flabasium (2), cortem Sanctæ Mariæ; terras cum pratis et
silvis; apud Gotfredi villam (3), mansum unum dimidium
cum terris indominicatis, cum prato, silva, dono Richeri.

Hæc autem supra nominata bona, præfato monasterio et
monachis ibidem sub regula sancti Benedicti degentibus, per
hoc nostrum imperiale præceptum, confirmamus atque corroboramus, ea ratione ut nemo post hæc de eisdem bonis ad
illorum dampnum, se intromittere præsumat, quatinus ipsis
liceat pro vita nostra regnique nostri statu et totius ecclesiæ
utilitate, Dominum exorare. Et ut hoc verius credatur diligen-
tiusque per futura annorum curricula observetur, hanc paginam inde conscriptam manu propria corroborantes, sigilli
nostri impressione insigniri jussimus.

Signum domni Chuonradi invictissimi Romanorum (*monogramme*) imperatoris augusti.

Udalricus cancellarius recognovit (*locus sigilli*).

Data viiı kal. maii, indict. xiii, anno dominice incarnationis
millesimo XXX° I°, autem domni Chuonradi secundi regni vii°,
imperii vero v°. Actum Noviomago.

---

(1) Ornes, arrondissement de Verdun, canton de Charny.

(2) Flabas. Voir plus haut.

(3) Joudreville (?), arrondissement de Briey, canton d'Audun-le-
Roman (Moselle).

EXTRAITS DU NÉCROLOGE DE L'ABBAYE DE SAINT-VANNE (1).

viii idus januarii :

Venerande memorie dominus Fridericus (2), monachus ejus loci, ex comite conversus, frater Godefridi et Gozelonis ducum, qui nobis Borracum (3) contulit.

xvi kalendas februarii :

Matildis (4), que dedit nobis v solidos Cathalaunensium apud Fontenyes (5), in die anniversarii sui percipiendos.

xiv kalendas februarii :

Odila (6), que tradidit ecclesie nostre quatuor mansos in Belrui (7), loco Campanie, et unam ancillam.

v kalend. martii :

Godefridus junior (1), dux et marchio.

---

(1) Ce nécrologe, du XIVe siècle, est en original à la bibliothèque de Verdun (voir *Catalogue général des manuscrits des bibliothèques publiques des départements*, t. V, p. 428). Il en existe une copie, par Buvignier, à la Bibliothèque nationale, à Paris, *Nouvelles acquisitions latines*, n° 1417. Il a été publié partiellement par Sackur (*Neues Archiv*, t. XV, p. 126).

(2) Fréderic, quatrième fils de Godefroid le Captif et de Mathilde de Saxe, mort le 6 janvier 1022. Voir Ernst, *Les comtes d'Ardennes*, CRII., 2, t. X, p. 275.

(3) Voir la note 3 de la page 98.

(4) Il ne s'agit pas ici de Mathilde de Saxe, femme de Godefroid le Captif, et dont le décès est rapporté ci-après au 25 mai,

(5) Fontaines, arrondissement de Montmédy, canton de Dun.

(6) Odile, petite-fille de Godefroid le Captif et fille d'Herman, comte de Verdun. Elle mourut abbesse du monastère de Sainte-Odile, en Alsace. Ernst, p. 279; *Art de vérifier les dates*, t. IV, p. 180.

(7) Belrupt, arrondissement et canton de Verdun.

(8) Godefroid le Bossu, duc de Basse-Lotharingie, mort le 26 février 1076.

v kalend. aprilis :

Herimannus comes (1), qui nobis dedit ea que habemus apud Domnum-Basolum (2).

viii kalend. junii :

Domina Matildis(3), comitissa, digne memorabilis, que locellum ª nostrum honestavit auri et argenti donariis et prediis.

v kal. junii (4) :

Anno incarnationis dominice Mᵒ XXᵒ IXᵒ, obiit pie memorie dominus Herimannus, ex comite conversus, qui pre cunctis mortalibus locum hunc ditavit suis donis et possessionibus. Dedit enim Haslud cum ecclesia, in Felseca unam, in Rogeri curte xii mansos, in Hermefregebem unam ecclesiam. Pro his omnibus concambuit nobis comes Balduinus Flandrensis Bonvillare (5) cum dimidia ecclesia,

a. *Hugues de Flavigny, dans les MGH.*, t. VIII, p. 575.

---

(1) Il ne faut pas confondre ce comte Herman avec Herman, comte d'Ecnham, cinquième fils de Godefroid le Captif, et qui mourut, comme on va le voir, le 28 mai 1029. Du Cange, vⁱˢ *Oblati monasteriorum*, donne le texte d'un acte de 1025, par lequel, en présence d'un comte Herman, deux femmes de *Haslum (Domnum-Bosolum?)* se donnent en servitude à Saint-Vanne.

(2) Dombasle, arrondissement de Verdun, canton de Clermont.

(3) Il s'agit vraisemblablement de Mathilde de Saxe, femme de Godefroid le Captif. Ernst, p. 272, place au 24 juillet 1009 la date de son décès, en renvoyant à Meyer et à l'auteur de la chronique de Saint-Bavon; mais cette date n'est indiquée ni dans l'un ni dans l'autre. Le *Necrologium Luneburgense*, comme notre texte, fixe au 25 mai la date du décès de cette princesse (Wedekind, *Nekrologium des Klosters S. Michaelis in Lüneburg*, p. 39).

(4) Cette date de la mort d'Herman, fils de Godefroid le Captif et de Mathilde de Saxe, concorde avec l'épitaphe rapportée par Mabillon (*Vetera analecta*, p. 380) : « Junius hunc quinto subvexit ad astra « kalendas. »

(5) Bonvillers, arrondissement de Briey, canton d'Audun-le-Roman (Moselle).

Hevenges similiter cum dimidia, in Vitreio (1) vineas, in Con-
deit (2) similiter vineas cum quadam parte ecclesie, in Harvia xx mansos cum familia magna. Sine isto tamen concambio tradidit
nobis Monnau et ecclesiam cum silva spaciosa, Fontagiam (3)
5 quoque cum ecclesia, familia et vinea optima, theloneum et
monetam Mosomensem (4), et duas ecclesias, unam in Gravia,
alteram in Ham (5), et capellam indominicatam in predicta
Gravia, cum duobus mansis. Pro dictis vero Gravia et Harvia
cum appendiciis habemus per permutationem ecclesiam de
10 Brouceio (6) et duas partes decimarum tam grosse quam
minute.

viii kalendas julii :

Ermesendis, comitissa Namucensis, que, cum viro suo, nobili
comite Alberto (7), cellam Montis Sancti Martini (8) cum
15 omnibus appendiciis suis nobis contulit et sua cartha confirmavit.

---

(1) Vitrey, arrondissement de Nancy, canton de Vézelise (Meurthe).

(2) Il y a dans le département de la Meuse une localité du nom de
Condé, une autre dans la Moselle et dans la Marne, et trois dans les
20 Ardennes.

(3) Fontaine, dans la Meuse ou la Marne.

(4) Mouzon, canton de ce nom, arrondissement de Sedan (Ardennes).

(5) Gesves et Ham-sur-Sambre ou Hamois.

25 (6) Il y a dans la Meuse deux Broussey, arrondissement de Commercy, cantons de Void et de Saint-Mihiel.

(7) Ermesinde, femme d'Albert de Moha et de Godefroid de
Namur.

(8) Mont-Saint-Martin, arrondissement de Vouziers, canton de
Monthois (Ardennes).

iii nonas septembris :

Godefridus comes (1), pater ducis Gozelonis, qui nobis Borracum (2) contulit.

v kalend. octobris :

Godefridus dux (3), frater Gocelonis ducis, qui nobis in 5
Beurunes (4) ix mansos dedit, suaque superlectile monasterium hoc admodum locupletavit.

xii kalend. novembris :

Godefridus (5), filius Herimanni comitis, pro cujus anima date sunt nobis due ecclesie, una que vocatur Gengeavia, alia 10
Ham (6), ab ipso comite nobis tradite.

xv kalend. januarii :

Domna Goda (7), que dedit nobis ecclesiam de Felsica (8).

ix kalend. januarii :

Godefridus (9), dux et marchio, filius ducis Gozelonis, qui 15
nobis dedit ecclesiam de Viviers (10), pro se et pro patre suo duce Gozelone.

---

(1) Godefroid le Captif. On ignore l'année de sa mort; elle devrait être fixée au 4 septembre, d'après une épitaphe qui existait dans une chapelle de l'église de l'abbaye de Saint-Pierre, à Gand. Ernst, p. 272. 20

(2) Voir pp. 94 et 101.

(3) Godefroid Ier, duc de Basse-Lotharingie, mort le 27 septembre 1025, fils de Godefroid le Captif et de Mathilde de Saxe.

(4) Buvrinnes. Voy. p. 84.

(5) Godefroid, fils du comte Herman et d'une concubine. Voy. 25
Ernst, p. 281.

(6) Gesves et Ham. Voy. pp. 87 et 88.

(7) Ne faut-il pas lire *Doda*, femme de Godefroid II?

(8) Velsique. Voy. p. 84.

(9) Godefroid II, mort le 24 décembre 1069, fils du duc Gozelon, 30
duc de Haute-Lotharingie (1044-1047), de Basse-Lotharingie (1065-1069).

(10) L'archevêque de Reims donne à Saint-Vanne, en 1040, l'autel *de Vivariis, Gallia christiana*, t. XIII, col. 557; Wauters, *Table*, etc., t. Ier, p. 670.

V

L'ABBAYE D'HASNON

L'abbaye d'Hasnon, située dans l'Ostrevant sur les bords de la Scarpe, fut fondée, dit-on, au VIIe siècle. Les Normands la détruisirent vers l'an 880, et l'histoire se tait sur ses destinées jusqu'en 1065, époque à laquelle Baudouin de Mons, alors comte de Hainaut par sa femme Richilde et qui devint comte de Flandre en 1067, la restaura en lui assurant de grands biens (1).

Nous avons publié déjà plusieurs actes des XIe et XIIe siècles concernant cette abbaye (2); nous en donnerons ici quelques autres.

---

(1) Voir l'acte dans la *Gallia christiana*, t. X, *instrumenta*, p. 82, et nos *Recherches*, etc., p. 402. Le roi de France, Philippe Ier, confirma la même année cette restauration de l'abbaye (*Gallia christiana*, ibid., p. 84). — La mouvance de l'Ostrevant ayant été contestée au XIIIe siècle entre la France et l'Empire, l'acte de 1065 fut invoqué et discuté dans les mémoires produits sur cet objet. Voir LE GLAY, *Nouveaux analectes*, pp. 116 et suiv.

(2) Nos *Recherches*, etc., pp. 402, 444, 449, 454, 475 et 641.

1082.

1082 Un certain Rumold, donne des biens a l'abbaye d'Hasnon, en prenant l'habit religieux.

Cartulaire de l'abbaye d'Hasnon, fol. 134, *aux Archives du royaume à Bruxelles.* — *Cartulaire de l'abbaye d'Hasnon, à la Bibliothèque de Douai*, fol. 66. — *Collection Moreau,* t. XXXIII, p. 106.

In nomine summe et individue Trinitatis, amen. Dominus dicit in euvangelio : date et dabitur vobis. Quapropter ego in Dei nomine Rumoldus, cum intellexissem quanta repromissio sit promissi relinquentibus bona transitoria, quicquid possidebam in alodiis vel redditibus seu ceteris possessionibus reliqui, et fratribus, in cenobio Hasnoniensi Deo et beato Petro principi apostolorum servientibus, quedam tradidi, scilicet Bunvoisin et Retpruniel (1), et molendinum prope domum petrinam Duaci. Inter que etiam quandam mei juris feminam, Fulquidem nomine, cum omni posteritate sua, sicut mihi hereditario jure competebat, ibidem mancipavi, et insuper meipsum, sub habitu religionis Christo militaturum, fratribus ejusdem cenobii aggregavi. Que nostra traditio ut firma atque rata perpetuo maneat, in omnes qui hoc nostre devotionis munus infringere vel se de servitio sancti Petri subtrahere voluerint, nec resipuerint, abbas Rollandus et fratres ejusdem cenobii sententiam excommunicationis, me annuente, intulerunt; scripto etiam mandare curantes, testes idoneos suscrip-

_____

(1) Localités inconnues, aux environs de Douai.

serunt et sigillo sancti Petri annotaverunt. Signum Hugonis 1082
consanguinei mei. Signum Gerardi de Fanmars. Signum Guillelmi senioris de Bolen. Signum Guillelmi junioris. Signum
Gerardi de Wallers. Signum Rumoldi fratris ejus. Sigum Adon
5 de Bolen. Actum anno Verbi incarnati MᵒLXXXᵒIIᵒ, indictione Vᵃ.

1086 (1).

GÉRARD, ÉVÊQUE DE CAMBRAI, CONFIRME LA DONATION DE BAUDOUIN, 1086
COMTE DE MONS, ET DE SA MÈRE RICHILDE, A L'ORATOIRE DE
10 NOTRE-DAME, A VALENCIENNES, ET CONSACRE LES AUTELS DE
SAINT JEAN-BAPTISTE ET DE NOTRE-DAME EN CETTE VILLE (2).

*Cartulaire de l'abbaye d'Hasnon, fol. 28, aux Archives
du royaume à Bruxelles.*

In nomine sancte et individue Trinitatis, Patris et Filii et
15 Spiritus sancti. Ego Gerardus, sancte Cameracensis ecclesie
episcopus, notum volo fieri tam futuris quam presentibus, quia
comes Balduinus et mater sua Richeldis, pro salute animarum
suarum, quoddam oratorium in honore sancte Dei genitricis

---

(1) La date de 1080 qui figure dans la souscription de l'acte est
20 erronée : Lotbert ne devint abbé d'Hasnon qu'en 1084. A cette date
de 1084 correspond aussi l'année huitième du pontificat de l'évêque
Gérard; mais l'indiction et le concurrent se rapportent à l'année
1086.
   (2) Après la mort de sa mère Richilde, Baudouin, comte de Mons,
25 avait, en 1086, affranchi l'église de Notre-Dame de Valenciennes de
toute juridiction et l'avait donnée à l'abbaye d'Hasnon. Jacques
de Guyse, qui a inséré l'acte dans sa chronique d'après l'original, y
ajoute l'observation suivante : « Et nota, ô lector, quod in circum-
» ferentia sigilli scriptura talis est : *Sigillum Balduini comitis de*

1086   Marie, nec non et sancte Fidis virginis, juxta oppidum Valen-
tianarum, que possessio eorum erat, ceperint edificare. Quod ex
proprio sumptu dotantes, ut haberent ibidem Deo servientes
unde sustentarentur et causa servitii eterna sperarent, brui-
lium cum terra usque Gogioli pratum liberum eis dederunt,   5
et terciam partem reddituum omnium cambarum in novo
burgo ad comitem pertinentem, praeter cambam Acquicinen-
tium et Lamberti Augostini et Gualberti de Mastaing et Burchardi et Godeberti; medietatem etiam ville Aletum ᵃ (1) vocate
liberam. Super quo filius cum matre me adierunt, expostu-   10
lantes ut ea autenticarem et sigilli mei impressione corrobo-
rarem. Ego igitur, domini Lotberti abbatis Hasnoniensis
ecclesie, cujus sub regimine ea construebantur, et eorum
adquiescens petitionibus, duo altaria, unum in honore sancti
Johannis Baptiste, alterum vero in honore sancte Fidis vir-   15
ginis, cum atrio consecravi; illam quoque ecclesiam ab omni
episcopali censu et ab omni parrochiali redditu liberam, tam
pro salute animarum successorum meorum quam mee, feci.
Ut autem hec rata et firma manerent, sigilli mei impressione
signavi et subsignatorum tam clericorum quam laicorum testi-   20
monio corroborare existimavi. Signum mei ipsius Gerardi.
Signum Guidonis prepositi et archidiachoni. Si quis autem

---

a. Alnetum, *dans l'acte du comte Baudouin.*

» *Montis.* Prædictam verò donationem prædictus Balduinus et ejus
» mater Richildis fecerunt confirmari, eodem anno et codem mense, 25
» per reverendum episcopum Cameracensem, Gerardum, anno sui
» pontificatus VIII, prout patet in solemni chartâ in archivis eccle-
» siæ beatæ Virginis Valencenensis prædictæ conservatâ. » JACQUES
DE GUYSE, t. XI, p. 252. C'est cette charte de confirmation que nous
publions.   30
  (1) Aulnoy, arrondissement et canton de Valenciennes.

institutionis nostre paginam infringere templaverit, fiat ana- 1086
thema maranatha donec resipuerit et satisfecerit. Actum ab
incarnatione Domini M^oLXXX, indictione VIII, concurrente III°,
presulatus vero mei anno VIII.

1099.

Cartulaire de l'abbaye d'Hasnon, fol. 107, *aux Archives du
royaume à Bruxelles. — Cartulaire de l'abbaye d'Hasnon,*
10 *à la Bibliothèque de Douai,* fol. 73. *— Collection Moreau,*
t. XXIX, p. 62.

In nomine sancte et individue Trinitatis. Manasses, gratia
Dei Cameracensium episcopus, salutem et pacem cunctis Christi
fidelibus. Quamvis bonis transitoriis et eternis nulla sit adin-
15 vicem digna comparatio, sit tamen per gratiam Dei, ut pro
transitoriis hujus mundi celestium bonorum adquiri valeat
perpetua beatitudo; super quo nimium confortatus, pro salute
anime mee, predecessorum quoque necnon et successorum
meorum, trado sancto Petro Hasnoniensis ecclesie, ad usus
20 videlicet fratrum ibidem servientium, altare de Felseca (1) cum
appenditiis suis, ut ipsum liberum ab omni persona habeant et
imperpetuum teneant, sic tamen ut singulis annis obsonia
altaris debita solvant. Quicumque autem supradictum altare
ab ecclesia illa subtrahere, quod absit, voluerit, sit anathema
25 maranatha, id est alienatus a consortio Dei. Ut autem hoc ratum
maneat et inconvulsum, bonorum subsignatorum testimonio
corroboravi nec non et sigilli mei impressione signavi. Signum
Rodulfi archidiaconi. Signum Theoderici archidiaconi. Signum

---

(1) Velsique. Voir ci-devant, p. 84.

1099 Adam, ecclesie Sancti Auberti episcopi abbatis. Signum Raineri, ecclesie Sancti Sepulchri abbatis. Signum Goiffridi, ecclesie Sancti Andree de Novo Castello abbatis. Signum Erseboldi, ecclesie Sancte Marie prepositi. Signum Erseboldi, ejusdem ecclesie decani. Signum Alardi, ecclesie Sancti Gangerici 5 prepositi. Signum Anselli capellani. Signum Galteri capellani. Signum Goiffridi canonici. Signum Gerardi canonici. Actum est autem hoc anno dominice incarnationis millesimo nonagesimo ix°, indictione vii°ma, presulatus vero domini Manasse anno iii°, regnante domino nostro Jhesu Christo. 10

1106

1106 BAUDRY, ÉVÊQUE DE NOYON ET DE TOURNAI, DONNE A L'ABBAYE
D'HASNON L'AUTEL DE LEERS.

Collection Moreau, t. XLII, p. 108.

In nomine sancte et individue Trinitatis, Patris et Filii et 15 Spiritus sancti. Ego Baldricus, Dei gratia Noviomensium atque Tornacensium episcopus, notum volo fieri omnibus sancte matris Ecclesie fidelibus quod domnus Albertus, Sancti Petri Hasnoniensis monasterii abbas, nostram adierit presentiam, humiliter et devote obsecrans quatenus altare de villa de 20 Leirs (1) nuncupata, quod Sicherus in personatu tenebat et sibi suisque monachis concedere volebat, Dei et eorum gratia concederem ac pontificali auctoritate confirmarem. Horum igitur religiosum propositum considerans, consilio et assensu L. archidiaconi nostri nostrorumque clericorum, eodem etiam 25

(1) Leers (France), arrondissement de Lille, canton de Lannoy, et Leers-Nord (Belgique), arrondissement de Tournai, canton de Templeuve.

S[ichero] qui personatum tenebat assentiente, concessi eis
eorumque successoribus et donavi predictum altare, sub perpetua libertate tenendum; ea videlicet conditione, quod presbyter ejusdem loci curam ab episcopo vel ab ejus archidiacono
5 suscipiat et debitam eis obedientiam exhibeat; abbas vero
ejusdem loci episcopales sumptus et sinodalia jura episcopo
seu ejus ministris sicut antea solvat; sicque predictum altare
ipse ejusque successores sub perpetua libertate teneant. Ne
ergo hujusmodi traditionem aliquis violare presumat, sub
10 anathematis interdictione confirmavi et pontificalis signi auctoritate corroboravi, clericis nostris assentiontibus, Lamberto
diacono, Gontero decano, Gontero preposito, Balduino cantore,
Geldulfo, Lelberto, Gualtero, Henrico decano, Adam, Salomono,
Hetberto. Actum anno dominice incarnationis M° C° VI°,
15 indictione xiiiᵃ, regnante rege Philippo, episcopante domno
Baldrico. S. Guidonis cancellarii.

1108-1118 (1).

Rodolphe, archevêque de Reims, confirme a l'abbaye d'Hasnon 1108-1118
 les libéralités faites par Baudouin, comte de Hainaut, et
20 par sa mère Richilde.

Cartulaire de l'abbaye d'Hasnon, à la Bibliothèque de Douai,
fol. 67 rº. — Collection Moreau, t. XLVII, p. 137 et t. XLVIII,
p. 178.

In nomine Patris et Filii et Spiritus sancti et individue Trini-
25 talis. Rodulphus, Dei gratia Remorum archiepiscopus, dilecto
in Christo filio Bonefacio, Hasnoniensis monasterii abbati,
ejusque successoribus regulariter promovendis in perpetuum.
Pastoralis officii cura constringimur piis religiosorum peti-

———

(1) Boniface fut abbé d'Hasnon de 1108 à 1118.

1106

1108-1118 cionibus facilem assensum prebere. Tui ergo desiderii, fili in Christo karissime Bonefaci, justis postulationibus benigne annuentes, presentis pagine authoritate tam tibi quam tuis successoribus in perpetuum confirmamus quod liberalitas comitis Balduini matrisque sue Ricildis Hasnoniensi monaste- 5 rio contulit et benignitas felicis memorie domini Gerardi, Cameracensis ecclesie episcopi, firmavit, secumdum quod in privilegio ipsius imaginis impressione munito legimus (1).

1119.

1119   BURCHARD, ÉVÊQUE DE CAMBRAI, RÈGLE UN ACCORD ENTRE L'ABBAYE 10
       D'HASNON ET LES MOINES DE SAINT-SAUVE DE VALENCIENNES, AU
       SUJET DE L'ÉGLISE DE NOTRE-DAME EN CETTE VILLE.

Cartulaire de l'abbaye d'Hasnon, à la Bibliothèque de Douai,
   fol. 32. — *Collection Moreau,* t. XLIX, p. 150.

In nomine sancte et individue Trinitatis. Burchardus, divina 15 miseratione Cameracensis minister, tam futuris quam præsentibus in perpetuum. Quoniam officio nostro incumbit discordantes componere, post longam disceptationem inter abbatem Hasnoniensem et monachos Sancti Salvii de rebus parochialibus Sancte Marie, Valencianis in novo burgo site, habitam, 20 hoc modo terminavimus aucthoritate et consilio domini nostri Radulphi, Remorum archiepiscopi, et suffraganeorum ejus, præsente et concedente domino Poncio, Cluniacensi abbate. Ita statuimus ut prefata Sancte Marie ecclesia priori et fratribus Sancti Salvii quotannis decem Valencianensis monete solidos 25 pro rebus parochialibus præter baptisma, ab omnibus in pro-

_____

(1) Voir, sur ces donations, nos *Recherches,* etc., pp. 444, 449 et 454, et l'acte de 1086 ci-devant, p. 107.

cinctu fossati ecclesie manentibus recipiat. Oleum vero infir- 1119
morum monachi sibi et familie sue et commanentibus habeant,
et prefati procinctus parochiales a parochiali presbytero
Sancti Gaugerici baptisma recipiant. Ut autem confederatio
5 hec firmiter stabilita perseveret, precipimus ne fratres Hasnonienses limitem parochie extra fossatum ingrediantur. Quod
si fecerint sive in oblationibus, sive in aliis redditibus, post
fratrum submonitionem, infra xl dies dampnum restituant.
Decernimus vero ut presbyter ibi cantaturus curam de manu
10 nostra recipiat. Quod ut ratum sit, canonico testimonio confirmamus. Signum nostri Radulphi archiepiscopi. S. Guillelmi,
Cathalaunensis episcopi. S. Lisiardi, Suessionensis episcopi.
S. Bartholomei, Laudunensis. S. Lamberti, Noviomensis. S. domini Poncii, Cluniacensis abbatis. S. Johannis archidiaconi.
15 S. Radulphi archidiaconi. S. Anselli archidiaconi. S. Theoderici
archidiaconi. S. Erleboldi prepositi. S. Ulardi decani. S. Bernardi, Gerardi, Roberti, Guidonis, canonicorum. Actum Verbi
incarnati anno M° C° XVIIII°, indictione xıı², presulatus domini
Burchardi IV°.

20 14 juin 1120.

ROBERT, ÉVÊQUE D'ARBAS, DONNE A L'ABBAYE D'HASNON   14 juin
L'AUTEL DE WAVRECHAIN SOUS DENAIN.   1120

Cartulaire de l'abbaye d'Hasnon, à la bibliothèque de Douai,
fol. 29. — Collection Moreau, t. LIII, p. 8, d'après le même
25 *cartulaire.*

In nomine Patris et Filii et Spiritus sancti, unius veri ac
summi Dei, amen. Ego Robertus, Dei miseratione Attrebatensis episcopus, dulcissimis petitionibus tuis et ecclesie cui
preesse dinosceris satisfaciens, dilectissime frater et fili Lam-
berte, abba venerabilis congregationis beatorum Petri et Pauli

8

Hasnoniensis cenobii, pro peccatorum nostrorum remissione,
tibi tuisque successoribus in eo quo es loco et ordine sub regula
sancti Benedicti Deo militantibus, sine aliqua turpis lucri exactione ecclesiam et altare de Wauvrechin (1) juxta Dodonium,
non solum concedimus, verum etiam qua presidemus auctori- 5
tate liberaliter imperpetuum confirmamus. Si quis autem, post
hanc nostram diffinitionem, manu sacrilega ab ecclesia, cui
Deo disponente annuimus, auferre attemptaverit, vel inge-
niosis machinamentis contra ea ire presumpserit, cum Simone
mago anathema sit. Ad cujus etiam pacem et libertate nostra 10
[volumus] quatinus abbas Hasnoniensis presbyterum idoneum
ante presentiam Attrebatentis episcopi deducat, qui ei de
honestate vite sue professionem faciat et canonicam obedientiam promittat, et sic de manu episcopi curam in populo Dei
gerendam canonice accipiat. Volumus etiam et inconvulsa 15
stabilitate concedimus quatenus Hasnonienses monachi, audito
episcopi obitu Attrebatensis, exequias illius fraterne celebrare
non differant, nec non anniversarium ejus perenniter custodiant. Sane, quoniam deterius fluunt tempora nec actiones
humane possent memorari nisi per litteras, hoc libertatis 20
donativum consignari libuit presente pagina Quod ut inconvulsum et sine refragatione permaneat, in augmentum
firmitatis, presentium testium subscripsimus nomina. S. Roberti, Ostrevanensis archidiaconi et sancte Attrebatensis
ecclesie doctoris. S. Drogonis Atrebatensis archidiaconi. 25
S. Odonis Atrebatensis prepositi S. Anastasii ejusdem ecclesie
cantoris. S. canonicorum ejusdem ecclesie, Baduini sacerdotis,
Bertulfi, Hugonis, Pasqualonis. S. Guerimboldi, Sancti Amati

---

(1) Wavrechain sous Denain, arrondissement de Valenciennes,
canton de Bouchain. En 1092-1096, Baudouin, comte de Hainaut, 30
avait confirmé à l'abbaye les biens qu'elle possédait dans cette
localité. WAUTERS, *Rapport*, etc., p. 106.

de Duaco decani. S. domni Bovonis, Sancti Amandi abbatis. 14 juin
1120
S. domni Symonis, Sancti Nicolai de Sylva Vedogii abbatis.
S. Sancti Amalrici decani. S. Roberti decani. S. Lainulfi decani.
S Guillelmi decani. S. clericorum domus episcopi, Rogeri
sacerdotis, Guiberti diaconi, Hugonis acoliti. Ego Robertus,
Dei miseratione Attrebatensis episcopus, hoc libertatis donativum relegi, subscripsi et in nomine Patris et Filii et Spiritus
sancti propria manu confirmavi. Actum Atrebatibus, anno Dei
Christi M° C° XX°, xvii° kal. julii, indictione x², anno vero
pontificatus domni Roberti Atrebatensis episcopi vi°, regnante
in Francia Ludovico rege, et in Flandria Karolo comite.

19 avril 1147.

LE PAPE EUGÈNE III CONFIRME LES POSSESSIONS DE L'ABBAYE D'HASNON (1). 19 avril
1147

*Collection Moreau, t. LXIII, p. 4, d'après un recueil de chartes
de l'abbaye d'Hasnon.*

Eugenius episcopus, servus servorum Dei, dilectis filiis Ful-
coni, abbati Hasnonensis monasterii, ejusque fratribus tam
presentibus quam futuris regularem vitam professis in perpetuum. Religiosis desideriis dignum est facilem prebere consensum, ut fidelis devotio celerem sortiatur effectum. Ea propter,
dilecti in Domino filii, vestris justis postulationibus clementer

---

(1) Par une charte du lundi de la Pentecôte (27 mai) 1219, la
comtesse Jeanne déclare qu'ayant vu les privilèges accordés à
l'abbaye d'Hasnon par le roi de France Philippe Ier, en 1065, et
par le pape Eugène III, en 1147, elle lui confirme les mêmes franchises dans toutes ses possessions, à Reninghes, Saint-Pierre-Brouc,
Bourbourg et Ferrière (Chambre des comptes, à Lille).

19 avril
1147 annuimus, et prefatum monasterium, in quo divino mancipati
estis obsequio, sub beati Petri et nostra protectione suscipimus
et presentis scripti privilegio communimus, statuentes ut
quascumque possessiones, quecumque bona idem monasterium
impresentiarum juste et canonice possidet, aut in futurum
concessione pontificum, largitione regum vel principum, oblatione fidelium seu aliis justis modis, Deo propitio, possit
adipisci, firma vobis vestrisque successoribus et illibata permaneant. In quibus hec propriis duximus exprimenda vocabulis : in episcopatu Attrebatensi, totam villam Hasnonie
cum altari et casa et omnibus appendiciis suis; in cadem villa
vivarium cum molendino habens meatum fontis de Harten (1),
ubi oritur, usque ad villam Hasnoniam, sine omni retinaculo,
ex antiquo jure ferens navigium cum districto, banno justicie
et sine omni advocasia; apud Waslers (2), partem decime sub
censu reddente quotannis modium frumenti et modium avene
ad mensuram Duacensem; in sylva cidem ville adjacente, ligna
cunctis ignibus monasterii sufficientia; apud Harten (3), tria
curtilia, apud Estalden (4) de curte Sancti Amandi modium
frumenti ad mensuram Duacensem; in villa Havelui (5), partem decime; apud Alverhui (6), partem decime; altaria de
Erin (7) et de Belen (8) cum curtilibus suis; villam Monchii (9)

---

(1) Le ruisseau d'Hertain.

(2) Wallers, arrondissement et canton de Valenciennes.

(3) Hertain, arrondissement et canton de Tournai.

(4) Escaudain, arrondissement de Valenciennes, canton de Bouchain.

(5) Haveluy, arrondissement de Valenciennes, canton de Bouchain.

(6) Lieu inconnu.

(7) Herin, arrondissement et canton de Valenciennes.

(8) Bellaing, arrondissement et canton de Valenciennes.

(9) Monchy-le-Preux, arrondissement d'Arras, canton de Vitry.

integram cum districto, banno, justitia, et ejusdem ville casam; 19 avril 1147
Gamapiam (1) cum casa; in molendino inter Monchii et Uhii (2),
dimidium modium frumenti de abbatia Sancti Vedasti;
apud Cirishi (3), hospitem unum et partem terragii; in Bus-
cheto (4), partem decime sub censu octo solidorum; in
villa Fassahu (5), v solidos; in villa Rebrovics (6), dimidiam marcam argenti; apud Curieres (7), decimam, terragium, hospites; villulam Torholst (8) cum aqua et duobus molendinis et terram sub censu vi modiorum frumenti
Duacensium, districtum, justiciam sine advocasia; apud Cau-
ventin (9), partem decime et curtile; apud Gulesin (10), iii
solidos; in villa de Sin (11), duas partes decime, mansum,
agrum; in villa que dicitur Mons Sancti Remigii (12), partem
decime; apud Villare (13), partem decime, terram arabilem,
curtilia, silvam; apud Prohui (14), curtilia, pratum, terram

---

(1) Guemappe, arrondissement d'Arras, canton de Croisilles
(Pas-de-Calais).

(2) Vis-en-Artois, arrondissement d'Arras, canton de Vitry.

(3) Chérisy, arrondissement d'Arras, canton de Croisilles.

(4) Bucquoy, arrondissement d'Arras, canton de Croisilles.

(5) Ficheux, ou Fosseux, arrondissement d'Arras, canton de
Beaumetz-les-Loges.

(6) Rebreuve, arrondissement de Béthune, canton de Houdain.

(7) Courrière, arrondissement de Béthune, canton de Carvin.

(8) Lieu près de Douai. Voir nos *Recherches*, etc., p. 405.

(9) Cantin, arrondissement de Douai, canton d'Arleux.

(10) Goeulzin, arrondissement de Douai, canton d'Arleux.

(11) Sin, arrondissement et canton de Douai.

(12) Mont-Saint-Remy, à Montigny-en-Ostrevant, arrondissement
et canton de Douai.

(13) Villers-Campeau (?), arrondissement de Douai, canton de
Marchiennes.

(14) Prouvy, arrondissement et canton de Valenciennes.

19 avril
1147 arabilem; villam Wauvrechin (1) cum tota decima, aquam,
sylvam sine advocasia; villam que dicitur Sanctus Vedastus (2)
cum appendiciis suis; altare ejusdem ville; villam Azinii (3)
cum appendiciis suis; et altare apud Valencianas in novo
burgo, hospites et iiiior molendina sub censu xx solidorum et 5
trium modiorum.....; in capite Sancti Aycadri quod dicitur Mon-
ticinium (4), iij solidos; apud Gahemstans (5), terragium et
hospites; apud Wavredim (6), terragium et hospites; in episcopatu Teruanensi, in villa que vocatur Sancti Audomari (7),
ecclesia terram et hospites, pro quibus ecclesia Sancti Nicolai 10
de Arida-Gamancia (8) solvit annuatim in nativitate sancti
Johannis ijas marcas et dimidium argenti ad pondus Attreba-
tense, et xi solidos; in villa que dicitur Sancti Petri Broch (9),
ecclesiam, hospites et xxvii curtilia, queque solventia annuatim iii solidos et dimidium; et curtem cum terra arabili; 15
apud Lobergam (10), terram et hospites reddentes annuatim iiii
marcas argenti; in castello Casselo (11), vi mensuras terre sol-
ventes singulis annis fertonem; in Furnensi territorio, curtem

---

(1) Wavrechain. Voir p. 113.

(2) Saint-Vaast, paroisse de Valenciennes, rive gauche de l'Escaut. 20

(3) Anzin, arrondissement et canton de Valenciennes.

(4) Lieu inconnu.

(5) Lieu inconnu.

(6) Waerdamme (?), arrondissement de Bruges, canton d'Ostende.

(7) Saint-Omer. 25

(8) L'abbaye d'Arouaise.

(9) Saint-Pierre-Broucq, arrondissement de Dunkerque, canton
de Bourbourg.

(10) Looberghe, arrondissement de Dunkerque, canton de Bourbourg. 30

(11) Cassel, canton de ce nom, arrondissement d'Hazebrouck.

bercariam continentem cc et xxx mensuras terre (1); in villa
que dicitur Rittnengis (2), hospites et terram continentem
cccc mensuras terre, xl libras reddentes annuatim, et justitiam; in episcopatu Tornacensi, in ipsa civitate, dimidium
5 fertonem argenti; in ecclesia Sancti Martini, xii nummos; in
ecclesia Sancti Nicolai, xii; apud Caloniam (3), ii^{as} raserias
avene; in castro Insulano, duos solidos, fertonem et quatuor
capones; apud Novam Villam (4), partem terragii; apud Fer-
rarias (5), partem ejusdem ville cum justitia, et lx bonaria
10 terre; in villa que dicitur Leers (6), ecclesiam, curtem, terram
arabilem et hospites; apud Wellehem (7), ii solidos; in villa
que dicitur Menin (8), altare et terram reddentem singulis annis
xiiii solidos; in villa Dadingisila (9), altare; apud Ablairam (10),
terram reddentem fertonem argenti; apud Testerep (11), ter-

---

15 (1) Cette possession dans le territoire de Furnes était située à
Ramscapelle; elle fut vendue, en 1159, à l'abbaye de Saint-Nicolas
de Furnes. WAUTERS, *Table chronologique*, etc., t. II, p. 417.

(2) Reninghe ou Reninghelst, arrondissement d'Ypres, cantons
d'Elverdinghe et de Poperinghe.

20 (3) Calonne, arrondissement de Tournai, canton d'Antoing.

(4) La Neuville, arrondissement de Lille, canton de Pont-à-Marcq,
ou Neuville-en-Ferrain, même arrondissement, canton de Tourcoing.

(5) Lieu situé aux environs de Lille, d'après la charte de restauration de l'abbaye, en 1065. Voir nos *Recherches*, etc., p. 405.

25 (6) Leers. Voir ci-devant l'acte de 1106.

(7) Waelem (?), dépendance de Worteghem, arrondissement et
canton d'Audenarde.

(8) Menin, canton de ce nom, arrondissement de Courtrai.

(9) Dadizeele, arrondissement de Courtrai, canton de Menin.

30 (10) Abeele (?), dépendance d'Iseghem, canton de ce nom, arrondissement de Courtrai.

(11) Ancien nom d'Ostende.

19 avril
1147

ram et hospites; apud Juddevam (1), terram et hospites; in
episcopatu Cameracensi, in villa que dicitur Aven curtem (2),
terram et duas carrucas, hospites, terragium et justitiam; in
villa Sames (3), terram; apud Hamellam (4), de curte Sancti
Amandi, modium frumenti et modium avene; in villa Criptas (5), 5
terram et hospites xiiii; apud Hangrel (6), terragium et hospitem; apud Banigellum (7), Robiescurtem (8), terram, hospites,
terragium, sylvam et partem decime; in territorio Brabantico,
villam Montignium (9) cum appendiciis suis, altare ejusdem
ville, curtem, terram arabilem, vivarium, molendinum, syl- 10
vam cum justitia; medietatem Nove Ville (10) in terra, sylva,
aquis, molendinis; jus vestrum in ecclesia ville; medietatem
ville que dicitur Castellum (11) et altare; in villa que dicitur
Felscca (12), ecclesiam cum appendiciis suis; apud Valence-
nas (13), cellam in honore beate Marie cum omnibus quos juste 15
possidet hospitibus, cambis, furnis et uno de molendinis burgensibus; apud Alnetum (14), curtem, terram arabilem; apud

---

(1) Lieu inconnu.

(2) Abancourt, arrondissement et canton de Cambrai.

(3) Lieu inconnu.   20

(4) Hamel, arrondissement de Douai, canton d'Arleux.

(5) Lieu inconnu.

(6) Angreau (?), arrondissement de Mons, canton de Dour.

(7) Lieu inconnu.

(8) Ribécourt, arrondissement de Cambrai, canton de Marcoing.   25

(9) Montignies lez-Lens, arrondissement de Mons, canton de Lens.

(10) Neufville, arrondissement de Mons, canton de Lens.

(11) Casteau, arrondissement de Mons, canton de Rœulx.

(12) Velsique. Voir l'acte de 1099.

(13) Valenciennes. Voir ci-devant les actes de 1086 et 1119.   30

(14) Aulnoy, arrondissement et canton de Valenciennes.

Biermerain (1), terragium et hospites; apud Vendelgies (2), 19 avril 1147
terragium et hospites; apud Auffridi pratum (5), iii hospites;
apud Machin (4), partem decime; in episcopatu Landunensi
apud Riolcourt (5), domum, agros, curtem, sylvam, vineas; in
5 episcopatu Suesionensi, apud oppidum Braine (6), v solidos
de abbatia ejusdem castri. Decernimus ergo ut nulli omnino
hominum liceat prefatum monasterium temere perturbare,
aut ejus possessiones aufferre vel ablatas retinere, minuere
aut aliquibus vexationibus fatigare; sed omnia integra conser-
10 ventur eorum pro quorum gubernatione et sustentatione concessa sunt usibus omnimodis profutura, salva sedis apostolice
auctoritate et diocesanorum episcoporum canonica justitia. Si
qua igitur in futurum ecclesiastica secularisve persona hanc
nostre constitutionis paginam sciens contra eam temere venire
15 temptaverit, secundo tertiove commonita si non satisfactione
congrua emendaverit, potestatis honorisque sui dignitate
careat, reamque se divino judicio existere de perpetrata iniquitate cognoscat, et a sacratissimo corpore ac sanguine Dei et
domini redemptoris nostri Jesu Christi aliena fiat, atque in
20 extremo examine districte ultioni subjaceat; cunctis autem
eidem loco justa servantibus sit pax domini Jesu Christi,
quatinus et hic fructum bone actionis recipiant et apud districtum judicem premia eterne pacis inveniant. Amen, amen,
amen.

---

25 (1) Bermerain, arrondissement de Cambrai, canton de Solesmes.
(2) Vendegies-au-Bois, arrondissement d'Avesnes, canton du
Quesnoy.
(5) Amfroipret, arrondissement d'Avesnes, canton de Bavai.
(4) Maing, arrondissement et canton de Valenciennes.
30 (5) Rocourt, arrondissement de Château-Thierry, canton de
Neuilly-Saint-Front; ou Royaucourt, arrondissement de Laon, canton
d'Anizy-le-Château.
(6) Braisne, canton de ce nom, arrondissement de Soissons.

19 avril
1147
† Ego Guido, presbyter cardinalis tituli sancti Chriso-
goni SS.

† Ego Liebaldus, presbyter cardinalis tituli sanctorum
Johannis et Pauli SS.

† Ego Wido, presbyter cardinalis tituli Pastoris SS.   5

Ego Eugenius catholice ecclesie episcopus.

† Ego Jordannus, presbyter cardinalis tituli sanctæ Susan-
næ SS.

† Albericus Ostiensis episcopus SS.

† Ego Imarus, Tusculanus episcopus, SS.   10

† Ego Oddo, diaconus cardinalis [tituli sancti] Georgii ad
velum aureum SS.

† Ego Octavianus, diaconus cardinalis [tituli] sancti Nicolai
in carcere Tulliano SS.

† Ego Guido, diaconus cardinalis [tituli] sanctæ Mariæ in 15
porticu SS.

Ego Jacinctus, diaconus cardinalis [tituli] sanctæ Mariæ
in ... SS.

(*Rota*).

Datum apud Sanctum Dionisium, per manum Hugonis 20
presbyteri cardinalis, agentis vicem Guidonis sanctæ Romanæ
ecclesiæ diaconi cardinalis et cancellarii, xiii. kal. maii, indictione xᵃ, incarnationis dominicæ 1147, pontificatus vero domini
Eugenii tertii papæ anno iii°.

(1150-1159) (1).

Baudouin IV, comte de Hainaut, confirme a l'abbaye d'Hasnon 1150-1159
la possession de terres qu'elle avait acquises dans les bois
de Bavisiau et d'Obies (De Bavisiel).

*Cartulaire de l'abbaye d'Hasnon, fol. 45, verso, aux Archives
du royaume, à Bruxelles. — Cartulaire de l'abbaye
d'Hasnon, à la bibliothèque de Douai, fol. 70. — Collection
Moreau, t. LVIII, p. 155, d'après ce dernier cartulaire.*

In nomine Patris et Filii et Spiritus sancti. Quia luce clarius
constat peccata, sine quibus humana vita non potest peragi,
elemosinarum largitione deleri, ego Balduinus, Hayonensis
comes, nepos Balduini Iherosolimitani, iustis postulationibus
tuis, Fulco abba, assentiens, Hasnonicnsi ecclesie, in honore
apostolorum Petri et Pauli et sanctorum martyrum Marcellini
et Petri a predecessoribus meis fundate, in qua tu abbas esse
dinosceris, terras illas quas infra novalia, sine mei permissione
in silva mee venationis facta, apud Bavisiel et Obies (2) acqui-
sieras, perpetuo possidendas in elemosinam concessi. Terragia
quoque de cunctis eisdem novalibus ad te pertinentia recognovi,
in hoc meam cumulans munificentiam, quod firmam waran-
diam contra omnes reclamatores me exhibiturum inde repro-
misi. De cetero, si aliqua persona de terris quas, extra divisionem quam ego ipse testimonio circummanentium feci, prefata
ecclesia in eadem villa possidet, calumpniam fecerit, nullo modo

---

(1) La date résulte des souscriptions.
(2) Obies (France), arrondissement d'Avesnes, canton de Bavai.
Bavisiau est un hameau d'Obies.

1150-1159 eam inquietari vel spoliari permittam, sed judicio baronum
meorum pariterque abbatum omnem, quecumque potuerit
oriri, terminabo controversiam. Ut autem hec mea largitio
firma et inconcussa permaneat, presentem cartam sigillo
nominis mei confirmavi, idoneos testes, quos etiam subter 5
signavi, adhibere curavi. Signum Hugonis, abbatis Sancti
Amandi. Signum Walteri, Sancti Martini Tornacensis. Signum
Algoti, Sancti Landelini. Signum Hegerici, Sancti Gilleni.
Signum Arnulfi, Sancti Dyonisii. Signum Adam, Sancti Andree
de Castello. Signum Girardi, de Casa Dei. Signum Roberti de 10
Aissonvilla. Signum Adam dapiferi. Signum Ludouvici de
Fraxino. Signum Drogonis de Sammani. Signum Harduini de
Montibus.

1164.

1164   BAUDOUIN IV, COMTE DE HAINAUT, RÈGLE UN ACCORD ENTRE THIERRY 15
      DE WALLERS ET L'ABBAYE D'HASNON, AU SUJET D'UN CANTONNE-
      MENT DANS LA FORÊT DE WALLERS (De Wallers) (1).

Cartulaire de l'abbaye d'Hasnon, fol. 36, aux Archives du
royaume, à Bruxelles. — Premier cartulaire de Flandre,
pièce 146, aux Archives de la Chambre des comptes, 20
à Lille.

In nomine sancte et individue Trinitatis, amen.
Ego Balduinus, Dei gratia Haynoensis comes, nec non et
filius meus Balduinus, notum fieri volumus tam presentibus

_____

(1) Ce document présente une particularité intéressante : il est 25
le plus ancien acte qui mentionne, à notre connaissance, un cantonnement de forêt. On sait que le cantonnement consiste à mettre fin
à des droits d'usage, en attribuant à l'usager, en toute propriété,
une partie du fonds sur lequel il exerce son droit (voir le Code

quam futuris, quod Hasnoniensis ecclesia in silva de Wal- 1164
lers (1) ligna, cunctis usibus ecclesie ad comburendum
necessaria, antiquo jure possidebat. Sed, quoniam eadem
ecclesia a quodam Theoderico milite, ejusdem silve domino,
5 et a servientibus suis multas injurias et molestias sus-
tinebat et super hoc valde conquerebatur, honestis viris
mediantibus, prefatus Theodericus partem ejusdem silve, a
loco qui vocatur Sabularia, recta via usque ad crucem et fossatum, et inde in circuitu usque ad Belluni campum, Hasno-
10 niensi ecclesie libere et quiete perpetuo possidendam, cum
suis participibus irrefragabiliter concessit, ea ratione quod
cetera pars ei libera remansit. Sed quoniam sine assensu nostro
id fieri non poterat, quia de feodo nostro erat, Fulco, Hasnoniensis abbas, et sepefatus Theodericus nec non et participes
15 eius, in atrio apud Donain presentiam nostram adierunt,
ibique coram baronibus meis, archidiaconibus, abbatibus,
clericis, laicis, Theodericus de Wallers et sui participes,
Gobertus scilicet et Roinus, nutu etiam et assensu Walteri de
Audriniis, ad quem media pars prenominate silve spectabat et
20 a quo eandem in feodo prefati viri tenebant, eandem partem
predictam werpiverunt et in manum meam resignaverunt; et

---

forestier du 20 décembre 1854, article 85). — On rencontre, dans
le cours du moyen âge, des cas assez fréquents de cantonnements
(Léon Bruand, *Des droits d'usage dans les forêts,* pp. 177 et suiv).
25 On a vu pourtant des jurisconsultes et des cours de justice affirmer,
à la légère, que cette opération n'est connue que depuis le
XVIIIe siècle (Henrion de Pansey, *Dissertations féodales,* v^{is} Biens
communaux; Cour d'appel de Bruxelles, 13 août 1869 et 3 août 1881;
Belgique judiciaire, 1869, p. 1301; *Pasicrisie belge,* 1882, 2, 279.
30 Comparer *Belgique judiciaire,* 1885, p. 49). Le procédé était pourtant si simple et si pratique, qu'on peut, par cela même, en affirmer
l'existence à toutes les époques.

    (1) Wallers (France), arrondissement et canton de Valenciennes.

1164 ego statim per manum abbatis, sanctorum apostolorum Petri
et Pauli et sanctorum martyrum Marcellini et Petri ecclesie
donum feci, et ut sempiterno jure possideret sollempniter
investivi. Ne igitur superventuris temporibus, aliquorum
malicia seu invidia aut oblivione humana, pax ista rescindatur,
litterarum apicibus anotari voluimus et sigilli nostri auctoritate roboravimus. Huic rei attestantur qui presentes fuerunt
et quorum nomina subscripta inveniuntur. Signum Frumaldi,
Atrebatensis archidiaconi. Signum Alardi, Cameracensis archidiaconi. Signum Geraudi, Viconiensis abbatis. Signum Radulfi, 10
abbatis de Castello. Signum Johannis decani. Signum Amandi
de Donen. Signum Gerardi de Donen. Signum Almanni de
Provi. Signum Willelmi de Hausci Signum Guifridi de Sole-
mia. Signum Goberti de Fontanis. Signum Huardi de Vieslis.
Signum Theoderici de Hartain. Signum Landrici Valence- 15
nensis. Data est hec carta anno Verbi incarnati millesimo
centesimo sexagesimo quarto.

1141-1179.

1141-1179 Jean et Oda consacrent a Dieu et a saint Martin de Velsique, 20
a titre de serves, leurs deux filles, nées libres, et la
postérité a naître d'elles.

*Cartulaire de l'abbaye d'Hasnon, à la bibliothèque de Douai. —
Collection Moreau, t. CCLXXIV, p. 84, d'après ce cartulaire.*

In nomine Patris et Filii et Spiritus sancti, Amen. Notum 25
sit universis sancte matris ecclesie filiis, quod Johannes et Oda
de Felsca, cum essent liberi, sperantes et confidentes per sanctorum patrocinia misericordiam domini nostri Jhesu Christi
se adepturos, scientesque quod Deo sanctisque ejus servire
regnare est, Sophiam et Margaritam, filias suas nichilominus

liberas, ancillas Deo et sancto Martino de Felseca constitue- 1141-1179
runt, omnemque posteritatem illarum servitutis ejusdem vinculo subjecerunt, hac conditione quod ipse et reliqui de
earum progenie, quamdiu viverent, ii denariorum censum
5 eidem ecclesie annuatim persolverent. Statutum est etiam
quod successionis earumdem viri et mulieres, volentes nubere,
pro concessione vi denarios persolverent, in decessu vero
xii^{eim}. Facta est hec donatio sub bone memorie Fulcone abbate
Haynonensis ecclesie; que ne aliquando oblivione deleri nec
10 ab aliquo possit violari, sigillo Sancti Petri fecerunt confirmari
et testium subscriptione roborari. S. Johannis presbyteri de
Felseca. S. magistri Eberti. S. Holardi militis. S. Gossuini militis de Rogiercourt. S. Sigeri militis. S. Fulconis militis. S. Roberti le Bouc. — De Sophia orti sunt Simon, Adelaberta,
15 Ermengardis. De Margareta vero, Johannes, Balduinus,
Alendis.

VI

L'ABBAYE DE CORBIE.

On a signalé depuis longtemps le nombre et l'étendue des possessions de l'abbaye de Corbie en Belgique (1); plusieurs d'entre elles lui appartenaient dès le IX⁰ siècle, et remontaient au temps de saint Adalard, abbé du célèbre monastère, qui mourut le 2 janvier 826 ou 827. Les cartulaires de Corbie mentionnent : dans le Brabant, les localités de Baelen, Moll, Desschel, Berthem, Neeryssche; dans le diocèse de Liège, Beeringen, Widoye, Borgharen ou Bommershoven-Haeren, Eelen; dans la Flandre, Dadizeele, Huysse, Houthulst et autres (2). Au XVII⁰ siècle, l'abbé de Corbie exerçait le droit de présentation à quatorze cures dans les provinces belges (3).

---

(1) *Analectes pour servir à l'histoire ecclésiastique de la Belgique,* t. II, pp. 268 et suiv.; WAUTERS, *Un diplôme de l'époque carlovingienne concernant le village de Huysse,* dans les BULLETINS DE L'ACADÉMIE, 2⁰ série, t. XXXVI, n⁰ 7.

(2) Voir l'analyse de ces cartulaires dans COCHERIS, *Notices et extraits des documents manuscrits conservés dans les dépôts publics de Paris et relatifs à l'histoire de la Picardie,* t. I, pp. 545-663. — M. Wauters a publié différents actes concernant Huysse, Houthulst, Dadizeele, Berthem, Neeryssche et Huldenbergh. *Rapport à M. le Président de la Commission royale d'histoire,* etc., p. 102. Voir aussi *Analectes de diplomatique,* pp. 74, 93 et 98.

(3) COCQUELIN, *Historiae regalis abbatiae Corbeiensis compendium,* dans les MÉMOIRES DE LA SOCIÉTÉ DES ANTIQUAIRES DE PICARDIE, 1ʳᵉ série, t. VIII, p. 500; voir aussi pp. 483, 486, 492, 496 et 497.

Plusieurs de ces possessions avaient une importance considérable.

Berthem, Huldenbergh et Neeryssche formaient, dans l'origine, un seul domaine (1).

Widoye était une prévôté de l'abbaye, entre Saint-Trond et Tongres (2).

Beeringen devint, en 1239, une ville franche, dotée des libertés de la cité de Liège (3).

Le village de Huysse (*Usciæ* ou *Uscia, Usce, Wisses*) fut donné à l'abbaye, en 877, par un comte Conrad (4) On y a fait naître saint Adalard, mais cette opinion ne repose sur aucun fondement sérieux (5). Ce village avait, dès le début du XIV° siècle, une *loi* qui lui avait été donnée sans doute par l'abbaye (6). Signalons aussi que les obituaires de Corbie mentionnent des noms qui rappellent cette localité; ainsi : « *II idus aprilis. Magister Daniel de Uscia, utriusque juris professor. — Idus aprilis. Walterus, presbiter de Wisse, et Walterus, custos ejusdem ecclesie, et uxor ejus. — VII kal. augusti. Johannes de Uscia* (7). »

Houthulst (*Oudhulst, Outhulst, Woltehulst*), dont le nom est resté à un hameau de Clercken, était autrefois une

---

(1) Wauters, *Analectes*, etc., p. 94.

(2) Wauters, *Un diplôme*, etc., p. 6.

(3) *Ibid.* Comparer Daris, *Notice sur les églises de Liége*, t. III, pp. 5 et 263.

(4) Wauters, *Un diplôme*, etc., p. 6.

(5) *Ibid.*; De Ram, dans la *Biographie nationale*, t. I, p. 38.

(6) Elle a été publiée, d'après le cartulaire de Corbie, par le comte de Limburg-Stirum, à la suite de la *Coutume d'Audenarde*, in 4°, p. 298.

(7) *Manuscrits latins*, n° 17768, fol. 60, 61 et 72.

forêt ou partie de forêt couvrant plusieurs milliers d'hectares; elle s'étend aujourd'hui encore sur les communes de Zarren, Clercken, Mercken, Bixschote, Langemarck, West-Roosebeke et Staden (1). En 1573, elle comprenait encore 4157 mesures (2).

On l'appelait aussi forêt de Walne (*Walnehosia, Walnosia, Walnosiense* ou *Walnense nemus*, la Walnoise).

D'après un acte du 1ᵉʳ août 1096 (3), la forêt aurait, à l'origine, entièrement appartenu à l'abbaye; mais les usurpations et les violences des voisins obligèrent les moines à prendre comme avoué le comte de Flandre, en lui allouant la moitié du domaine. Le prince lui-même se fit usurpateur, jusqu'au moment où le comte Robert, sur le point de se rendre à la croisade, remit à l'abbaye sa moitié et prit des dispositions pour la conservation de ses droits (1096).

Plusieurs des chartes ci-après concernent cette part de l'abbaye. Des renseignements intéressants sur le sort ultérieur de la forêt se rencontrent dans les travaux de MM. Van den Bussche et Gilliodts-Van Severen, que nous avons cités.

---

(1) *Analectes pour servir à l'histoire ecclésiastique de la Belgique*, t. II, pp. 268 et suiv.; VAN DEN BUSSCHE, *Recherches sur la forêt d'Houthulst*, dans LA FLANDRE, t. V, pp. 319 et suiv.; GILLIODTS-VAN SEVEREN, *Coutume du bourg de Bruges*, t. 1, introduction, pp. 452 et suiv.

(2) *Ibidem.*

(3) *Analectes*, etc., p. 271; *La Flandre*, p. 351; WAUTERS, *Rapport*, etc., p. 102.

On trouve dans le cartulaire de Corbie la notice d'un échange de biens, fait par l'abbaye au temps de l'abbé Ratbert, qui mourut en 864.

Le roi Charles, cité dans le document, est sans aucun doute Charles le Chauve. La reine Gerberge est la femme de Carloman, frère de Charlemagne.

Le *pagus Vormalensis* est vraisemblablement le *pagus Vormacensis* ou *Wormacensis,* le Wormsgau, et la localité *Fluehen* semble devoir être identifiée à Flönheim (Hesse rhénane, cercle d'Alzey).

L'expression *pagus Alcarnisis* est probablement une forme défigurée par le rédacteur de la notice, et nous pensons qu'il faut lire *Alsacinsis* ou *Alsacensis :* de pareilles transpositions de lettres ne sont pas rares; par exemple, pour le Mélantois, *Methelentinsis, Melenatensis, Medenentinsis,* etc.; pour le Brabant, *Bragobantum, Burcbant, Bracatensis pagus,* etc.

On trouve en Alsace un village appelé Duerningen, qui parait correspondre à *Deoringas* (Basse-Alsace, canton de Truchtersheim, régence de Strasbourg). *Wistonia* serait peut-être Wittisheim, cercle de Markolsheim, régence de Schlettstadt.

Ces données sont en concordance avec les faits historiques. Pépin le Bref, par un acte non daté, avait confirmé les immunités de Corbie (1). Carloman, époux de Gerberge, obtint, entre autres possessions, le pays d'Alsace. Après la mort de ce prince, en 771, Charlemagne disposa de plusieurs biens dans ce pays et dans le Wormsgau en faveur de Fulda et d'autres monastères (2).

---

(1) Sickel. *Acta regum et imperatorum Karolinorum,* t. II, p. 10.

(2) M. Vanderkindere a bien voulu nous aider à élucider ce point.

843 ou 844.

843 ou 844 Notice d'un acte par lequel le roi Charles le Chauve donne a l'abbaye de Corbie le village de Wailly et reçoit en échange des biens dans l'Alsace et dans le Wormsgau (De dono Vaisliaci).

Cartulaire noir de Corbie (XIIIe siècle), fol. B, col. 1, *à la Bibliothèque nationale, à Paris, ms. lat., n° 17758.*

Karolus rex dedit sancto Ratberto abbati Vaisliacum (1) cum suis adjacentiis; et ut eadem libertate qua cetera possideremus confirmavit. Abbas vero dedit quod in pago Alcarnisc dono 10 Gelberge regine possedimus, scilicet Wistonia et Deoringas; fol. B, col. 2. et in pago Vormalensi, in loco qui ‖ dicitur Fluehen. Actum Compendio, regni ejus quarto anno.

1055.

1055 Foulques, abbé de Corbie, en présence de Baudouin V, comte 15 de Flandre, fait un traité avec l'avoué de l'abbaye, au sujet des droits de ce dernier.

Collection Moreau, t. XXV, p. 145, *copie de Dom Grenier, d'après l'original.*

Abbas Fulco Corbeiensis, salutem presentibus et futuris. Ne 2) tradatur oblivioni utilitas, qualis sit facta ordinatio nostris temporibus posteris nostris digne duximus litteram conficere. Dum Walterus (1), advocatus noster, ultra modum abbatiam

---

(1) Wailly, arrondissement et canton d'Arras (Pas-de-Calais).
(2) Vautier, seigneur d'Encre, d'après Dom Grenier.

nostram premeret et ecclesie bonum malis et tortis legibus 1055
omnino adnichilaret, declamavimus Corbeie apud comitem
Balduinum, qui talem statuit concordiam, immo renovavit
legem inter nos et advocatum in omni via, comitatu et prefec-
5 tura quam tenet de Sancto Petro. Nullum faciet clamoren
absque abbate aut abbatis legato; nec aliquem causa alicujus
judicationis ad se in judicium, neque alias, nisi infra potestatem transducatur ipsa clamatio. Si autem pervenerit usque
ad campum, transducitur ad ipsius advocati castra...ᵃ convicto.
10 Advocatus rectum suum, recepto tamen prius si quid de aliqua
anteacta culpa in jus clamaverit, suis convictus...ᵃ Quod si in
expeditionem comitis aut abbatis perrexerit, nisi et amplius
quam ᴠɪɪɪ equos in tota prefectura sibi accipere licebit; quos
etiam, si dederit aut vendiderit, rediens infra xʟ dies restituet;
15 si vero in expeditione perdiderit, non restituet quidem, sed
amplius ab eo cujus fuerat equus, non accipiet. Super hec
omnia neque pastum accipiet, neque rogatianem faciet in tota
abbatia. De omnibus quoque ad se proprie pertinentibus, si
hec violaverit, abbati ipsemet justificabit...ᵃ inter successorem
20 abbatum et successorem advocati amplius permanebit. De
quibus omnibus comiti et abbati in hac conventione sacramento ligatos tradidit septem obsides, ut si hec violaverit,
aliquo modo invitabit eum abbas ad justitiam per duos suos
pares. Si autem eos audire noluerit, intimabit obsidibus
25 monere dominum suum, ut sibi justificet infra xʟ dies. Si vero
neque se justificaverit, aut ipsi abbati se tradent aut xxx libras
persolvent obsides, quorum nomina sunt hec : Balduinus,
Albertus, Lambertus, Odo, Arnulfus, Walterus, Gamelo. Quando
vero aliquis eorum vita decesserit, eam obsidionem subibit
30 cum sacramento, quando in beneficio successerit. Actum
Corbeie, anno incarnationis dominice Mᵒ LVᵒ, jubente, immo
legente comite Balduino, ordinante quidem Deo, sed prolo-

ᵃ. *partie endommagée.*

1055 quente Wisidone Ambianensi... * signatorum, quos monstrat subjecta descriptio. S. comitis Balduini. S. comitis Rotgeri (1). S. comitis Willelmi de Avv *b* (2). S. Rorigonis. S. Balduini filii Rorigonis. S. Rotberti Atrebatensis. S. Waldrici castellani. S. Lamberti. S. Drogonis Ambianensis. S. Gerardi. S. Enge- 5 ranni Montis Desiderii. S. Widonis archidiaconi. S. Fulconis abbatis. S. Gelonis decani. S. Hugonis monachi. S. Waldonis. ☩ Ego, abbas Fulco, recognovi et subscripsi. Fulco.

1er novembre 1115.

1er novemb. LE PAPE PASCHAL II CONFIRME A L'ABBAYE DE CORBIE L'AUTEL DE 10
1115   BERTHEM ET LA DIME DE NEERYSSCHE (De altari de Berchem et de decima de Hisca).

Cartulaire blanc de Corbie (XIIIe et XIVe siècles), fol. 29, verso, à la Bibliothèque nationale, à Paris, ms. lat., nº 17759.

Paschalis, episcopus, servus servorum Dei, venerabili fratri 15
fol. 30 rº Rodulfo, Remensi ‖ archiepiscopo, salutem et apostolicam benedictionem. Pic postulatio voluntatis effectu debet pro- sequente compleri. Quamobrem nos benigne postulationem tue dilectionis accepimus et ci postulatum accommodamus effectum. Statuimus enim ut altare de Berchem(3) et decima de 20 Hysca (4), que de Godescalki et Lamberti clericorum invasione

   a. partie endommagée.
   b. sic au texte.

---

   (1) Roger, comte de Saint-Pol.
   (2) Guillaume, comte d'Eu.
   (3) Berthem, arrondissement et canton de Louvain. 25
   (4) Neeryssche, arrondissement et canton de Louvain.

per ecclesiasticum erepta judicium fraternitatis tue sollicitudo 1er novemb.

Corbeiensi monasterio restitui laboravit, firma in perpetuum 1115
cidem monasterio et illibata serventur, nec ulterius aut supradictis clericis Godescalko et Lamberto, aut aliis personis
5 quibuscumque, liceat bona cadem invadere aut quibuslibet
ingeniis suo usui vendicare. Si quis autem adversus hec temerario ausu venire temptaverit, honoris et officii sui periculum
patiatur aut excommunicationis ultione plectatur, nisi pre-
sumptionem suam digna satisfactione correxerit. Datum Anagnie
10 per manum Johannis diaconi, kal. nov., indictione VIII.

1120

NOTICE D'UNE DONATION DE BIENS A BEERINGEN EN FAVEUR DE   1120
L'ABBAYE DE CORBIE (apud Beringas, super alodio duorum
mansorum).

15 *Cartulaire blanc de Corbie, fol. 54, recto, à la Bibliothèque*
nationale, à Paris, ms. lat., n° 17759.

Anno inearnationis dominice M° C° XX°, indictione XIIII°,
regnante Henrico IIII°, imperatore Romano, quidam Henricus,
filius Alberti de Hare, allodium duorum mansorum, propria et
20 justa pecunia emptum contra Hezelonem et Ricardum apud
villam Dodulonie (1), tradidit sancto Petro in Corbeia, cui tunc
precrat venerabilis abbas Nicholaus. Quod quidam Evelinus cen-
suali jure accipiens persolvit cidem ecclesie singulis annis,
in vigilia natalis Domini, ‖ duos solidos in villa Beringe (2).   fol. 54 v°
25 Cui successurus quicumque heres statim, in accipienda ipsa
terra, preter annualem censum, duos solidos persolvere debet.

---

(1) Lieu inconnu.
(2) Beeringen, canton de ce nom, arrondissement de Hasselt.

1120 Tradidit etiam predictus Henricus bonnarium terre presbytero ejusdem ville, qui omni ebdomada pro salute anime sue parentumque suorum missam celebret. Actum et confirmatum est hoc, presente domino Godefrido ejusdem cenobii monacho, et comite advocatoque Arnulfo(1) et Wenrico de Calmunt, aliisque astantibus quamplurimis testibus.

1123-1142.

1123-1142 ROBERT, ABBÉ DE CORBIE, DONNE AUX MOINES RÉSIDANT A HOUTHULST LES TERRES VAGUES DE LA FORÊT DE CE NOM (Carta Roberti abbatis de vacua terra nemoris Walnosie). ⁴

Cartulaire blanc de Corbie, fol. 69, recto,
à la Bibliothèque nationale, ms. lat., n° 17759.

Notum sit omnibus tam futuris quam presentibus, quoniam ego Robertus abbas, Corbeie postulatione fratrum nostrorum monachorum et eorumdem rogatu, donavi omnem vacuam 15 terram Sancti Petri de nemore Walnosie (2) fratribus ibidem Deo servientibus, adhibita tali ex condicto pactione, quatinus in memoriam donationis illius ecclesia prefati loci, videlicet Walnosie, ecclesie Corbeiensi, singulis annis, in festo sancti Dyonisii, persolveret x solidos Corbeiensis monete ad refectio- 20

fol. 69 v° nem fratrum, quoad ipse, ‖ Deo prestante, viverem. Post obitum vero nostrum, predictus census, singulis quoque annis, in die nostri anniversarii providentie vel dispositioni monachorum persolveretur. Porro hanc donationem ego Robertus et totum capitulum pari assensu decrevimus, concessimus et sub anathe- 25 mate inviolabilem in perpetuum constaturam firmavimus.

---

(1) Arnould II, comte de Looz.
(2) La Walnoise.

17 mai 1151.

THIERRY, COMTE DE FLANDRE, DONNE A L'ABBAYE DE CORBIE LA PART   17 mai
   QU'IL POSSÉDAIT DANS LA FORÊT D'HOUTHULST (Carta Theoderici   1151
   comitis Flandrensis, de nemore Walnosiensi) (1).

*Cartulaire noir de l'abbaye de Corbie, fol. 206, à la
Bibliothèque nationale, ms. lat., n° 17756 A. — Cartulaire
blanc, fol. 67, ms. lat., n° 17759 B.*

Theodericus, Dei gratia Flandrensium comes, universis
fidelibus Christi. Notum fieri volumus universis nemus de
Woltehulst*(2) inter me et Corbeiensem ecclesiam commune ab
antiquo extitisse, cujus facta venditione, cum Alcherus, prior
ecclesie ibidem in honorem beati Michaelis site, ad utilitatem et
conservationem loci sui partem emisset reservandam, ad
petitionem N[icholai] Corbeiensis abbatis, supradicti quoque
A[lcheri] prioris, partem meam quam in terra et nemore com-
munem cum eis hactenus habueram, loco id necessarium ratus,
presente conjuge mea S[ibilla], videntibus quoque et collau-
dantibus hominibus meis, prefate ecclesie, ob peccatorum
meorum veniam, ad usum Deo ibidem servientium, datis
litteris meis remissoque omni potestatis nostre jure, concessi
libere de cetero possidendam. Actum Brugis, anno Domini
M° C° L° I°, die Ascensionis Domini. ‖ Signum Sibille comi-   fol. 67 v°
tisse. S. Radulfi, castellani Brugensis. S. Arnulfi de Orscamp.

a. Waltehust. B.

---

(1) Il semble résulter de cet acte que la forêt d'Houthulst n'était
qu'une partie de la Walnoise.

(2) Houthulst, dépendance de Clercken, arrondissement de Furnes,
canton de Dixmude.

17 mai
1151 S. Ysaac de Stades *. Signum Henrici dapiferi de Morsclede. Signum Gisleberti de Nivella. Signum Willelmi de Scuira. Signum Lambini de Winghine.

1158.

1158 NICOLAS, ABBÉ DE CORBIE, TERMINE UN DÉBAT ENTRE L'ABBAYE ET   **5**
GUILLAUME, MAIEUR DE HUYSSE (Carta Nicolai abbatis de pace facta inter ecclesiam Corbeiensem et Willelmum majorem de Uscia) (1).

Cartulaire blanc de l'abbaye de Corbie, fol. 58, recto,
à la Bibliothèque nationale, ms. lat., nº 17759.   **10**

fol. 58 vº ‖ Ego N[icholaus], Dei gratia ecclesie Corbeiensis humilis minister, consilio seniorum nostrorum totiusque capituli, commutationem quandam cum Willelmo majore nostro de Usciis (2) feci, que hujusmodi probatur esse. Pater hujus Willelmi, infidelius quam deberet erga nos agens, justi rectique obli- **15** tus, consuetudines quasdam nefandas in curte beati Petri, que apud Uscias est, assueverat agere, dicens esse sui juris, instante

    a. B. *omet les noms des témoins qui suivent.*

---

(1) On lit dans un rôle des feudataires de l'abbaye, de l'an 1200 environ : « Willermus, maior de Husciis homo noster est iigius. **20** Quando heres ejus ad terram venit, LX solidos pro relevamine debet domino abbati ; et nobis debet exercitum et equitatum ; fidelitatem facit domino abbati de hominio et justiciis ; et quando novus abbas fit Corbeie, iterum hominium et fidelitatem facit de hominio et justiciis. » BOUTHORS, *Coutumes locales du bailliage d'Amiens,* t. I, **25** p. 529.

(2) Huysse, arrondissement de Gand, canton de Cruyshautem.

tempore augusti mensis, se positurum in campis nostris   1158
secatores segetum, carrucatores frugum decimarumque; in
horreo nostro encassatorem garbarum, batatores bladi. Pro
his igitur nec nominandis· consuetudinibus, ab ecclesie nostra
sepius excommunicatus, diem clausit extremum. Cujus vestigia
filius sequens, que pater non jure sed violenter tenuerat
tenere et ipse voluit; sed a nobis excommunicationis sententie
multotiens subjacuit. Tandem facti penitens, consilio fratris
Hugonis tunc inibi degentis, venit Corbeiam cum eodem,
emendare volens quicquid in ecclesiam beati Petri ipse et pater
ejus deliquissent. Cujus emendationis hec fuit summa : illas
consuetudines que superius scripte sunt et omnes illas quas
clamabat in horreo, et curte, et in campis, et conregium
corveiarum quod sibi deberi asserebat eo die quo illas submo-
nebat, ante presentiam nostram totiusque conventus in
perpetuum dereliquit, et manu propria per hanc cartam super
altare deposuit; eo tamen tenore ut nos ei in feodo concederemus annonam decime de Roingehem (1). Nos ergo paci studentes, consilio presentium, ei quod petebat concessimus, ‖ ita   fol. 59 rº
tamen ut potestatem non habeat illum feodum cuiquam absque
assensu nostro distrahendi vel vendendi, aut alicui ecclesie in
elemosinam dandi. Hujus conventionis testes quidem extiterunt,
de meo : Ricerus prior, Arnulfus, Johannes camerarius, Fulbertus
prepositus, Fulco puer, Gervasius puer, totusque conventus.
De militibus vero . Walterus de Heilli, Walterus filius ejus,
Egidius, Obertus de Vaus. De militibus autem Flandrensibus :
Eustachius advocatus, Henricus frater ejus, Balduinus de
Audenghem, Walterus de Berlinghchem, fratres ejusdem
Willelmi, Baldus atque Evrardus. Isti in ecclesia Usciensi, in
conspectu populi, hanc conventionem concesserunt. Hec con-
ventio facta est anno Incarnationis dominice Mº Cº LVIIIº.

---

(1) Roygem, dépendance de Mullem, arrondissement de Gand,
canton de Cruyshautem.

18 avril 1163.

LE PAPE ALEXANDRE III DÉFEND A L'ÉVÊQUE D'ARRAS D'APPELER
L'ABBÉ DE CORBIE PERSONNELLEMENT AUX SYNODES DIOCÉSAINS
DU CHEF DES BIENS QUE L'ABBAYE POSSÈDE DANS CE DIOCÈSE.

Manuscrit de Corbie intitulé Flavius Joseph, fol. 279,   5
à la Bibliothèque nationale, ms. lat., n° 16730.

Alexander episcopus, servus servorum Dei, Andree dilecto
filio nostro Atrabatensi episcopo, salutem et apostolicam benedictionem. Significavit nobis dilectus filius noster Johannes
Corbeiensis abbas quod tu occasione ecclesiarum quas in tuo   10
episcopatu possidet, eum ad synodos tuas venire compellas, et
hac consideratione sibi et ecclesiis suis, si ipsum synodis tuis
non interesse contigerit, sepe gravamina et dampna imponis.
Unde, quoniam hoc ei prorsus difficile ac intolerabile foret, et
a ratione penitus alienum, fraternitati tue per apostolica   15
scripta mandamus quatinus, dummodo monachus sive presbyter, qui ecclesiis illis deserviunt, synodis tuis intersint,
prefatum abbatem nulla ratione in hoc gravare presumas.
Eadem enim ratione quisque episcoporum in quorum parrochiis
ecclesie memorati abbatis consistunt, eumdem posset abbatem   20
gravare. Ea vero que sepefato abbati abstulisse diceris, sibi,
postposita mora, resignes. Datum Parisius xiiii, kal. maii.

1145-1164.

Henri, évêque de Liége, rappelle les droits de l'abbaye de 1145-1164
Corbie sur l'autel d'Eelen (Carta Henrici, Leodiensis episcopi, de ecclesia de Helim, cum appenditiis suis).

5   *Cartulaire blanc de l'abbaye de Corbie,* fol. 60, recto,
     à la Bibliothèque nationale, ms. lat., n° 17759.

Henricus secundus, Dei gratia Leodiensis episcopus, tam
presentibus quam futuris in perpetuum. Officii nostri ratio
exigit ut malis cotidie invalescentibus attinentis remedii
10 objectione resistamus. Inde est quod jura Corbeiensis monasterii, que habet in ecclesia de Hellim (1), hujus scripti taxatione
commemorare curavimus, ut eorum certa expressione omni
in posterum errori prescribamus. Predicta igitur ecclesia de
Helim cum omnibus pertinentiis ejus Corbeiensis ecclesie est.
15 Due vero partes et minoris et majoris decime, tam de nutrimentis quam de sationibus et de omni proventu sunt ejusdem
Corbeiensis ecclesie; tertia tantum sacerdotis; curia tamen
sacerdotalis, mansi et agri dotales nullas debent decimas
Corbeiensi ecclesie. Similiter dominicalis curia Corbeiensis
20 ecclesie et tota colonia carruce corum, quam diebus nostris
et Symonis prepositi habuisse dinoscitur, et bonuarium
Wecheken non tertiabit decimas suas sacerdoti, sed pari jure
et cultura dominicalis et terra sacerdotalis utrobique libera
erit ab omni decimarum debitione. Sane si abbatem Cor-
25 beiensem in persona sua ad partes illas venire contigerit,
sacerdos predicte ecclesie cereos de more competentes cum
minutis candelis in obsonium vespertinum dabit. Si vero non
venerit, estimationem corum, duos scilicet solidos, preposito
ejus in pasca Domini solvet. Ut igitur hec predicta solidum

_____

(1) Eelen, arrondissement de Tongres, canton de Maeseyck.

1145 1164 valitudinis sue statum obtineant, diffinitiones eorum presenti pagina conscribi et paginam ipsam imagine nostra fecimus insigniri.

1158-1165 (1).

1158-1165 ALEXANDRE, PRÉVÔT ET ARCHIDIACRE DE L'ÉGLISE DE LIÉGE, DONNE 5 A L'ABBAYE DE CORBIE LE PERSONNAT DE BORGHAREN OU DE BOMMERSHOVEN-HAEREN (Carta de ecclesia de Harc).

*Cartulaire blanc de l'abbaye de Corbie, fol. 63, recto,
à la Bibliothèque nationale, ms. lat., n° 17759.*

Johanni, Dei gratia Corbeiensis ecclesie venerabili abbati, 10 ceterisque dilectis in Christi fratribus ejusdem monasterii religioso conventui, Alexander, eadem gratia Leodiensis ecclesie major prepositus et archidiaconus, salutem et dilectionem in Domino. Aldrammus, clericus noster, qui tenebat personatum ecclesie nostre de Hara (2), venit in nostra presentia coram 15 fratribus nostris et donum ejusdem ecclesie in manibus prepositi Gosuini sponte sua deponendo resignavit, et pari voluntate, absque omni coactione, ut se perfectius a parrochiali sollicitudine exueret, domum altaris et curam animarum predicte

---

(1) Jean fut abbé de Corbie de 1158 à 1172; l'archidiacre 20 Alexandre fut élu évêque de Liége en 1165.

(2) Alexandre étant archidiacre de Hesbaie, c'est dans les limites de cet archidiaconé qu'il faut chercher la localité ici désignée sous le nom de *Hara;* il en existe deux : l'une, Bommershoven-Haeren, arrondissement et canton de Tongres et ancien doyenné de ce nom; 25 l'autre, Borgharen, dans l'ancien doyenné de Maestricht. Voir le pouillé du diocèse de Liége, dans DE RIDDER, *Les diocèses de la Belgique avant 1559,* pp. 113 et 124; comparez DE REIFFENBERG, *Monuments,* etc., t. I, pp. 680 et 681.

ecclesie in manus nostras reddidit. Cum igitur cadem ecclesia 1158-1165
de jure archidiaconatus nostri vacaret, et nobis et vobis ex
mandato pape Adriani et intuitu religionis et honestatis vestre,
petitione quoque fidelium nostrorum, Stephani, venerabilis
5 abbatis de Sancto Jacobo, et magistri Benedicti, decani de
Sancto Johanne, candem ecclesiam de Hara ‖ cum omnibus fol. 63 v°
pertinentiis suis liberam ab omni debitione substituende in futurum persone, Corbeiensi ecclesie concessimus, et conscriptum
nobis de eadem libertate privilegium amantissimi domini nostri
10 Henrici, Leodiensis episcopi, approbavimus et recepimus, hac
tantum exceptione ut vicario, qui a preposito nostro ad officium
parrochiale constituendus est, competentem sufficientiam de
bonis ejusdem ecclesie, sub testimonio decani et fratrum
concilii nostri stabiliter provideatis, et jura episcopalis et
15 archidiaconalis obsonii suo tempore reddatis, et jus celebrandi
annuatim synodum juxta morem personarum que fuerunt in
cadem ecclesia nobis conservetis. Petimus ergo ut in communionem orationis et beneficiorum ecclesie vestre nos recipiatis.
Decet etiam ut, quia pre ceteris personis archidiaconatus nostri
20 honoravimus vos privilegio libertatis, prepositis vestris majoris
obsequii nostri studium injungatis.

Mars 1164-1165.

LE PAPE ALEXANDRE III DÉFEND A L'ÉVÊQUE DE TOURNAI DE RÉCLA-   Mars
MER A L'ABBAYE DE CORBIE LA SOMME DE VINGT SOUS POUR DROIT   1164-1165
25 DE GITE, A RAISON DE SON DOMAINE DE HUYSSE.

Manuscrit de Corbie, intitulé Flavius Joseph, fol. 279,
à la Bibliothèque nationale, ms. lat., n° 16730.

Alexander episcopus, servus servorum Dei, dilecto filio
nostro Giraldo, Tornacensi episcopo, salutem et apostolicam
benedictionem. Ex transmissa narratione abbatis et fratrum

Mars
1164-1165 monasterii Corbeiensis nuper accepimus quod, cum ab obedien-
tia sua de Uscia viginti solidos pro nostra procuratione
requiris, cum eis à nobis et predecessoribus nostris Romanis
pontificibus, in privilegiis suis, sicut nos ipsi vidimus, indultum
esse noscatur quod nullus episcopus in ipso monasterio vel
obedientiis ejus, preter Romanum pontificem, aliquam obtineat
dominationem vel eidem quamlibet exactionem imponat;
quoniam igitur secundum libertatem sibi indultam nobis per
manus proprios servierit, fraternitati tue per apostolica scripta
mandamus quatinus obedientiam prescriptam occasione pro-
curationis nostre in nullo graves, vel propter hoc aliquid ab
ea requiras. Datum Senones, xiii kal. aprilis.

1165.

1165 ALEXANDRE, ÉVÊQUE DE LIÉGE, CONFIRME A L'ABBAYE DE CORBIE
LE DON DU PERSONNAT DE BORGHAREN OU DE BOMMERSHOVEN-
HAEREN.

Cartulaire noir de l'abbaye de Corbie, fol. 213, verso,
à la Bibliothèque nationale, ms. lat., n° 17758.

In nomine sancte et individue trinitatis, Alexander secundus,
Leodiensis ecclesie Dei gratia humilis minister, venerabili fratri
Johanni, Corbeiensis ecclesie abbati, et ejus successoribus in
perpetuum. Que ecclesiarum utilitatibus conferuntur et donationis auctores et tuitionis equali[ter] apud Deum mercedem
remunerant. Ea propter, dilecti fratres in Domino, quod in
diebus archidiaconatus nostri a bone memorie predecessore
nostro, domino Henrico, factum cognovimus et approbavimus,
ad episcopalem vocati sollicitudinem recognoscere et confirmare dignum estimavimus. Aldrannus clericus, qui sub nomine
personatus ecclesiam de Hara tenuerat, in concilium sollempne

coram nobis et fratribus concilii veniens, eumdem personatum in manum Gozuini, tunc temporis ejusdem loci prepositi, sponte sua deponendo ad opus ecclesie nostre resignavit. Eumdem igitur personatum et donum altaris liberum ab omni substitu-

5 tione persone idem venerabilis predecessor noster favore nostro et assensu petitioni ecclesie nostre conscribi jussit. Nos ergo, quod vidimus et audivimus et manus nostre tractaverunt, conscripto juxta tenorem privilegii domini Henrici nostro privilegio confirmare et sigillo nostro communire voluimus,

10 ut videlicet, sicut dictum est, ejusdem ecclesie et altaris possessio libera et inconcussa Corbeiensis ecclesie in perpetuum maneat; hac tamen exceptione ut a preposito vestro quem eidem loco constitueritis jura episcopalis et archidiaconalis obsonii suo tempore reddantur, et jus celebrandi annuam

15 synodum in ecclesia archidiacono servetur, pro hiis omnibus communionem orationum et beneficiorum ecclesie vestre reposcentes. Decrevimus igitur ut nulla omnino ecclesiastica secularisve persona monasterium vestrum de hac possessione ulterius inquietare presumat; alioquin Leodiensis ecclesie

20 disciplina se cohercendam cognoscat. S. Balduini, S. Amalrici, S. Brunonis, archidiaconorum. S. Drogonis, abbatis de Sancto Jacobo. S. Hugberti, decani majoris ecclesie. S. magistri Bene- dicti, decani ecclesie Sancti Johannis. S. magistri Godefridi de Scora, Henrici de Werdene, magistri Drogonis, capellanorum.

25 S. personarum Tungrensis concilii, Godefridi decani, ‖ Wede- rici de Riwezon, Guntheri de Hasluth, Wederici de Alleka, Ge- rardi de Los. Actum anno Incarnationis dominice M° C° LX° V°, indictione xiii*, in terra Leodiensi, feliciter.

1165

fol. 214 r°

1177

1177 EVRARD, AVOUÉ DE NEERYSSCHE, FAIT HOMMAGE A L'ABBAYE DE
CORBIE ET RECONNAIT TENIR D'ELLE LA MAISON QU'IL OCCUPE
ET UN BOIS AU DELA DE LOONBEEK (Carta recoguitionis Everardi
advocati de Ysca, qui domum suam a nobis tenere debebat). 5

Cartulaire blanc de l'abbaye de Corbie, fol. 57, recto,
à la Bibliothèque nationale, ms. lat., n° 17759.

Noverint tam futuri quam presentes quod Everardus, advocatus de Hischa, Corbeiam venicns, michi Hugoni, ecclesie
Corbeiensi tunc Deo auctore presidenti, hominium suum fecit 10
domumque suam et firmitatem illam in qua tunc manebat ab
ecclesia Corbeiensi se tenere, in presentia nostra et curie
nostre, recognovit. Communi vero consensu et nostri videlicet
et ipsius Everardi, nemus illud quod jacet ultra Lunebeke (1)
idem Everardus a nobis, sicut ab antecessore nostro domno 15
Nicholao tenuerat, in feodum et ad censum tenendum recepit,
tali scilicet pacto quod, singulis annis, duos denarios monete
illius provincie de unoquoque bonuario tribus terminis anni,
in natali Domini, in Pascha, in natali sancti Johannis Baptiste,
persolvet; singulis quoque duobus annis decem bonuaria, 20
absque omni penitus ecclesie expensa, disrumpet, ita quod
infra X^{cem} annos omne nemus extirpabit; et ecclesia prefatum
censum et insuper de terra disrupta decimam recipiet. Si quid
autem de nemore preter X^{cem} annos disrumpendum superfue-
rit, totum libere et ex integro ad ecclesiam redibit, ita quod 25
Everardus omne jus deinceps illud possidendi amittet, nisi a
fol. 57 v° communi Corbeiensis ‖ capituli assensu redditum eidem fuerit.

(1) Loonbeek, arrondissement et canton de Louvain.

Ipse quoque Everardus sive successor ejus in curiariis, id est   1177
curiam Sancti Petri inhabitantibus, sive in hospitibus in terra
de dote altaris manentibus, sive in culturis, sive in cambariis
nullum domini jus possidebit. Si quis autem de nemore
prescripto aliquid sibi injuste usurpaverit, Everardus tamen
statutum censum persolvet, et ab injusta usurpatione desistere
quemlibet compellet. Hec omnia in curia nostra, me presente,
Everardus se observaturum spopondit et etiam juramento
confirmavit. Ut autem rata sint, et sigillum nostrum apposui-
mus, et testes subscribi fecimus. Huic compositioni interfuerunt de monachis : Fulbertus prepositus, Hugo de Foro,
Henricus, Symon, Bernardus; de clericis : Nicholaus presbyter
de Hysca, Stephanus clericus de Corbeia, Lambertus frater
ipsius Everardi; de militibus : Radulfus castellanus Corbeie, Hugo prepositus, Olricus miles; de burgensibus : Olricus, Oilardus,
Theodericus. Actum anno Verbi incarnati M° C° LXX° VII°.

1190.

PHILIPPE, COMTE DE FLANDRE, RECONNAIT QUE L'ABBAYE DE CORBIE   1190
A DROIT A LA MOITIÉ DE TOUS LES PRODUITS D'HOUTHULST.

Cartulaire blanc de Corbie, fol. 67,
à la Bibliothèque nationale, ms. lat., n° 17759.

Ego Philippus, Flandrensis et Viromandensis comes, notum
fieri volo universis tam presentibus quam futuris quod medietatem omnium que ex venditione nemoris Walnensis prove-
nerint, vel de wastinis, vel de turbonibus, ecclesie Corbeiensi
recognosco, sicut in scripto Roberti, quondam Flandrie comitis,
continetur. Ut igitur maneat hec mea recognitio inconvulsa,
sigilli mei impressione presentem paginam roboravi. Actum
apud Alost, anno Domini M° C° X° C°.

VII.

L'ABBAYE DE MONT SAINT-ÉLOI.

L'abbaye de Mont Saint-Éloi ou de Saint-Vindicien fut fondée dans la seconde moitié du XIe siècle (1). Sa fondation fut approuvée par un acte, non daté, de Liébert, évêque de Cambrai (1049-1076) (2). La bulle qui suit se rapporte à l'institution du monastère.

1er novembre 1076.

1er nov.
1076

LETTRES DU PAPE GRÉGOIRE VII A LIÉBERT, ÉVÊQUE DE CAMBRAI; IL LUI DÉFEND, A LUI ET A SES SUCCESSEURS, D'USURPER LES BIENS DE L'ABBAYE DE MONT-SAINT-ÉLOY, OU DE LES DONNER A D'AUTRES.

Collection Moreau, t. XXXI, p.134, *à la Bibliothèque nationale, à Paris.*

Gregorius episcopus, servus servorum Dei, L[ietberto], dilecto in Christo filio Cameracensis ecclesie episcopo, suisque successoribus, salutem et apostolicam benedictionem. Superne miserationis respectu ad hoc universalis ecclesie curam suscipimus et apostolici moderaminis sollicitudinem gerimus, ut justis precantium votis faveamus, et equo libramine actis omnibus

(1) Mont-Saint-Éloy, arrondissement d'Arras, canton de Vimy
(2) DE CARDEVACQUE, *L'abbaye de Mont-Saint-Éloy*, p. 181.

in necessitate positis quantum, Deo donante, possumus, subvenire debeamus. Proinde juxta petitionem tuam ecclesie beati
Vinditiani hujusmodi privilegio auctoritatisque decreto indulgemus, concedimus atque firmamus, statuentes nullum succes-
5 sorum tuorum, nullum sanctissima dignitate preditum, vel
quemque alium, de his que eidem venerabili loco a te vel a
quibuslibet hominibus de proprio jure jam donata sint vel in
futurum, Deo miserante, collata fuerint, sub cujuslibet cause
occasionisve specie minuere vel auferre et suis usibus appli-
10 care vel aliis concedere; sed cuncta que oblata sunt vel ibi
offerri contigerit perenni tempore integra a clericis loci illius
et sine inquietudine volumus possideri, eorum quidem usibus, pro quorum sustentatione gubernationeque concessa
sunt, modis omnibus profutura. Hec igitur omnia que hujus
15 precepti decretique nostre pagina continet, tam tibi quam
cunctis qui tibi successerint in proprium servanda decernimus. Si quis vero episcoporum, etiam clericorum vel secularium personarum, hanc constitutionis nostre paginam
cognoscens, contra eam venire temptaverit, potestatis hono-
20 risque dignitate careat reumque se divino judicio de perpetrata
iniquitate cognoscat, et nisi que ab illo sunt male ablata restituat, et a sacratissimo corpore ac sanguine Dei domini
redemptoris nostri Jhesu Christi alienus fiat, atque in eterno
examine districte ultioni subiciat; cunctis autem eidem loco
25 justa servantibus sit pax domini nostri Jhesu Christi, ut hic
fructum bone actionis recipiant, et aput districtum judicem
premia eterne pacis inveniant. Datum Lateranis, kal. nov., per
manus Petri, sancte Romane ecclesie presbyteri cardinalis ac
bibliotecarii, anno IIII pontificatus domini Gregorii VII pape,
indictione xiii (*Rota*). Bene valete.

VIII

L'ABBAYE DE SAINT-NICOLAS-AU-BOIS.

L'abbaye de Saint Nicolas au Bois (*Sanctus Nicholaus de Silva que dicitur Vedogium, Sanctus Nicholaus de Saltu*) (1), fondée vers 1085, obtint, en 1117, de Burchard, évêque de Cambrai, l'autel d'Arc-Aisnières.

En 1133, elle reçut à cens de l'évêque Liétard les redevances de l'église de Wetteren. L'autel de cette dernière localité appartenait au chapitre de Cambrai et lui avait été donné par l'évêque Manassès, en 1098 et 1100 (2). A la suite de la donation de Liétard, il surgit, entre l'abbaye et le chapitre, un débat concernant la juridiction à exercer sur l'autre rive de l'Escaut appartenant au diocèse de Tournai. L'accord qui intervint fut confirmé, avant l'année 1137, par les deux évêques de Tournai et de Cambrai (3).

---

(1) Saint-Nicolas-au-Bois, arrondissement de Laon, canton de la Fère (Aisne).

(2) LE GLAY, *Glossaire topographique de l'ancien Cambrésis*, pp. 25 et 26. Cette possession fut confirmée au chapitre par une charte de l'évêque Odon, de l'an IIII. *Ibid.*, p. 31

(3) WAUTERS (*Analectes de diplomatique*, p. 234) a publié l'acte de ratification de Simon, évêque de Tournai. L'acte de l'évêque de Cambrai se trouve à la Bibliothèque nationale, à Paris, dans un cartulaire du chapitre de Cambrai (*Manuscrits latins*, n° 10968, fol. 47); mais la copie en a été faite avec beaucoup de négligence.

1117.

BURCHARD, ÉVÊQUE DE CAMBRAI, DONNE A L'ABBAYE DE SAINT-
NICOLAS-AU-BOIS L'AUTEL D'ARC-AISNIÈRES.

*Original en parchemin, sceau disparu, à la Chambre
des comptes, à Lille.*

In nomine sancte et individue Trinitatis, Burgardus, divina
miseratione Cameracensis episcopus, tam presentibus quam
futuris in perpetuum. Si quod scriptum est : « *non defrauderis
a die bona et particula boni doni non te pretereat* », discretionis
10 oculo intueamur, nichil in temporalibus bonis efficacius quam
ut aecclesiarum profectui, debito caritatis affectu, innitamur.
Quocirca, ob animae nostrae et predecessorum nostrorum
memoriam, venerabili ecclesiae Sancti Nicholai de Silva, ob
religionis et boni nominis prerogativam, altare de Arc (1) cum
15 appendicio suo, liberum et sine persona, salvis episcopi et
ministrorum suorum reditibus, concedimus, eo canonicae
institutionis tenore, ut presbiteri ibi cantaturi curam de manu
episcopi recipiant et de sinodalibus ministris suis respondeant.
In prevaricatores igitur anathematis infamia promulgata, ut
20 ecclesiae prelibatae, scilicet Sancti Nicholai de Silva, rata
deinceps permaneant, sigilli nostri auctoritate consolidamus, et
autenticarum personarum testimonio corroboramus. Signum
Radulfi archidiaconi. S. Johannis archidiaconi. S. Anselli
archidiaconi. S. Theodorici archidiaconi. S. Evrardi archidia-
25 coni. S. Erleboldi prepositi. S. Erleboldi decani.

Actum est autem hoc anno incarnati Verbi M° C° X° VII°,
indictione XI, presulatus domni Burgardi secundo. Ego
Weriboldus cancellarius scripsi et recognovi.

---

(1) Arc-Ainières, arrondissement de Tournai, canton de Frasnes.

1133.

1133   LIÉTARD, ÉVÊQUE DE CAMBRAI, DONNE A CENS A L'ABBAYE DE
SAINT-NICOLAS-AU-BOIS LES REDEVANCES DUES A L'ÉVÊQUE PAR
L'AUTEL DE WETTEREN (De obsonio altaris de Wetra).

*Original, à la Bibliothèque nationale, à Paris,
man. nouv. lat., n° 2306, fol. 4.*

In nomine sancte et individue Trinitatis. Lietardus, Dei
gratia Cameracensium episcopus, tam futuris quam presentibus
in perpetuum. Scientes scriptum : « *beatus qui intelligit super
egentem et pauperem* », et curam habentes pauperum Christi,   10
peticione Cameracensis aecclesie et assensu Theoderici, Braba-
tensis archidiaconi, qui etiam in eo quod ad ipsum attinebat
hanc remissionem ...,ᵃ [conc]essimus aecclesie Sancti Nicholai de
Silva Vedogii obsonium altaris de Wetra (1), pro...ᵃ is tantum
solidis currentis monetae, quotannis persolvendis; interposita   15
conditione tali, [quo]d si aliqua occasione monachi Sancti Nicholai censualitatem predicti altaris dimiserint, michi successori-
busque meis idem altare de Wetra, sicut antea solebat,
integrum obsonium persolvat. Quod ut ratum in posterum
inconvulsumque permaneat, placuit hanc donationem scripto   20
mandare, scriptum vero sigilli nostri inpressione et subscrip-
[torum] testium astipulatione confirmare, data prevaricatoribus maledictione, conservatoribus vero...ᵃ benedictionis
inpensa consolatione. S. Theoderici ejusdem altaris archidiaconi.
S. Johannis [arch]idiaconi. S. Erleboldi prepositi. S Oilardi   25
decani. S. Parvini, Sancti Sepulcri abbatis. S. Walteri, abbatis
S...ᵃ oti. Actum anno incarnati Verbi Mᵒ Cᵒ XXXIIIᵒ, presulatus
domni Lietardi IIᵒ. Ego Guirinboldus cancellarius scripsi et
recognovi. ·

a. *mots effacés.*   30

---

(1) Wetteren, canton de ce nom, arrondissement de Termonde.

IX.

L'ABBAYE DE SAINT-RIQUIER.

L'abbaye de Saint-Riquier possédait à Breedene (arrondissement de Bruges, canton d'Ostende) un prieuré qu'elle conserva jusqu'à la Révolution française (1).

L'origine du prieuré remonte à 1087; en cette année, Ratbod, évêque de Tournai, attribua aux moines de Saint-Riquier le droit de présentation à la cure de Breedene. L'évêque Simon, en 1131, leur donna l'un des deux bénéfices de ladite église. Le privilège du personnat fut renouvelé par l'évêque Évrard; et, en 1182, le pape Lucius III confirma la dotation du prieuré. Une curieuse lettre d'Étienne, évêque de Tournai, à Guillaume, archevêque de Reims, fait, en 1196, une description désolante de l'état de ce lieu (2).

Les archives de l'abbaye de Saint-Riquier ont péri dans un incendie arrivé en 1719. Sous le nom de cartulaire de Saint-Riquier, les archives de la Somme possèdent la

---

(1) L'abbé Hénocque, *Histoire de l'abbaye et de la ville de Saint-Riquier,* dans les Mémoires de la Société des antiquaires de Picardie, Documents inédits concernant la province, t. IX, p. 420, t. XI, p. 373.

(2) M. Wauters (*Table,* etc., t. III, p. 189), en analysant la lettre de l'évêque Étienne, a traduit *Bredenai* par Bredenaerde. Comparer l'abbé Desilve, *Lettres d'Étienne de Tournai,* p 285.

copic d'un inventaire détaillé des chartes de l'abbaye, rédigé en 1489; il contient l'analyse de vingt documents concernant Breedene, de 1087 à 1461 (1).

Avril 1087.

Avril 1087. NOTICE D'UNE CHARTE DE RATBOD, ÉVÊQUE DE TOURNAI, PAR LAQUELLE IL DONNE A L'ABBAYE DE SAINT-RIQUIER LE PERSONNAT DE L'ÉGLISE DE BREEDENE.

Cartulaire de l'abbaye de Saint-Requier, fol. 14, *aux Archives* 5
du département de la Somme, à Amiens.

« Lettres faisant mention comment l'évêque de Tournay nous accorde le personnage perpétuel de Breedene, situé en son diocèse.

» Cette lettre se commenche : *In nomine Domini sanctæ et* 10
individuæ Trinitatis, Patris et Filii et Spiritus sancti. Ego
Raboldus, gratia Dei Noviomensis seu Tornacensis episco-
pus; et est dattée : *VI Lrt.ᵃ maii LXXXVII, indictione X,*
regnante rege Christiᵇ anno XXVIII, domino Raboldo episco-
pant ou *regnantᶜ,* donnée de Guido sancellier; et contient 15
que dom Gervin, abbé de Saint-Riquier, et Egebert, son moine,
lui requièrent que leur église de Bredene et qui étoit à l'usage
de ses moisnes, il la vaulsit mettre sous personnage perpétuel;
et répondit ledit évêque : *Walteri subdiaconiᵈ et clericorum*

a. kal.   20
˙ *Il faut lire* Philippo, *au lieu de* Christi.
   sic.
&. archidiaconi.

---

(1) Nous devons ces renseignements à l'obligeance de M. Georges Durant, archiviste du département de la Somme. — L'abbé 25
HÉNOCQUE (t. XI, pp. 373 et suiv.) cite la plupart de ces actes.

meorum consilio sub personatu perpetuo tenendum concessi, Avril 1087.
par telles conditions que toutes fois que le curé commis se
morroit, l'abbé lui en présenteroit un autre, auquel seroit par
lui commis la cure des âmes d'icelui lieu, et lequel paieroit
5 audit evêque ou à archediacre x s. ou den. tant seulement tous
les ans en la fête saint Simon saint Jude, et x s. quand il ven-
roit au célébrer le senne, et pourtant demeure franc de toute
autre exaction, excepté que au IIIIe an il paiera à l'archediacre
ou au doyen les droits sinodaux accoutumés. Et est cette lettre
10 un cirographe. Et furent présents, avec ledit évêque, ledit archediacre, Henri doyen, Hermannain prévôt, Sigerus chantre, et
v autres témoins, et est signée cette[a] au dos de ce signe :
Prima prioratus de Bredene. ▪

a. pièce?

X.

L'ABBAYE DE MARCHIENNES.

On trouve, dans les archives de l'abbaye de Marchiennes, à Lille, la copie d'un prétendu diplôme de Charlemagne, que nous publions à simple titre de curiosité.

La copie est du siècle dernier. Le copiste (dom Quein-sert?) aurait eu un original sous les yeux, et il en décrit le sceau comme suit : « *Huic diplomati lectu perdifficili* » *appensum sigillum ad plicas esse duas fuisse cognoscitur,* » *ex eo quod ejus superior particula spherica figura super-* » *est, plicis adhaerescens in cera flava expressum, sed* » *quod vetustate corrosum in frusta detritum perierit.* »

Le Glay a fait mention de ce document, en signalant les particularités qui en montrent la fausseté : l'invocation *In nomine Domini*, la qualification *Francorum rex et imperator romanus*, la mention de connétables, échansons, bouteillers, camériers, le sceau pendant, etc. (1).

L'acte ne figure pas au cartulaire de l'abbaye, qui remonte au XIIIe siècle. Le plus ancien document qu'on y trouve (et dont l'original n'existe plus) est le diplôme connu de Charles le Chauve du 11 juillet 877 (2).

M. L. Vanderkindere, à qui nous avons soumis ce texte, a bien voulu nous adresser la note suivante, qui fait connaître l'époque, en même temps que la cause probable de la fabrication de l'acte.

---

(1) *Mémoire sur les archives de l'abbaye de Marchiennes* (Douai, 1854), p. 15.

(2) MIRÆUS, t. I, p. 138; *RHF.*, t. VIII, p. 666.

« Ce qui frappe tout d'abord dans ce texte, c'est que
» trois des signatures qui s'y trouvent apposées appartien-
» nent à des personnages connus, du XIIe siècle.

» *Rogerus cancellarius* est le prévôt de Saint-Donatien,
» chancelier de Flandre de 1127 à 1156.

» *Walterus buticularius*, qui figure dans une charte
» de Charles le Bon en faveur de l'abbaye d'Ouden-
» bourg (1119), apparaît fréquemment dans le récit de
» Gualbert sous le nom de *Walterus Butelgir* (le bouteil-
» ler), ou *Walterus de Vladsloo*. Il mourut en 1127. (Voir
» l'édition de M. Pirenne, § 89, p. 134.)

» Enfin *Michael constabularius* a signé un grand nom-
» bre d'actes depuis 1133 (diplôme de Thierry à Saint-
» Pierre de Gand, VAN LOKEREN, p. 131), jusqu'en 1180
» (BRASSART, *La châtellenie de Douai*, preuves, I, p. 53).

» L'expression : *in Ostrebano regio* me suggère une
» autre observation. Il semble qu'elle n'ait dû se ren-
» contrer que sous la plume d'un rédacteur qui habitait
» sur le territoire de l'Empire et qui voulait insister sur
» ce fait que l'Ostrevant relevait de la couronne de
» France. Or, ce n'est qu'après le milieu du XIIe siècle
» que les comtes de Hainaut ont acquis cette région;
» sans doute pour donner à l'acte une apparence plus
» grande d'authenticité, on y a attaché des signatures
» flamandes, ce qui était logique, puisque l'influence de
» la Flandre avait été jusque-là prépondérante dans le
» pays.

» Il résulte de ces constatations que, sous sa forme
» actuelle, le diplôme de Marchiennes ne peut avoir été
» rédigé avant le milieu du XIIe siècle.

» Quant au motif qui a inspiré la fraude, je crois en
» retrouver l'origine dans le diplôme par lequel, en **1046**,

» Baudouin de Lille, confirmant les possessions de l'ab-
» baye, fait mention des privilèges accordés par Charles
» *(Karolus videlicet magnus imperator)*, et par Lothaire
» (Miraeus, IV, p. 179). En réalité, l'empereur Charles,
» dont les archives de Marchiennes avaient conservé un
» acte, était Charles le Chauve ; mais comme son diplôme
» de 877 portait : *Karolus misericordia divina imperator*
» *augustus* (Miraeus, I, p. 158), le rédacteur de 1046 s'y
» est trompé et a substitué au fils de Louis le Débon-
» naire, Charlemagne qu'il connaissait mieux (1).

» Or il est probable que, au XIIe siècle, l'abbaye aura
» sollicité de nouvelles confirmations ; nous savons qu'elle
» a subi alors une crise assez intense, due aux usurpations
» de ses avoués. M. Duvivier publie, dans le présent
» recueil, quatre pièces, de 1125 et de 1167, qui ont trait
» à ce conflit. D'autre part, elle obtint des bulles protec-
» trices du pape Calixte II en 1123, du pape Eugène III
» en 1146, d'Alexandre III en 1163-1164, de Lucius III
» en 1184 (Voir Duvivier, *Le Hainaut ancien*, p 527, et
» Pflugk-Harttung, *Acta pontif. rom. inedita*, I, pp. 188,
» 236, 315).

» La préoccupation d'assurer ses droits et ses biens
» est donc évidente, et n'est-il pas permis de supposer que
» les moines de cette époque ont cédé à la tentation de
» reconstituer le diplôme de Charlemagne, dont ils
» croyaient la réalité attestée par la charte de 1046?

---

(1) Cette confusion se remarque dans un inventaire des titres de
l'abbaye, de l'an 1533 : « *Unnes lettres en parchemin fort anchiennes*
» *scellées en placquart de l'anneau du roy* Charlemagne, *et données de*
» *luy en l'an XXXVIII, V° idus julii, indictione X, etc.* » Le Glay,
p. 19. — Il s'agit là du diplôme de Charles le Chauve.

» Quel est le document dont ils se sont servis pour
» dresser la pièce fausse? Je ne puis le déterminer; mais
» certainement ils ont fait preuve d'une assez grande
» habileté. C'est ainsi que le diplôme ne mentionne que
» quatre possessions : Helesmes, Beuvry, Sailly et Boiry;
» toutes quatre se retrouvent dans les bulles de 1123, de
» 1146 et de 1184, mais noyées au milieu de beaucoup
» d'autres, dont sans doute on se rappelait l'acquisition
» plus récente.

» J'ajoute que le style de l'acte semble indiquer un
» modèle du Xe ou du XIe siècle ; au XIIe siècle, on écrit
» plus simplement, les préambules sont plus courts, les
» périodes moins contournées. Ici, le choix des mots n'est
» pas exempt d'affectation : *Studio voluptatis humane*
» *mentes ad terrena incurvantur, et in lubricum proclivi*
» *admodum celeritate discurrunt.*

» A noter aussi l'expression *series* pour *scriptura*.

» Le passage : *nec arugo (aerugo) scrinii nec tinea*
» *oblivionis posset demoliri* est une allusion à un verset
» de l'Évangile de saint Mathieu ; elle se rencontre déjà
» dans une donation remontant à 749 (BORDIER, *Recueil*
» *de chartes mérovingiennes*, p. 60, reproduite par THÉVE-
» NIN, *Textes relatifs aux institutions privées*, p. 68) :
» *thesaurisate vobis thesauros in cœlo, ubi non furatur fur,*
» *nec erugo eruginat nec tinea corrumpit.* Les rédacteurs
» flamands ne l'ignoraient pas : un acte de 1110 (Saint-
» Pierre de Gand, VAN LOKEREN, p. 116) porte : *thesauri-*
» *zate vobis thesauros in celo, ubi neque erugo neque tinea*
» *demolitur.* »

813.

L'empereur Charlemagne confirme a l'abbaye de Marchiennes
ses possessions.

*Recueil de copies, in-quarto, fonds de l'abbaye de Marchiennes,
à Lille.*   5

In nomine Domini amen. Ego Karolus, Dei gratia Francorum
rex et imperator Romanorum, tam futuris quam presentibus
in perpetuum. Studio voluptatis humane mentes hominum
de facili ad terrena incurvantur, et in lubricum proclivi admodum celeritate discurrunt; quod ad nos usque à prima radice 10
vitiorum originaliter pervenit. Quapropter necessarium valde
omnibus fidelibus esset, ut inter vitiorum tumultus et virtutum naufragia respirare aliquando per pia suffragia possent
His ergo documentis admonitus quamvis in modico, in aliquo
tamen contra vitiorum importunitates, alicujus pietatis bene- 15
ficium ecclesie sancte Rictrudis de Marcianis in Ostrebano
regio ordinavi, cujus parietales de fundamentis cognationis
nostre excreverunt, sperans me cumulato fructu in cœlestibus
stipendia recepturum. Hoc autem tenaci formitudine corroboratum ad oculos venture posteritatis transmissi, ut nec arugo 20
scrinii nec tinea oblivionis posset demoliri. Hoc igitur pietatis
beneficium nostrum presentis pagine series sic explicat, ut
nimirum nobilem villam Marcianas prenominatam, cum ponte,
molendino et tractu navium suorum per fluvium Scarp, ea
omnimoda libertate, pace et quiete, qua eam prius possidebant 25
Adabaldus dux et Rictrudis uxor ipsius, prefate ecclesie Marcianensi possidendam sub eleemosine titulo perenniter assi-

gnaverunt, ut ex hoc beneficio accresceret proventus, et 813
numerus fratrum et sororum in dicta ecclesia sancte Rictrudis
de Marcianis Deo devote servientium : ea lege et conditione ut
ab alia persona qualibet, de proventibus et libertate omnimoda, qui in supradicta villa, ponte, molendino et aqua ipsis
proveniunt, nihil penitus exigi ab ipsis possit. Sic enim cidem
ecclesie prioriter *a* ab antecessoribus nostris concessum et
regulariter adscriptum recognovi. Insuper praedia, silvas,
Haslenium (1), Basriacum (2), Soliacum (3), Boiriacum (4), et
alias nobiles terras circa eam ecclesiam sitas, libere possidendas ecclesie praetaxate pariter adscripsi. Hanc autem paginam, ut inconcussa permaneat legitima definitione celebratam,
sigilli mei munimine roboravi et ad hoc idoneos testes
subnotavi.

Signum Karoli, Francorum regis et imperatoris romanorum.
S. Michaelis constabularii. S. Rozelli dapiferi. S. Walteri buti-
cularii. S. Rollonis camerarii. S. Rogeri cancellarii. S. Bozonis
notarii. Actum Parisiis, anno Verbi incarnati DCCC° XIII°, kal.
augusti, per manum R. cancellarii nostri, imperante semper
domino nostro Jesu Christo. Amen.

a. perenniter?

---

(1) Helesmes (France), arrondissement de Valenciennes, canton
de Bouchain. Ce lieu est nommé *Helemœ, Helemnœ, Helemmae,* dans
les bulles de Calixte II (1er novembre 1123), Eugène III (2 septembre 1146) et Lucius III (15 juin 1184), pour l'abbaye de Marchiennes. Voir nos *Recherches,* etc., p. 527; Pflugk-Harttung,
Acta pontificum romanorum inedita, t. I, pp. 188 et 315.

(2) Beuvry, arrondissement de Douai, canton d'Orchies. Appelé
Bariacum, Beuvri, Beurui, Beueui, dans les trois bulles.

(3) Sailly, arrondissement d'Arras, canton de Vitry (Pas-de-Calais).

(4) Boiry-Sainte-Rictrude, arrondissement d'Arras, canton de
Beaumetz. Voir les bulles citées.

11

Au dos d'un original de l'an 976 par lequel le roi
Lothaire, à la demande de sa femme Emma, restitue la
ville de Haisnes à Judith, abbesse de Marchiennes, on lit
une copie d'acte, d'une écriture du même siècle, par
lequel l'abbesse Judith, en présence du roi Lothaire,
donne à cens trois manses sises à Ouvert. Cet acte qui,
ainsi que nous le fait remarquer M. Vanderkindere,
rappelle les formules de l'époque mérovingienne ou du
commencement de l'époque carlovingienne, mérite à ce
titre et par le style barbare de sa rédaction, d'être conservé.
Le Glay, qui l'avait pris d'abord pour l'acceptation par
l'abbesse Judith de la restitution du roi Lothaire, l'a publié,
mais incomplètement, dans les annotations d'une bulle de
Calixte II de l'an 1123 (1).

976 (?)

976 (?)   JUDITH, ABBESSE DE MARCHIENNES, REMET A DEUX FRÈRES,
DURAND ET RENAUD, TROIS MANSES A OUVERT.

*Minute ou copie du Xe siècle, fonds de l'abbaye de Marchiennes,
à Lille.*

Ratio dictat et usus approbat ut quisque necessitati providens oportune singula queque dispensent. Quapropter ego
Judita abbatissa, cum omni concregatione sancta Rictrudis, a
petitionem fideles dedimus cujusdam viros nomine Durandum
sive fratrem suum Rainoldum, in pago Leodio in villa que *A*
dicitur Over (2), mansos III in jure habendi transfudimus, ut

---

(1) *Mémoire,* etc., pp. 5 et 31, note 4.

(2) Ouvert, section de Givency lez-La Bassée, arrondissement de
Lille, canton de La Bassée. Ouvert appartenait au *pagus Leticus*
(désigné aussi sous les formes *Letigus, Lidius, Leodius*) : « In cadem

silicet habeant et posideant ipsi et filii corum. A respectum   976 (?)
date precarie singulis annis, ad festivitatem sancti Vedasti que
est kal. octobris, solidos III persolvant. Quod si de hoc censum
negligens umquam ususfuerit, secundum legem salicam coga-
5 tur emendaturus. Ad notitiam ergo et hujus facti probationem,
duas istas fecimus cartulas ut et eas usquam habuerit et nostra
pari ratione confirment. Que ratio... *a*.

Actum dominico publice coram testibus multis et videntibus
plurimis quorum nomina et signacula subter habeant. Signis
10 Martini prepos. S. Grimoldi. S. Grimberti. S. Gisleberti. S. Richarii. S. Balduini march. S. Vuerini. S. Sciheri. S. Rotberti.
S. Beva. S Vuisegart. S. Amolberga. S Lotharii regis gloriosi.

(*Suivent, de la même écriture, les noms suivants*): Tambolt,
Bava, Raingart, Stobur, Emma, Ramgar, Amolreda, Godica,
15 Manachin, Rainart, Stabur, Amatus, Alcstens, Helette, Gerardus, Geldulfus, Raingardus, Emma, Herierus *b*.

2 mars 1103.

LAMBERT, ÉVÊQUE D'ARRAS, CONFIRME LES POSSESSIONS DE L'ABBAYE   2 mars
DE MARCHIENNES, SITUÉES DANS SON DIOCÈSE.   1103

20 Original en parchemin portant le sceau en placard de
l'évêque Lambert, très bien conservé, fonds de l'abbaye de
Marchiennes, à Lille.

In nomine Patris et Filii et Spiritus sancti, veri ac summi
Dei Ego Lambertus, Dei miscratione Attrebatensis episcopus,
25 sepe et multum imploratus, satisfacere volui dulcissimis et

a. *trois mots effacés.*
b. *Ces noms sont omis dans Le Glay.*

---

regione (pago Letigo), in villa Overt. » Bulles de Caïixte II,
d'Eugène III et de Lucius III. — Sur la consistance du *pagus Leticus,*
30 voy. VANDERKINDERE, *Le capitulaire de Servais et les origines du*
comté de Flandre, p. 24. CRH., 5, VII.

2 mars
1103 dignis precibus domni Adalardi venerabilis abbatis, de titulo
beatorum apostolorum Petri et Pauli Marceniensis cenobii,
ceterorumque fratrum ejusdem ecclesie, ut altaria, que personaliter et juste tenuerant, dum Cameracensis ecclesia et hacc
cui nunc Deo auctore presidemus sub uno pontifice regeban-
tur, liberaliter predicte congregationi firmaremus possidenda.
Unde, cum fidelibus nostris communicato assensu et consilio,
tibi, frater et fili abba Adalarde, tuisque successoribus legitimis, regulariter viventibus, pro peccatorum nostrorum
redemptione, sine aliqua turpis lucri exactione, ipsa altaria
non solum concedimus, verum etiam auctoritate qua non
nostris meritis sed per divinam misericordiam presidemus, in
perpetuum possidenda confirmamus; ea tamen conditione ut,
defunctis presbiteris, sicut ratio exposcit et decreta preci-
piunt, alii qui digni sint preesse ab abbate ad episcopum
deducantur, quibus cura animarum ab ipso episcopo gratis
impendatur; salvo in omnibus jure Attrebatensis episcopi et
redditibus ejus et archidiaconi ministrorumque ejus, preterea promittente nobis et profitente supradicto abbate, sicut
filio nostro carissimo, in privatis et publicis negotiis, ecclesiae
beate Mariae Attrebatensis et in capitulo et extra capitulum
fideliter et obedienter se deserviturum, si vocetur ab eadem
ecclesia. Hacc autem sunt nominatim altaria : in comitatu
Flandrensi pago Letico (1), Lorgias (2), Alcis (3), Masengarba (4),
Hainas (5); in pago Attrebatensi, Bairis (6); in comitatu Hai-

---

(1) Sur ce *pagus*, voir la note de la page 162.

(2) Lorgies, arrondissement de Béthune, canton de Laventie (Pas-
de-Calais).

(3) Auchy lez-La Bassée, arrondissement de Béthune, canton de
Cambrin.

(4) Mazingarbe, arrondissement de Béthune, canton de Lens.

(5) Haisnes, arrondissement de Béthune, canton de Cambrin.

(6) Boiry-Sainte-Rictrude, arrondissement d'Arras, canton de
Beaumetz.

noensi, pago Ostrevanno, Hanic (1), Ascon (2), Hamaticum (3). 2 mars
Hec igitur altaria, que in nominatis villis continentur, ad eccle- ^1103^
siam Marceniensem pertinere notum sit tam futuris quam
presentibus. Unde si quis, post hanc nostram diffinitionem,
5 aliquod de altaribus istis manu sacrilega a prefata ecclesia, cui
Deo disponente annuimus, alienare vel auferre aut pro eisdem
altaribus aliquando pecuniam exigere, vel redditus ipsorum
imminuere presumpserit anathema sit. Cujus rei gratia, pignus
hoc fraterne caritatis humilitati nostre volumus recompen-
10 sari quatinus, audito obitu nostro, exequias et tricenarium
nostrum, successorum quoque nostrorum, nec non anniversarium, tam presentes fratres et abbates eorum quam ipsorum
successores perpetualiter et devote celebrare procurent. Sane
quoniam in deterius defluunt tempora, et actiones humane
15 non possunt venire in notitiam posterorum nisi per litteras,
hoc libertatis donativum consignari libuit presente pagina.
Quod ut inconvulsum et sine refragatione permaneat, sigilli
nostri impressione roborari, in augmentum etiam firmitatis
annotari testium subscriptorum nomina precepi. Sigillum
20 domini Lamberti episcopi. S. domni Clarenbaldi archidiaconi.
S. Roberti archidiaconi. S Aloldi, abbatis Sancti Vedasti.
S. Hildeguini, abbatis Acquicinensis. S. Alberti, abbatis Hasnoniensis. S. Johannis, abbatis de Monte Sancti Eligii. S. Odonis
prepositi. S. Anastasii cantoris. S. Roberti magistri. S. cano-
25 nicorum Rogeri, Balduini, presbiterorum. S. Algisi, Balduini,
Arnoldi, Rogeri, diaconorum. S. Roberti, Bernaldi, Gerardi,
Hugonis, Anselli, Petri, subdiaconorum. S. Walteri, Rodulfi,
Bertulfi, Andree, Petri, canonicorum. S. decanorum Mascelini,
Athsonis, Guarneri, Johannis, Bonardi, Alardi, Balduini, Ge-

---

30 (1) Aniche, arrondissement et canton de Douai.

(2) Abscon, arrondissement de Valenciennes, canton de Denain.

(3) Wandignies-Hamage, arrondissement de Douai, canton de
Marchiennes.

rardi, Radulfi, Johannis de Duaco, Amolrici de Masten. Ego
Lambertus, Dei miseratione Attrebatensis episcopus, relegi et
subcripsi, et in nomine Patris et Filii et Spiritus sancti propria
manu confirmavi.

Actum Attrebati, anno ab incarnatione domini et salvatoris 5
nostri Jhesu Christi M° C° III°, indictione xi^a, vi non. martii,
anno autem pontificatus domni Lamberti VIIII°.

1125.

CHARLES, COMTE DE FLANDRE, LIMITE LES DROITS DE L'AVOUÉ DE
    L'ABBAYE DE MARCHIENNES A HAISNES ET DANS LES WEPPES, ET, 10
    D'UNE FAÇON GÉNÉRALE, DANS LES POSSESSIONS DE L'ABBAYE (1)

*Original en parchemin, sceau disparu, fonds de l'abbaye
de Marchiennes, à Lille. — Cartulaire de l'abbaye
(XIII° siècle), à Lille, fol. 54 v°.*

In nomine sancte et individue Trinitatis, amen. Ego Karo- 15
lus, divina ordinante clementia comes Flandrie, notum fieri
volo tam futuris quam presentibus, quod Amandus, abbas et
monachi sancte Rictudis de monasterio Marceniensi nostram
benivolentiam humiliter postulaverint, quatinus hospites
ejusdem sancte, qui manent in regione que Weppes (2) dici- 20

---

(1) BUZELIN (*Gallo-Flandria*, p. 528) et DUCHESNE (*Histoire de la
maison de Béthune*, preuves, p. 20) ont publié un court fragment de
cet acte.

(2) On appelait ainsi la contrée située au sud de Lille, entre la
Lys, la Deûle et l'Artois (LEURIDANT, *Les châtelains de Lille*, dans les 25
MÉMOIRES DE LA SOCIÉTÉ DES SCIENCES, DE L'AGRICULTURE ET DES ARTS
DE LILLE, 1872, p. 497). Cette région comprenait notamment les
localités de Salomé, Ennetières, Givenchy, Verlinghem, Pommereau
à Aubers, et sans doute Haisnes, Mazingarbe, etc. Les Weppes ne
paraissent pas avoir constitué un *pagus* déterminé, puisque la plu- 30
part des localités ci-dessus appartiennent au *pagus Leticus*. Voir
VANDERKINDERE, *Le capitulaire de Servais, etc.*, pp. 24 et suiv.

tur, contra pravorum hominum incursiones ob amorem Dei 1125 tueremur, et maxime contra eorum violentiam qui se advocatos et defensores verbis dicunt, factis autem negant. Sunt enim oppressores pauperum et, sicut lupi vespertini causis ovium, ita substantiolis eorum diripiendis, tam per se quam per officiales suos, cotidie insidiantur. Hoc abbas et monachi sancte Rictrudis, hoc etiam eorum rustici, ferre non valentes, ad nostram justiciam quasi ad portum confugerunt. Quibus quod justum erat humiliter petentibus facile adquievi, sciens anime mee profuturum eripere inopere *a* de manu fortiorum ejus, egenum et pauperem a diripientibus eum. Omnes igitur hospites Marceniensis monasterii, qui manent apud Hainas et in omni regione Weps nuncupata, ab oppido Basceie (1) per circuitum usque ad metam sancte Rictrudis, in nostram suscepimus advocationem atque defensionem, tale super hac re facientes decretum, ut ipsi rustici, soluto ecclesie censu de suis capitibus, de reliquo sint immunes et omnino liberi ab omni exactione advocationis; excepto quod, si qua legitima debent advocato sancte Rictrudis de antiquis institutis, illa persolvant, deinceps tam ab illo quam ab aliis liberi permanentes. Equalem libertatem habeat tam advena quam indigena, et nulli hominum liceat eos pertubare, vel quolibet modo que eorum sunt auferre, vel adversus eos placitare, nisi in domo sancte Rictrudis apud Hainas, per monachum loci et villicum et scabinos. Et ut hoc decretum nostrum tam a nobis quam a successoribus nostris firmius conservetur, placuit predicto abbati et monachis suis, ut, sicut eorum rustici de villa Masengarba juxta antiquum morem dant ad elemosinam nostram

a. inopem?

---

(1) La Bassée, canton de ce nom, arrondissement de Lille (Nord).

1125 singulis annis xx^u solidos pro respectu nostre advocationis, ita
et isti persolvant annuatim xx^u, in memoriam scilicet nostre
erga eos liberalitatis et sue ipsorum libertatis. Nunc igitur
adjuramus omnes successores nostros, per nomen domini
Jhesu, ob cujus amorem miseris rusticis succurrimus, ut nul-   5
lus eorum presumat hos xl solidos alicui dare aut commutare
vel in alios usus detorquere, nisi ad elemosinam ad quam pie
deputati sunt tam a me quam a predecessoribus meis. Post
hec supradictus abbas et monachi precati sunt benivolentiam
nostram, ut ad hec, que de antiqua libertate ejusdem ecclesie 10
comes Balduinus(1), proavus meus, coram conjuge sua comitissa
Adela, et coram baronibus suis, Eustachio scilicet comite Bolonie, Rogero comite de Sancto Paulo, Drogone, Gerardo et Fulchone episcopis, et aliis multis tam religiosis quam secularibus
viris testificatus est, et scripto suo confirmatum reliquit,   15
meum quoque testimonium et confirmationem adhiberem, et
ex his quedam breviter hic annotari preciperem. Eorum igitur
humili petitioni libenter annuens, quod comes ille confirmavit
hic breviter annotatum omnimodis observandum decerno.
Itaque advocato nec alicui terrene potestati, in aliqua villa   20
beate Rictrudis, contra voluntatem abbatis vel monachorum
manere liceat, quia Marceniensis ecclesia libera est ab omni
redditu advocationis ; et villa in qua ipsa sancta corpore
quiescit et relique omnes ville ad eam pertinentes ita sunt de
dominicatu ipsius sancte, ut nullus hominum in eis vel solum   25
pedem terre habeat, exceptis hospitibus sancte qui ecclesie
serviunt. Item non licet advocato in potestate ecclesie preparare convivia, nec latronem accipere, nec corevias, nec bannum, nec precarias, nec collectionem pecunie facere, nec
placita tenere. Omnes hospites ecclesie equalem babent liber- 30

---

(1) Baudouin de Lille. Voir l'acte qui suit.

tatem, tam advena quam indigena. Advocato non licet eos perturbare, vel aliquid ab eis accipere, vel per violentiam exigere.
In aquis et nemoribus ecclesie et ceteris rebus que ad eam
pertinent, nullum omnino jus habet advocatus. Ejus terras nec
5 emere nec in vadimonium accipere potest. Sciendum quoque
quod Marceniensis ecclesia, a beato Amando et nobili matrona
beata scilicet Rictrude nobiliter fundata, per quadringentos
annos, hoc est a sui constitutione, ab omni redditu advocationis semper libera extitit. Sed quia temporibus predicti
10 comitis, pravorum hominum prevalente nequitia, ad sui
defensionem advocato indigebat, Albricus abbas, qui diebus
illis eidem ecclesie preerat, ipsi comiti dedit, de proprio alodio
beate Rictrudis, 11as carrucatas terre in villa Nigella (1), 11os molendinos in villa Berberia (2), ut bonus esset ecclesie advocatus
15 et defensor. Comes autem terram illam cum molendinis iterum
per manum abbatis dedit Hugoni Havet de Albiniaco, ut loco
ejus esset ecclesie in omnibus promptus adjutor; quod si
negligeret idem Hugo, coram comite et baronibus suis judicavit ut datum et advocationem perderent ipse et successores
20 ejus. Pro his igitur advocatus servire debet ecclesie. De forisfactura quoque ubi ecclesia eum in auxilium suum vocaverit,
si per justiciam ejus aliquid adquisierit, dabit ei terciam partem. Quod si non fuerit vocatus, nichil habebit. Adjutorium
vero tempore obsidionis vel hostilitatis generalis 1111^{or} vel
25 v^e ebdomadarum accipiet in potestatibus, id est de carruca
11 solidos, de dimidia unum, de operario divite an paupere
111 denarios, liberis semper remanentibus 1111^{or} ministris
ecclesie, coco, pistore, cambario et illo qui cum carro de

(1) Noyelles-sous-Bellonne, canton de Vitry, arrondissement
30 d'Arras (Pas-de-Calais).
(2) Brébières, idem.

1125   nemore ligna adducit. In hoste quoque regali, accipiet in potestatibus ecclesie viiiº palefridos, cum reversus fuerit dominis
suis restituendos; famulis qui illos ducent providebit in victu
et calciamentis. Hec etiam que prediximus non poterit accipere nisi semel in anno, et tunc si necessitas evenerit. Que   5
omnia non accipiet, nisi per manus ministrorum abbatie. Item
non licet ei provocare quemquam ad campum de hominibus
ecclesie, sed hic contra quem aget judicio scabinorum cum
juramento sola manu purgabit se. Nec licet ei servos vel
ancillas ecclesie affligere. In nativitate dabunt ei villici ii sexta-   10
ria vini et ii capones. Quorum famulos cibat pane, carne et
vino. Preter supradicta nichil omnino ab ecclesia, nichil ab
hominibus ejus accipere debet advocatus. Ipsa tamen ecclesia
semper in sua antiqua libertate permaneat, quia non ad servitutem sed ad defensionem sui comitem Balduinum proavum   15
meum advocatum constituit, dato ei predicto beneficio. Sicut
igitur idem comes et pater ejus comes Balduinus cognomento
Barbatus ecclesiam Marcianensem manu tenuerunt, a multi-
moda oppressione eam liberantes et in bonum statutum eam
relinquentes, et ego quoque eam in presenti propter dominum   20
manuteneo, hortor et precor successores nostros, ut et ipsi
idem faciant. Nunc vero sciendum quod terras de Bache-
lerot (1), que sunt a meta sancte Rictrudis e regione australi
versus Batsceiam, recognovit Willelmus de Ipra, nepos meus,
coram me et baronibus meis esse de jure Marcianensis   25
ecclesie. Hoc autem fecit juxta voluntatem et concessionem
Wenemari de Isel et Odonis qui dicitur *pes lupi*, qui easdem
terras, eo quod erant contigue terris suis, injuste sibi usurpa-
verant, dicentes se a Willelmo eas tenere in feodum. Sed
Willelmus, tandem agnita veritate per eosdem, per justiciam   30

---

(1) Lieu inconnu.

christianitatis et testimonio antiquitatis de hac injusta perva-
sione convictos et confessos, suggessit mihi ipse et Balduinus
senescalcus de Isun ut prefatas terras nostra auctoritate confirmarem esse Marcianensis ecclesie. Hic enim Balduinus
5 quasi vice nostra, hoc a predicto Odone pactum fideliter in manum acceperat, quod eas terras nec ipse nec heres ejus
amplius reclamaret, nec alicui reclamanti de hac re waran-
diam portaret. Exigente ergo a nobis censura justicie, simulque propter salutem anime mee, possessionem de qua agimus
10 tam in terris quam in decimis et in hospitibus reddidi beate
Rictrudi et ecclesie Marcianensi, libere perpetuo possidendam
contradidi. Ut autem ista traditio et superius descripta advocatio perpetuam obtineant firmitatem, testamentum inde
factum sigilli mei impressione confirmavi, et curialium nostro-
15 rum testimonio roborari precepi. Signum Karoli comitis.
S. Absalonis, abbatis Sancti Amandi. S. Aluisi, abbatis Aqui-
cinctensis. S. Hugonis monachi, filii Hugonis Havet S. Willelmi de Ipre. S. Balduini dapiferi. S. Rogeri, castellani Islensis.
S. Roberti advocati. S. Stephani de Landast. S Widonis de
20 Steinfort (1). S. Willelmi de Wervi (2). Actum Insule, indictione 111^a, concurrente 111°, epacta $x1111^a$, regnante glorioso rege
Ludovico in Francia, anno Verbi incarnati M^o C^o XX^u V^a.

---

(1) Gui de Steenvoorde, beau-frère d'Isaac, l'un des meurtriers du
comte Charles (2 mars 1127). Gui fut pendu à Ypres, comme com-
25 plice, le 11 avril 1127. GALBERT, *Histoire du meurtre de Charles le
Bon* (édition Pirenne), p. 94.

(2) Guillaume de Wervicq fut aussi condamné comme complice
du meurtre. GALBERT, pp. 18, 42 et 64; BAUDOUIN d'AVESNES, dans
les *MGH.*, t. XXV, p. 441.

1125.

1125 Charles, comte de Flandre, confirme et renouvelle les
dispositions prises, en 1038, par le comte Baudouin de
Lille, concernant les droits de l'avoué de l'abbaye de
Marchiennes en cette ville (1). 5

*Original en parchemin, sceau brisé, fonds de l'abbaye de
Marchiennes, à Lille. — Cartulaire de l'abbaye, à Lille,
fol. 35 v°.*

In nomine Patris et Filii et Spiritus sancti, amen. Ego Karolus, per bonam Dei erga me voluntatem comes Flandrie, repu- 10
tans mecum quia, cum nobis a Deo augentur dona rationes
etiam crescunt donorum, ad impetrandam misericordiam
Domini, optimum mei fore pre omnibus duxi ejus ecclesias
nostra largitate honorare, et ab omni oppressione et injusticia
earum exteriora bona defendendo integra conservare, et 15
queque mala instituta vel depravata in melius restituere. Quapropter notum fieri volo tam futuris quam presentibus me, ad
petitionem viri venerabilis Amandi, abbatis et monachorum
sancte Rictrudis, Marcianense monasterium in antiqua libertate
revocasse consilio et judicio baronum meorum, in melius resti- 20

---

(1) Miræus, t. I, p. 659, a publié, mais en la mutilant complète-
ment, la charte de 1038. Le Glay l'a republiée, d'après l'original,
dans son *Mémoire sur les archives de l'abbaye de Marchiennes*, p. 24.
Elle est reproduite très correctement dans Warnkoenig, *Flandrische
Staats und Rechtsgeschichte*, t. III, preuves, supplément, p. 5. 25
M. d'Herbomez (*Histoire des châtelains de Tournai*, I, p. 5, note 1) a
cru cette charte inédite. — On peut voir dans les *Analectes de diplomatique* de M. Wauters, p. 217 (*CRH.*, 4, X, 216), une autre charte
de Charles le Bon en faveur de l'abbaye de Marchiennes (1119-1123).

tuens queque ab advocato injuste sustinebantur. Cum enim in villa ejusdem sancte, temporibus Fulcardi abbatis, aliquandiu injuste mansisset, ecclesiam et hospites ejus multis ac variis afflixerat injuriis. Nos igitur privilegium, quod comes Balduinus, proavus meus Insule sepultus, et uxor ejus Adela, filia regis Roberti, de libertate ecclesie Marcianensis fieri jusserunt, intuentes, nostrum quoque privilegium de eadem libertate ipsi ecclesie tradidimus, confirmantes, juxta scriptum supradicti comitis, quid in ea advocatus habere debeat, et a quibus se debeat abstinere. De omni forisfractura, ubi ecclesia ope indigens eum in auxilium vocaverit, si per justiciam ejus aliquid adquisierit, ipse terciam habebit parem. Si vocatus non fuerit, nichil habebit. Maiores dabunt ei in Nativitate duo sextaria vini et duos capones, et ipse cibabit eos et homines eorum pane, carne et vino. In Pascha (dabunt) II° sextaria vini tantum. Adjutorium tempore obsidionis vel hostilitatis generalis IIII°r vel v° ebdomadarum accipiet in potestatibus, id est, de carruca II°s solidos, de dimidia unum, de operario divite an paupere III denarios. Coccus ecclesie, magister pistorum, cambarius et qui cum carro de nemore ligna adducit, nichil dabunt ei, quia omnino ab omni redditu semper liberi erunt. In hoste quoque regali per manus ministrorum abbatie in potestatibus accipiet VIII° palefridos. Et hoc semel in anno, si necessitas evenerit; sin autem nichil omnino. Palefridos ferrare faciet; hominibus qui eos ducent in victu et calciamentis providebit. Cum fuerit reversus, omnes palefridos illos restituet dominis suis. Quod donec fecerit, nichil faciet pro eo ecclesia nec homines ecclesie. Preter hec nichil debet habere advocatus, in ecclesia, nec ista accipere nisi per manus ministrorum abbatie [a]. Non bannum faciet, nec precarias nec latronem accipiet nec correuvias [b], nec ministri ejus aliquid accipient. Sciendum quoque quod de hominibus ecclesie non interpellabit quemquam ad campum, sed ille contra quem aget judicio scabinorum cum sacramento sola manu purgabit se. Nec licet ei nec alicui terrene potestati in aliqua villa sancte Rictrudis contra voluntatem abbatis vel monachorum manere, nec convivia preparare vel placita tenere, nec denariorum vel pecunie collectionem ab incolis exigere, nec ullam violentiam inferre. Equalem liber-

a. *L'acte de 1038 ajoute ici :* « Pro supradictis enim molendinis » et terra servire debet ecclesiae et promptus esse adjutor. »

b. Nec palefridos, *dans l'acte de 1038.*

1125 latem habebunt omnes hospites potestatum " tam advena quam indigena Iterum non licet ei terras ecclesie emere aut in vadimonium
accipere, nec servos nec ancillas ejusdem ecclesie in feodo militibus dare,
nec aliquid ab illis per violentiam exigere. In silvis quoque sancte Rictrudis, vel in aquis ipsius, nullam habet potestatem nec homines ecclesie 5
contra voluntatem abbatis manu tenere potest.

Hec superius litteris comprehensa inventa sunt a Balduino,
proavo meo, comite Flandrie, Attrebati confirmata, presente
Hugone Havet, cui ipse comes beneficium, quod a supradicta
ecclesia pro advocatione acceperat, dedit, ut esset in omnibus 10
ecclesie promptus adjutor, et res ejus tanquam advocatus
defenderet et tueretur, alioquin et datum et advocationem
quam de eo accepit perderet ipse et successores ejus, et hoc
presentibus comite et baronibus suis judicavit, Eustachio et
Rogero comitibus, Gerardo, Drogone, Fulchone episcopis, 15
Lietduino, Roderico, Malboldo, Gerardo et Wicardo abbatibus;
Rodulfo Tornacensi, Roberto advocato, Johanne advocato,
Hugone Valentianensi, Hugone de Aldenardo et aliis qui ibi
describuntur. Ego quoque Karolus, Dei gracia comes Flandrie,
statuo et decerno, sub sigilli mei impressione et annotatione 20
testium, ut hec libertas, sicut a predecessore meo comite Balduino constituta inventa est, perpetuam obtineat firmitatem
Signum Karoli comitis. S. Aluisi, abbatis Aquicintensis. S. Absalonis, abbatis Sancti Amandi. S. Willelmi de Ipra S. Roberti
advocati. S. Balduini dapiferi. S Rogeri castellani Islensis. 25
S. Widonis de Steinfort. S. Willelmi de Wervi. S. Stephani de
Landast. Actum Insule curte publica, anno Domini M° C° XXV°.

a. *Le Glay a lu, par erreur, dans la charte de 1038 :* « Equalem
habebunt omnes hospites potestatem... »

16 février 1167.

5 *Original en parchemin, sceau en cire rouge bien conservé,
fonds de l'abbaye de Marchiennes, à Lille. — Cartulaire de
l'abbaye, à Lille, fol. 39 r°.*

In nomine sancte et individue Trinitatis. Prudenter satis
antiquorum excogitavit sollertia ut litteris commendarent et
10 confirmarent que honeste ac recte a se facta posteros latere
nolebant. Unde et ego Theodericus, Dei gratia Flandrensium
comes, ad noticiam tam futurorum quam presentium hic
annotari jussi qualiter comes Balduinus marchio, proavus
meus, beate Rictrudis Marcianensis abbatiam, per c. c. c. c. vel
15 eo amplius annos, hoc est a sui constitutione, ab omni redditu
advocationis semper fuisse liberam coram baronibus sui Attrebati cognoverit et testatus sit, annuens humili petitioni Albe-
rici abbatis et fratrum ipsius ecclesie, suggerente etiam et
concedente Adela comitissa conjuge sua, filia regis Roberti.
20 Sed quum, prevalente secularium nequitia, ad sui defensionem

---

(1) Ce document est le dernier dans lequel apparaît le comte
Thierry. De 1164 à 1166, il ne figure plus que rarement dans les
actes : à partir de 1158 et de 1159, Philippe, son fils, avait pris le
titre de comte de Flandre et gouvernait le comté. Thierry mourut
25 le 17 janvier 1168. Voy. WAUTERS, *Table*, etc., t. II, Introduction,
p. 5. — DUCHESNE (*Histoire de la maison de Béthune*, preuves, p. 34)
et CARPENTIER (*Histoire de Cambrai*, t. II, preuves, p. 20) ont publié
un court fragment de cette charte, qu'il ne faut pas confondre avec
celle de Philippe, qui suit et qui est du même jour.

advocato indigebat, supradictus abbas dedit ipsi comiti duos molendinos, qui sunt in villa Berberia, et duas carrucatas terre in villa Nigella, ut esset ecclesie fidelis advocatus et defensor, ipsa tamen ecclesia in sua antiqua libertate semper manente. Comes autem molendinos illos cum terra supradicta dedit Hugoni Havet de Albiniaco, eo tenore ut in omnibus esset ecclesie Marchianensi promptus adjutor. Quod si negligeret, coram comite et baronibus suis judicavit ut et ipse et successores ejus datum supradictum et advocationem quam de eo tenebant perderent. Et hec sunt que ei in potestatibus ecclesie concessa sunt. De omni forisfractura ubi ecclesia ope indigens,. . etc[a].

Hec superius litteris comprehensa a Balduino comite proavo meo Attrebati confirmata et sigilli sui impressione et subscriptione testium corroborata sunt. Comes etiam Karolus, ejus successor, scripto suo auctoritate sui sigilli impresso et suorum testimonio baronum hec eadem confirmavit. Ego etiam Theodericus, Dei gratia Flandrie comes, ad humilem Johannis abbatis et monachorum, que apud Insulam facta est petitionem, suggerente etiam filio meo comite Philippo, dictante etiam justicia et baronibus meis judicantibus quod antecessorum meorum privilegia per me tenenda et adimplenda essent, in hac pagina statuo et decerno, sub sigilli mei impressione et annotatione testium, ut libertas prefate ecclesie, sicut a supradictis predecessoribus meis constituta inventa est et hic annotata, perpetuam obtineat firmitatem, nec advocatus nec quilibet alius eorum que in privilegiis nostris communiter scripta sunt quicquam audeat infringere. Signum mei Theoderici comitis. S. Philippi comitis filii mei. S. Mathei comitis Bolonie filii mei. S. Hugonis, abbatis Sancti Amandi. S Hugonis, abbatis Sancti Petri Gandensis. S. Roberti, prepositi de Area. S. Roberti, advocati Betunie. S. Eustachii camerarii. S. Rogeri dapiferi. S. Hellini filii ejus. S. Michaelis conestabuli. S. Rogeri de

a. *Voir l'acte du comte Charles ci-dessus.*

Cison. S. Rogeri, castellani Curtracensis. S. Willelmi, castellani   16 février
Sancti Audomari. S. Balduini, castellani Yprensis. S. Hugonis,   1167
castellani Insulensis. S. Walteri de Locris. S. Walteri Attrebatensis. S. Sigeri de Subrenghim. S. Gerardi, prepositi Duacensis. S. Bernardi de Rusbais, Amolrici de Landast, Wenemeri
de Biez, Gerardi de Forest, Hugonis de Lambris, Gerardi et
Roberti de Landast. S Willelmi de Ruma. Actum Insule, anno
Domini M° C° LX° VI°, XIIII° kalend. martii, feria quarta.
Noverint quoque tam futuri quam presentes, quod Stephanus,
qui quandam partem hujus advocationis tenebat et candem
ecclesiam valde infestabat, a filio meo Philippo, cum essem
Jherosolimis, submonitus, die denominata cum Rainero filio
suo Insule venit in presentia mea, cum fuissem reversus, in
presentia quoque filiorum meorum et principum suprascrip-
torum, ibi quicquid in advocatione supradicta injuste recla-
mabat cum fide et sacramento guerpivit.

16 février 1167.

**Philippe, comte de Flandre, déclare qu'il a expulsé de   16 février
Marchiennes l'avoué Étienne qui prétendait y séjourner,   1167
contrairement aux droits de l'abbaye. Il confirme a son
tour les actes de ses prédecesseurs concernant l'avouerie.**

*Original en parchemin, sceau enlevé, fonds de l'abbaye de
Marchiennes, à Lille — Cartulaire de l'abbaye, à Lille,
fol. 40 r°. — Collection Moreau, t. LXXIV, p. 236, d'après
l'original.*

In nomine sancte et individue Trinitatis. Provide satis et
sollerter antiquorum excogitavit solertia ut, ad memoriam
posteris transmittendam, litteris commendarent et confirmarent queque juste instituerant vel a predecessoribus suis
bene instituta esse cognoverant. Unde ego Philippus, per Dei

12

misericordiam comes Flandriarum, notum volo fieri tam futuris quam presentibus, patre meo comite Theoderico Jheruso-
limis existente, Johannem Marcianensis ecclesie abbatem et
monachos, in mei et baronum meorum presentia, frequenter
querimoniam deposuisse, pro injuriis et variis oppressionibus 5
quas Stephanus dictus advocatus eidem ecclesie inferebat, et
maxime quia apud Marcianas villam sancte Rictrudis contra
voluntatem abbatis et monachorum manebat, et in hoc predecessorum meorum instituta et privilegia transgrediens. Ad
audiendam igitur utriusque partis controversiam, tam abbati 10
quam Stephano diem denominavi. Ad hanc itaque apud Insulam convenerunt Stephanus cum parentela sua, abbas quoque
et monachi cum cartis et privilegiis suis, que antecessores mei,
comes scilicet Balduinus marchio et comes Karolus conscribi
et suorum impressione sigillorum corroborari fecerant. Que 15
cum in audientia omnium qui convenerant lecta essent, et
Stephanus, prout melius poterat, respondisset, ipso et fratribus suis audientibus, a baronibus meis juste et concorditer
judicatum est quod continentia privilegiorum que ibi allata
erant usquequaque per me teneri et adimpleri deberet, et 20
libertas prefate ecclesie in omnibus conservari; nec debebat
nec poterat aliquis advocatus nec aliqua terrena potestas,
nolente ecclesia, manere ubicumque potestatem haberet beata
Rictrudis; et si quis per violentiam ibi manere aliquando presumpserit, a comite Flandriarum inde expellendus est Dictante 25
ergo justicia et concordi baronum meorum judicio, ejeci Ste-
phanum cum suis heredibus de villa Marcianensi in omnibus,
jure suo eis reservato, sicut antecessores mei scriptum reli-
querant et hic quoque subnotatum invenitur. Hec sunt igitur
que in potestatibus ecclesie accipiet advocatus : de omni foris- 30
fractura, ubi ecclesia ope indigens, etc. *a.*

Hec superius litteris comprehensa a Balduino comite Attrebati confirmata et sigilli sui impressione et subscriptione
testium corroborata sunt, presente Hugone Havet, cui comes

a. Suit l'extrait de l'acte de 1038, rapporté plus haut.

supradictos molendinos et duas carrucatas dedit, ut esset 11 février 1167
ecclesie promptus adjutor. Quod si negligeret, coram comite et
baronibus suis judicaverit ex ore suo, ut ipse et successores
ejus datum supradictum et advocationem quam de comite
tenebant perderent. Comes etiam Karolus, ejus successor,
scripto suo auctoritate sui sigilli impresso et suorum testimonio baronum hec eadem confirmavit.

Ego etiam Philippus, Dei gratia Flandriarum comes, ad
humilem Johannis supradicti abbatis et monachorum, que
apud Insulam facta est petitionem, suggerente etiam et concedente comite Theoderico patre meo qui reversus erat de
Jherosolimis, dictante etiam justicia et baronibus meis judicantibus quod antecessorum meorum privilegia per me
tenenda et adimplenda essent, in hac pagina statuo et decerno,
sub sigilli mei impressione et annotatione testium, ut libertas
prefate ecclesie, sicut a supradictis predecessoribus meis constituta inventa est et hic annotata, perpetuam optineat firmitatem, nec advocatus, nec quilibet alius eorum que in privilegiis nostris communiter scripta sunt quicquam audeat
infringere. S. Theoderici comitis. S Mathei, comitis Bolonie. S. Hugonis, abbatis Sancti Amandi. S. Hugonis, abbatis
Sancti Petri Gandavensis. S. Roberti, prepositi de Area.
S. Walteri monachi de Subrengheri. S. Roberti, advocati
Bethunie. S. Eustachii camerarii. S. Rogeri dapiferi. S. Hellini filii ejus. S. Michahelis conestabularii. S. Rogeri de Cison.
S. Rogeri, castellani Curtriacensis. S. Balduini, castellani
Yprensis. S. Willelmi, castellani Sancti Audomari. S. Hugonis,
castellani Insulensis. S. Walteri de Locris. S Sigeri de Su-
brengheri. S. Walteri Attrebatensis. S. Gerardi, prepositi
Duacensis. S. Amolrici de Landast. S. Bernardi de Rusbais.
S. Wenemari de Biez. S. Roberti de Landast. S Hugonis de
Lambris. S Gerardi de Forest. S. Gerardi de Landast. S Willelmi de Ruma. S. Johannis de Balos. S. Roberti de Gondul-
curt. Noverint quoque tam futuri quam presentes quod, in

16 février
1167 presentia nostra et curie nostre Stephanus, et Rainerus filius
ejus quicquid barones mes judicaverunt et carte presentes
attestabantur se omnino observaturos fide et sacramento ibi
polliciti sunt, patre meo et me inde fidejussoribus constitutis.
Actum apud Insulam, anno Domini M° C° LX° VI°, xiiii° kal. 5
martii, feria quarta.

1180.

1180 PHILIPPE, COMTE DE FLANDRE, CONFIRME LE DON FAIT PAR SON PÈRE
DE TROIS FEMMES A L'ABBAYE DE MARCHIENNES.

Cartulaire de l'abbaye de Marchiennes, à Lille, fol 78. — 10
Collection Moreau, t. LXXXIV, p. 52, *d'après le cartulaire.*

Ego Philippus, Dei gratia comes Flandrie et Viromandie,
omnibus hec legentibus vel audientibus salutem. Omnibus
tam futuris quam presentibus notum sit quod felicis memorie
Theodericus comes, genitor meus, duas quondam sue familie 15
feminas, scilicet Odam de Warlenio et Eremburgem sororem
ejus, sed et Erentrudem carum sororem et universam eorum
sobolem ecclesie sancte Rictrudis de Marchiennis, ob anime
sue remedium, donavit; quam donationem nos quoque confirmamus. Et ne quis super hoc eidem ecclesie molestus sit, pre- 20
senti carta et sigilli nostri auctoritate et testium subscriptione
roboramus. S. Michaelis constabuli. S. Michaelis, castellani de
Duaco. S. Amulrici de Landast. S. Gerardi de Messines.
S. Roberti, clerici comitis. Interfuit etiam Theobaldus, major
de Orchies. Actum Atrebati, anno Verbi incarnati M° C° LXXX°.

XI.

LE CHAPITRE DE SAINT-AMÉ DE DOUAI.

Dans le livre très intéressant qu'il a consacré au château et aux châtelains de Douai (1), M. Brassart a signalé,
parmi ses preuves, divers actes du XIe siècle, dont plusieurs étaient inédits. La spécialité de son sujet l'a engagé
à ne donner que des fragments de ces derniers. Nous
n'oserions lui en faire un reproche, mais il nous paraît
que, lorsqu'il s'agit de ces temps inconnus, tout texte est
précieux à recueillir dans son entier, sinon pour l'utilité
d'un travail déterminé, au moins dans l'intérêt de la
science en général (2). C'est à ce titre qne nous donnons
ici, en le complétant, l'acte qui suit.

---

(1) *La féodalité dans le nord de la France. Histoire des châtelains
et de la châtellenie de Douai.*

(2) Voir GIRY, *Manuel de diplomatique,* p. 543. — On peut voir dans
le travail de M. Vanderkindere, sur les tributaires ou serfs d'église
en Belgique au moyen âge, le parti qu'il a su tirer de la partie non
publiée de cet acte, que nous lui avons communiqué (*Bull. de l'Acad.
roy. de Belgique,* 1897, t. XXXIV. pp. 425 et 426).

1031-1051 (1).

ACTE ATTESTANT L'ASSERVISSEMENT DE DIVERSES PERSONNES
A L'ÉGLISE DE SAINT-AMÉ DE DOUAI.

*Original en parchemin, non scellé, fonds du chapitre
de Saint-Amé de Douai, à Lille.*

Antiquis temporibus videbatur esse dedecori gentes aliarum
gentium fortitudine devictas ad censum solvendum applicari.
At postquam dominus et redemptor noster, pro suo et pro
discipuli sui Petri capite, ministris Cesaris censum dignatus est
solvere, nulli debet videri onerosum quod ipse facere dignatus
est ad exemplum fidelium populorum. Cujus exemplum
christiani sectantes, sicuti nominis ejus participes, ita et census
efficiuntur ultronei imitatores. Unde cotidie ad altaria in
honore ipsius et sancte matris ejus omniumque sanctorum
consecrata venientes applicant se qua eis conditione libitum
est, suosque sequaces (2). Inter quos et bi famuli famuleque
Domini Wuboldus, Tietrada, Odecinis, Erliardis, Rainuwidis,
Erchemburgis, Tietberga, Erchemburgis, Alburgis, Osquidis,
adamantes patrocinia sanctorum confessorum Amati atque
Mauronti, ad principale ipsorum altare donaverunt se suosque
posteros, duos nummos in festivitate alterius, que est XIIII kalendis novembris, fratribus eidem altari famulantibus solu-
turos. Quibus annuerunt maior minorque advocatus, castellanus scilicet Hugo milesque ejus Witselinus, Sicherusque

---

(1) Henri Ier, roi de France, régna de 1051 à 1060; Siger, cité
comme prévôt de Saint-Amé avait cessé de l'être en 1051. Voir
M. BRASSART, t. I, p. 50.

(2) La partie qui suit a été éditée par M. BRASSART, t. III, preuves,
p. 4.

prepositus et celeri fratres, ut et a maritali licentia et a manu
mortua et ab omni servili dicione manerent immunes. Quod
si quis violentus eos opprimeret eorumque bona injuste
auferret, tamdiu excommunicationi fratrum subjaceat, donec
5 vel rescipiscens ad satisfactionem veniret, vel, per advocati
justiciam coactus, injuste ablata juste restitueret. Acta est hec
cartula Duaci, tempore regis Henrici et gloriosi principis Balduini, sub horum testimonio virorum, Hugonis castellani,
Witselini advocati, Ursionis, Wagonis et aliorum multorum.
10   *Au dos :* Littere de duobus denariis annui redditus quos
debent ecclesie in festis sancti Amati et Mauronti successores
nominatorum in littera qui fuerunt liberati de servitute.

————

La série des actes publiés dans le tome II des *Opera
diplomatica* de Miræus, de l'édition Foppens, se termine
généralement à la page 1356 du volume ; les pages 1357
à 1360 sont consacrées à la généalogie des seigneurs et
princes de Masmimes. Il existe toutefois au moins un
exemplaire dans lequel un carton contient le texte de
quelques chartes ajoutées par Foppens à la collection (1).

Ces actes sont les suivants ;

1° Page 1358 (*caput* CCXII), un diplôme de Philippe Ier, roi de France, confirmant les privilèges du cha-

————

(1) L'exemplaire dont nous parlons est celui que Le Glay a eu
sous les yeux pour sa *Revue des Opera diplomatica* de Miræus (voir
pp. 120 et suiv. de cet ouvrage). Il se trouve à la bibliothèque des
Archives de la Chambre des comptes, à Lille, et provient sans doute
des Godefroy. On conserve à Lille une correspondance de Foppens
avec Godefroy, dans laquelle il est à diverses reprises question de
l'addition de nouvelles pièces à la collection et de suppléments à
imprimer.

pitre de Saint-Amé de Douai (Senlis, 1076). Nous le publions ci-après.

2° Page 1360 (*caput* CCXIII), une charte incomplète de Gérard II, évêque de Cambrai, en faveur du même chapitre (1081). On la trouvera ci-après.

3° Page 1361 (*caput* CCXIIII), un extrait d'une bulle de Paschal II, de 1104, pour le même chapitre (1).

4° Page 1362 (*caput* CCXV), une ordonnance concernant les prééminences et les droits paroissiaux de l'église collégiale de Sainte-Waudru, à Mons (1545).

5° Page 1365 (*caput* CCXVI), une bulle du pape Nicolas V, confiant au magistrat de Bruxelles la direction de tous les hôpitaux, hospices et fondations pieuses de cette ville (1448).

Nous ne nous occuperons ici que des actes concernant le chapitre de Douai.

Le diplôme du roi Philippe Ier n'a reçu, à notre connaissance, d'autre publicité que celle de l'exemplaire, peut-être unique, du Miræus de Lille (2) ; nous le donnons d'après l'original.

Il présente une particularité intéressante.

Gislebert rapporte que Baudouin de Hainaut, fils de Richilde, ayant fait la paix avec son oncle, Robert le Frison, lui avait engagé le château de Douai, qui lui appartenait en propre, pour sûreté de l'exécution d'une promesse de mariage avec une nièce de Robert. La garde du châ-

---

(1) Complétée par Le Glay, *Revue,* etc., p. 126. M. Brassart, p. 24, en publie également un fragment. Elle a été reproduite intégralement dans Migne, *Paschalis II,* etc., *epistolae et privilegia,* col. 136. Comparer Wauters, *Table des chartes et diplômes,* etc., t. II, p. 20.

(2) M. Brassart, toutefois, en a donné cinq ou six lignes (p. 20).

teau fut confiée à des tiers chargés de le remettre à ce
dernier, moyennant une somme d'argent, si le comte
Baudouin manquait à son engagement. Celui-ci, dans la
suite, refusa de s'exécuter après avoir vu la princesse qui
lui était destinée par le traité, et il épousa plus tard la
fille du comte de Louvain. C'est ainsi, dit Gislebert, que
Robert et ses successeurs restèrent en possession de
Douai (1).

L'acte que nous publions confirme indirectement ce
récit, en faisant allusion aux prétentions du comte de Hainaut sur Douai : le roi Philippe I donne en effet sa charte
en faveur de Saint-Amé, « à la demande de Robert, comte
» de Flandre, de Baudouin, comte de Hainaut, et de
» Richilde, mère de ce dernier ».

Douai était certainement, aux X° et XI° siècles, sous la
domination des comtes de Flandre, comme l'attestent un
grand nombre d'actes du temps (2). En 1076, Robert le
Frison confirme seul encore les possessions de Saint-
Amé (3).

Faut-il inférer de là, si le récit de Gislebert doit être
accueilli, que la paix aura été signée entre les deux comtes,
en 1076, après cet acte du comte Robert, et avant la date
du document que nous publions et qui appartient aussi à
l'année 1076, et que c'est par l'une des clauses du traité

---

(1) GISLEBERT, édition Arndt, p. 51. — On a contesté le récit de
Gislebert et l'on a attribué, d'après André de Marchiennes, la négociation concernant Douai à Baudouin III de Hainaut et à Robert II,
comte de Flandre. Voir *RHF*, t. XIII, préface, p. LVII.

(2) Voir dans BRASSART des actes de 1024, 1035, 1051, etc.,
preuves, pp. 3 et suiv.

(3) CHAMPOLLION-FIGEAC, *Collection de documents historiques inédits*,
t. III, p. 441.

que fut attribué au comte de Hainaut le château de Douai,
moyennant l'accomplissement de la promesse de mariage
dont il a été question?

Quoi qu'il en soit, le retour de cette possession à la
Flandre était considéré comme définitif en 1081, puisque
l'évêque Gérard II, dans l'acte ci-après, ne fait plus mention
que du comte Robert. On voit cependant le comte Baudouin
se donner encore, dans un acte de 1089, le titre de
« comte des Douaisiens (1) ».

1076 (27 février 1077?) (2)

1076
(27 février
1077?)

**PHILIPPE I, ROI DE FRANCE, CONFIRME LES PRIVILÈGES DU CHAPITRE
DE SAINT-AMÉ DE DOUAI.**

*Original en parchemin, avec trace de sceau plaqué,
fonds du chapitre de Saint-Amé de Douai, à Lille.*

In nomine sanctae et individuae Trinitatis, Philippus, divina
miseratione Francorum rex. Mandatorum Dei viam humano
generi ad imitandum propositam beatus Maurontus, incliti

---

(1) MIRÆUS, t. I, p. 517.

(2) Le cartulaire du chapitre de Saint-Amé (fol. 3 verso) contient 10
un acte conçu dans les mêmes termes que la charte de l'évêque
Gérard, qui suit; mais la finale, à partir des mots: *Ego secundus
Gerardus,* etc., y est remplacée par le texte suivant : « Anno ab
» incarnatione Domini M°LXX°VI°, indictione XIIII, epacta XII,
» concurrente v, *sub die III kalendas martii,* Philippus, rex Fran- 15
» corum, hoc privilegium Silvanectis confirmavit, anno regni sui
» sedecimo, [testibus subscriptis, Waleranno videlicet regis came-
» rario, Frederico dapifero, Hervero pincerna, Hugone connestablo,
» Ursione de Melun, Hugone de Lixinio, Ivone de Nigella, Hugone
» de Cauni. Ego Gauffridus, regis cancellarius et Parisiensis epis- 20
» copus, subscripsi. Ego Manasses, archipresul Remensis ecclesie
» confirmavi hoc privilegium testibus subscriptis, Manasse preposito,

ducis Adalbalti atque sanctae Rictrudis filius, satis accurate   1076
consideravit, quia, ut electorum numero adscriberetur, bona   (27 février
sibi jure hereditario contingentia beato Amato, a Senonensi   1077?)
episcopatu Theoderici regis tirannide depulso, contulit, et in
5 proprio fundo, antiquitus Broiolo, a modernis autem Menrivilla (1) nominato, in honore Dei et sancti Petri apostoli pro
voto sanctissimo episcopo Amato ecclesiam construxit. Postquam vero sanctum episcopum sibi amabilem Amatum Dominus
ad celestem patriam ex hac molestae peregrinationis erumna
10 assumpsit, sacrum corpus illius sacer Maurontus in supra dicta
ecclesia honorifice tumulavit, et, ad honorem Dei ipsiusque
sancti, fratres in ipsa ecclesia congregavit. Fratrum itaque congregatio in predicta ecclesia divino famulatui mancipata longo
tempore permansit quieta, donec Danorum et Normanorum
15 gens crudelis et aspera devastaret ipsam Menrivillam, et circa
eam omnem patriam. Sed imminente persecutione fratres,
solliciti de corpore sui patroni, Duacum a persecutorum incursione securum illud deportaverunt, et in ecclesia, ab antecessoribus in honore sanctae Dei genitricis Mariae ibidem in fundo
20 sancti Mauronti edificata, posuerunt. Placatis autem predictae
persecutionis turbationibus et loco Menrevillae devastato,
Karolus, rex Francorum, et Arnulfus, consul Flandrensium,
a predictis fratribus requisiti quid agerent de corpore tanti

---

" Odone cantore, Frecherio et Richario canonicis] ". Ce texte,
25 comme on le voit, donne à l'acte que nous publions la date du
27 février 1077. — L'original de l'acte dont il est question dans
cette note existait autrefois dans les archives de Saint-Amé et était
scellé de deux sceaux plaqués; une copie de l'original a été
collationnée en 1568 par deux notaires royaux, et c'est d'après
cette copie que nous avons ajouté au texte du cartulaire les mots
30 placés entre crochets.

(1) Merville, canton de ce nom, arrondissement d'Hazebrouck
(Nord). Comparer *Acta sanctorum Belgii*, t. IV, pp. 573 et suiv. —
Bruel est une dépendance de Merville.

1076
(27 février
1077?)

patroni, convocatis episcopis, et principibus suis, eorum consilio, ordinatione divina preeunte, hoc statuerunt ut in Duaco
gratia exaltandi corpus venerabilis Amati remaneret in perpetuum, in ecclesia beatae Dei genitricis Mariae, in qua superius
memoravimus esse translatum. Preterea edicto suae dominatio- 5
nis statuerunt et privilegiis suis firmaverunt, ut quidquid
beatus Amatus et fratres Deo et sibi famulantes habebant, donec
in Menrivilla erant vel deinceps habituri erant, hoc etiam in
Duaco morantes firmiter haberent et sine contradictione
possiderent. Libertatem etiam ipsius ecclesiae firmam statuerunt 10
quam nobis plures et autentici viri retulerunt, et fratres illius
ecclesiae diu inviolatam tenuerunt. Post multa siquidem tempora, contigit ut ipsa ecclesia igne vastaretur, in quo omne
librarium simul et privilegia ecclesiae perierunt. Sed quia a
Deo est sublimitas omnis et potestas, omni sollicitudine curan- 15
dum est in potestate constitutis, ne res ecclesiasticae per
violentiam alicujus raptoris auferantur vel devastentur. Quod
ne aliquando contingat, volens renovare quod antecessores
mei confirmaverunt de beneficiis sancti Amati (1), ego Philippus, rex Francorum, adquievi petitioni Roberti, Flandrensium 20
comitis, et nepotis sui Balduini comitis de Hainau, nec non et
Richeldis matris ipsius Balduini, canonicorum etiam ipsius
sancti Amati Duacensis, qui virum religiosum Reymarum,
ipsius ecclesiae prepositum, et Gualterum castellanum, de rebus
predictae ecclesiae augendis et conservandis multum sollicitum, 25
ad me miserunt, exorantes, ut res sancto Amato donatae sive
donandae meae dominationis et auctoritate confirmarentur.
Confirmavi itaque, precepto potestatis regiae, ut ipsa ecclesia,
infra castrum Duaci in honore sanctae Dei genitricis Mariae
constructa, in qua corpora beatorum confessorum Amati atque 30

---

(1) Les huit lignes qui suivent, jusqu'à *auctoritate confirmarentur*,
ont été publiées par M. BRASSART.

ipsius Mauronti quiescunt, ab omni laicali potestate sit libera, 1076 (27 février 1077?)
ut canonici Deo et sanctæ Mariae et sancto Amato ibi quiete
serviant. Atrium quoque et claustrum et domos canonicorum
in libertate permanere concessi. Prohibemus etiam ut neque
5 in claustro, neque in atrio, neque in domibus canonicorum in
claustro, sive in castro manentium, vel servientibus eorum,
vel omnino in facultatibus ipsius ecclesiae, ulla laicalis persona
mittat manum, neque rex, neque comes, neque castellanus,
neque aliquis sub eis laicus bannum, aut latronem, vel thesauri
10 aut etiam alicujus rei inventionem, nulla laicalis persona in
praedictis locis sibi usurpare audeat, sed ditioni et potestati
ecclesiae omnino subjaceant Prepositus nullus in supradicta
ecclesia constituatur, nisi canonicorum electione. Praeterea
per presentem decernimus jussionem, ut nullus sit sub meo
15 regimine qui praesumat aliquid auferre de omnibus que beato
Amato a sancto Mauronto sunt attributa, vel ab aliis antecessoribus collata, seu que ab ipsis prepositis sive canonicis ibi
servientibus fuerint attracta, aut inantea, Deo auxiliante, a
quibuscumque fuerint meliorata vel augmentata Si quis
20 autem, aut nostro, aut futuro tempore, electionis jura preno-
minatae ecclesiae et rerum predictarum liberam dispositionem
regali dignitate nostra concessam violaverit, veluti contra
salutem regie dignitatis agens, auctoritate nostra atque precepto, quasi inimicus et proditor domini sui, ab omni munere
25 et honore publico arceatur, donec justo judicio ipsi ecclesiae
quam lesit satisfacerit. Insuper et precepto regiae majestatis
statuimus, ut violator hujus preordinatae libertatis ipsi ecclesiae
persolvat decem libras auree monete. Et ut hoc preceptum regiae
dignitatis in posterum per omnia conservetur illibatum, sigilli
30 nostri impressione subter signari jussimus. Ego Philippus ᵃ,
rex Francorum, hoc privilegium Sylvanectis confirmavi, anno
regni mei sedecimo, testibus subscriptis. S. Manasse, Remensis
archiepiscopi. S. Richarii, Senonensis archiepiscopi. S. Tiet-
boldi, Suessionensis episcopi. S. Guidonis, Belvacensis episcopi.

a. *Monogramme.*

1076
(27 février
1077?) S. Rotgeri, Cathalaunensis episcopi. S. Elinandi, Laudunensis episcopi. S. Radulfi, Ambianensis episcopi. S. Raineri, Aurelianensis episcopi. S. Ratbodi, Noviomensis episcopi. S. Gualeranni, regis camerarii. S. Frederici dapiferi. S. Hervei pincerne. S. Hugonis conestabuli. Ego Gausfridus, regis cancellarius et Parisiensis episcopus, hoc privilegium scripsi et subscripsi. Actum est anno ab incarnatione Domini millesimo LXX^m• VI°, indictione xiiii, epacta xii, concurrente v.

Nous avons dit que la charte de l'évêque Gérard II de 1081 avait été publiée incomplètement par Foppens, dans le carton qui termine le tome II de *Miraeus*. Le Glay a donné la partie omise, qui consiste dans la fin du préambule, suivie d'une longue énumération des biens de Saint-Amé (1). Nous reproduisons ici cette charte, en omettant l'indication des biens, qu'on trouvera dans Le Glay. On remarquera les différences qui existent entre le préambule de cet acte et celui du diplôme de Philippe Ier.

23 mai 1081.

23 mai 1081 GÉRARD II, ÉVÊQUE DE CAMBRAI, CONFIRME LES POSSESSIONS DU CHAPITRE DE SAINT-AMÉ DE DOUAI.

Double original en parchemin scellé, fonds du chapitre de Saint-Amé de Douai, à Lille.

Mandatorum Dei viam humano generi ad imitandum propositam sanctorumque imitationem cooperatione sancti Spiritus exequutam beatus Maurontus, incliti ducis Adalboldi atque sancte Rictrudis filius, satis accurate consideravit, quia, ut

---

(1) *Revue,* etc., p. 121.

electorum numero asscriberetur, in proprio fundo, antiquitus Broilo, a modernis autem Menrivilla nominato, in honore
Dei sanctique Petri apostolorum principis ecclesiam a funda-
mento construxit. Ipse vero, tempore Luchdovici Francorum
5 regis ex Dagoberto prognati, bona sibi jure hereditario contingentia beato Amato viventi, Theoderici tyrannide a Senonensi episcopatu depulso, contulit, et post beati viri exitum ab
hujus mundi Egipto, ad ipsius honorem, in prefata ecclesia
Deo cum sanctis famulandos fratres congregavit.
10 Fratrum itaque congregatio in predicta Menriville ecclesia
tamdiu Deo sanctoque Amato servivit quoadusque sui corpus
patroni, sicut alia suorum corpora sanctorum, imminente
Danorum atque barbarorum Nortmannorum persecutione,
Suessionem ab incursione persecutorum munitam comportavit.
15 Placatis autem predicte persecutionis fluctuationibus et loco
Menriville devastato prefatorum crudelitate, Arnulphus senex,
Flandrensium comes, communi consilio sue terre principum,
effecit ut Duacum gratia exaltandi deportaretur corpus sanc-
tissimum, et sancti beneficia sibi à sancto Mauronto collata,
20 cum ceteris ab aliis hominibus datis, inferius nominanda, usibus fratrum Deo et sancto Amato in predicti loci ecclesia
famulantium, ad honorem Dei genitricis Marie prius edificata
constituit. In pago Mempisco, totam Menrivillam etc.....
(Suit le texte édité par Le Glay et énumérant les biens du
25 chapitre.)
Beneficia autem prescripta divisa sunt canonicis, preposito,
decano, cantori, thesaurario; nullus quorum quatuor duo
simul officia habere potest. De predictis omnibus habet in
manu sua dominium aecclesiae prepositus; prius namque
30 ipsius providentia et concessione sunt attributa prenominata
beneficia aecclesiae, sed hoc tamen ipse idem nequit facere nisi
canonicorum electione. Nullus qui vivat mortalium auferre
potest ab aecclesia de concessis vel dandis rebus. Solummodo
autem prebenda ipsius aecclesiae est in prepositi potestate et

feodum scolae, ea ratione ut ad utilitatem concedantur acccle-
siae. De thesauro vero accclcsiae ita providcat thcsaurarius,
ut nec prepositus nec canonici inde aliquid dent vel auferant,
nisi ab utrisque concedatur, et ea lege ut in melius restitu-
antur. Ecclesia autem ex toto libera est. Animarum vero 5
curam dabit episcopus decano a canonicus ejusdem loci electo.
Oleum et crisma accipiet decanus vel legatus ejus in sede
episcopatus.

Ego secundus Gerardus, Cameracensis accclesiac episcopus,
hanc kartam propria manu confirmavi, et quicumque, sive 10
clericus, sive laicus, sive quelibet persona, datorum vel etiam
dandorum aliquid substraxerit, tamdiu excommunicationi
subjaceat donec ad satisfactionem veniat. Preterca canonicis
ejusdem ecclesiae concessi ut libere habeant potestatem dimit-
tendi divinum officium et reincipiendi, et excommunicandi et 15
absolvendi, si quis inde aliquid abstulerit. Huic autem confirmationi affuerunt testes subscripti. Signum Mazelini archidiaconi. S. Gerardi archidiaconi. S. Vuidrici archidiaconi. S. Cristiani prepositi. S. Hugonis vice domini. S. Adelardi capellani.
S. Goiffridi clerici. S. Heruardi clerici. S. Lanuini clerici. 20
S. Oilbaldi decani. S. ipsius Vualteri castellani. S. Warini
militis de Durges. S. Vuidonis militis. S. Nicholai militis.
Actum Atrebati, in die Pentecostes, anno ab incarnatione
Domini nostri millesimo octogesimo primo, indictione quarta,
epacta vii^{ma}, concurrente quarto, presidente Romanae sedi sep- 25
timo Gregorio papa, et Remensi sedi Manasse archiepiscopo, et
Cameracensi sedi secundo Gerardo episcopo, regnante Phi-
lippo rege Francorum, et Rotberto comite prebente ducatum
Flandrensibus.

En même temps qu'il confirmait les possessions de Saint-Amé, Gérard II faisait un règlement sur les droits et les charges du prévôt et du trésorier du chapitre. La partie finale de cet acte a seule été publiée par M. Brassart (1). Nous le publions en entier d'après l'original.

23 mai 1081.

GÉRARD II, ÉVÊQUE DE CAMBRAI, DÉTERMINE LES DROITS ET LES CHARGES DU PRÉVÔT ET DU TRÉSORIER DE L'ÉGLISE COLLÉGIALE DE SAINT-AMÉ DE DOUAI.

23 mai 1081

Original en parchemin en mauvais état, fragment de sceau, fonds du chapitre de Saint-Amé, à Lille. — Cartulaire du chapitre de Saint-Amé, fol. 9 verso, à Lille.

Cum Deus omnipotens, per ineffabile sue majestatis imperium super cœlestes angelicas creaturas, alias famulari atque alias diversis dignitatibus imperare mirifica consideratione ordinaret, eandem similitudinem ecclesie sue quandoque future inesse voluit, ut, sicut angelorum alii ad se invicem servientes et alternatim imperitantes, ad formatorem suum, id est Deum tenderent, ita terrestris habitaculi ecclesiastice persone, discretis officiis alie jubentes atque alie invicem multiformiter servientes, Christum reformatorem suum, totius videlicet ecclesie caput, super omnia glorificarent. Unde antecessores nostri, supradictam similitudinem exequuti, in sancti quoque Amati ecclesia diversa dominia et diversa officia secreverunt, prepositum scilicet et thesaurarium.

Prepositi autem diversitates officiorum sunt he. Maceriam monasterii si cadat omnino restituere debet, cooperire et, si necesse fuerit, recooperire. Celatum vero et intrarias et cappas, et crucem, et candelabra, et infulas, et alia ornamenta, atque

(1) Preuves, p. 25.

23 mai
1081
etiam omnia que choro et ecclesie necessaria sunt pro posse
suo facere et reficere.

Thesaurarii vero officia sunt hec. In ecclesia luminaria prebere debet, et hoc ita ut nec in die nec in nocte luminaria
omnino extinguantur vel deficiant. In sex autem festivitatibus   5
quadraginta cereos in unoquoque luminare prebere debet. In
septima vero festivitate, scilicet sancti Amati que est in octobri,
sexaginta, quorum viginti quatuor unusquisque quatuor marcarum ponderis sit, et unusquisque reliquorum unius marce.

Sex vero festivitates in quibus xl cerci ministrantur sunt   10
he : festivitas Natalis Domini, Epyphanie, Pasche, sancti Mauronti, Pentecostes, Omnium sanctorum. In his i cereum semper ante sanctum, iiiior vero circa, dum cantatur. Thesaurum
ecclesie totum servare debet; pallia et manutergia, cortinas,
albas, dalmaticas, infulas, tapeta et alia ornamenta servare,   15
lavarique et consui, reficique si opus est facere. Cordas thim-
panarum ligare et monasterium protendere, et ferreis ligami-
nibus thimpanas si solute fuerint ligare debet. Thus vero
omni die ad principalem missam, in sollempnitatibus autem
ad matutinas et ad vesperas, tribuere debet. In festivitatibus   20
vero omnibus duarum timpanarum, tres cereos post altare et
septem ante mittere debet, et unum in medio chori. In omnibus dominicis diebus vel omnibus novem lectionum festivitatibus, unum post altare et tres ante ponere debet, et quando-
cumque necesse fuerit ad legendum vel ad cantandum candelam   25
prebere. In omni die duos cereos, unum ad dexteram et alterum
ad sinistram altaris, in initio misse accensos ordinare debet. In
supradictis autem septem festivitatibus, debet ipse idem altare
parare et in medio chori cereum positum post vitatorium ᵃ
accendere, et in Pascha novum igniculum usque ad cereum   30
ferre, et hech cere in cereo sancti Pasche non ardens ᵇ, candela

a. pour invitatorium. Voir Du Cange.
b. Les mots et hech cere, etc , sont évidemment fautifs.

desuper ardente, dare In festivitate sancte Marie candelarum 23 mai 1081
omnibus canonicis pulchras candelas ad honorem festi tribuere,
et eam solam quam sacerdos in manu tenuerit dum missam
celebraverit majorem facere, post missam omnibus canonicis
dispertiendam. In quinque vero festivitatibus, scilicet natalis
Domini, sancte Marie candelarum, prime dominice quadragesime, sancti Amati in octobri, Omnium sanctorum, unicuique canonicorum unam candelam dare, custodem ecclesie
et mareglarium qui ei et ecclesie honorifice serviat statuere,
atque omni die, ad missam et ad quamcumque horam dum
cantatur, accensam ante sanctum Amatum in cripta candelam
ponere debet, et superius ante altare similiter, ad quamcumque horam dum cantatur, unam candelam super candelabrum
accensam ponere. In dedicatione ecclesie, ad unamquamque
columpnam templi candelam accensam ad vesperas et ad
matutinas mittere debet, et, in cripte dedicatione, similiter
viginti et IIII^{or} cercos ad tenebras prebere; in Pascha, ad sepulchrum quatuor cereos, in officio cantore incipiente *Accendite*
accendendos, et quamdiu officium celebratur in ecclesia, quoad
tamen sepulchrum steterit, cerci semper ardeant; dum vero
non celebratur officium, uno tantum ardente, cerci extinguantur. Quod autem superius diximus, scilicet in festivitatibus
duarum tympanarum tres retro et septem ante, et in omnibus dominicis diebus et in omnibus novem lectionum festivitatibus unum retro et tres cercos ante altare accensos ponere
debere, ita intelligendum est ad vesperas et matutinas. Panem
et vinum officio ecclesie prebere debet, et sextarium vini ad
lavandum altare, et ad incipiendam antifonam que est *O* quatuor sextaria vini, et custos sibi suppositus ad suam incipiendam totidem. Cercos vero quos, ad vesperas et matutinas et
principalem missam, pueri sive alii albis induti ante sacerdo-
tem ad altaria thure adolenda portant, prebere debet, et ad
obsequia mortuorum canonicorum peragenda, ad missam et
post missam usque dum tumulentur, cercum unum unicuique

canonico ministrare. Custos autem suppositus sibi honorabilis habitu quemadmodum canonicus in ecclesia erit, atque triginta solidos in feodum a thesaurario habebit, nec ab eodem thesaurario nisi communi capitulo judicabitur. In introitu servandi thesauri pastum canonicis in refectorio persolvere debet, unde nichil foras portabitur quod sit secundum usum pastus prebendarum. Sacrarium debet facere thesaurarius, et ad extremam lectionem reliquias candele clerico qui eam legerit semper tribuere. Estivis festivitatibus, scilicet Pasche, et sancti Mauronti, et Penthecostes, et dedicationis ecclesie, et sancti Amati in septembri, juncum in choro et circa altare, in illa vero que est in octobri per totam ecclesiam; hyemalibus autem festivitatibus, Omnium videlicet sanctorum et Natalis Domini, et in introitu quadragesime, fenum in choro.

Hec igitur officia et has consuetudines quas superius diximus thesaurarius sancti Amati ecclesie ex debito persolvat; nichil vero supra debet nisi spontanee devoverit. Et ne in futuro, inter thesaurarium et prepositum, de debitis consuetudinibus, lis aut altercatio oriatur, sua unicuique officia consuetudinesve scriptis separate sunt, precipientibus videlicet Raimaro preposito et comite Rotberto, Vualteri castellani et omni canonicorum communi consilio.

De supradictis autem luminaribus, nec prepositus nec canonici, sive separatim sive communiter, possunt quicquam thesaurario indulgere, nisi forte, terra fame aut guerra devastata, communi consilio eorum, quoad terra rehabundaverit, mediocriter alleviare. Si autem, dum commode luminaria preberi poterunt, indulgere ei conentur, inimice crudelitatis gladio anathematizentur. Et si quid in officio sibi commisso thesaurarius deliquerit, vel negligenter egerit, et de supradictis luminaribus sanctus seu canonicalis societas aliquid amiserit, in communi capitulo a canonicis inplacitatus restituet, aut societatem fratrum perdet, donec emendaverit quod per negligentiam intermiserit. Ad hoc ergo ministerium regendum,

aliquis ejusdem ecclesie canonicus, nullius tamen prelationis
ipsius ecclesie cura impeditus, communi dispositione preposti
scilicet et reliquorum canonicorum, idoneus honestusque eli-
gatur, cujus electionis si dissensio fuerit inter eos, majori parti
5 concedatur. Talis autem electus thesaurarius sacramentum de
santuario et ornamentis ecclesie servandis preposito et aliis
canonicis debet facere, videlicet non perdendi per se valens
quinque solidos. Et, si quid de thesauro sibi commisso communi
consilio canonicorum pro necessitate ecclesie pigneraverit,
10 quoadusque illud vademonium redemptum fuerit, nullum
accommodabit aliud. Quod si ultra modum distulerint redimere
et, querimonia coram preposito vel coram capitulo facta, iterum, iterumque distulerint, thesaurarius cuncta que in ecclesie
servitio debentur quoad vademonium rehabeat pro velle suo
15 retinebit, nec ullo modo ab eis de hoc judicari usquedum
reddatur poterit.

Hoc autem officio ad serviendum tantum sancto taliter ordi-
nato, atque ab aliis ecclesie officiis penitus separato, si prepositus vel aliquis canonicorum seu quecumque persona de
20 potestate aut feodo thesaurarii aliquid dempserit, et proprietati
sue seu aliorum fratrum communioni addiderit, et a fratribus
ejusdem ecclesie anathematizetur, et donec usque ad satisfactionem reddat quod injuste rapuerit, si incola fuerit, eadem
ecclesia divino officio privetur; sin autem divinum officium in
25 ea celebretur et ille qui rem thesauraric subtraxerit cotidie in
eadem ecclesia, quoadusque cuncta restituerit, excommunicetur.

Hec sunt igitur beneficia thesaurarie feodo attributa : principale altare sancti Amati et omnia que offeruntur ad illud
sive ad omnia cetera altaria, his tamen exceptis, pane, carne,
30 caseo, potu, et lana et lino non operatis. Oblatio vero que manu
sacerdotis offertur dum missa celebratur, exceptis candelis et
cera, canonicorum est. Et si canonicis in Epyphania presepe
facere placuerit, thesaurarius eis prohibere non poterit, immo
ornamenta que huic rei faciunde necessaria erunt accommodabit.

23 mai
1081 Sciendum quoque est quod omnia que ibi offeruntur, excepta
cera et candelis, canonicorum sunt. Que videlicet cera et candele, ubicumque sancto oblate sint, sive intra ecclesiam sive
foris, thesaurarii sunt ad luminaria sancto facienda. Tapeta
vero et cortine, et manutergia et albe, et pallia et omnia   5
his similia que sancto ubicumque offeruntur, in custodia
thesaurarii ad serviendum Deo in ecclesia et sancto rema-
nere debent. Si pro mortuis tympane pulsande sunt, prima
die in manu thesaurarii est; ceteris vero diebus preter pri-
mam diem, in manu canonicorum est. Crucem vero et pallia 10
mortuis superponenda prestare thesaurarii est. Reliquias super
quas juratur prestare similiter ejusdem est. Bestie vive et servi
principali altari traditi canonicorum sunt. Servi autem altari,
ut ita dicam, cervicali traditi atque sancto quoquo modo
addicti omnes thesaurarii sunt *a*.   15

Gualterus, Duacensis castellanus, ditavit thesaurariam supradictam ex
subscriptis beneficiis. In Duacu, juxta Vincam, sex hospitibus liberis, et
in burgo i nec tamen libero. In territorio Duacensi, in villa que dicitur
Berberies (1), dimidietate molendini. In villa que Comitatus (2) dicitur,
quarta parte ville, in hospitibus, terris, molendinis, pratis, silvis, aquis 20
cum appenditiis, libera; et in Alceel (3), viii hospitibus et dimidio et
octava parte territorii ville et silvarum. In Huuling (4), medietate alodii
Hugonis castellani et Adeline, uxoris ejus, cum appenditiis. Et Fresvi-

---

a. Ce qui suit a été publié par M. Brassart.

---

(1) Brébières, canton de Vitry, arrondissement d'Arras (Pas-de- 25
Calais). On a vu que l'abbaye de Saint-Amand possédait des biens
dans cette localité. Voir ci-devant, pp. 59 et 74; voir aussi
pp. 169 et 176.

(2) La Comté, canton d'Aubigny, arrondissement de Saint-Pol
(Pas-de-Calais).   30

(3) Auchel, canton de Norrent-Fontes, arrondissement de Béthune
(Pas-de-Calais).

(4) Houplin, canton de Seclin, arrondissement de Lille (Nord).

lers (1), medietate cum appenditiis. In Albiniacensi territorio (2), medietate
ville, id est Maisnil (3), in hospitibus, terra, silva, libere. In Cameracensi,
apud Fins (4), medietate alodii Gualteri Cameracensis et Adeline filie ejus.
In Bergensi territorio, juxta Grimevelt (5), terra dimidie berquarie et eo
5 plus Et juxta Duacum, in villa que dicitur Flers (6), et in villa que dicitur
Hasperach (7), alodio quod dedit Ivo Galtero castellano in terra, in pratis,
in mares et in silva.

His beneficiis et alodiis ad luminaria sancto ministranda Galterus
castellanus, ecclesiastice dignitatis sublimator egregius, ecclesiam sancti
10 Amati obnixe decoravit, et ab omnibus incursationibus raptorum quoad
vixit eandem ecclesiam pro posse suo defendit.

Igitur, karissimi fratres et domini, vobis inquam canonicis, si aliquis
miles, sive quilibet laïcus, secularibus negociis irretitus, taliter, ut dictum
est, honorare decreverit ecclesiam, vos qui ad hoc electi estis, quanto
15 impensius condecet venerari, ergo a lupis rapacibus temporalla bona
glutire volentibus vos et fideles ecclesie pro posse defendere curetis,
quatinus cum beato Amato in celis perhenniter gandeatis, ne videlicet, si
in hoc negligentes fueritis, et hic temporaliter excommunicemini, et postmodum sempiterno anathemate a consortio sanctorum separemini.

20 Hec beneficia sunt tradita sancto Amato et confirmata temporibus
videlicet septimi Gregorii pape, Manasse Remorum archiepiscopi, Gerardi
Cameracensis episcopi jam electi, regnante vero Philippo rege, et comite
Rotberto concedente, qui tunc Flandrie preerat; tempore quoque Galteri
supradicti, Raimari ejusdem ecclesie prepositi, Geroldi cantoris, Rozelini
25 decani, Bertuini thesaurarii; viventibus canonicis Rodulfo, Gualberto,
Gualtero, Canino, Herberto, Gerardo, Durando, Gozuino, Hugone, Gois-
maro, Azone, Herimanno custode, Haverto, Guiberto, Fulberto, Ingel-
rando, Heriberto, Hazone scolastico.

---

(1) Frévillers, canton d'Aubigny, arrondissement de Saint-Pol.
30 (2) Aubigny, canton de ce nom, arrondissement de Saint-Pol.
(3) Maisnil, canton et arrondissement de Saint-Pol.
(4) Fins, canton de Roisel, arrondissement de Péronne (Somme).
(5) Ghyvelde, canton d'Hondschoote, arrondissement de Dunkerque (Nord).
35 (6) Flers, arrondissement et canton de Douai.
(7) Lieu inconnu aux environs de Flers. Comparer LE GLAY,
Revue, etc., pp. 124 et 131.

23 mai Hec supradicto tempore facta sunt. Postmodum vero ego secundus
1081 Gerardus, Cameracensis ecclesie gracia Dei episcopus, propria manu confirmavi, et quicumque datorum vel etiam dandorum aliquid subtraxerit,
tamdiu excommunicationi subjaceat, donec ad satisfactionem veniat. Huic
autem confirmationi affuerunt testes subscripti. Signum Mazelini archidiaconi. S. Gerardi archidiaconi. S Guidrici archidiaconi. S. Cristiani
prepositi. S. Adelardi capellani, Goiffridi, Heroardi, Lantuini, Oilbaldi.
S. Gualteri castellani.

Actum est hoc in die Pentecostes, anno ab incarnatione Domini nostri
millesimo octogesimo primo, indictione quarta, epacta vii^{ma}, concur- 1
rente iiii, presidente Romane sedi vii Gregorio papa, Manasse Remorum
archiepiscopo, regnante Philippo rege Francorum, et Rotberto comite
Flandrensium. (*Monogramme à l'intérieur du contre-sceau.*)

———

XII.

L'ABBAYE DE CRESPIN.

Le monastère de Crespin a été fondé par saint Landelin dans la seconde moitié du VIIe siècle (1). Il reste peu d'actes originaux de cette abbaye; ils paraissent avoir péri en partie dans un incendie en 1477 (2).

On conservait à l'abbaye, au siècle dernier, un cartulaire, aujourd'hui perdu, de la fin du XIIIe ou du XIVe siècle, que nous avons décrit ailleurs (3). Les documents qu'il contenait ont heureusement été copiés, en 1772, par dom Queinsert, et ils figurent dans la collection Moreau, à Paris. Nous avons publié les plus anciens, qui remontent aux années 856, 951, 974, 1069, etc. (4).

---

(1) Crespin, sur le Honneau ou Honelle, appartient à l'arrondissement de Valenciennes, canton de Condé; cette localité touche à la frontière belge.

(2) Note de dom Queinsert sous l'acte de 1130 ci-après. M. Gonzalès Decamps a publié récemment un acte de 1158, trouvé en original dans un dossier des archives du Conseil souverain du Hainaut (*La Celle de la Sainte-Trinité*, dans les ANNALES DU CERCLE ARCHÉOLOGIQUE DE MONS, t. XXIII, 1892, p. 276). Un second original du même acte existe à Lille.

(3) Voir nos *Recherches*, etc., p. 303, note.

(4) *Ibidem*, pp. 302, 332, 349, 363, etc. WAUTERS (*Analectes de diplomatique*, pp. 212, 232, 321, 327 et 333) a publié cinq actes de 1122, 1131-1136, 1138, 1141 et 1144, d'après les copies de la collection Moreau; d'autres copies, prises dans le cartulaire et trouvées à Mons ont aussi été publiées par M. Gonzalès Decamps, dans le travail cité plus haut.

Nous puisons à la même source quelques documents
du XII° siècle qui présentent un certain intérêt.

1128.

1128 GOSSUIN DE MONS RESTITUE A L'ABBAYE DE CRESPIN UNE FEMME,
DU NOM DE BERTHE, QU'IL AVAIT ESSAYÉ DE LUI SOUSTRAIRE.

*Original, collection de Flandre, à la Bibliothèque nationale,
t. CXC, p. 1. — Collection Moreau, t. LIII, p. 117, d'après* 5
cet original.

In nomine Patris et Filii et Spiritus sancti. Amen.

Noverint omnes tam presentes quam futuri quod ego,
Gozuinus de Montibus, feminam quandam, Bertam nomine,
quam ecclesia beati Landelini de Crispinio tenebat, ut mihi 10
fuerat dictum de jure meo esse, ab ipsa ecclesia auferre volens,
convictus tam ratione quam justo ecclesie tenore, illud injus-
tum quod exigebam, pro anima patris mei et antecessorum
meorum et mea, beato Landelino super altare reddidi; et inde
absolutionem petens, ne quis posterorum meorum aliquam 15
calumpniam inde inferret, vinculo anathematis ab abbate
Gualthero ejusdem loci et a cunctis fratribus interminare feci.
Ut autem redditio ista, ne quis amplius posterorum meorum
eam perturbare voluerit, firma et inviolabilis perseveret, testes
idoneos annotare feci. S. mei Gozuini, qui hanc cartam fieri 20
jussi. S. Oduini, abbatis Cellensis. S. Guillelmi de Odegin.
S. Soifridi majoris. S. Rainardi, fratris ejus. S. Gomari majoris.
Actum Crispini, anno incarnati Verbi millesimo C° XXVIII°,
indictione v°, epacta xvii°, concurrente v°, regnante rege
Lothario, anno iii° regni ejus, Burchardo Cameracensi episcopo 25
pontificante anno XV. S. mei Gualtheri, abbatis Crispinensis,
qui hanc excommunicationem feci et sigillo ecclesie et nostro
signavi. Berta ergo ista et posteritas ejus pro capitis censu,

vir ıı°ˢ, femina ıᵘᵐ nummum ad altare per[solvet, pro] maritali   1128
vero licentia vı, pro mortua manu xııᶜⁱᵐ; et si posteri . . . .
. . . . . tota ejus pecunia juri ecclesie subjacebit. Si quis
. . . . fuerit, anathema sit, nisi resipuerit.
5 . . . . et relegi.

1130.

CONVENTION ENTRE L'ABBAYE DE CRESPIN ET SES MEUNIERS   1130
DE CE LIEU.

Collection Moreau, t. LIV, p. 143, *d'après le cartulaire.*

10   In nomine Patris et Filii et Spiritus sancti, amen. Volumus
tam futuris quam presentibus notificare conventionem quamdam que facta est inter fratres ecclesie beati Landelini de
Crispinio et molendarios eorum, ut quod ipsi ruricole, natura
quippe maligni, quicquid bene compositum, justicia dictante,
15 fuerit, pejorare et ficto mendacio semper adnichilare conantur, ad memoriam posterorum ipsa conventio, apicibus tradita,
firma et inconvulsa permaneat. Est ergo talis. Molendarii, quorum nomina sunt Balduinus, Walterus, Robertus, Maurinus
et Walterus, custodiam habentes molendinorum maleque eam
20 et negligenter agentes, et pro hoc molendinis per triennium
adnichilatis, ad hoc sunt constricti, ut custodiam illam Deo et
sancto Laudelino redderent, eo tenore ut abbas et fratres communi consilio tam suo quam et molendariorum qui terciam
partem pro magisterio molendini habent, salvum custodem in
25 molendino ponent, et ipse custos tam sancto quam illis fidelitatem jurabit; ipsis vero supradictis molendinariis, pro custodia quam antiquitus habebant, v bostellos, ıı°ˢ scilicet frumenti et tres molture, qui de communi accipientur, quot
ebdomadibus ecclesia dabit, nisi pro negligentia magisterii
eorum, molendini vacui fuerint; et tunc dampnum ecclesie

1130 exsolvent. Reliqui vero v bostelli quos accipiebant et si quid plus custodi datum fuerit, de communi dabitur.. In gravaturas vero braisiarum et omnia que in molendino accipiebant, excep-tis illis v bostellis et tertia parte eorum pro magisterio que jam supra notavimus, et ipsam custodiam ex toto Deo et sancto Landelino reliquerunt, et coram legitimis testibus exfestu-caverunt et super sanctas reliquias se et posteros suos non repetituros abjuraverunt et in infractores hujus conventionis excommunicationem fieri rogaverunt, que facta est a predictis ecclesie Crispiniensis fratribus, nam fortuitu tunc abbas Galte-rus aberat; quam veniens confirmavit et apicibus sigillatis in posteros servandam firmavit. Hujus conventionis testes fue-runt quorum nomina subtitulantur. Signum Hugonis quon-dam abbatis, et fratrum ecclesie S. Gunimari villici. S Goni-mari sponsarii et aliorum multorum Si quis contra hanc conventionis cartam, demonica instinctus vesania, venire temptaverit, semel, bis, tercioque commonitus, nisi resipuerit et cum digna satisfactione dampnum ecclesie restituerit, cum Juda traditore et sequacibus ejus gehenne ignibus tradatur perpetualiter cremandus. Actum Crispini, anno incarnati Verbi M° C° XXX°, indictione viii^a, concurrente ii°, epacta viiii^a, comite Montensi Balduino anno viii° comitatus ejus (1). Ego Gualterus, humilis minister Crispiniensis ecclesie, hanc con-ventionis cartam corroboratione sigilli nostri confirmo, et auctoritate Patris et Filii et Spiritus sancti infractoribus excom-municationem impono. Amen.

---

(1) Baudouin IV était mineur lorsque mourut Baudouin III, son père On doit admettre, d'après cette mention, qu'il commença à gouverner en 1125.

1131.

Composition entre Arnould de Quiévrain, dit Hauwel, et 1131
l'abbaye de Crespin au sujet d'un moulin construit par le
premier sur l'alleu de l'abbaye.

5 *Collection Moreau, t. LV, p. 62, d'après le cartulaire.*

In nomine Patris et Filii et Spiritus sancti. Ad memoriam
tam presentium quam futurorum, scriptum est hoc cirogra-
phum de concordia que facta est inter nos et Arnulfum, advocatum nostrum de Cavren, cognomento Hauhel (1), pro
10 quodam molendino quem pater ejus Gualterus injuste et con-
tradicente capitulo nostro super allodium ecclesie nostre
construxerat. Post cujus mortem, Arnulfo filio ejus simili
injusticia predictum molendinum restaurante, nos Balduino,
comiti Montensi, super hac re clamorem fecimus, et ad diem
15 constitutum coram ipso uterque venimus. Cum igitur Arnulphus [per] clamoris nostri intensionem et suam responsionem
causam propriam debilitari adversum nos perciperet, de
concordia per amicos suos nobiscum loqui cepit, quam rem pro
pace ejus et benivolentia libenti animo recepimus. Facta est
20 autem inter nos et ipsum compositio talis in molendino nostro
quem antiquitus super fluvium Hon ecclesia nostra tenebat de
duabus partibus nostris (nam Oilbaldus noster molendinarius
terciam jure hereditario possidet); unam partem per omnia
Arnulfo advocato concessimus, et ipse in isto molendino de
25 quo ei calumpniam feceramus, dimidiam partem per omnia
perpetuo possidendam nobis concessit; ita sane ut ipse de
expensis nostri molendini terciam partem per omnia persolvat,
et nos in isto dimidiam partem per omnia persolvamus. Molen-

_____

(1) On voit, par un acte de 1138 environ, qu'Arnould de Quiévrain
30 se disposait, en cette année, à partir pour la Terre-Sainte. Wauters,
Analectes, etc., p. 321.

1131 dinarius noster ei fidelitatem sicut nobis faciet. Similiter custos
in isto molendino communi assensu ponetur, fidelitate nobis
utrisque communiter facta et subjectione permissa. Si pro
communi patrie guerra molendinus destructus fuerit, aut
etiam nocte vel clanculo combustus, malefactore non appa- 5
rente, communibus expensis reficietur. Si vero culpa Arnulfi
vel pro guerra ab aliquo sibi illata destructus fuerit, Arnulfus
per se molendinum reficiet, et interim in nostro nichil penitus
accipiet, donec iste restitutus fuerit. Si Arnulfus de restauratione molendini negligens fuerit, monachus infra quindecim 10
dies eum vel ministrum ejus submonebit. Si vero nec sic res-
tauraverit, in potestate monachi tunc erit ut molendinum
restituat et precium restaurationis computabit, Arnulfo nichil
interim accipiente, donec monachus acceperit omnes expensas
quas in ipso posuit. Si Oilbaldus molendinarius vel heres ejus 15
in hoc molendino jure hereditario aliquid clamaverit, Arnulfus cum eo nullam concordiam facere poterit, nisi quod communis justicia ante nos et ipsum dictaverit. Si participes ville
pro hoc molendino contra Arnulfum placitaverint et contra
ipsum derationaverint quod molendinum cadere oportuerit, 20
Arnulfus vel heres ejus in nostro postea penitus nichil habebit. Constitutum est etiam in hac concordia quod dimidiam
partem hujus molendini Arnulfus vel heres ejus a Theoderico
abbate nostro et successoribus ejus in feodum teneat, et hominium eis faciat, ita sane ut, si per hoc hominium ab abbate 25
submonitus ad justiciam fuerit, infra comitatum Montensem
abbas adversus cum de querelis suis placitabit; extra vero
exire eum cogere non poterit. Ut autem hec concordia firma
sit et inviolata permaneat, probabilium virorum testimonium
est appositum. S. Symonis, abbatis Sancti Nicholai. S. Oduini, 30
abbatis Sancti Gisleni. S. Gualberti, abbatis Sancti Petri de
Altomonte. S. Hugonis, patrui ipsius Arnulfi. S. Godefridi de
Bolcen. S. Baldrici de Resin. S. Gunteri de Cim. S. Egidii filii
ejus. S Theoderici Surdi. S. Arnulfi filii Gerardi. S. Geraldi de

Monticulo. S. Gorselini de Antonio. S. Theoderici archidyaconi.   1131
S. Theoderici de Linea. S. Ysaac castellani. S. Alulfi de Gome-
niciis. S. Balduni, patrui ipsius Arnulfi. Actum ab incarnatione
Domini anno M° C° XXXI°.

5   1133.

BAUDOUIN IV, COMTE DE HAINAUT, DONNE A L'ABBAYE DE CRESPIN   1133
L'AVOUERIE DES COLONS ET SERFS (familia) DE SAINTE-MARIE
D'AUDIGNIES.

Collection Moreau, t. LVI, p. 50, *d'après le cartulaire.*

10   In nomine Patris et Filii et Spiritus sancti. Ego Balduinus,
Hainnoensis comes, notificare volo fidelibus cunctis tam presentibus quam futuris, Algotum venerabilem abbatem cenobii
beati Petri, apostolorum principis, quod est situm in pago
Hainnaucensi in villa Crispinii, precibus me adisse humillimis,
15 quatinus advocationem tocius familie Sancte Marie de
Audena (1), que de cognatione domni Ragineri predecessoris
sui ejusdem monasterii processit, que in possessione ejusdem
ville circumquaque commanet, Deo ac sancto Landelino con-
fessori, qui in monasterio prefato corpore requiescit, dignarer
20 largiri. Cujus precibus aures meas accommodans, tam pro regni
celestis remuneratione quam ejus jocunda victus dilectione,
predictam familiam liberam et absque omni calumpnia per-
petualem, uti petierat, Deo et sancto Landelino donavi sueque
ditioni subjeci; hoc etiam fixum statuens atque commonens,
25 ne ulterius a quoquam successorum vel alia qualibet persona
cidem familie quicquam dominatus aut servitii, excepto abbate
predicti monasterii, presumatur imponi. Ut autem. hec mea
largitio firma, rata inconvulsaque habeatur, a predicto abbate
3 et ejusdem fratribus fieri excommunicationem jussi. Hoc etiam

─────────────────────

(1) Audignies, arrondissement d'Avesnes, canton de Bavai.

1133 futurorum memorie cupiens tradi, impressione sigilli mei legaliter roboravi. Actum est hoc apud Valencianas sub horum
probabilium virorum testimonio. S. Iscbardi de Mons. S. Roberti de Asionville. S. Nicolaii, filii Arnulfi Spine. Actum
incarnati Verbi M° C° XXXIII°.

1136.

1136 ' EREMBURGE, FEMME DE CONDITION LIBRE, S'ASSERVIT A L'AUTEL
DE SAINT LANDELIN, A CRESPIN.

Collection Moreau, t. LVI, p. 205, *d'après le cartulaire.*

In nomine sancte et individue Trinitatis, notum sit omnibus 10
tam futuris quam presentibus quod ego, Eremburgis nomine,
cum essem libera et nullius servituti obnoxia, ob salutem
anime mee, consilio parentum meorum, libere me cum omni
posteritate mea attribui ad altare sancti Landelini Crispiniensis ecclesie, ea conditione, ea lege, ut omnis origo mea in 15
autentica libertate abbatis et ecclesie permaneat, exclusa omni
advocatura cujuslibet laici; in die autem festi ejus que est
xi° kl. octobris, ad altare ipsius vir duos denarios et mulier
unum pro capitali censu persolvat; et, ultra hunc censum, non
sit qui requirat neque placitum, neque badimonium, neque 20
servitium, nec advocationem aliquam, nisi quod, pro maritali
licentia, vir sive mulier sex solummodo denarios persolvat;
et pro mortua manu duodecim. Si quis autem hanc ingenui-
tatis cartam infringere voluerit, iram divinam incurrat et a
consortio sanctorum alienus existat. Ut igitur hec carta stabilis 25
permaneat in evum, horum testimonio corroboratur virorum.
Signum Algoti, ejusdem ecclesie abbatis. Signum Harwelli de
Keuraing. S. Theoderici de Mosteruel. S. Roberti et Gommari
et aliorum multorum. Actum anno incarnati Verbi millesimo
centesimo tricesimo sexto, indictione quarta decima, concur- 30
rente tercio, epacta xv². Eremburgis enixa est Gerberge et
Licrardi.

Vers 1140.

Gaucher de Quiévrain donne a l'abbaye de Crespin   Vers 1140
l'alleu qu'il possédait a Hautrage.

Collection Moreau, t. CCLXXVI, p. 185, *d'après le cartulaire.*

5   In nomine Patris et Filii et Spiritus sancti, amen. Ad turbandam pacem ecclesie malinorum semper vigil et erecta est
astucia, et ideo necessitas expetit ut quicquid Christi ecclesie
fidelium devotio largitur litterarum apicibus confirmetur Ea
propter tam futuris quam presentibus notum esse volumus
10 quod quidam miles de Caurehn, Walcherus nomine, allodium
quod in villa Haustragia (1) legitime ut heres possidens, pro
anima filii sui Walteri sancto tradidit Landelino, quod per
omnia nominatim exprimere nos hic decrevimus : terram
scilicet arabilem ad xx^{ti} viii^o mensuras, quas nos *viteels* (2)
15 dicimus; et tria curtilia, et dimidium avene, et sex panes; et
octo capones in natali Domini; necnon xviii^{cim} denarios pro
falcibus et sex pro furcis, et vi in medio martio, et novem
manipulos pro restauratione in festivitate sancti Remigii.
Molendinarius unum panem, qui novem valeat, in die natalis
20 Domini debet, et denarium pro curtili et tercio anno caponem; et insuper addita nona parte molendii, et terragii, et
decime, et nemorum, et censum pratorum; et in communi

---

(1) Hautrage, arrondissement de Mons, canton de Boussu.

(2) La *huitelée* était une mesure de terre variant de 23 ares
25 77 centiares à 33 ares 43 centiares. Sur les mesures agraires dans
l'ancien Hainaut et dans le nord de la France, voir Le Glay, *Revue
des* Opera diplomatica *de Mirœus,* pp. 42, 192 et 209, et les ouvrages
qu'il cite.

14

Vers 1140 prato unam carratam et dimidiam feni; et piscationem in aquis; et, ut ita percludam, totius ville nonam partem allodii. Hanc etiam in decima segetum et lini, scilicet nonam partem, in vico qui Villa (1) dicitur, idem miles nobis contulit. Hujus rei testes sunt Balduinus, filius ejusdem, Baldricus de Resin, 5 Geraldus de Moncel, Fulco de Alneto et filii ejus; et alii quamplures.

1142.

1142   LE PAPE INNOCENT II CONFIRME LES POSSESSIONS
DE L'ABBAYE DE CRESPIN.

Collection Moreau, t. LX, p. 55, *d'après le cartulaire.*   10

Innocentius. episcopus, servus servorum Dei, dilectis filiis Algoto, abbati Crispiniensi, ejusque fratribus, tam presentibus quam futuris regulariter substituendis in perpetuum. Religiosis desideriis dignum est facilem prebere consensum, ut fidelis devotio celerem sortiatur effectum. Eapropter, dilecti in 15 Domino filii, vestris justis postulationibus annuentes, sancti Petri monasterium, quod est situm in villa que vocatur Crispinium super fluvium Hon, in pago Hainau, in quo divino mancipati estis obsequio, sub beati Petri et nostra protectione suscipimus, et presentis scripti privilegio communimus; sta- 20 tuentes ut quascumque possessiones vel bona idem monasterium in presentiarum juste et canonice possidet, aut in futurum concessione pontificum, liberalitate regum vel principum, oblatione fidelium, seu aliis justis modis, auxiliante Domino, poterit adipisci, firma vobis vestrisque successoribus et illi- 25 bata permaneant. In quibus hec propriis duximus exprimenda vocabulis : altare de Crespin et totam villam a novo fossato

(1) Ville-Pommerœul, arrondissement de Tournai, canton de Quevaucamps.

usque ad Haynam fluviolum, cum omnibus suis possessioni-
buś, in pratis, in agris cultis aut incultis, in aquis aquarumve
decursibus, molendinis, hospitibus, cum decimis et cum adve-
nis qui, undecumque venerint, vestre advocationis sunt;
silvam que Ambligis (1) dicitur, sicut a bone memorie comite
Balduino et matre ejus Richildi beato Landelino reddita, et a
venerabili viro Gerardo, Cameracensium episcopo, confirmata,
et omni exactione libera, sicut etiam ab Urbano bone memorie,
predecessore nostro, privilegio vobis confirmatum est (2); in
villa de Cavrecin (3), duas carrucatas terre et hospites, cum
allodio de Baisuel (4), et totam decimam ville a Morcinpont (5)
usque ad terminum parrochie de Onengio (6), et prata et
molendinum de Clauluce (7); in villa de Sevorch (8), terram
arabilem, hospites, molendinum et silvas; in villa de Cepli (9),
altare, carrucatam terre et curtilia, et totam decimam de culturis; de ceteris vero terris, decimam tantum ad altare pertinentem; in Valentianensi castro, plures hospites, duo viacella
et dimidium, et terram Ascele, uxoris Hugonis filii Lietardi,
cum hospitibus suis; in villa de Chauren (10), terram et hospi-

---

(1) La forêt d'Amblise. Voir nos *Recherches*, etc., p. 151. Une
note de dom Queinsert porte : « L'abbaye y possède 290 arpens, le
» prince de Ligne le reste, sur les paroisses de Crespin, Quaroube,
» Onnaing et Wicq. »

(2) Voir les actes de Richilde (1080) et du pape Urbain II (1093).
Miræus, t. II, pp. 1135 et 1140.

(3) Quiévrechain, arrondissement et canton de Valenciennes.

(4) Baisieux, arrondissement de Mons, canton de Dour.

(5) Morchipont, arrondissement et canton de Valenciennes.

(6) Onnaing, arrondissement et canton de Valenciennes.

(7) Claulue (?), dit une note de dom Queinsert.

(8) Sebourg, arrondissement et canton de Valenciennes.

(9) Ciply, arrondissement et canton de Mons.

(10) Quiévrain, arrondissement de Mons, canton de Dour.

4142 tes; in villa de Eslogio (1), altare et unam carrucatam terre, decimam sancti Germani (2), terragium et hospites; in villa Harmenio (3), curtem liberam et culturas similiter liberas ab omni decima, hospites et duo molendina, et alodium de Sancto Simphoriano (4), et unam carrucatam terre in eadem villa 5 Harmenio; in villa de Tungre (5), medietatem altaris cum dote ejus; in pago Thessandrico, villam que dicitur Empla (6\, et altare ejusdem ville, quod ab omni personatu liberum esse statuimus, cum terris, pascuis, aquis, servis et ancillis; in pago de Montini (7), terram et hospites et silvam unam ; in villa de 10 Bleugiis (8), altare; in villa de Guxeniis (9), altare et hospites, cum terra; in Ercana (10), hospites quosdam, et hospites de Rosin (11); ad portam Valentiani castri, curtilia et hospites; capellam de Heensis (12), cum terris, aquis, silvis, pratis, et sedem unius molendini; et allodium de Diuvalines (13) et de 15

---

(1) Élouges, arrondissement de Mons, canton de Dour.

(2) Dépendance d'Élouges?

(3) Harmignies, arrondissement de Mons, canton de Pâturages.

(4) Saint-Symphorien, arrondissement et canton de Mons.

(5) Tongre-Saint-Martin et Tongre-Notre-Dame, arrondissement 20 de Mons, canton de Chièvres.

(6) Empel, district et canton de Bois-le-Duc, province de Noord-Braband (Hollande). Voir nos *Recherches*, etc., p. 333, et l'acte qui suit.

(7) Montigny-sur-Roc, arrondissement de Mons, canton de Dour.

(8) Blaugies, arrondissement de Mons, canton de Dour.

(9) Gussignies, arrondissement d'Avesnes, canton de Bavai.

(10) Erquenne, arrondissement de Mons, canton de Dour.

(11) Roisin, arrondissement de Mons, canton de Dour.

(12) Hensies, arrondissement de Mons, canton de Boussu.

(13) Dépendance de Sebourg (?).

Sevortcheel (1), et decimam de terra sancte Marie (2). Obeunte
vero te, nunc ejusdem loci abbate, vel tuorum quolibet successorum, nullus ibi qualibet subreptionis astucia vel violentia
preponatur; sed liceat vobis, communi consilio vel partis con-
5 silii sanioris, secundum Dei timorem et beati Benedicti regulam absque ullius contradictione abbatem eligere. Crisma vero,
oleum sanctum et consecrationes altarium seu basilicarum,
ordinationes clericorum qui ad sacros ordines fuerint
promovendi, a diocesano suscipiatis episcopo, si quidem catho-
10 licus fuerit, et gratiam atque communionem Sedis apostolice
habuerit, et ea gratis et absque aliqua pravitate vobis voluerit
exhibere; alioquin liceat vobis catholicum quemcumque malueritis adire antistitem; qui nimirum nostra fultus auctoritate,
quod postulatur indulgeat. Sepulturam quoque ipsius loci
15 liberam esse concedimus, ut quicumque se illic sepeliri deli-
beraverint, ordinationi et eorum extreme voluntati, nisi forte
excommunicati sint, nullus obsistat, salva tamen matricis
ecclesie justicia. Liceat eciam vobis, in communi interdicto
ipsius episcopatus, clausis januis et exclusis excommunicatis
20 atque interdictis, summissa voce divina officia celebrare. Si
qua vero libera persona seculum fugere et in vestro monasterio
religionis habitum suscipere voluerit, recipiendi eam absque
ulla contradictione facultatem liberam habeatis. Decernimus
ergo ut nulli omnino hominum liceat vestrum prefatum ceno-
25 bium temere perturbare, aut ejus possessiones auferre, vel
ablatas retinere, minuere aut aliquibus vexationibus fatigare,
sed omnia integra conserventur, eorum, pro quorum gubernatione et sustentatione concessa sunt, usibus omnimodis profutura, salva diocesani episcopi canonica justicia. Si qua ergo in
30 posterum ecclesiastica secularisve persona hanc nostri privi-

---

(1) Sebourquiau, hameau de Sebourg.
(2) Lieu à Audignies. Voir ci-devant l'acte de 1133.

1142 legii paginam sciens temerario ausu contra eam venire temptaverit, secundo terciove commonita nisi satisfactione congrua emendaverit, potestatis honorisque sui dignitate careat,
reamque se divino judicio existere de perpetrata iniquitate
cognoscat, et a sacratissimo corpore et sanguine domini nostri   5
Jhesu Christi aliena fiat, atque in extremo examine districte
ultioni subjaceat; cunctis autem eidem loco justa servantibus
sit pax domini nostri Jhesu Christi, quatinus et hic bone actionis fructum et apud districtum judicem premia eterne pacis
inveniant. Amen, amen, amen. Data Rome, anno M° C° XLII° 10
incarnationis dominice, pontificatus autem domini Innocentii xiii°.

11 avril 1146.

11 avril
1146
CONRAD III, ROI DES ROMAINS, CONFIRME A L'ABBAYE DE CRESPIN
SES POSSESSIONS (1).   15

*Archives de l'État, à Mons, copie du XVIIe siècle, d'après
l'original A. — Ackersdyck, Nasporingen ontrent het
landscap in vroeyer eeuwen Taxandria genoemt, p. 182,
d'après une copie prise sur l'original en 1782. B. —
Collection Moreau, t. LXII, p. 103, d'après le cartulaire. C.* 20

In nomine sancte et individue Trinitatis, Conradus, divina
favente clementia, Romanorum rex secundus. Instinctu et
aspiratione miseratoris Dei, propositis nobis caritativarum lar-
gitionum exemplis illustrium virorum Clodovei regis Francis,
et Lotharii Romanorum regis, Henrici quoque regis, necnon 25
Othonis imperatoris augusti (2); interventu quoque et peti-

---

(1) Vu son importance, nous republions cet acte, bien qu'il ait
déjà reçu une certaine publicité en Hollande.

(2) Voir, dans nos *Recherches*, etc., pp. 302, 332 et 349, les
diplômes des rois Lothaire et Henri et de l'empereur Othon Ier.

tione karissime " conjugis nostre Gertrudis regine, ad bono-
rem ecclesiarum Dei et sustentationem pauperum Christi, ea
que a memoratis christianissimis principibus rationabili munificentia monasterio Crispiniensi, nomine et honore sancti Petri
apostolorum principis fundato et *b* beati Landelini confessoris
venerabilis, in eodem monasterio corpore quiescentis, in pago
Hainnoensi quod Harminiacum vocant, et *c* in comitatu Thessandrico, in villa que Empla vocatur, nec non in villis Honen-
niis *d*, Cipliaco *e*, Estron, Gelliniaco *f* (1), condonata et firmis-
simis et antiquis authoritatibus confirmata sunt, corde bono
et animo volenti collaudamus et confirmamus. Ceterum, quia
ad infringenda reverenda majorum statuta et ecclesiarum
imbellium turbandam pacem secularium semper erecta est et
jugis *g* astucia, ad precidendas mali ingenii occasiones et rapa-
ces manus reprimendas, donaria supradicta ea libertate sicut
actenus constiterunt et sacre auctoritatis antiquissima firmitate inconvulsa permanserunt, edicti nostri munimento con-
stare et permanere decernimus. Eapropter, visum *h* est nobis *i*

a. amate B.
b. atque B.
c. et *manque.*
d. Honenvil B.
e. Cipliuco B.
f. Gellimaco B.
g. viget B.
h. justum B.
i. vobis B.

---

(1) Sur Empel, Harmignies, Onnaing et Ciply, voir la charte qui
précède. *Estron* correspond à Etrœux, arrondissement et canton de
Valenciennes, et *Gelliniacum* à Ghlin, arrondissement et canton de
Mons.

11 avril
1146 necessarium et predicte ecclesie Crispiniensis deservitoribus
utile, non tam ipsas donationes nominare, quam numerum
mansorum, instar veterum privilegiorum magnorum et muni-
ficorum prefatorum regum, ponere et jura distinguere. In villa
itaque Harminiaco, sita super fluvium Truilam, babenter xxx ᵃ 5
mansi, simul cum curte una et hospitibus et molendinis duobus, ubi de tribus ᵇ culturis ᶜ proprii allodii sui ab antiquo ᵈ,
sine omni calumpnia sive ᵉ contradictione, prefati servi Dei
decimas accipiunt. In comitatu vero Thessandrico, habent villam Empelin ᶠ nomine, super fluvium Werchena ᵍ dictum, 10
habentem ecclesiam cum xxxᵃ mansis, sub omni integritate
earum videlicet rerum que ad se pertinent, cum servis et mancipiis omne servitium debentibus; cum terris cultis et incultis,
pratis, pascuis, aquis, aquarumque decursibus et piscationibus,
veluti in prisca auctoritate continetur. In villa etiam Cipliaco 15
nuncupata, ecclesiam cum xxxᵃ ʰ mansis et totam decimam de
culturis; in villa etiam que Estroen dicitur, xᵐ mansos; necnon in villa Gelliniaco dicta vi mansos predicti fratres habent,
a prenominato imperatore Othone augusto eis contraditos;
que omnia ad usus monachorum Deo et sanctis in prefata 20
ecclesia famulantium in perpetuam permaneant. Adicimus ᶦ
quoque, ut, sicut ex sententia principum coram nobis judicatum est, nullus villicationem in possessionibus ad eandem
ecclesiam pertinentibus hereditario jure teneat vel repetat;

a. viginti B.   25
b. uribus B.
c. cultillis C.
d. antiquo jure B.
e. sine B.
f. Emplam B et C.   30
g. Verchena B.
h. vriginta B.
i. Addicimus B.

sed abbas, qui tunc temporis fuerit, idoneum et fidelem villi- 11 avril 1146
cum de familia ecclesie constituat et deponat. Si quis deinceps
de familia monasterii abbati suo rebellis inventus fuerit, ex
judicio et districtione parium suorum ad satisfactionem abbatis
5 cogatur. Sane servos cujuscunque civitatis, castri, sive alterius
loci incole fuerint, nulla lege impediente, sue ecclesie lege
astrictos, abbati sicut domino super *a* omnia servituros, pro-
vida judicii ratione asserimus. Statuimus siquidem, in omni
possessione prefati monasterii, videlicet in terris, pratis, silvis,
10 aquis, villis, sicut in antiquis privilegiis invenitur, nullum
advocatum preter abbatem haberi. Ejusdem itaque monasterii
libertatem, a Balduino Hainnoensi comite et ejus matre,
Richelde nomine, concessam, et Romanorum pontificum privilegiis roboratam, nos quoque concedimus et confirmamus;
15 statuentes et obnixe precipientes, ut nullus successorum nostrorum, regum vel imperatorum, seu quelibet potestas ducum,
marchionum, occasione marchie, vel comitum, aliqua oppressione vel exactione, hanc nostram confirmationem, pro amore
Dei et reverentia ejusdem loci renovatam atque roboratam,
20 infringere vel violare attemptet *b*. Si quis vero, quod absit,
huic nostre pagine contraire presumpserit, .C. librarum auri
puri compositione multetur, quarum medietas fisco nostro
perveniat *c*; altera medietate lese ecclesie dampnum restaure-
tur. Ut autem hec omnia perhenniter rata persistant, hanc
25 cartulam sigilli nostri impressione insigniri precepimus et
idoneos testes subternotari fecimus : Arnoldus, Colon. archiepiscopus, Henricus Leodiensis, Anselmus Havelberg *d*, Nicolaus
Cameracens, episcopus, Hermius *e*, comes Palatii *f*, Ludovicus,

a. domino suo per B.
30 *b.* attemptent B.
c. proveniat B.
d. Hanelby B.
e. Herimannus B; Henricus C.
f. palatinus B.

comes Lonensis *, Ottho, comes de Rinck *, Hermius * de Kuc
comes. Signum domini Conrardi, Romanorum regis secundi.
Ego Arnoldus cancellarius, vice Henrici Moguntini archiepiscopi et archicancellarii, recognovi. Actum iii° nonas aprilis,
anno dominice incarnationis M° C° XL° VI°, indictione ix*,   5
regnante Conrardo Romanorum rege secundo, anno vero
regni ejus viii°. Data * Aquisgrani, in palatio regis, in Christo
feliciter. Amen.

1150.

1150   BAUDOUIN IV, COMTE DE HAINAUT, TERMINE UN DÉBAT ENTRE
L'ABBAYE DE CRESPIN ET SON VILLICUS OU MAYEUR.   10

Collection Moreau, t. LXIV, p. 177, d'après le cartulaire.

In nomine Patris et Filii et Spiritus sancti, Balduinus, comes
Hainnoensium, presentibus et futuris in perpetuum. Libertati
et quieti ecclesiarum congaudere debemus et in ampliandis
eorum beneficiis pro facultate elaborare, et que patres nostri   15
eis contulerunt pro viribus servare. Inter monachos Crispi-
nienses et eorum villicum Haimerum hujusmodi controversia
agebatur. Asserebat enim quedam sui juris esse, que certum
est ecclesiam Crispiniensem ab antiquo libere possedisse : in
festo quippe sancti Landelini et per circulum anni thelonium   20
predicti loci consuetudine hereditaria colligere volebat; quod
nulli predecessorum ejus licuit, sed tantum cui a monachis
annuatim injunctum fuit. Item in succisione quercuum, me-
liori parte a monachis sublata, corticem, ramos cum radicibus
dicebat sui juris esse. Item asserebat quod omnis silva, que   25

a. Lau[sien]sis B; Lovoniensis C.
b. Rinxh C.
c. Herimannus B; Herinius C.
d. Datum C.

usibus monachorum ligna ministraret, ci ad succidendum pari 1150
modo communis esset. Preterea terras venales, que villicationi
suc subjacent, absque consensu monachorum emere volebat;
quod curie mee judicium non sinit, nisi venditor affinitate
sanguinis ei conjunctus fuerit. Hec quatuor capitula que preli-
bavimus judicio sunt sopita, et ab eo et a successoribus ejus
testimonio ydoneorum virorum subtus annotatorum legitime
exfestucata. Hujus rei testis est Hauucles de Cauren, Walcherus Buleteis, Odo de Molemes, Heinbertus scabinus, et alii quam
plures. Actum anno M° C° L° incarnationis dominice. Hoc
factum fuit tempore domini Algoti, hujus ecclesie abbatis.

1157.

BAUDOUIN IV, COMTE DE HAINAUT, TERMINE UNE CONTESTATION 1157
ENTRE L'ABBAYE DE CRESPIN ET THIERRY, SON VILLICUS D'HAR-
MIGNIES.

Collection Moreau, t. LXVIII, p. 189, *d'après le cartulaire.*

In nomine Patris et Filii et Spiritus sancti, amen. Balduinus,
Dei gratia Haynoensium comes, tam futuris quam presentibus,
in perpetuum. Attestante scriptura que ait : *memorare novis-*
sima tua, de novissimis cogitantes, ecclesiarum utilitatibus in-
vigilare debemus. Proinde, audita quadam gravissima inter
abbatem Crispiniensem et Theodericum, villicum suum de
Harminiaco, controversia super triginta quinque jugera terre,
que Theodericus de ecclesia in hominium se possidere dicebat,
quod abbas ei juste, sicut postea veritas promulgavit, denega-
bat, et censum de duobus molendinis post obitum patris sui
in requisitione duplicem dare nolebat, additis etiam aliis exces-
sibus, tandem in hoc utraque pars, abbas cum monachis,
Theodericus cum fratribus suis, communiter et concorditer
concesserunt ut viri sapientes et veritatis amatores eligerentur;
quorum judicio, compositione et provisione controversia exorta

1157 sopiretur, et omni postposita tergiversatione inter utrosque pacis gratia in integrum reformaretur. Denique honesti viri, Egericus de Sancto Gisleno, Arnoldus de Sancto Dionisio abbates, Gocewinus de Montibus, Theodericus de Linca, Hauvellus de Keurain, utrinque electi, assensu comitis predicti 5 Baldevini, de duobus molendinis in requisitione duplicem censum cum censu anni, quia tale erat judicium curie, a Theoderico ecclesie Crispiniensi solvere judicaverunt. Providerunt etiam id et composuerunt, quod eciam utraque pars laudavit et omnimodis ratum esse voluit, ut Theodericus memorata 10 triginta quinque jugera cum quartali terre que de villicatione ab antiquo erat a terragio libera, ad villicationem retineret, et ea, quamdiu villicus esset, jure possideret. Recipit abbas de xv ortis capones; Theodericus, totam avenam cum panibus; unde duos sumptus honestos, de quinque ferculis ad minus 15 singulos, quorum duo erunt piscium, tercium artocrearum [a], reliqua duo carnium, bis in anno, tempore quod voluerit; cum septem vel octo vel novem equis, cum lectisternio in nocte et candelis, et cetera ad hospitandum convenientia abbati preparatur [b] et largitur. Item Theodericus duos ortos, jor- 20 nale quoque prati et dimidium, sub censu jure hereditario possidet. Actum est hoc in curia nostra, me presente, sub testimonio hominum meorum, quorum nomina subtitulata sunt. Signum Nicolaii de Rumigni. S. Hugonis de Engien. S Sigeri filii ejus. S. Eustachii de Rues. S. Nicolai de Quaregnon. S. Bal- 25 duini castellani. S Guillelmi de Gamapia. S. Harduini villici. S. Marcelli de Nimi. S. Ubaldi fratris ejus. Actum anno incarnati Verbi M° C° LVII°, epacta vii[a], concurrente primo, indictione v[a]; regnante Frederico imperatore, Nicholao Cameraci presidente. Hoc factum fuit tempore domni Algoti, hujus 30 ecclesie abbatis.

a. *tourtes à la viande.* Voy. Du Cange, v°. Artocreas.
b. preparat?

XIII

L'ABBAYE DE BOURBOURG.

Le monastère de Bourbourg, arrondissement de Dunkerque, fut fondé vers l'an 1103, par Clémence, comtesse
de Flandre et par le comte Robert de Jérusalem. L'acte
de fondation ne se retrouve pas. L'abbaye compte, parmi
ses bienfaiteurs, tous les souverains de la Flandre au
XII° siècle. Nous publions ici quelques-uns de leurs
actes (1).

14 octobre 1104.

ROBERT II, COMTE DE FLANDRE, DONNE AU MONASTÈRE DE BOURBOURG   14 octobre
UNE DÎME A RUBROUCK ET UNE AUTRE A DIXMUDE. (De decima-   1104
tione de Rubruc et de Discamuda.)

5   *Cartulaire de l'abbaye de Bourbourg (XIII° siècle), fol. 1 recto,
à la Bibliothèque nationale, à Paris, ms. lat., n° 9920.*

In nomine sancte et individue Trinitatis. Notum sit fidelibus
tam modernis quam posteris, quod Hodierna, Ysaac de Baliol
filia, decimationem quandam in villa Rubroch (2) sitam, quam,

---

10   (1) De Coussemaker a analysé une partie de ces actes dans sa
Notice sur les archives de l'abbaye de Bourbourg (ANNALES DU COMITÉ
FLAMAND DE FRANCE, 1859, t. IV). Voir aussi LE GLAY, *Mémoire sur
les archives du chapitre des chanoinesses de Bourbourg,* dans les
MÉMOIRES DE LA SOCIÉTÉ DUNKERQUOISE POUR L'ENCOURAGEMENT DES
15   SCIENCES ET DES ARTS, 1855. — Ces deux notices ont été tirées à part.
    (2) Rubrouck, arrondissement d'Hazebrouck, canton de Cassel
(Nord).

14 octobre
1104
patre suo defuncto, pro omni patrimonio quod ad cam pertinere debuit, a suis coheredibus in portionem acceperat, Flandrensium comiti Roberto juniori Bergis ultro resignavit. Hanc
vero decimationem predictus comes, rogatu et consensu ipsius
Hodierne suorumque propinquorum ac coheredum, ecclesie ;
sancte Marie in Broburch perpetuo jure donavit. Hoc itaque
pacto, ipsa Hodierna prefata ecclesiam, Deo militatura sub
habitu religionis, subsequenter intravit. Ego etiam Robertus
predictus comes decimationem nove terre in Dicasmuda (1),
tam presentis quam future, infra et extra Iseram (2), pro 10
remedio anime mee et predecessorum meorum, cidem ecclesie
donavi. Et ut utrumque donum perpetuo ratum permaneret,
sigilli mei impressione confirmavi. Hujus rei testes hii aderant
presentes : Bertulfus, prepositus Brugensis, Reinarus Pape-
kin, Fromoldus inbreviator, Theodericus de Aria, Bertrarius et 15
Bertinus capellani, Froulfus castellanus de Bergis, Theorar-
dus castellanus Broburgensis, Remgerus dapifer, Theboldus de
Aria, Odolf camerarius, Folcrannus de Prato, ‖ Bernoldus de
Insula. Actum Bergis, anno Domini Mº Cº IIIIº, indictione xii,
ii idus octobris   20

fol 1 vº

---

(1) Dixmude, canton de ce nom, arrondissement de Furnes.
(2) L'Yser.

1106.

Baudri, évêque de Noyon et de Tournai, donne a l'abbaye de Bourbourg un alleu dans l'évêché de Térouanne, aux environs de Cohem, Blarenghem et Blendecques. (De Cohem.) 1106

5 *Cartulaire de l'abbaye de Bourbourg,* fol. 35 verso, *à la Bibliothèque nationale, à Paris, ms. lat.,* n° 9920.

In nomine Patris et Filii et Spiritus sancti. Ego Baldricus, Dei gratia Noviomensium atque Tornacensium episcopus, audita religiosa conversatione sanctimonialium apud Broburg,
10 in monasterio sancte Dei genitricis Marie omnipotenti Deo famulantium; immo suggerente et precante nobilissima Roberti Flan ‖ drensium comitis conjuge Clementia; Lam- fol. 34 r°
berto quoque Sancti Bertini abbate, ejusque sorore domina Godethilde predicti loci abbatissa devote obsecrantibus, con-
15 cessi eis earumque monasterio, pro remissione peccatorum meorum, allodium meum in Taruannensi episcopatu, infra et circa subscripta loca Colhem (1), Blaringehem (2), Blendeca (3) situm, quod in hereditario jure contingebat in presenti et in perpetuo tenendum et possidendum, terram videlicet cultam
20 et incultam, hospites et prata, silvam, omnemque servorum et ancillarum familiam cidem allodio pertinentem; molendinum unum super fluvium Helene situm; partem quoque alterius molendini prope illud super eandem aquam; quosdam

---

(1) Cohem, lieu près Aire, arrondissement de Saint-Omer.
25 (2) Blaringhem, arrondissement et canton d'Hazebrouck (Nord).
(3) Blendecques, arrondissement et canton de Saint-Omer.

1106 etiam milites casatos cum beneficiis suis libere servituros; ea
scilicet conditione quod prefate sanctimoniales anniversariam
transitus mei faciant commemorationem. Ne ergo de allodii
hujus traditione seu de omnibus eidem allodio pertinentibus
aliquis heredum vel parentum meorum predicte abbatie 5
dampnum inferre presumat, pontificali auctoritate et etiam
sub anathematis interdictione confirmavi atque sigilli mei
signo consignavi. Actum apud Insulam anno dominice incarnationis M° C° VI°, indictione xiiiᵉ, regnante rege Philippo,
episcopante domino B[aldrico], R[otberto] juniore Flandren- 10
sibus dominante; in presentia venerabilis comitisse C[lemen-
tie]; hiis etiam presentibus : Lamberto archidiacono, Roberto
preposito, Amolrico decano, Raimberto cantore, Tettboldo,
Lamberto, Letberto, Maingotho, Guinemaro, Odone, Guidone
cancellario, Rogero castallano, Hugone filio fratris, Thetbaldo 15
de Aria, Waltero de Hamm, Bernardo fratre ejus, Gerardo,
Gualtero, Remgero, B. Colhem.

5 avril 1106.

5 avril 1106 LE PAPE PASCHAL II CONFIRME A L'ABBAYE DE BOURBOURG
SES POSSESSIONS (1). 20

*Cartulaire de l'abbaye de Bourbourg (XVIᵉ siècle), fol. 192
recto, à la Bibliothèque nationale, à Paris, ms. lat.,
n° 9126, copie.*

Paschalis, episcopus, servus servorum Dei, dilecte in Christo
filie Godildi abbatisse venerabilis monasterii sancte Marie 25
quod est in castro Broburc, ejusque successoribus regulariter
substituendis imperpetuum. Religiosis desideriis dignum est

---

(1) LE GLAY (*Mémoire*, etc., p. 8), a publié une autre bulle de
Paschal II, du 5 avril 1113.

facilem prebere consensum ut fidelis devocio ecclesie sortiatur   1106
effectum. Proinde petente filia nostra Clementia, spectabili
Flandrensium comitissa, preces vestras non difficulter admisi-
mus et beate Marie monasterium, sicut a fratre nostro Johanne
5 Teruanensi episcopo confirmatum est, ab omni episcopalis exac-
  tionis debito liberum permanere ‖ sancimus. Statuimus igitur fol. 192 vᵒ
ut possessiones quas ab eadem comitissa, consentiente viro suo
comite Roberto, vestro monasterio contradite sunt, firme semper et integre conserventur; quas propriis nominibus subnota-
10 mus : berquariam unam ovium in castellanatura de Brobuc,
terramque ad Bouchem vaccariam, cum terra sibi pertinente,
brocos Clarembaldi; quecumque preterea id monasterium
juste hodie possidet, sive in futurum concessione pontificum,
liberalite principum vel oblatione fidelium juste atque cano-
15 nice poterit adipisci, firma tibi ejusque successoribus et illibata
permaneat. Decernimus ergo ut nulli omnino hominum liceat
idem monasterium temere perturbare, aut ejus possessiones
aufferre vel ablatas retinere, minuere, vel temerariis vexationibus fatigare, sed omnia integra conserventur earum, pro
20 quarum sustentatione et gubernatione concessa sunt, [usibus]
sibi omnimodis profutura. Si qua sane ecclesiastica secularisve
persona hanc nostre constitutionis paginam, sciens, contra
eam temere temptaverit, secundo tertiove commonita si non
satisfactione congrua emendaverit, potestatis honorisque sui
25 dignitate careat, reamque se divino judicio existere de perpetrata iniquitate cognoscat, et a sacratissimo corpore ac sanguine Dei et domini redemptoris nostri Jhesu Christi [aliena
fiat, atque in extremo examine districte ultioni subjaceat;
cunctis autem eidem loco justa servantibus sit pax domini
30 nostri Jhesu Christi], quatinus et hic fructum bone actionis
percipiat et apud districtum judicem premia eterne pacis
inveniat. Amen. Scriptum per manum Raineri scrinarii regio-
narii et notarii sacri palatii. *Subsignatur inferius sic.* Ego
Pascalis catholice ecclesie episcopus. Datum Laterani, per

1106   manum Johannis sancte R[omane] ecclesie diaconi cardinalis, nonis aprilis, indictione XIII, incarnationis dominice anno M° C° VI°, pontificatus autem domini Pascalis secundi pape sexto. *Subsignatur figuris inferioribus (rota)*. B. V.

21 mars 1107.

21 mars 1107   Robert II, comte de Flandre, et sa femme Clémence donnent a l'abbaye de Bourbourg une bergerie a Loon et un last de harengs a prendre sur le tonlieu de Gravelines. (De berquaria Lon et de uno last allecium.)

Cartulaire de l'abbaye de Bourbourg (XIIIᵉ siècle), fol. 1 verso, 10 *à la Bibliothèque nationale, à Paris, ms. lat.*, n° 9920.

In nomine sancte et individue Trinitatis. Ego Robertus, comes Flandrie, omnibus sancte ecclesie filiis. Certum sit fidelium posteritati quod ego et uxor mea Clementia berquariam (1), in villa Lon (2) sitam quam Wlbertus et Odolfus 15 tenent, et unum last allecis per singulos annos de teloneo Grevenigge (3), sancte Marie in Broburch, in usum sanctimonialium ibidem Deo servientium perpetuo donavimus. Quod ne quis audeat vel infringere vel minuere, sigillo meo confirmavi. Actum Broburg, anno Domini M° C° VII°, XII kal. aprilis, 20 sub testimonio Bernardi capellani, Bertini capellani, Theoderici notarii, Revrari de Wingin, Tedboldi de Aria, Remgeri dapiferi, Baldewini camerarii, Levrardi castellani de Broburg, Froolfi castellani de Bergis, Odgeri notarii, Gotunri scultete, Nalgeri fratris ejus, Odulfi camerarii, Rodulfi filii ejus, Bernoldi 25 de Insula, Malgeri et Johannis fratris ejus.

---

(1) Gilliodts-Van Severen définit la *berquaria* un clos de prairies destiné au pacage des moutons. *Coutumes de la ville et châtellenie de Furnes*, introduction, p. 102.

(2) Loon, arrondissement de Dunkerque, canton de Gravelines 30 (Nord).

(3) Gravelines, canton de ce nom, arrondissement de Dunkerque.

13 juillet 1110.

ROBERT II, COMTE DE FLANDRE, CLÉMENCE SA FEMME ET BAUDOUIN
    LEUR FILS DONNENT A L'ABBAYE DE BOURBOURG LE MARAIS (DE
    MILLAM) ENTRE WATTEN ET BOURBOURG. (De palude Milham et
5 decimatione et decima Bruc.)

Cartulaire de l'abbaye de Bourbourg (*XIIIe siècle*), fol. 3 verso,
  à la *Bibliothèque nationale, à Paris, ms. lat.*, n° 9920.

In nomine sancte et individue Trinitatis. Ego Robertus,
comes Flandrie, omnibus sancte ecclesie filiis. Notum facio
10 omni generationi que futura est, quod ego, cum uxore mea
Clementia et filio meo Baldwino, dedi novam terram que usque
ad hanc diem de palude facta est, que jacet inter Watinensem
ecclesiam et Broborg (1), cum omni decimatione ad candem
terram pertinente, et omnem decimationem que exibit de
15 terra, si qua adhuc de eadem palude fiet, ecclesie sancte Marie
de Broburg, ad usus sanctimonialium ibidem Deo servientium,
et sigilli mei impressione confirmavi, ne quis sancte ecclesie
inimicus in posterum audeat tale donum temere infringere,
aut minuere, aut violare. Factum est Bruggis, anno Domini
20 M° C° X°, idus julii, sub testimonio domni Bertulfi Brugensis
prepositi, et Brugentium canonicorum, Helye decani, Heran-
cradi, Gunimari, Radulfi, Gocelonis, capellanorum comitis;
Bernardi, Ogeri, Reineri, Ledberti de Broburg, Lamberti
Nappin, Remgoti de Molambeca, Walteri castellani de Cortrai,

---

25 (1) Le marais de Millam, arondissement de Dunkerque, canton de
Bourbourg (Nord).

·13 juillet
1110
fol. 4 rº Adam de Formasella, Riquardi de Woldma, Fromoldi de Wingin, Radulfi de Cloclera, Amalrici ‖ stabularii, Hugonis camerarii, Bernoldi de Broburg et Symonis filii Malgeri de Lon, Lamberti ex Dri..eham, Dodonis, Balduini ex Gravaing.

1110.

1110 **ROBERT II, COMTE DE FLANDRE, ET SA FEMME CLÉMENCE DÉCLARENT QU'ILS ONT ÉRIGÉ LE MONASTÈRE DE FAUMONT ET LUI ONT DONNÉ DIVERSES POSSESSIONS. (De domo Faumont et de decima nové terre in Pevila. De decima lini et ortorum in Orchies. De terra Petresholt et de terra Ruolt.)**

Cartulaire de l'abbaye de Bourbourg (XIIIᵉ siècle), fol. 2 verso, à la Bibliothèque nationale, à Paris, ms. lat., nº 9920.

In nomine sancte et individue Trinitatis. Notum esse volumus tam presentibus quam futuris quod ego Robertus, comes Flandrie, et Clementia comitissa, uxor mea, domum sanctimonialium de Faumonte (1), pro remissione peccatorum nostrorum et saluté animarum nostrarum, construximus, et sanctimonialibus inibi Deo servientibus duos mansos terre et decimam in Pevila de nova terra (2) tam culta quam colenda, et decimationem lini ad jus nostrum pertinentem, necnon
fol 3 rº novam terram in ‖ Rubol (3), et omnem decimam ortorum in

---

(1) Faumont, arrondissement de Douai, canton d'Orchies. Ce monastère fut, bientôt après, réuni à l'abbaye de Bourbourg, dont il devint un prieuré.

(2) Ce nom doit désigner un lieu aux environs d'Orchies.

(3) Ruhout à Frelinghien (?), arrondissement de Lille, canton d'Armentières.

Orchies (1), terram etiam de Petreholt (2) cum decimatione· ·1110 ·
sua dedimus. Sed ne quis · temerarius infringere hoc presumat, appositum sigilli nostri testimonium attendat. Actum est
autem hoc anno Domini M° C° X°, coram hiis testibus, Ber-
5 nardo capellano, Theoderico nothario, Thebaldo de Aria,
Remgero dapifero, Willelmo castellano, Willelmo dapifero,
Bernoldo de Insula, Gerardo castellano de Cassel, et aliis
pluribus.

· 27 mai 1112.

10 ROBERT II, COMTE DE FLANDRE, ET SA FEMME CLÉMENCE DONNENT ʌ 27 mai 1112
L'ABBAYE DE BOURBOURG LA TERRE NOUVELLE APPELÉE SANDES-
HOVED. (De nova terra Sandeshoved.)

Cartulaire de l'abbaye de Bourbourg (XIII° siècle), fol. 5 recto,
à la Bibliothèque nationale, à Paris, ms. lat., n° 9920.

15   In nomine sancte et individue Trinitatis. Ego Robertus,
comes Flandrie, omnibus sancte ecclesie filiis. Notum sit generationi omni que ventura est, quod ego et uxor mea Clementia
novam terram nomine Sandeshoved (3) que per jactum maris
jam crevit et quicquid in posterum accrescet super fluvium
25 Isare sitam, sancte Marie in Broburg in usum sanctimonialium
ibidem Deo famulantium integre donavimus. Quod ne quis
sancte Marie inimicus in posterum audeat infringere aut

---

(1) Orchies, canton de ce nom, arrondissement de Douai.
(2) Dépendance de Frelinghien.
30 (3) Nom primitif de Nieuport Par acte du 15 des calendes d'avril
1121 (18 mars 1122), Charles, comte de Flandre, confirma ce don à
l'abbaye. (LE GLAY, *Mémoire,* etc., p. 10.)

27 mai 1112 minuere, sigilli mei impressione confirmavi. Actum Bergis, anno Domini M° C° XII°, vi° kal. junii, sub testimonio Bernardi capellani, Fronmoldi notarii, Theoderici notarii, Rei-

fol. 3 v° neri de Wingin, Baldewini camerarii, Remgeri dapiferi, ⸗ Thedbaldi de Aria, Ade de Formascla, Hugonis camerarii, 5 Rodolfi de Batpalmis, Roberti Grati, Fromoldi de Wingin, Remgoti de Molenbeke, Rodolfi de Coclare, Froolfi castellani de Bergis.

19 octobre 1112.

19 octobre BAUDOUIN VII, COMTE DE FLANDRE, DONNE A L'ABBAYE DE BOURBOURG
: 1112   UNE TERRE A LOON. (De berquaria Lon)   10

Cartulaire de l'abbaye de Bourbourg (XIII° siècle), fol. 5 recto, à la Bibliothèque nationale, à Paris, ms. lat., n° 9920.

In nomine sancte et individue Trinitatis, ego Baldevinnus, comes Flandrensis. Noscat fidelium cum modernis posteritas, quod terram quandam in Lon villa sitam, et ad tempus a 15 Fouberto Walteri medici filio in feodo a Clementia Flandrensium comitissa concesso possessam, sed ab ipso debinc sub testimonio Tedbaldi de Aria, Roberti Greci, Bernoldi de Insula, predicte comitisse Clementie ultro resignatam, comes Bal-

fol. 5 v° dewinus, matre sua prefata videlicet comitissa Clementia ‖ ita 20 postulante, cum omni utilitate ex eadem terra proventura, ecclesie sancte Marie in Broburg libere habendam perpetuo donavit. Cujus traditionis testes isti adhibiti sunt presentes : Karolus, sancti Cnutonis Danorum regis filius (1), Reingerus

_____

(1) Charles, qui devint comte de Flandre après Baudouin, figure 25 également comme témoin dans une autre charte du même jour. DE COUSSEMAKER, *Notice*, etc., p. 35.

dapifer, Walterus filius ejus, Tedbaldus de Aria, Lambertus 19 octobre 1112
de Runggellis, Bernoldus de Insula, Robertus Grecus, Rodol-
fus de Esene, Walterus Clrothe, Remboldus filius Lamberti
Albi Quod ut ratum firmumque in perpetuum maneat, ego
5 Baldewinus, Flandrensium comes, sigilli mei impressione corroborari jussi. Acta dominice incarnationis anno M° C° XII°,
eodem Baldewino Flandriam procurante. Data Arie, xiiii kal.
novembris.

1112.

10 Baudouin VII, comte de Flandre, donne a l'abbaye de Bourbourg   1112
la terre et la dîme de Millam, et confirme les dons faits au
monastère par le comte Robert II et la comtesse Clémence,
ses père et mère. (De terra et decimatione Milham et decima
Bruc. De confirmatione donorum patris et matris suae.)

15 *Cartulaire de l'abbaye de Bourbourg (XIIIᵉ siècle), fol. 7 verso,
à la Bibliothèque nationale, à Paris, ms. lat., n° 9920.*

In nomine sancte et individue Trinitatis, ego Balduinus, comes
Flandrie, omnibus sancte ecclesie filiis. Notum facio omni
generationi que futura est, quod ego dedi novam terram que
20 usque ad hanc diem de palude facta est, que jacet inter Watinensem ecclesiam et Broburg, cum omni decimatione ad eandem terram pertinente, et omnem decimationem que exhibit
de terra, si qua adhuc de eadem pulude fiet, ecclesie sancte
Marie de Broburg, ad usus sanctimonialium ibidem Deo ser-
25 vientium. Preterea quecumque beneficia pater meus comes
Rodbertus, una cum matre mea Clementia, prefate ecclesie
contulit ego quoque dedi, ipsumque donum tam rata testium
astipulatione quam etiam sigilli mei impressione confirmavi,

1112 ne quis sancte ecclesie inimicus in posterum audeat tale
donum temere infringere, aut minuere aut violare. Actum Broburg, in prefata ecclesia, puplice, anno Domini M° C° XII°.
Astabant autem testes hii : Lambertus abbas Sancti Bertini et
capellanus comitis, Bernardus, Odgerus, Ledbertus de Bro- 5
burg, Balduinus camerarius, Amalricus stabularius, Remgerus dapifer, Theoboldus Ariensis, Theinardus castellanus,
Frooldus castellanus, Willelmus castellanus, Symon, preco,
Lambertus ex Drincham, Bernoldus ex Insula, Malgerus nepos
ejus, Johannes frater ejus, Jordan, Folco filius Malgeri, 10
Alardus filius Helonis, Rembaldus Gast, Rodbertus Valca-
nero, Volquinus ex Bergan, Johan ex Bergan, Wouterus ex
Locra, Volcardus ex Peccra, Heric Valcavera, Eilboldo filius
Eilbodi, Gotmarus avunculus ejus.

1115.   15

1115 Nouvel acte de Baudouin, comte de Flandre, concernant
      la terre de Millam. (De palude Milham.)

Cartulaire de l'abbaye de Bourbourg (XIII° siècle), fol. 7 recto,
    à la Bibliothèque nationale, à Paris, ms. lat., n° 9920.

In nomine sancte et individue Trinitatis. Quoniam, dum 20
labuntur anni et tempora, mortalium hebet memoria, opere
pretium est ut rem cujus non convenit oblivisci scripto commendemus, commendatam nostris successoribus observemus
Quare ego Baldevinus, Dei gratia Flandrensium comes, notum
esse volo tam presentibus quam futuris omnibusque in 25
Christo fidelibus me, divino dispensatore virtutum dante incre-
menta, paludem de Milham dedisse ecclesie sancte Marie de
Broburg, ad opus sanctimonialium ibidem Deo et sancte

Marie servientium. Quod quia ratum et perpetualiter firmum 1415
esse volui, sigilli mei impressione signavi, ne posthac aliquis
invidia tabescens, sive detractor, hanc paludem sibi presumat
usurpare et usurpando tale donum infringere vel violare.
5 Actum est hoc anno incarnationis Domini M° C° XV°, hiis testibus : Reinero de Wingines, Gerardo pedagogo comitis, Fro-
bolfo castellano, Tidbaldo de Arie, Remgero Fremethe, Gidone
de Steinforth, Guillelmo castellano. Audomarensi, Onolfo de
Locre.

10   **1116.**

LAMBERT, ÉVÊQUE DE NOYON ET DE TOURNAI, DONNE A L'ABBAYE DE   1416
BOURBOURG L'AUTEL DE VARSSENAERE. (De donatione altaris de
Versenare.)

Cartulaire de l'abbaye de Bourbourg (*XIII* *siècle*), fol. 54
15 verso, *à la Bibliothèque nationale, à Paris*, *ms. lat.*,
n° 9920.

In nomine sancte et individue Trinitatis, Patris et Filii et
Spiritus sancti. Apostolus Spiritu sancto plenus ammonet nos
et hortatur dicens : operemur bonum ad omnes, maxime
20 autem ad domesticos fidei. Quapropter ego Lambertus, Dei
gratia Tornacensium ac Noviomensium presul, notifico tam
futuris quam presentibus me, ad petitionem domine Gothildis,
abbatisse Brogburgensis ecclesie in honore sancte Marie edificate, et ad suggestionem Clementie, venerabilis Flandrensium
25 comitisse, bona intentione condescendisse hoc altare de Ver-
sennare(1), in episcopio Tornacensi constitutum, predicte eccle-

---

(1) Varssenaere, arrondissement et canton de Bruges.

1116   sic, Roberto archidiacono nostro assentiente ceterisque clericis
nostris id ipsum petentibus, tradidisse. Quatinus per hoc beneficium tam meorum quam successorum fiat peccatorum memoria, illis pro me intercedentibus quibus in prefata ecclesia
jugiter Deo famulantibus banc donationem sigilli mei impres- 5
sione confirmo; tali videlicet conditione ut presbiter ejusdem
loci a me seu ab archidiacono nostro curam accipiat, et syno-
dalia jura ceterosque redditus sancte Marie Tornacensis
ecclesie michi et meis ministris sicut antea solvat. Et ne ali-

fol. 35 r° cujus ‖ temeraria presumptione hoc donum a predicta ecclesia 10
privetur, sub anathematis interdictione prohibemus, ac auctoritate Dei et omnium sanctorum et nostra confirmamus.
Actum Tornaci, anno dominice incarnationis M° C° XVI°,
indictione viii°. Signum Roberti archidiaconi. S. Godteri
decani. S. Gonteri prepositi. S. Balduini cantoris. S. Heinrici 15
decani. S. Johannis presbyteri. S. Elberti. S. Roberti. S. Letberti diaconi. S. Henrici. S. Gualteri, filii Letberti. S. Gerrici.
S. Tetberti. Ego Hugo cancellarius et scripsi et relegi.

22 juin 1121.

22 juin 1121 CHARLES, COMTE DE FLANDRE, A LA DEMANDE DE LA COMTESSE 20
    CLÉMENCE, DONNE A L'ABBAYE DE BOURBOURG DES BIENS EN DIVERS
    LIEUX. (De decima in Pevila. De terra Hali et de Meiz. De
    Periastre.)

    Cartulaire de l'abbaye de Bourbourg (XIII° siècle), fol. 10
    recto, à la Bibliothèque nationale, à Paris, ms. lat., 25
    n° 9920.

    In nomine sancte et individue Trinitatis, ego Karolus, comes
Flandrensis. Notum sit omni fidelium posteritati quod ego

Karolus, comes Flandrie, rogatu domine Clementie comitisse, 22juin 1121 pro anime mee meorumque predecessorum remedio, dedi ecclesie sancte Marie in Broburg, ad usum sanctimonialium ibidem Deo servientium, decimationem nove terre tam culte quam
5 colende in Pevicla (1) site; terram etiam de Hali (2); terram de Meis (3); terram quoque de Periastre (4) juxta Bapalmum sitam, quam ipsa emptione acquisivit, sub horum testimonio, Themardi Broburgensis castellani, Walteri dapiferi, Theobaldi de Aria, Bernoldi de Insula, Godefridi de Balmeis,
10 Lamberti, abbatis Sancti Bertini; Walteri de Wervi, Alemmi de Atrebato, Widonis de Stemford. Quod ut ratum indivulsumque permaneret, sigilli nostri impressione corroborari fecimus. Actum est anno Domini M° C° XX° I°, Athrebati, x kal. julii, feliciter in Domino.

_____

15 (1) Voir ci-devant, p. 228.
(2) Lieu inconnu.
(3) Meis, à Auchy, arrondissement de Douai, canton d'Orchies.
(4) Proiastre, près Bapaume, canton de ce nom, arrondissement d'Arras (Pas-de-Calais).

22 juin 1121 AUTRE CHARTE DE CHARLES, COMTE DE FLANDRE, EN FAVEUR DE L'ABBAYE DE BOURBOURG, ET CONCERNANT LES MÊMES BIENS. (De terra Hali et Casletuli et de Meiz. De decima Ymberti. De decima Amolrici. De Periastra.)   5

Cartulaire de l'abbaye de Bourbourg (XIII siècle), fol. 10 verso, à la Bibliothèque nationale, à Paris, ms. lat., n° 9920.

In nomine sancte et individue Trinitatis, ego Karolus, comes
Flandrensis. Notum sit omni fidelium posteritati quod ego   10
Karolus, comes Flandrie, rogatu domine Clementie comitisse,
pro anime mee meorumque predecessorum remedio, dedi
ecclesie sancte Marie in Broburg, ad usum sanctimonialium
ibidem Deo servientium, terram de Hali, terram etiam quam
Haimerieus clericus tenebat in terra Casletuli (1), terram   15
quoque de Meys, decimam etiam xii boneriorum terre quam
Imbertus tenebat in feodo de Helisende castellana circa fines
de Cans, assensu ipsius Helisendis et filii sui Godefridi; decimam itidem sex boneriorum terre quam Amolricus tenebat de
Godefrido castellano ipso concedente; terram quoque de   20
Periastra juxta Bapalmis sitam, quam ipsa C[lementia] comitissa emptione acquisivit; sub horum testimonio, Lamberti
abbatis Sancti Bertini, Themardi Broburgensis castellani,
Walteri dapiferi, Godefridi de Bealmeys, Walteri de Wervi,
Widonis de Steinfort, Theobaldi de Aria, Bernoldi de Insula,   25

---

(1) Petit-Cassel?

Alclmi de Atrebato. Quod ut ratum ‖ indivulsumque perma- 22 juin 1121,
fol. 11 r°
neret, sigilli nostri impressione corroborari fecimus. Actum est
Atrebati, anno Domini M° C° XX° I°, x° kal. julii, feliciter in
Domino.

5   29 novembre 1121.

CHARLES, COMTE DE FLANDRE, DONNE A L'ABBAYE DE BOURBOURG 29 novemb.
1121
DES BIENS A KILLEM ET À WINNEZEELE. (De terra in Chilhem.
De terra in Winingescle.)

Cartulaire de l'abbaye de Bourbourg (XIII° siècle), fol. 11
10 recto, *à la Bibliothèque nationale, à Paris, ms. lat.,*
n° 9920.

In nomine sancte et individue Trinitatis, ego Karolus, Dei
gratia Flandrensium comes, notum volo fieri tam presentibus
quam futuris, quod quadraginta mensuras terre in ministerio
15 Bergensi infra Chilhem (1), quas avunculus meus comes Robertus dederat ecclesie beate Marie de Broburg in usum sanctimonialium ibidem Deo servientium, petente domina abbatissa
Godehilde, eidem ecclesie concessi. Dedi etiam terram quamdam
in Winningesele (2), xxx mensurarum, olim in anserum pascua
20 deputatam, eidem monasterio, pro remedio anime mee et antecessorum meorum. Et ne quis in posterum donationi huic contraire presumat, sigilli mei impressione muniri precepi. Hujus

---

(1) Killem, arrondissement de Dunkerque, canton d'Hondschoote
(Nord).
25 (2) Winnezeele, arrondissement d'Hazebrouck, canton de Steenvoorde (Nord).

rei sunt testes : Lambertus, abbas Sancti Bertini; Ogerus, pre-
positus Truncinensis; Willelmus, nepos meus; Robertus de
Betunia; Willelmus, castellanus Sancti Audomari; Hugo, nepos
ejus; Gillebertus, frater ejus; Gozuvinus de Nova Ecclesia;
Rogerus de Caion; Balduinus Botel. Actum est anno Domini 5
M° C° XX° I° apud Sanctum Audomarum, in castello meo,
III kal. decembris.

7 juillet 1123.

HUGUES DE SAINT POL, EN PRÉSENCE DE CHARLES, COMTE DE FLANDRE,
DONNE A L'ABBAYE DE BOURBOURG UNE TERRE A PALENDYK, PRÈS 10
BOURBOURG. (De Palinedic.)

Cartulaire de l'abbaye de Bourbourg (XIIIe siècle), fol. 11
verso, *à la Bibliothèque nationale, à Paris, ms. lat.*,
n° 9920.

In nomine sancte et individue Trinitatis. Nullum pretereat 15
fidelium ad quem presens spectat negocium, quod Hugo de
Sancto Paulo cognomen habens *Campdareine* terram quandam
Broburgensi oppido adjacentem, Paledhingedic dictam, cum
viis et inviis, aquis aquarumque decursibus, cum omni pis-
cium captura et universis utilitatibus exinde proventuris, 20
ecclesie sancte Marie in Broburg perpetuo hereditatis jure, pro
sue suorumque animarum remedio, presente et consentiente
Karolo Flandrensium comite, libere donavit. Hujus traditionis
testes isti aderant presentes : Eustachius, comes Bolonie;
Robertus, advocatus de Betune; Odgerus, prepositus ecclesie 25
Sancti Audomari; Razo de Gaveren; Willelmus, castellanus de
Sancto Audomaro; Hugo, nepos ejus; Giselbertus, frater ejus;
Froulfus, castellanus Bergensis; Lambertus de Drincam; Bal-

dewinus, capellanus comitis; Symon, vicecomes Broburgensis; Bernoldus, minister; Walterus de Locra. Quod ut ratum permaneat, comes Karolus sigilli sui impressione fecit confirmari Actum Sitdiu, anno Domini M° C° XX° III°, indictione 5 prima, nonas julii.

7 juillet 1123

1138.

MILON, ÉVÉQUE DE TOURNAI, DÉCLARE QUE LE CHATELAIN DE DIXMUDE A RESTITUÉ A L'ABBAYE DE BOURBOURG LA MOITIÉ D'UN MOULIN, A DIXMUDE, QU'IL AVAIT USURPÉE.

1138

10 *Cartulaire de l'abbaye de Bourbourg (XVI* siècle), fol. 54 recto, à la Bibliothèque nationale, à Paris, ms. lat., n° 9126, copie des notaires de Rosa et J. Vassoris.*

In nomine sancte et individue Trinitatis, ego Millo, Dei gratia Tornacensis ecclesie episcopus, licet indignus, notum 15 esse volo omnibus catholicis tam presentibus quam futuris, ecclesiam sancte Marie de Bourbourg a castellano de Dikesmuthe, pro dimidia parte molendini ibidem siti, quamplures passam esse infestationes et pro infestationibus labores; sed ille summus ecclesiarum advocatus, cujus nutu quelibet sedan- 20 tur perturbationes, pacificantur infestationes, prememoratum castellanum a falsitate desistere et veritatem tamdem compulit confiteri et tenere. Ipse enim, in nostri aliorumque multorum religiosorum presentia, illam dimidiam partem molendini quam sibi ad tempus injuste usurpaverat, ad opus sancti- 25 monialium ‖ in predicta ecclesia Deo servientium, iterato con-cessit; et ut illos quicumque hoc donum infringere vel violare presumerent, excommunicarem exoravit. Cujus precibus satisfacere volens, coram omnibus excommunicationem

fol. 34 v°.

1138 feci; et quicumque prememoratum donum ab ecclesia Brub-
burgensi quoquo modo eliminare laborarent a luminibus sancte
ecclesie sequestravi Hujus vero rei gratia cum in ordines
meas recepi, et fratrem tam carnalem quam spiritualem abbatis Clarevalensis cum ceteris fratribus suis ibi astantibus in 5
suas recipere feci. Actum est hoc Ypre, anno Domini millesimo
centesimo trigesimo octavo, hiis testibus : Arnoldo, advocato
Teruanensi; Hilfrido, preposito Yprensi; Isaac, preposito For-
mesclensi; Philippo et Milone, archidiaconis ; Baldevino,
decano Yprensi; Wiroico, fratre Clarevallensi; Folkone, 10
abbate Dunense; Aluhoho Nigro Bruburgensi; Hermanno Nigro
et episcopi clerico.

Vers 1150.

Vers 1150 THIERRY, COMTE DE FLANDRE, DÉCLARE QU'IL A AFFRANCHI EMMA,
FEMME DU MÉDECIN MALGER, ET L'A DONNÉE A BÉATRICE, CHATE- 15
LAINE DE BOURBOURG, LAQUELLE A SON TOUR L'A DONNÉE A
L'ABBAYE DE BOURBOURG. (De manumissione Emme, uxoris
Malgeri medici)

*Cartulaire de l'abbaye de Bourbourg (XIIIᵉ siècle), fol. 14
recto, à la Bibliothèque nationale, à Paris, ms. lat., 20
nº 9920.*

Ego Th[eodericus], Dei gratia Flandrensis comes, notum esse
volo tam presentibus quam futuris, quod Emmam, uxorem Malgeri medici, et universam ejus posteritatem capitali debito nobis
obligatam, rogatu Beatricis, castellane Broburgensis, manu- 25
mitto et a capitali debito et omni hujusmodi subjectione
emancipatam in perpetuum liberam dimitto, et quicquid in ea
vel ejus posteritate hucusque habui juris predicte castellane
dono. Castellana vero Emmam prefatam et omne jus a nobis
fol. 14 vº sibi donatum sancte Marie Broburgensi in perpetuum donat, ‖

eo tamen tenore ut ipsa et tota ejus posteritas, in hujus liber- Vers:1450
tatis cognitionem, singulis annis sancte Marie duos denarios
persolvat Quod si ipsa vel quilibet ex ejus posteritate a vita
decesserit vel matrimonii copulam. subierit, sancte Marie
5 vi nummos vel denarios persolvet. Quod ut ratum maneat et
nullius in posterum violentia infringatur, sigilli mei auctoritate confirmo, hiis testibus : Eustachio camerario ; Henrico,
castellano Broburgensi ; Beatrice, uxore ejus ; Balduino, Henrico, Gilleberto, filiis ejus ; Gisleberto de Nivella ; Balduino de
10 Ballgiol ; Henrico de Insula ; Henrico Rastel ; Lamberto de
Insula ; Willelmo, filio Mabilie, et aliis quamplurimis.

1162.

Guillaume d'Ypres, d'accord avec sa soeur Liliose, donne a   1162
l'abbaye de Bourbourg le revenu d'une terre a Lampernisse.
15   (De terra Liliose.) (1)

Cartulaire de l'abbaye de Bourbourg (XIII° siècle), fol. 21
recto, à la Bibliothèque nationale, à Paris, ms. lat.,
n° 9920.

In nomine Patris et Filii et Spiritus sancti, amen. Sciant tam
20 presentes quam futuri quod ego Willelmus de Ipre do et concedo in perpetuum Deo et ecclesie sancte Marie de Broborg

(1) Nous devons à l'obligeance de M. Vanderkindere l'observation intéressante que voici :
Cet acte présente un intérêt spécial, si on le rapproche du pas-
25 sage de Galbert (édition Pirenne, p. 151, n° 86), où il est dit que
le comte Guillaume Cliton fit emprisonner, en 1127, Guillaume
d'Ypres et son frère *Thiebaldus Sorel,* impliqués dans l'assassinat de
Charles le Bon. Ce Thiébaut Sorel, qui n'est point mentionné
ailleurs, se retrouve ici sous le nom de *Thebbaldus junior.* Il résulte
de l'acte qu'il était le fils de Thibaut d'Aire et le frère de

16

1162   redditum terre C. solidorum in Lampernessa (1), cum Leliosa
consanguinea mea et cum filia sua Petronilla, que se Deo et
ecclesie predicte reddunt; terram, inquam, de Lampernessa,
quam pater ipsius Leliose, Thebaldus scilicet de Aria, tenuit de
patre meo Philippo, et post patrem meum de me in feodum et   5
hereditatem; quam ego pro manumissione et concessu Theb-
baldi junioris fratris Leliose, dedi Eghellino de Furnis, cum
ipsa Leliosa in matrimonium; terram, inquam, quam tenuit
Fulcraven Spaling et Bold, frater ejus, de Eghellino de Furnis,
et heredes sui post illos. Hujus donationis et libere concessio-   10
nis testes sunt : Milo, Morinensis episcopus; Leonius, abbas
Sancti Bertini; Alcherus, abbas Bergensis; Heinricus, castellanus de Broborc; Robertus, advocatus Bethunie; Rogerus,
castellanus de Curti [aco]; Eustachius de Greneri, camerarius;
Frumoldus de Ipre castellanus; Jordanus, castellanus de   15
Dichesmer; Walterus de Flardellis; Walterus de Furmeshem;
Gerardus de Runigem; Theobaldus de Nova Ecclesia, Theobaldus, filius Eghellini de Furnis. Quam concessionem et donationem ipse Theobaldus laudat et confirmat et approbat cum
patre suo Eghellino ratum in perpetuum fieri. Actum est apud   20
Vetus Monasterium, anno Domini M° C° LX° II°, indictione x^a.

Liliose que Guillaume qualifie de sœur *(consanguinea)*. La mère de
Guillaume, fils naturel de Philippe de Loo, avait donc eu aussi des
enfants de Thibaut d'Aire. On remarquera que celui-ci avait été   25
gratifié du même fief par Philippe de Loo, sans que l'acte précise le
motif de cette générosité, et l'on peut supposer que ce dernier a
voulu procurer un mari à la mère de son fils Guillaume. Celui-ci
paraît être l'aîné des enfants, puisque c'est lui qui marie sa sœur
utérine et qu'il a donné un fief pour racheter son frère utérin,   30
Thibaut le jeune : *pro manumissione*, allusion sans doute à la capti-
vité où il avait été tenu après l'événement de 1127.

  (1) Lampernisse, arrondissement et canton de Furnes.

1164.

PHILIPPE, COMTE DE FLANDRE, DONNE A L'ABBAYE DE BOURBOURG   1164.
UNE TERRE A DIXMUDE. (De terra Bernardi.)

Cartulaire de l'abbaye de Bourbourg (XIIIe siècle), fol. 15
5   *recto, à la Bibliothèque nationale, à Paris, ms. lat.,*
   n° 9920.

Ego Philippus, Dei patientia comes Flandrensium, notum
volo fieri tam posteris quam modernis, sed maxime in hereditatem Flandrensium consulatus successoribus, quoniam Ber-
10 nardus de Sumerighem terram quamdam in Discamuda sitam,
ab adjacentibus vicinis « nova terra de Veteri Ila » noncu-
patam, totam, exceptis x mensuris continuis in fine predicte
nove terre versus meridionalem plagam jacentibus, quibus
Boidinus Briz feodatus est, C[laricie], Broburgensis acclesie
15 abbatisse ‖ in usum monialium in eadem ecclesia Deo et sancte   fol. 15 v°
Marie servientium, me presente et consentiente, hereditario
jure vendidit. Qui ut meum facilius haberet consensum, et ne
feodi mei in hoc videretur honor minui, allodia sua michi
reddidit, que in ipsa hora a me in feodum recepit. Ego vero
20 terram de qua mentio facta est, cum ceteris beneficiis ab antecessoribus meis prefate ecclesie collatis, pro remedio anime
mee, in perpetuum habendam concessi. Igitur ne rei geste
veritatem modernorum ignoret posteritas, et ne emptionem in
mei presentia factam refringere sive annullare allicujus audeat
25 vel attemptet inprobitas, sigilli mei impressione confirmari
feci. Hii presentes aderant testes : Disderus, prepositus de
Insula; Robertus, prepositus de Aria; Walterus de Lokara;
Eustachius camerarius; Giselbertus de Nivella; Wilgelinus
Brohun; Sigerus et Gerardus de Somerighem; Balduinus,
30 conversus in templo Domini. Actum est Dicasmuda, anno
incarnationis Domini M° C° LX° IIII°.

16 mai 1170.

Le pape Alexandre III confirme a l'abbaye de Bourbourg la possession de tous ses biens.

*Cartulaire de l'abbaye de Bourbourg (XIII*e *siècle),* fol. 41
recto, *à la Bibliothèque nationale, à Paris, ms. lat.,* 5
n° 9920. A. — *Cartulaire de la même abbaye (XVI*e *siècle),*
fol. 201 recto, *ms. lat.,* n° 9126, *copie des notaires de Rosa*
et J. Vassoris. B.

Alexander episcopus, servus servorum Dei, dilectis in
Christo filiabus Claricie, abbatisse monasterii de Broburg, 10
ejusque sororibus tam presentibus quam futuris, regularem
vitam professis, in perpetuum. Quociens a nobis illud petitur
quod religioni et honestati convenire dinoscitur, animo nos
decet libenti concedere et petentium desideriis congruum suffragium impertiri. Eapropter, dilecte in Christo filie, vestris 15
justis postulationibus clementer annuimus, et patris et predecessoris nostri sancte recordationis Eugenii pape vestigiis inherentes, prefatum monasterium de Broburg, in quo divino estis
obsequio mancipate, sub beati Petri et nostra protectione suscipimus et presentis scripti privilegio communimus; in primis 20
siquidem statuentes ut ordo monasticus, qui secundum Deum
et beati Benedicti regulam in eodem monasterio institutus esse
dinoscitur, perpetuis ibidem temporibus inviolabiliter observetur. Preterea quascumque possessiones, quecumque bona
idem monasterium in presentiarum juste et canonice possidet 25
aut in futurum concessione pontificum, largitione regum vel
principum, oblatione fidelium seu aliis justis modis, prestante
Domino, poterit adipisci, firma vobis et hiis que post vos successerint et illibata permaneant. In quibus hec propriis duximus exprimenda vocabulis : locum ipsum in quo predictum 30
monasterium situm est, cum omnibus pertinentiis suis; berquariam unam ovium que vocatur Bouchem, in parochia Sancti

Folquini (1); in parrochia Sancti Martini (2), in villa Lo, berquariam unam; in villa Sclipe *a* (3) super ‖ aquam Sutha, berquariam unam; novam terram super fluvium Ysaram, inter
terram sancte Walburgis et Lammekincsenor (4), quidquid
5 terre ibi deinceps accrescere poterit; altare de Fersnare (5);
altare de Costices (6); molendinum unum super Lodich *b* in
Discamutha; medietatem reddituum de omnibus molendinis
que ibi modo sunt vel postmodum erunt; Crummedic et Pale-
hendic (7), cum suis redditibus; in parrochia que Sancti Petri
10 Bruc (8) dicitur, quinque rep (9); in Clarambaldi Bruc, terram
cum duodecim vaccis; terram Folquini filii Malgeri; terram
Roberti filii Hugonis Parisiensis, cum vaccis viginti et una; in
parochia Herembaldi Capelle, terram cum vaccis duodecim;
terram novam que nunc de palude facta est, que jacet inter
15 Watinensem ecclesiam et Broburc, cum omni decimatione ad
eandem terram pertinente, et omnem decimationem que exibit
de terra, si qua adhuc de eadem palude fiet; decimationem
nove terre Theinardi castellani; in parrochia Bullingasela (10),

a. Slipe B.
20 *b.* Lodic B.

---

(1) Saint-Folquin, arrondissement de Saint-Omer, canton d'Au-
druick (Pas-de-Calais).
(2) Saint-Martin, arrondissement et canton de Saint-Omer.
(3) Slype, arrondissement de Bruges, canton de Ghistelles (?).
25 (4) Mannekensvere (sur l'Yser), arrondissement de Furnes, canton
de Nieuport.
(5) Varssenaere, arrondissement et canton de Bruges.
(6) Coutiches, arrondissement de Douai, canton d'Orchies (Nord).
(7) Lieux aux environs de Bourbourg.
30 (8) Saint-Pierre Broucq, arrondissement de Dunkerque, canton
de Bourbourg (Nord).
(9) Ce terme désigne une mesure de superficie, analogue à la verge.
(10) Bollezeele, arrondissement de Dunkerque, canton de Wormhoudt (Nord).

16 mai 1170

terram Balduini Tascareli; terram apud Stapala ᵃ (1), unde quinque sexaginta hod avene redeunt ᵇ; quinque mansos terre de Hout; in parrochia Ferlingehem (2), terram de Petribolt (3), cum decimatione; terram Godini ᶜ cum decima; decimationem nove terre in Pelfle (4), tam culte quam colende, et 5 totam terram ad ecclesiam de Faumont (5) pertinentem; terram Casteletuli (6) et silvam a ponte et aqua usque ad Longam

fol. 42 rᵒ Plancam; terram ad ecclesiam Marchinensem pertinentem ‖ , quam Clementia comitissa assensu domini Amandi et totius capituli ejusdem ecclesie emit; in parrochia Milham (7), bruc 10 cum decimatione; in parrochia Chilhem (8), terram cum quadraginta hod avene; terram Dodonis et uxoris ejus Gille; in parrochia Loberga (9), triginta jugera terre; in Graveninga (10), unum last allecium; in Broburc (11), unam pensam anguillarum; in Lon (12), unam buliri pensam; veterem terram ipsi 15 ecclesie sancte Marie adjacentem cum decimatione ; in parrochia Rubruc (13), partem decimationis valentem duas marcas; in Bullingasela, terram Berwaldi; in vicinia ville Crumbe-

a. Scapla B.

b. redeunt B.   20

c. Bodini B.

(1) Staple, arrondissement et canton d'Hazebrouck (Nord).

(2) Frelinghien, arrondissement de Lille, canton d'Armentières.

(3) Lieu à Frelinghien.

(4) Voir pp. 228 et 235.   25

(5) Faumont. Voir p. 228.

(6) Petit-Cassel?

(7) Milham. Voir pp. 227, 231 et 232.

(8) Killem. Voir p. 237.

(9) Looberghe, arrondissement de Dunkerque, canton de Bour- 30 bourg.

(10) Gravelines, canton de ce nom, arrondissement de Dunkerque.

(11) Bourbourg.

(12) Loon, arrondissement de Dunkerque, canton de Gravelines (Nord).   35

(13) Rubrouck, arrondissement d'Hazebrouck, canton de Cassel (Nord).

cem (1), nonaginta jugera terre; in Popingchem * (2), viginti 16 mai 1170
jugera terre; terram reddentem Ypris singulis annis marcam
argenti; item in Bullingasela, terram Alwini et Blitinari et Tit-
dimari; in Sigeri Capella (3), terram Alfridi regis; in parrochia
5 Santi Folquini (4), quadraginta jugera terre ex dono Goffridi
de Casla; in Broburg, tria jugera et mansuram Gotmari prepositi; in Scalcletha * (5), unum mansum terre; in Liffinga (6),
viginti jugera; in Loberga, viginti quinque jugera; in Broburg
et Crararwic (7), viginti jugera; in terra orphanorum, viginti
10 octo jugera; in Piticham (8), terram Roberti reddentem quotannis decem hod tritici et viginti hod avene; in parrochia
Sancti Folquini, decem et octo jugera, ex donno Emme; apud
Eggefridi Cappellam (9), quatuordecim jugera; terram quam
Mancinus presbiter dedit; terram et mansuras quas Lebertus
15 presbiter dedit; ‖ duodecim jugera ex dono Symonis vicecomi- fol. 42 v°
tis; decem et sex jugera que Mancinus dedit; in Iblingahem (10),
terram omnemque substantiam Ildegardis uxoris Balduini;
in Drincham (11), viginti sex jugera, et terram Periastra ° (12);

a. Popringchem B.
20 *b.* Scaletha B.
c Proiastra B.

---

(1) Crombeke, arrondissement de Furnes, canton de Rousbrugge.

(2) Poperinghe, canton de ce nom, arrondissement d'Ypres.

(3) Zeggers-Cappel, arrondissement de Dunkerque, canton de
25 Wormhoudt.

(4) Saint-Folquin, arrondissement de Saint-Omer, canton d'Au-
druick (Pas-de-Calais).

(5) Lieu inconnu.

(6) Leffinghe, arrondissement de Bruges, canton de Ghistelles.

30 (7) Craywick, arrondissement de Dunkerque, canton de Gravelines.

(8) Pitgam, arrondissement de Dunkerque, canton de Bergues.

(9) Lieu inconnu.

(10) Ebblinghem, arrondissement et canton d'Hazebrouck.

(11) Drincham, arrondissement de Dunkerque, canton de Bour-
35 bourg.

(12) Proiastre, terre près de Bapaume, canton de ce nom, arrondissement d'Arras (Pas-de-Calais).

16 mai
1170
quadraginta quinque jugera cum quindecim vaccis ex dono
Livildis, castellane Broburgensis; duo virgulta et quadraginta
terre jugera ex dono Susanne uxoris Arnoldi, juxta Sanctum
Audomarum, in parrochia sancti Michaelis; in villa Milham,
terram ex dono Henrici Broburgensis castellani, quotannis   5
reddentem viginti hod frumenti et duodecim hod avene, et
tres plenas oblationes. Sane novalium vestrorum que propriis
manibus aut sumptibus colitis, sive de nutrimentis vestrorum
animalium, nullus a vobis decimas presumat exigere. Sepulturam quoque ipsius loci liberam esse concedimus, ut eorum   10
devotioni et extreme voluntati qui se illic sepeliri deliberave-
rint, nisi forte excommunicati vel interdicti sint, nullus obsistat, salva tamen justicia illarum ecclesiarum a quibus mortuorum corpora assumuntur. Obeunte vero te, nunc ejusdem
loci abbatissa vel tuarum qualibet succedentium, nulla ibi qua-   15
libet subreptionis astutia seu violentia proponatur, nisi quam
sorores, communi consensu, vel sororum pars consilii sanioris,
secundum Deum et beati Benedicti regulam, providerint eligen-
dam. Decernimus ergo ut nulli omnino hominum liceat prefatum monasterium temere perturbare, aut ejus possessiones   20
fol. 43 r⁰
auferre, vel ablatas retinere, minuere seu quibuslibet ‖ vexationibus molestare, sed omnia integra et illibata serventur
earum, pro quarum gubernatione ac sustentatione concessa
sunt, usibus omnimodis profutura; salva nimirum Sedis apostolice auctoritate et dyocesani episcopi canonica justicia. Si qua   25
igitur in futurum ecclesiastica secularisve persona hanc nostre
constitutionis paginam, sciens, contra eam temere venire
temptaverit, secundo terciove commonita, nisi reatum suum
congrua satisfactione correxerit, potestatis honorisque sui dignitate careat, reamque se divino judicio existere de perpetrata   30
iniquitate cognoscat, et a sacratissimo corpore ac sanguine Dei
et domini redemptoris nostri Jhesu Christi aliena fiat, atque
in extremo examine districte ultioni subjaceat. Cunctis autem
eidem loco sua jura servantibus sit pax domini nostri Jhesu

Christi, quatinus et hic fructum bone actionis percipiant, et apud districtum judicem premia eterne pacis inveniant. Amen. Amen. Ego Alexander, catholice ecclesie episcopus. Ego Bernardus, Portuensis et sancte Ruffine episcopus. Ego Habaldus, presbyter cardinalis sancte Crucis in Jherusalem. Ego Johannes. presbyter cardinalis sanctorum Johannis et Pauli et Pamachii. Ego Ildebrandus, basilice xii apostolorum presbyter cardinalis. Ego Albertus, presbyter cardinalis et sancti Laurentii in Lucina Ego Guillelmus, presbyter cardinalis et sancti Petri ad vincula. Ego Boso, presbyter cardinalis sancte Pudentiane tituli pastoris. Ego Petrus, presbyter cardinalis tituli sancti Laurentii in Damaso. Ego Theodinus, presbyter cardinalis sancti Vitalis et Vestine. Ego Jacinthus, dyaconus cardinalis sancte Marie in Cosmydyn. Ego Ardicio, dyaconus cardinalis sancti Theoderici. Ego Cincyus, cardinalis sancti Adriani. Ego Manfredus, dyaconus cardinalis sancti Georgii ad velum aureum. Ego Hugo, dyaconus cardinalis sancti Eustachii juxta templum Aggrippe. Datum Verulis, per manum Gratiani, sancte Romane ecclesie subdiaconi et notarii, xvii kal. junii, indictione iii, incarnationis dominice anno Mº Cº LXXº, pontificatus vero domni Alexandri pape anno undecimo.

16 mai 1170

1194.

LAMBERT, ÉVÊQUE DES MORINS, CONSTATE L'ACCORD INTERVENU ENTRE THIERRY, CHATELAIN DE DIXMUDE, ET L'ABBAYE DE BOURBOURG, AU SUJET DE LA DÎME D'UNE TERRE PRÈS DIXMUDE, JOIGNANT L'YZER. (De decima de Dischamuda.)

1194

Cartulaire de l'abbaye de Bourbourg (XIIIᵉ siècle), fol. 22 verso, à la Bibliothèque nationale, à Paris, ms. lat., nº 9920.

Ego L., Dei gratia Morinorum episcopus, notum fieri volumus tam presentibus quam futuris, quod cum querela diu ventilata esset inter Th., dominum de Bevere, castellanum de Dixmuda,

1194   et M , abbatissam de Broburg, super decima nove terre adjacen-
tis utraque parte Ysare, juxta Dixmudam, post longam
vexationem et sumptuosas expensas, utraque pars in nos
compromisit. Nos vero, sancti Spiritus gratia cooperante et
virorum prudentium mediante consilio, inter ipsos in hunc
modum composuimus. Abbatissa predicto castellano viginti
quinque marcas dedit, et marcam et dimidiam super terram,
quam ecclesia de Brobore habet juxta Dixmudam, eidem in
fol. 43 r°   perpetuum ‖ competenter tenendum assignare debuit. Sed,
quia per assignationem illam prefata ecclesia gravamen sibi
imminere previdit, predictum redditum, antequam esset ei
assignatus, viginti septem marcis redemit. Quo facto, sepedic-
tus castellanus predictam decimam ecclesie de Broburg libere
in perpetuum possidendam concessit, et omne jus quod prius
in eadem reclamaverat werpivit. Ne igitur compositio ista ab
aliquo in posterum possit refragari, eamdem sigillo nostro
confirmavimus, et pretaxati castellani sigillo corroborari
fecimus, excommunicationis sententiam subjungentes in illos
qui aliquid in fraudem compositionis hujus attentare presump-
serint. Actum anno Domini M° C° XC° IIII°, coram hiis testibus :
Arnulfo, Flandrensi archidiacono; Waltero, preposito de For-
mezela; Arnuldo capellano; Waltero, decano Sancti Audomari;
Riquardo Canin; Theoderico de Rubroc.

XIV.

L'ABBAYE D'AUCHY-LES-MOINES.

L'abbaye d'Auchy-les-Moines, ou Auchy lez-Hesdin (1), fut rétablie, vers 1079, par Enguerrrand, comte d'Hesdin. Les comtes de Flandre, Baudouin et Charles le Bon, eurent à intervenir un peu plus tard pour la défendre contre la tyrannie de Gautier, neveu et successeur d'Enguerrand.

A la fin du XVIII° siècle, un moine d'Auchy publia les chartes de l'abbaye, sous le titre : *Cartulaire de Saint-Silvin d'Auchy, en Artois, rédigé par P.-L.-J. de Betencourt, religieux de ladite abbaye* (sans lieu ni date, in-4°, tome I). L'ouvrage ne fut tiré qu'à vingt-cinq exemplaires et le tome II n'a jamais paru (2).

C'est d'après ce recueil que nous publions les actes suivants.

---

(1) Auchy-les-Moines, arrondissement de Saint-Pol, canton du Parcq (Pas-de-Calais).

(2) La Bibliothèque nationale, à Paris, en possède un exemplaire (réserve, coté LK¹, 543). Il en existe un autre exemplaire dans la bibliothèque de l'Académie d'Arras. (*Mémoires de l'Académie d'Arras,* t. XXXVI, 1864, p. 113.)

15 février 1113.

BAUDOUIN, COMTE DE FLANDRE, ET SA MÈRE CLÉMENCE ATTESTENT
QUE GAUTIER, NEVEU D'ENGUERRAND DE HESDIN, A PROMIS DE
DÉFENDRE L'ABBAYE D'AUCHY CONTRE CEUX QUI TENTERAIENT DE
LA MOLESTER (1).   5

P.-L.-J. de Betencourt, Cartulaire de Saint-Silvin d'Auchy,
p. 27.

In nomine sancte et individue Trinitatis, ego Balduinus, Dei
gratia Flandrensis comes, cum Clementia matre mea, notum
facio quod, ipsa die qua Walterio Hisdinensi terram suam red- 10
didimus, abbatiam sancti Silvini que apud Alchiacum in honore
Dei fundata est, tanquam unam de abbatiis terre nostre in
propria advocatia omnino retinuimus. Unde ipse Walterus,
tactis sacrosanctis reliquiis, in presentia nostra juravit quod
quicquid avunculus suus Ingerrannus ecclesie Alchiacensi 15
contulit, et quicquid eadem die qua ipse terram suam a nobis
suscepit predicta ecclesia possedit, quiete possidere permitteret.
Insuper affirmavit se eandem ecclesiam ab infestantibus defen-
saturum, et ecclesie ejusdem res ampliaturum.

Hec concessio facta est ab eodem Waltero in curia nostra apud 20
Sanctum Audomarum, anno dominice incarnationis M° C° XII°,
indictione v, idus febr., nobis atestantibus et aliis quampluribus
quorum suscripta sunt ad testimonium [nomina]. Willelmus,

---

(1) Un fragment de cet acte a été publié, avec la date de 1112,
dans MIRAEUS, t. II, p. 837, et dans la *Gallia christiana,* t. X, 25
instrumenta, col. 598.

comes Pontivensis; Robertus, Bituniensis; Baldus filius ejus; 15 février 1113 Host pincerna; Baldus camerarius; Willelmus, castellanus Sancti Audomari; Rogerus, castellanus Islensis; Geraufus, castellanus Casletensis; Adam de Formesel; Robertus, nepos
5 Rogeri castellani Islensis; Tebaldus, Yprensis; Anselmus de Gokes; Robertus de Ferives; Wido de Asli; Alelmus dapifer de Hisdin; Hugo de Grigni; Anselmus de Herin; Baldus de Conci; Johannes filius Wazelini; Alelmus frater ejus; Hugo de Englos; Laivoldus de Folces; Hugo filius Winoldi; Baldus lilius
10 Asclini; Hoylardus de Alchi; Rainerus de Sancto Quintino; Droardus de Wail; Warinus filius Roberti de Ferives.

Hec autem inter cetera ipsa die Alchiacensis ecclesia tenebat, et hec in elemosina eidem ecclesie Inguerrannus Hisdinensis dederat : medietatem de Winkingehen (1); medietatem de
15 Hubi (2); camporum et silve et aque; culturam de Loysuns (3) juxta Heemunt (4); de Montigni (5) medietatem ville, camporum et silve; quartam partem de Lesin; presentibus testibus Davide, Odone, presbiteris; Oylardo de Alchi; Radulpho preposito; Waltero Viridi, cum aliis.

---

20   (1) Wicquinghem, arrondissement de Montreuil, canton d'Hucqueliers (Pas-de-Calais).

   (2) Huby-Saint-Leu, arrondissement et canton d'Hesdin.

   (3) Loison, arrondissement de Montreuil, canton de Campagne lez-Hesdin.

25   (4) Hesmond, arrondissement de Montreuil, canton de Campagne lez-Hesdin.

   (5) Montigny-les-Jongleurs, arrondissement de Doullens, canton de Bernaville (Somme).

1119 - 1126.

CHARLES, COMTE DE FLANDRE, CONFIRME AUX RELIGIEUX D'AUCHY LES
DONATIONS QUI LEUR ONT ÉTÉ FAITES PAR ENGUERRAND DE HESDIN,
LEUR FONDATEUR, ET SE DÉCLARE LEUR AVOUÉ ET LEUR PROTECTEUR.

P.-L.-J. de Betencourt, Cartulaire de Saint-Silvin d'Auchy, p.54.

In nomine sancte et individue Trinitatis, amen. Karolus,
Flandriarum comes immeritus, universis catholicae fidei cultoribus tam presentibus quam futuris, transacto fletu vesperi,
in matutino letari. Quoniam vita mortalium labilis, eorumque
actio variabilis cito antiquatur et senescit, nisi memorie stu- 10
deatur traditum iri libertates et cetera dona, que Deo et
fratribus sancti Silvini, in loco qui dicitur Alci, tam pro remedio
anime sue quam predecessorum suorum salute, Ingelramnus
Hisdinensis contulit, litterali industria noticie instantium atque
posterorum assignatum iri, et in conspectu meo, qui loci illius 15
sum advocatus et defensor maximus, placuit recitari et sigillo
meo ob firmitatem ecclesiae muniri.

Pateat omnibus igitur concessum fore ab eodem Ingelramno,
abbati Norberto atque predictis fratribus altare de Budberz (2)
et atrium appendicemque terram, et unam garbam de buza, et 20

---

(1) Cette charte paraît avoir été donnée au temps de Gautier,
comte d'Hesdin, qui mourut en 1126 au plus tard, après avoir été
dépossédé de son comté par Charles le Bon.

(2) Boubers lez-Hesmond, arrondissement de Montreuil, canton de
Campagne lez-Hesdin (Pas-de-Calais).

membra subjacentia, scilicet Vacaria (1), Flcirs (2), Esqua- 1119–1126
vias (3), Frodmermund ; altare de Conci (4) et membra que ad
illud pertinent, scilicet Blangizel (5) et Masnil (6) ; de Valle
Concci (7) unam garbam de bulzet ; altare de Galantines et
5 membrum illi adjacens, videlicet Frosmorterum ; altare de
Wail (8) ; altare sancti Quintini de suburbio Hisdin, appendicemque terram ; altare de Fontaines (9) et membra que sunt
Moncels (10), Nova Villa (11) et Emelinpuz ; altare de Cas-
noit (12) ; altare de Brasli ; altare de Bleyrvilcir (13) ; altare de
10 Erenboldcurt ; altare de Moucels ; altare de Capella (14) ; altare
de Engennuncurt ; tertiam partem altaris de Morelgunmunt ;
altare de Marcona (15), et atrium appendicemque terram ;
altare de Grenni (16) totamque decimam de bulzet ; altare de

---

(1) Vacquerie, arrondissement de Saint-Pol, canton d'Auxy-le-
15 Château.

(2) Flers, arrondissement et canton de Saint-Pol.

(3) Ecoivres, arrondissement et canton de Saint-Pol.

(4) Conchil-le-Temple, arrondissement et canton de Montreuil.

(5) Blangy-sur-Ternoise, arrondissement de Saint-Pol, canton du
20 Parcq.

(6) Maisnil, arrondissement et canton de Saint-Pol.

(7) Vaulx, arrondissement de Saint-Pol, canton d'Auxy-le-
Château.

(8) Wailly, arrondissement et canton de Montreuil.

25 (9) Fontaine-l'Etalon, arrondissement de Saint-Pol, canton
d'Auxy-le-Château.

(10) Monchil, arrondissement de Saint-Pol, canton d'Auxy-le-
Château.

(11) Neuville, arrondissement et canton de Saint-Pol.

30 (12) Quesnoy, arrondissement de Saint-Pol, canton du Parcq.

(13) Biefvillers, arrondissement d'Arras, canton de Bapaume, ou
Bienvillers-au-Bois, arrondissement d'Arras, canton du Pas.

(14) Capelle, arrondissement et canton d'Hesdin.

(15) Marconne, arrondissement et canton d'Hesdin.

(16) Grigny, arrondissement de Saint-Pol, canton du Parcq.

1419-1126 Wamin (1) appendicemque terram, et de budia unam garbam; altare de Domucthest.

Similiter unam garbam de bulzet de Alta Campana et de membris ejus, scilicet Olvin, Senonis, Wlfrancurt; de Bonitas unam garbam de bulzet; de Escuras similiter; de Loisum totam decimam de bulzet, et terram unius carrucae; feodum Hugonis Fabulatoris; feodum Goardi et Radulfi filii Evreberti; mansorium et terram appendicem Garini cognomine Emboeth; feodum Roberti presbiteri; mansorium Petri de Cruce, in concambio duorum denariorum quos dare consueverat predic- 11 tis fratribus pro lumine in die sabbati; totam etiam partem quam habebat Alesin; cambam unam Hisdini, Gundewini; piscariam inter Wail et Hisdinum; piscariam de Alci; piscariam de Budbert.

In villa Ami dicta terra ad unam carrucam, et campi et 15 silva et aque; in villa Marla undecimam partem terrarum et pratorum, et silve et aque; de Monteni medietatem ville, camporum et silve, et alterius quarte partis medietatem, et totius ville decimam.

Concessit etiam, in omni comitatu suo et in omni terra sancti 2) Silvini, de omnibus hominibus ipsius sancti, ut nemo accipiat leges illas quas vocant bannum et latronem, nec sine forisfactura apparente capiantur vel distringantur, aut ab aliquo placitante, sine proclamatione que ad abbatem fiat, aliquando judicentur, ipso scilicet de eis justiciam in domo sua ad finem 25 usque prosequente.

Nemo debet habere furnum in villa Alci, excepto abbate et fratribus. Ab Rollamcurt (2) usque Marconellam (3) non potest molendinum fieri preter molendina abbatum.

---

(1) Wamin, arrondissement de Saint-Pol, canton du Parcq.   30

(2) Roellecourt, arrondissement et canton de Saint-Pol, ou Rollaincourt, arrondissement de Saint-Pol, canton du Parcq.

(3) Marconnelle, arrondissement et canton d'Ilesdin.

Statuit insuper ut potestatem habeant fratres in silvis suis, 1119-1126
quantum opus fuerit ad ecclesiam, ad officinas, ad cetera
quelibet edificanda vel reedificanda, similiter vero ad focum
coquine et furni, ac totius curtis sue, omni tempore absque
5 contradictione, ligna de eisdem silvis habeant, et servientes
similiter qui victum ab eis accipiunt, et qui in cambis sancti
Silvini apud Hisdin habitant; nullus tamen, nisi dato pretio
aut vadimonio, quicquam ab eis accipiat Submanentes vero
sancti Silvini in villa Alci, ad domos suas construendas, mate-
10 riam lignorum sufficientem accipiant; illi vero de Hubi, tam
ad domos edificandas quam ad ignem, materiam in eisdem
silvis sumant. Evrardus autem Farsus, et Radulfus de Marcona,
ex mortua silva ad focum ligna absque venditione sumant, et
de viva domos suas construant. De pascuis autem porcorum
15 abbatis et fratrum, nil umquam accipiatur aut exigatur. Inven-
tio volatus apum totius silve de Grenni conceditur abbati.

Contulit insuper predicto sancto medietatem de Vuinkin-
cheben, et culturam de Loysun juxta Hethemunt; medietatem
de Hubi, camporum et silve, et aque; de Erlaincurt (1) medie-
20 tatem decime et vivi et mortui; apud Montenni ortum Grimoldi. Comitatus vero totius terre sancti Silvini ad abbatem
pertinet, scilicet *ban*, latro, *trof*. Preterea ipse Ingelrannus
perhenniter concessit abbati et fratribus omnem silvam inter
vallem Alardi et terras Heldrevallis; iisdem etiam dedit abbati
25 et fratribus, in villa Alci, terram quattuor carrucis sufficientem,
et *campart* sue medietatis, quam illo tempore Rainerus tenebat
villicus.

Submanentes sancti Silvini de Alci et de Montenni, in omni
comitatu Hisdinensi quecumque emerint vel vendiderint seu
30 duxerint, nec theloneum debent nec transitum. Allodium de
Villeman, quod predictus comes Ingelramnus, vir probitatis,

─────────────────────

(1) Rollaincourt (?), arrondissement de Saint-Pol, canton du Parcq.

1119-1126 et Alelmus de Pal, Hugoque et Rogerus de Vees, et Alelmus
Hyrcus, et Robertus Malum crescens, et Haewidis neptis Wal-
dulfi concesserunt, liberum etiam atque solutum ab omni
thelonco et transitu per totam terram Hisdini, excepto negotio
forensi Hisdinorum.   5

De donis militum. — Deo autem inspirante, quidam ex militibus suis aliqua de beneficiis suis Deo atque prememoratis
fratribus impertiri studuerunt, que suo assensu in hac karta
assignata videntur : scilicet Alardus de Blangizel, partem de
allodio quam habebat in villa que dicitur Vaccaria ; Henfridus 10
vero frater ejus, partem suam similiter, eorumque soror Hilde-
burgis, mater Henfridi monachi, suam partem; Alelmus
Mustela, duo mansoria in villa que dicitur Cupella, et dimidium
molendinum in villa nuncupata Senpleton; Adelinus, apud
sanctum Albinum (1) unum mansorium terramque ei perti- 15
nentem, et quoddam pratum ; Hugo Estel, quartem partem de
Nigelles (2), et cambam unam Hisdini et pomerium in suburbio; cisdem autem apud Montem Gersuuith, terram une carruce
sufficientem inter montem et vallem ; Balduinus, filius Azelini,
medietatem sui molendini de Bricca, et idem de atrio sancti 20
Albini sanctique Vedasti patrocinium ; Balduinus Famibe,
altare de III°ʳ Vallibus; Hugo Porta-Pilum, quintam partem de
allodio suo apud Fontaines; Eustachius Escarseth, quartam
partem allodii de Walbercurt (3), scilicet et de campo et de
silva; Clarieldis, duos campos terre apud Valirs; Hugo Gamais 25
et Hildegardis uxor ejus dederunt tertiam partem decime de
Errembolcurt; Balduinus de Conci, totam decimam terre Alde
matris suae, et illam decimam quam habebat in Corbast, et
quoddam mansorium in prato, et campum et silvam et aquam,

---

(1) Saint-Aubin, arrondissement et canton de Montreuil.   30
(2) Tigny-Noyelle, arrondissement et canton de Montreuil.
(3) Wambercourt, arrondissement et canton d'Hesdin.

ut vavasores possident, ad edificia monachorum ibidem com- 1119-1126
manentium construenda; iisdem autem Balduinus, et Hugo
Pontivensis et Ingelramnus vavasores sui, dederunt x et
viii jugera terrae; Arda de Conci et Wicardus filius ejus, deci-
5 mam de Hamel (1) et unam garbam de Aboisnicurt, conceden-
tibus dominis suis, videlicet Roberto et Adam de iiii Vallibus;
Walterus de Asli, quoddam mansorium apud Sanctum Leode-
garium (2).

Servi vero et ancille Sancti Silvini : Alelmus Matum et pro-
10 genies ejus; Odo piscator et progenies ejus; Herreburgis et
progenies ejus; Geneheldis et progenies ejus; Herrenburgis
de Herkemercurt et progenies ejus; Haewidis et progenies ejus;
Albuca et progenies ejus.

Hec omnia, ut prediximus, in hac karta assignata videntur,
15 et quecumque Alciacensis ecclesia in omni comitatu Hisdinensi, eo die quo Ingelramnus obiit, tenebat, Walterus
Hisdinorum comes, utpote fidelis successor et heres, cum
uxore sua et filio, voluntate propria libere atque solute in
curia Balduini antecessoris mei apud Sanctum Audomarum,
20 anno dominice incarnationis M° C° XII°, indictione v, idus
februarii concessit, et postmodum manu sua, tactis reliquiis,
se servaturum juravit, et res ecclesiae illius se ampliaturum
promisit, videntibus militibus meis quorum nomina pro testimonio placuit annotari.

25 Willelmus, comes Pontivensis. Robertus, Bituniensis, Balduinus filius ejus. Willelmus, castellanus Sancti Audomari. Rotgerus, castellanus Islensis Gerardus, castellanus Casletensis.
Adam de Formesel. Ledbaldus Iprensis. Anselmus de Guokes.
Robertus de Fereves. Alelmus dapifer de Hisdin, Hugo de

---

30 (1) Hamel, arrondissement de Douai, canton d'Arleux (Nord).
(2) Saint-Léger, arrondissement d'Arras, canton de Croisilles
(Pas-de-Calais).

1119-1126 Grenni. Anselmus de Herin. Johannes filius Wazelini. Alelmus frater ejus. Hugo de Englos. Laivoldus de Foscert. Balduinus filius Azelini cum aliis.

Horum igitur et totius curiae Flandrensis consilio, idem Bal- 5
duinus antecessor meus statuisse cognoscitur, quatinus Alciacensis ecclesia semper libera habeatur, et ut nulli ecclesie,
preter Morinensem, umquam subiciatur, nec obeunte abbate
in ea per violentiam alicujus persone abbas intrudatur, sed
quem sibi concors congregatio vel maxima pars sanioris
consilii elegerit, ab ipsis fratribus licenter promoveatur. 10

Hoc idem privilegio nostro confirmamus, et posteris nostris
qui loci illius advocati et defensores fuerint, firmiter tenendum mandamus.

1126.

1426 CHARLES, COMTE DE FLANDRE, ET ANSELME, COMTE D'HESDIN, 15
RENDENT A L'ABBAYE D'AUCHY UNE TERRE SUR LAQUELLE LA
COMTESSE MATHILDE S'ETAIT FAIT CONSTRUIRE UNE DEMEURE.

P.-L.-J. de Bethencourt, Cartulaire de Saint-Silvin d'Auchy,
p. 47.

In nomine Patris et Filii et Spiritus sancti, amen. Karolus, 20
providentia Dei comes Flandrensis, universis ecclesie filiis
presentibus et futuris feliciter perpetuari. Quia conditione
naturali vita mortalium labilis antiquatur eorumque actio
variabilis cito oblivioni traditur, predecessorum nostrorum
exemplis instruimur quatinus dona ecclesiis legaliter tradita, 25
litteris adsignari curemus Horum exempla pro viribus meis
cupiens imitari, quandam terram ecclesiae Alciacensis, cujus
sum advocatus et defensor infatigabilis, privilegio meo confirmare studui, ne deinceps per novos successores et malos adu-
latores de ea videretur adnullari; hanc solummodo a conditore

et bonorum omnium pio retributore mercedem querens, ut   1126
saltem in die ultimi examinis michi meisque successoribus,
qui hujus doni suis temporibus advocati et defensatores firmi
fuerint, dexteram porrigat pie liberationis lucemque concedat
5 vite perhennis.

Pateat igitur omnibus quod ego Karolus et Anselmus, Hisdinensis consul, terram sancti Silvini in qua Mathildis, comitissa (1) olim, concedente abbate Norberto et fratribus de capitulo, manendiam suam edificavit, ea scilicet conditione ut post
10 discessum ipsius, terra eadem cum omni edificio ad terram
ut prius erat, absque calumpnia reverteretur, quam Walterus
Hisdinensis, expulsa Mathilde, ab ecclesia injuste et violenter
abstulisse cognoscitur, solute et libere dominio ejusdem ecclesie libenter reddimus. Et ut id ratum et inconvulsum eterna-
15 liter maneat, presentibus militibus nostris, devote confirmamus : Baduino dapifero ; Sigero de Ponte Waldrici ; Frumoldo
castellano Yprensi ; Willelmo, filio Willelmi castellani de Sancto
Audomaro ; Eustachio de Stainfort ; Alelmo Petran ; Warino
filio Alardi ; Waltero de Bernelis, cum aliis. Actum anno
20 incarnati Verbi millesimo centesimo XX° VI°.

---

(1) La comtesse Mathilde était la femme d'Enguerrand, comte
d'Hesdin.

XV.

L'ABBAYE DE SAINT-ANDRÉ DU CATEAU-CAMBRÉSIS.

L'abbaye de Saint-André fut fondée, vers 1030, au Cateau-Cambrésis, par Gérard de Florennes, évêque de Cambrai.

Nous avons eu l'occasion déjà de publier plusieurs documents qui la concernent (1). Les deux premiers qui suivent sont des copies prises dans des recueils qui semblent être perdus.

1047.

1047   UNE FEMME, DU NOM DE TIETSENDE, SE DONNE, ELLE ET SES ENFANTS, AU MONASTÈRE DE SAINT-ANDRÉ DU CATEAU.

Collection Moreau, t. XXIV, p. 3 (*ex historia chronographica Castelli, reg. privileg.*, fol. 61).   3

In nomine Patris, Filii et Spiritus sancti, amen. Notum esse volumus praesentibus et posteris quod ego Tietsendis, aliquando Deo volente, memor evangelicae admonitionis, quatenus nobis amicos facere debeamus qui nos recipiant in tabernacula aeternae hereditatis, sancto Andreae amico Dei   10 apostoli, cum essem libera et liberis progenitoribus oriunda, ut mihi ipse sanctus apostolus advocatus esset animae et corporis, me cum filiis Martino et Henredo et filiabus Tietsende et Richelde, cum omni posteritate mea, ancillam dedi, ea scilicet lege ut unoquoque anno vir duos, femina vero unum dena-   15

(1) Voir nos *Recherches*, etc., pp. 384, 415, 429 et 644.

rium, in festivitate ipsius apostoli pro censu persolvat; sicque   1047
omnis familia nostra sine advocato, sine omni taxatione libera
in aeternum permaneat. Porro a tricesimo anno et supra in
familia nostra qui sine herede obierit, vir sive femina in ejus
5 facultate, nullus omnino advocatus, nullus minister, nullus
parentum, excepto ipsius loci abbate, manum mittere praesumat. Actum est hoc in ecclesia ejusdem beati apostoli, anno
dominicae incarnationis MXLVII, indictione xv, epacta xxii,
domno Gerardo Cameracensi sedi praesidente et domino Wal-
10 drico ipsius loci abbate. Huic etiam deditioni multi interfuere
legales viri, quorum ista sunt nomina. S. Walteri Calvi.
S. Johannis Buera. S. Walteri de Caldri. S. Fulberti infantis.
S Widonis. Porro ut hec saeculis omnibus inviolata permane-
rent, cyrographi signo praecepimus assignari, quatenus propria
15 astipulatione charta firmaretur

25 mai 1104.

RELATION D'UN ACCORD ENTRE L'ABBAYE DE SAINT-ANDRÉ DU CATEAU,   25 mai
     ARNOULD D'AUDENARDE ET UN CERTAIN THIÉBERT, AU SUJET D'UN   1104
     BIEN A GERMIGNIES (1).

20 *Collection Moreau, t. CCCXXVII (ex registro privilegiorum*
     S. Andreae de Castello, fol. 26), copie de Mutte, doyen de
     Cambrai.

Concordia inter abbatem Guiffridum et Thiebertum de Germiniaco, pro terra de dote altaris Germiniacensis (2), quae dici-
25 tur de Piloso Campo

---

(1) En note : « Herines, Germigni, aujourd'huy Pottes ».

(2) Il s'agit ici du hameau de Germignies, à Pottes, arrondissement de Tournai, canton de Celles, dont nous avons déjà parlé à
propos de l'abbaye de Saint Amand (p. 29). Liébert, évêque de
30 Cambrai, avait, en 1074, donné à l'abbaye de Saint-André l'autel de
ce lieu (*altare de Germenni*). Voir nos *Recherches,* etc., p. 417.

25 mai
1104
Hugo quidam de Germiniaco, filium habens Lansecchinum
filiamque Bertam, terram tenebat sub annuo censu ; iis defunctis,
Thiebertus, maritus Berthae, Hugonis gener, terram ipsam
quam Arnulfus Aldenardensis usurpaverat, redemit, inque ea
tenenda monachis Castellensibus resistebat, Arnulfus tandem 5
juri quod in eam sibi vindicabat renunciavit Tornaci, III kal. februarii, die sabbathi. Thiebertus duas marchas argenti Guifrido
abbati dedit, « ut ipse et Berta uxor ejus duoque tantummodo
» filii eorum, Gonterus videlicet et Lansecchinus, terram de
» Piloso Campo quietam teneant; et post mortem horum qua- 10
» tuor terra illa in manu et in misericordia abbatis illius tem-
» poris redeat. Facta est autem haec investitura in ecclesia
» Germiniacensi, XI kal. junii, die dominica... Actum est hoc
» Germini, anno dominicae incarnationis millesimo centesimo
» quarto, indictione duodecima, epactis XXII. Frater Rainerus 15
» dictavit, scripsit, subscripsit et recognovit. Data octavo kalen-
» das junii. »

26 octobre 1122 — 2 juin 1123.

26 oct. 1122
-2 juin 1123
Burchard, évêque de Cambrai, confirme a l'abbaye de Saint-André la possession de ses biens. 20

Collection Moreau, t L, p. 191, *à la Bibliothèque nationale,
à Paris (ex historia chronographica oppidi Castelli in Cameracensi et monasterii S. Andreae ibidem, sub anno 1122;
in Regestro privilegiorum,* fol. 29 et seq.).

In nomine sanctae et individuae Trinitatis. Ego Burchardus, 25
Dei miseratione Cameracensis episcopatus minister indignus,
cum aliquando ex officio pastoralis solertiae quaedam evangelica
verba divinae comminationis in memet recogitarem, hinc scilicet de torpentis et inutilis servi damnatione, illinc de prudentis
et fidelis dispensatoris remuneratione, inter cotidianam eccle- 30
siarum dioecesis nostrae sollicitudinem, ecclesiam beati Andree

apostoli, a praedecessoribus nostris, domno scilicet Gerardo 26 oct. 1122
antiquo constructam, et a domno Lietberto domnoque Gerardo -2 juin 1123
secundo alodiis, reditibus, altaribus et villis amplificatam, ego
quoque, prout opportunum fuit, aliquantulum rebus nostris
5 promovere et tueri curavi. Suggerente itaque dilectissimo
fratre Gerlando, Aquicinense monacho, quem, disponente Deo,
ante biennium abbatem ejusdem praefeceramus ecclesiae, altare
de Squarminio (1), altare de Hunechiis (2), altare Aldonis
Curtis (3) supradictae contuli ecclesiae, libera omnino, excepto
10 quod tertiam partem obsonii archidiacono persolvat. Praedictum quoque abbatem, secundum tenorem a supradictis episcopis abbatibus loci illius antiquitus collatum, ita nobis familia-
rem esse constituimus ut unus ex archicapellanis nostris
habeatur, et in domo nostra hunc locum habere, ut Cameraci
15 veniens cibum de mensa nostra, si ei placuerit, percipiat; quin
etiam duas partes obsoniorum omnium altarium suorum, sicut
et antecessores ejus a supradictis episcopis tenuerunt, in beneficium et, ut ita dicam, in feodum pepetualiter teneat. Concessimus etiam hanc cum apud nos obtinere gratiam, sicut in
20 chartis priorum episcoporum auctoritate signatis vidimus con-
tineri, ut quodcumque ligaverit, sive malefactores, si qui forte
ecclesiam ipsam perturbaverint, sive omnes quicumque eam
aliquo modo vexaverint, excommunicaverit, a nobis quoque
eodem ligatus teneatur; quippe cui etiam vices nostras in
25 plerisque negotiis exequendi, si quando defuero, potestas antiquitus concessa sit. Praeterea, ne quando per labentia tempora
a succedentibus sibi episcopii ministris archidiaconis scilicet et
decanis aliquam infestationem in exigendis obsoniis altarium
suorum praedicta patiatur ecclesia, ipsa altaria sancti Andreae

---

30 (1) Escarmain, arrondissement de Cambrai, canton de Solesmes.
(2) Honnechy, arrondissement de Cambrai, canton du Cateau.
(3) Audencourt, arrondissement de Cambrai, canton de Clary.

26 oct. 1122
-2 juin 1123 et quid obsonii vite debeant hic adnotari fecimus. Igitur altare sancti Martini ipsius villae cum obsonio duodecim denariorum et non plus omni tempore; altare de Ors (1) similiter; altare de Fontaines (2) similiter; altare sancti Martini de Cameraco similiter; hacc quinque altaria una eademque lege teneantur. 5 Decem vero altaria, scilicet de Ferrariis (5), de Sancto Benigno (4), de Jusscio (5), de Vallis (6), de Audeniis (7), de Mares (8), de Liniaco (9), de Huneciis, de Aldonis Curte, de Lelgiis (10), unumquodque eorum singulis annis duos solidos debet, quarto vero anno duplum. Altare vero de Briastro (11), 10 quia capella est, duodecim tantum denarios omni tempore. In pago vero Hanoensi, de Sancto Piatone (12), quod Guiffridus capellanus contulit sancto Andreae, duos solidos tantum debet omni tempore; altare vero de Verteneio (13) unoquoque anno debet duos solidos; quarto autem quindecim; altare de Squar- 15

---

(1) Ors, arrondissement de Cambrai, canton du Cateau.

(2) Fontaine - au - Bois, arrondissement d'Avesnes, canton de Landrecies.

(3) Ferrière - la - Grande et Ferrière - la - Petite, arrondissement d'Avesnes, canton de Maubeuge. 20

(4) Saint-Benin, arrondissement de Cambrai, canton du Cateau.

(5) Jussy (?), arrondissement de Saint-Quentin, canton de Saint-Simon (Aisne).

(6) Lieu inconnu.

(7) Audregnies, arrondissement de Mons, canton de Dour. Voir 25 l'acte qui suit.

(8) Maretz, arrondissement de Cambrai, canton de Clary.

(9) Ligny, arrondissement de Cambrai, canton de Clary.

(10) Liaugies, hameau à Bethencourt, arrondissement de Cambrai, canton de Carnières. 30

(11) Briastre, arrondissement de Cambrai, canton de Solesmes.

(12) Saint-Pithon, arrondissement de Cambrai, canton de Solesmes.

(13) Vertain, arrondissement de Cambrai, canton de Solesmes.

minio similiter; de Germiniaco (1), de Herines (2) in Brai- 26 oct. 1122
bant similiter; de Petroso (3) similiter; de Basuello (4) vero, -2 juin 1123
quia dimidia ecclesia est, medietas supradicti obsonii debetur ;
de Ruenna (5), quia capella est, duodecim denarii debentur.
5 Horum omnium altarium bissem, id est, duas partes debiti,
sicut antecessores mei concesserunt pro redemptione animarum suarum, meae et successorum meorum seu congregationis
sanctae Mariae, sicut supradiximus, sancto Andreae et abbatibus ejus remisimus, et successores nostros in caritate Dei
10 commonemus et obsecramus, ut quod tam pro illorum quam
pro nostra salute fecimus, ratum et inviolatum saepedictae
ecclesiae et monachis inibi Deo militantibus benigne conser-
vent. Interdicimus quoque, sub anathematis maledictione et
verbi nostri et sigilli confirmatione, ne quis, vel decanus vel
15 episcopalis minister, a supradictis altaribus quicquam praeter
quod supra posuimus, exigere praesumat : excepto quod debita
vina solvant, Cameracensia scilicet ii sextaria viii denariorum;
Hainoensia autem, unumquodque per annum tria sextaria
xviii denariorum.
20   Actum est hoc apud Novum Castellum, anno Verbi incarnati
M. C. XXII, indictione xv, et datum manu mea super altare
sancti Andreae, vii cal. novembris, quando curtim imperato-
riam adibam.
   Et confirmatum Cameraci post reditum meum, iiii nonas
25 junii, coram legalibus tam clericis quam laicis viris, quos hujus
rei testes adhibui. S. archidiaconorum Johannis, Anselmi,

---

(1) Germignies, dépendance de Pottes. Voir l'acte précédent.

(2) Hérinnes, arrondissement de Tournai, canton de Celles.

(3) Preux-au-Bois, arrondissement d'Avesnes, canton de Lan-
30 drecies.

(4) Bazuel, arrondissement de Cambrai, canton du Cateau.

(5) Ruesnes, arrondissement d'Avesnes, canton du Quesnoy.

26 oct. 1122 Rodulfi. S. abbatum domni Fulberti, domni Ernaldi Huno-
-2 juin 1123 curtensis, domni Raineri Lessiensis. S. Erleboldi praepositi
S. Oilardi decani, Roberti cantoris, Werinbaldi cancellarii.
S. laicorum Walteri Tonitrui, Rodulfi de Rumili, Oilardi villici,
Widrici fratis ejus, Gerardi infantis, Gerardi praepositi. Haec 5
nostrae constitutionis scripta a fidelibus Dei obnixe petimus
observari et conservantes aeterna gloria munerari, amen:
Ego W. cancellarius subscripsi.

24 novembre 1126 — 2 juin 1127.

24 nov. 1126 BURCHARD, ÉVÊQUE DE CAMBRAI, RELATE LA FORME EN LAQUELLE 10
-2 juin 1127 GOSSUIN D'AVESNES, ARRIVÉ A LA FIN DE SA VIE, RESTITUE A
L'ABRAYE. DE SAINT-ANDRÉ L'AVOUERIE DU VILLAGE D'AUDREGNIES.

*Original, sceau disparu, fonds de l'abbaye de Saint-André
du Cateau, à Lille.*

In nomine Patris et Filii et Spiritus sancti. Ego Burchardus, 15
Dei miseratione Cameracensium episcopus, notum esse volo
cunctis Dei fidelibus, quod, dum Gosevinus apud Avesnes
egrotare cepisset languore quo ex hac vita substractus est,
frater Dodo, abbas sancti Andree de Novo Castello, ante eum
veniens, inter aliquas de salute anime ejus commonitiones, 20
oportune eum redarguere cepit, ut vel tandem resipiscendo
peniteret quod advocatiam de villa sancti Andree que est Aldreneis (2) injuste sibi usurpasset et pene eam devastasset,
cum nec ab eo nec a parentibus ejus supradicta villa in jus

---

(1) Nous avions, dans nos *Recherches,* etc., p. 558, note, fixé la 25
date de la mort de Gossuin d'Avesnes à 1127 ou 1128; le présent
acte montre qu'il mourut en 1126.

(2) Audregnies, arrondissement de Mons, canton de Dour.

ecclesie sancti Andree devenisset, sed potius domnus Lietber- 24 nov. 1126
tus episcopus a quodam nobili viro, Godescaldo de Hosbere, -2 juin 1127
adquisitam eidem ecclesie contulisset. Ad hacc Gozevinus, in
abbatem respiciens, accepta festuca de manu uxoris sue Agne-
5 tis, ad hoc ipsum benigne eum adhortantis : « En, inquit,
» advocatiam ipsam sancto Andree et vobis omnino quietam
» clamo, et super his que de hac peccavi a congregatione vestra
» absolutionem deposco ». Sic ait adstantibus et videntibus
multis honorabilibus viris, domino scilicet Erlebaudo preposito
10 Cameracensi et archidiacono, domino Widrico abbate Les-
ciense, qui in hoc adjutor satis laborabat, domno quoque
Walberto abbate Altimontis, domno etiam Radulpho abbate
Maricolensi; laïcis quoque Guntero de Moritania, Bernardo de
Resbais, Olivero.

15 His ita gestis, cum ingravescente morbo ipse Gozinus monachus fieri deberet, frater Rainerus, tunc supradicte ville
Aldreneis minister, pro hoc ipso ibi, id est apud Avesnes,
presens, per sepefatum abbatem ipsum commonuit ut quod
ante de predicta advocatia fecerat, nunc coram his qui aderant
20 recognoscens, verbo confirmaret, ut, si veraciter ad Dei servitium per habitum monachicum tenderet, prius omne onus
deprimentis culpe disrumperet. Ad hec ille ipsi fratri R[ainero]
manum porrigens et hec verba tercio replicans : « Quid amplius », inquit, « queritis? Jam omnino quietam clamavi, et
25 » iterum clamo et per vos hoc donum ecclesie vestre trans-
» mitto ». Nomina testium legalium qui adfuerunt et viderunt
hic subnotantur. S. ipsius domni W[idrici] abbatis. S. Alardi
decani. S. Elberti presbyteri. S. laïcorum Gonteri de Cin,
Walteri qui est Pulchees (1), Bernardi de Resbais, Oliveri, et
30 aliorum multorum.

---

(1) Gautier d'Oisy, neveu de Gossuin, à qui il succéda dans la
seigneurie d'Avesnes, était surnommé *Pulcher* ou *Pelukel*.

24 nov. 1126
-2 juin 1127 Quoniam autem nostrum est ecclesias Dei, et maxime ipsam ecclesiam sancti Andree, pro posse nostro tueri, supplicatione fratris Dodonis abbatis et totius congregationis, hanc descripte constitutionis cartam auctoritate verbi oris nostri et impressione sigilli nostri corroboramus. Et ne quis amplius predictam 5 villam super hac re infestare presumat, violatorem gladio sancti Spiritus et maledictione excommunicationis, nisi cito resipiscat, ferimus; similiter quoque fratres ipsius congregationis, in capitulo suo, consensu nostro super hac re sententiam excommunicationis dederunt. 10

Actum est hoc apud Avesnes, anno dominice incarnationis M. Co XXo VIo, indictione IIII, VIII kal. decemb.; confirmatum vero Cameraci IIII non. junii.

XVI.

L'ABBAYE DE SAINT-MÉDARD DE SOISSONS.

L'abbaye de Saint-Médard possédait, au cours du moyen âge, certains biens dans le Namurois. Les actes suivants concernent ces possessions.

1152.

HENRI, ÉVÊQUE DE LIÉGE, ET AMAURY, ARCHIDIACRE DE HAINAUT, CONFIRMENT A L'ABBAYE DE SAINT-MÉDARD DE SOISSONS L'AUTEL D'HANZINNE, ET DÉCLARENT QU'ARNOULD DE MORIALMÉ A RENONCÉ A TOUS DROITS QU'IL PRÉTENDAIT SUR CET AUTEL (Charta H., Leodiensis episcopi, et Amalrici de personatu ecclesiae et capellarum de Hanzenis.)

Cartulaire de l'abbaye de Saint-Médard de Soissons (XVIIe siècle), fol 92, aux Archives nationales, à Paris, LL, n° 1021.

In nomine Patris et Filii et Spiritus sancti. Ego Henricus, Dei gratia Leodiensis episcopus, notum fieri volo tam presentibus quam futuris quod Theobaldus clericus coram nobis reddidit ecclesiae Sancti Medardi personatum et totum beneficium quod de eis tenebat in ecclesia de Hanzenis (1) et capellis ad

---

(1) Hanzinne, arrondissement de Dinant, canton de Walcourt. — M. Wauters a analysé, sous la date de 1148, des lettres de Wibald, abbé de Stavelot, informant le pape Eugène qu'un débat s'est élevé entre l'abbé de Saint-Médard et Baudouin, chanoine de Liége, au sujet des droits paroissiaux à Hanzinne et à Hanzinelle. *Table chronologique,* etc., t. II, p. 293.

1152   eam pertinentibus, totum, liberum et integrum, sicut illud de
manu ecclesiae accepit. Ego vero Heinricus, tunc episcopus, et
Amalricus, tunc temporis illius loci archidiaconus, confirmavimus ecclesiae Sancti Medardi illud possidendum et tenendum in manu sua in perpetuum, sicut videlicet quod assensu   5
concilii atque decani honestum in ea presbyterum poneret, qui
de manu ejusdem decani curam accipiat, et serviat ecclesiae,
et respondeat in conciliis. Ecclesia autem de Hanzenis et
monachus qui ibi praeerit ex parte Sancti Medardi respondebit
in omnibus aliis, et de jure episcopi et de jure archidiaconi,   10
sicut persona Ut autem hoc firmum et ratum sit, ego et
praefatus archidiaconus litteris nostris et sigillis roboravimus,
et in synodo generali confirmavimus. Volumus etiam notum
fieri, quod Arnulfus de Morelli manso (1) pro injuriis quas fecit
in Hanzenis, villa Sancti Medardi, ex precepto Domini ipse   15
per nostram justitiam erat excommunicatus. Qui veniens ad
ecclesiam Sancti Medardi quaesivit a domino Ingranno abbate
et fratribus ipsius loci misericordiam, promittens de futuro
emendationem. Cui dominus abbas et capitulum, tam com-
patientes ejus infamiae quam sperantes de facta promissione,   20

fol. 93   spectu nostro et ‖ hominum nostrorum, abjuraret et abrenun-
ciaret predictis injuriis; abjuravit itaque, fide etiam et juramento abrenunciavit, coram nobis et archidiacono et liberis
hominibus nostris, talliis et gistiis, toltis et precibus, et omni   25
exactioni, praeter rectam advocationem quam juste debet
habere, et quod villam in ea libertate servaret qua tenuit eam
Arnulfus, postea monachus, et post eum Godeschalcus de
Galza. Hujus rei testes et obsides fuerunt, et fide et juramento
cum illo firmaverunt Symeon de Tymeon, Bastianus de Gir-   30
dinel, Guillelmus de Dongelberga, Tymer et filius ejus, et Pluvis

---

(1) Morialmé, arrondissement de Dinant, canton de Walcourt.

suus serviens; eo scilicet tenore quod, si ipse Arnulfus pactionis et juramenti hujus transgressor existeret, post tertiam sub-monitionem et quindecim diebus ad quindecim, neque servirent ei, neque juvarent eum, neque haberent se pro hominibus ejus, quousque satisfactione congrua quod male egerat emendaret. Si autem, ipso perseverante in malitia, usque ad nos vel successores nostros clamor pervenerit, faciemus inde justitiam sicut de transgressione juramenti, quod coram nobis factum fuit. Actum apud Huy in palatio, coram me et Amalrico archidiacono et liberis hominibus, anno ab incarnatione Domini millesimo centesimo quinquagesimo secundo, abbatis Ingranni quinto.

1152

1160.

HENRI, ÉVÊQUE DE LIÉGE, FAIT CONNAITRE QUE L'ABBAYE DE SAINT-MÉDARD DE SOISSONS A RÉCUPÉRÉ LES BIENS QUE CERTAINS SEI-GNEURS AVAIENT USURPÉS (Charta H. Leodiensis episcopi de Hanzenis, de Toisoles, de Haurs et de Biscuels, cum appenditiis earumdem).

1160

Cartulaire de l'abbaye de Saint-Médard de Soissons, fol. 93, *aux Archives nationales, à Paris*, LL., n° 1021.

In nomine Patris et Filii et Spiritus sancti, amen. Ego Henricus, Dei gratia secundus hujus nominis Leodiensis epis-copus, notum volo fieri presentibus et futuris, quod ecclesia Sancti Medardi, quae bonis suis in diocesi nostra diu privata fuit, tandem diebus nostris, Deo cooperante, per nostram industriam recuperavit. Godefridus namque de Arescot, qui terram Sancti Medardi injuste et violenter tenuerat, pro qua etiam ab ecclesia Romana et apud Sanctum Medardum fuerat excommunicatus, penitentia ductus injustitiam suam recogno-

18

1160 \it, culpam dixit et Sancto Medardo medictatem de Hancines
cum appenditiis suis, et quidquid in ea injuste usurpaverat,
coram nob:s et liberis hominibus integre reddidit. Fratres
itaque ipsius monasterii possessiones quas Godefridus et antecessores sui disperserant, per nostrum auxilium congregare 5
studentes, partem de Hancines, quam Godescalco de Morelli
manso invadiaverant, redemerunt; partem de Toisoles (1),
quam Libertus de Boischieres usurpaverat, per justitiam antecessoris nostri obtinuerunt; aliam partem, quam Balduinus de
Molins et Nicolaus frater suus per Hugonem de Bevens tene- 10
bant, per manum ipsius Hugonis peccatum suum recognoscen-
tis, quod injuste tenuerant, Sancto Medardo reddiderunt.
Hauri (2) et Buiscuelles (3), quae Radulfus, qui et Paganus
dictus est, injuste tenebat, per nostram justitiam excommunicatus, penitentiam agens Sancto Medardo terram suam libere 15
reddidit; monachi autem, propter investituram, tertiam partem
reditus et capellam cum presbyteratu in manu sua tenentes,
duas partes reditus Wiberto filio ipsius Radulfi in vita sua
tantum tenendas, remota totius successionis hereditate, indul-
serunt. Ut autem firmum sit et ratum permaneat, auctoritate 20
Dei omnipotentis et nostra confirmamus, et sigilli nostri
impressione roboramus. Actum anno Domini millesimo centesimo sexagesimo.

---

(1) Toisoul, dépendance de Saint-Gérard (?), arrondissement de
Namur, canton de Fosse.   25
(2) Hour, arrondissement de Dinant, canton de Beauraing.
(3) Bioul (?), arrondissement et canton de Dinant.

1181-1190 (1).

ALBERT, PRÉVÔT ET ARCHIDIACRE DE LIÉGE, CONFIRME A L'ABBAYE 1181-1190
DE SAINT-MÉDARD DE SOISSONS L'ÉGLISE D'HANZINNE. (Charta
Alberti, praepositi et archidiaconi Leodiensis, qui confirma-
5 vit donum ecclesiae de Hanzienes et de presbytero ecclesiae).

*Cartulaire de l'abbaye de Saint-Médard de Soissons, fol 93,
aux Archives nationales, à Paris, LL., n° 1021.*

In nomine sanctae et individuae Trinitatis, tam presentibus
10 quam futuris in perpetuum. Ego Albertus, Dei gratia Leodiensis ecclesiae major prepositus et archidiaconus, confirmavi
ecclesiae beati Medardi, possidendum et tenendum in perpetuum, quod a Henrico episcopo et praedecessore nostro Amalrico de ecclesia de Hanzinis, in archidiaconotu meo sita, tradi-
15 tum fuisse cognovi : videlicet quod monachus, qui ex parte
Sancti Medardi ecclesiae de Hanzinis praeerit, honestum presbyterum in ecclesia ponet, qui de manu decani curam accipiat
et serviat ecclesiae, et respondeat in conciliis; et monachus
ibidem ex parte ecclesiae beati Medardi positus, in aliis omni-
20 bus loco personne praeerit.

---

(1) Albert succéda, vers 1177, à Amaury, dans l'archidiaconé de
Hainaut; il est cité comme prévôt à partir de 1181 et il fut vice-
évêque en 1190-1191. DE MARNEFFE, *Tableau chronologique des
dignitaires du chapitre de Saint-Lambert à Liége,* dans les ANALECTES
25 POUR SERVIR A L'HISTOIRE ECCLÉSIASTIQUE DE LA BELGIQUE, t. XXV,
pp. 455 et suiv.

1190.

1190 ALBERT, PRÉVÔT, ARCHIDIACRE ET VICE-ÉVÊQUE DE LIÉGE, DÉCLARE
QUE THIERRY DE GERPINNES A RESTITUÉ A L'ABBAYE DE SAINT-
MÉDARD DE SOISSONS, UNE TERRE A HAUT-VILLERS. (Charta
altera prepositi et archidiaconi Leodiensis, de terra quae est ₅
in Alto-Villari, quam Tyrricus de Gerpines et fratres ejus
tradiderunt ecclesiae.)

Cartulaire de l'abbaye de Saint-Médard de Soissons, fol. 95,
aux Archives nationales, à Paris, LL., n° 1021.

In nomine sanctae et individuae Trinitatis. Notum sit tam pre- 10
sentibus quam futuris, quod Tirricus de Gerpines et fratres sui,
Jacobus et Odelinus, terram quae est in Alto Villari, quam injuste
adversus ecclesiam beati Medardi quae est in suburbio Suessio-
nis reclamabant, divino instinctu compulsi in faciem Hanci-
nensis ecclesiae, singulis et omnibus audientibus et videntibus, 15
fol. 96 ‖ werpierunt et exfestucaverunt. Ego autem Albertus, Dei
gratia Leodiensis ecclesiae major prepositus, archidiaconus et
vice episcopus, ab ipso praefato Tyrico, praedictorum fratrum
primogenito, et a fratribus suis qui infirmitate detenti erant,
ad nos Leodium transmisso, factum hoc recognovi, et utriusque 20
partis petitione pulsatus sigilli domini Leodiensis cujus vice
fungor et nostri sigilli impressione roboravi. Si quis autem
hanc nostrae firmitudinis paginam et factum ausu temerario
infringere ausus fuerit, ab omni fidelium consortio segregetur,

---

(1) Villers-deux-Églises ou Villers-en-Fagne (?), arrondissement 25
de Dinant, canton de Philippeville.

et cum iniquis et reprobis in inferno inferiori deputetur. Huic   1190
rei interfuerunt sacerdotes de Gerpine, Walterus et Perardus
nobiles, Arnoldus puer de Moriaumes, Renerus de Trith; de
servientibus ecclesiae, Hugo, villicus de Summegies (1), Johan-
5 nes li Saumiers, Renerus forestarius. Actum est hoc anno ab
incarnatione Domini millesimo centesimo nonagesimo; presente magistro Gerardo. Scladiniensis ecclesiae canonico; subs-
cribente Petro Namurcensi Servantibus hace benedictio, infrin-
gentibus maledictio. Amen.

---

(1) Somzée (?), arrondissement de Dinant, canton de Walcourt.

XVII.

L'ABBAYE D'HOMBLIÈRES

L'abbaye d'Homblières, dans le Vermandois (1), eut peu de rapports avec notre territoire. Elle possédait toutefois quelques biens dans l'ancien Hainaut, aux environs de Landrecies.

1082-1092 (2).

1082-1092 ACTE CONSTATANT, ENTRE LES ABBAYES D'HOMBLIÈRES ET DE SAINT-ANDRÉ DU CATEAU, QUE L'AVOUERIE DE DINCHE, SUR LA SAMBRE, APPARTIENT A LA PREMIÈRE. (De advocatione villae quae Dediniacus dicitur.)   5

Cartulaire de l'abbaye d'Homblières, fol. 30, à la Bibliothèque nationale, à Paris, ms. lat., n° 13911.

Nutu Dei cuncta regentis tam praesentium quam futurorum noscat peritia, quod advocationem cujusdam mansionilis, quod Dediniacus (3) dicitur, quodque supra fluvium Sambre infra 10 episcopium Cameracensem situm est, ab abbate Castelli fratres Humolarienses taliter obtinuisse probamus. Quia enim idem abbas ipsam advocationem alibi locare volebat, et fere totius praedii illius reditus praedictae ecclesiae, scilicet Humolariensi, a progenitoribus almificae virginis Hunegundis, quae illic cor- 15 pore quiescit, obveniebat incommodum, nobis visum est, si

---

(1) Arrondissement et canton de Saint-Quentin (Aisne).

(2) Geoffroy fut abbé de Saint-André de 1082 à 1118; l'évêque de Cambrai, Gérard II, tint le siège de 1076 à 1092.

(3) Dinche, dépendance de Prisches, arrondissement d'Avesnes, 20 canton de Landrecies. Voir nos *Recherches*, p. 166.

quoquomodo laica persona eam usurparet, nobisque moles- 1082-1092
tiam inflerret. Unde, communi accepto consilio, centum solidos appendimus, ea scilicet pactione ut si quis, quod absit,
malefactor quasi ex antecessorum dimissione eam invaserit,
5 ipse jam memoratus abbas liberam et sine contradictione
faciat. Actum est apud Castellum in capitulo fratrum Sancti
Andreae, praesente domino Gerardo episcopo, necnon ipsius loci
abbate Goiffredo. Signum Elfridi decani. S. Adelardi praepositi.
S. Balduini praepositi. S. Hugonis de Friscoldo. S. Hugonis
10 majoris de Solemnis. S. Joannis de Humuncaio. S. Alerani
militis. De nostris fuerunt Rogerius de Fraxiniaco, Vivianus
de Merificurte, Ulmundus de Humbleriis. Item signa monachorum Humolariensium qui illic interfuerunt, Erleboldi scilicet
decani, Heldradi acditui, et Joannis praepositi.

15 <center>Vers 1159.</center>

HUGUES, ABBÉ DE SAINT-AMAND, ADRESSE SES CONSOLATIONS AUX Vers 1159
MOINES D'HOMBLIÈRES, AU SUJET DE LA MORT DE LEUR ABRÉ.
(H., abbas S. Amandi, Humolarienses consolatur de morte
sui abbatis.)

20 *Cartulaire de l'abbaye d'Homblières*, fol. 99, *à la Bibliothèque
nationale, à Paris, ms. lat., n° 13911.*

Frater H[ugo], humilis minister ecclesiae sancti Amandi,
carissimo sibi priori H[uberto], dilectissimis etiam fratribus
Humolariensis monasterii, pusillis cum majoribus spiritum con-
25 silii, cum spiritu consolationis. Verissima est illa beati apostoli
sententia, quoniam cum patitur unum membrum, compatiuntur
omnia membra. Siquidem, quoniam sumus invicem membra
quadam speciali subministratione per gratiam Dei connexa,

---

(1) Hugues fut abbé de Saint-Amand de 1152 à 1164. Il avait été
abbé d'Homblières.

Vers 1159 non possum mihi imperare quin doleam, cum angelicum vestrum conventum dolere scio; non possum ab animo meo avertere dolorem, quin mei desolationem lugeam, cum vestri desolationem audio. Nec dissimulare possum, quin mihi sit dulcior affectus et sincerior ad vos dilectio, quibus olim, etsi 5 indignus servus, ordinatus sum, pastoralis regiminis sollicitudinem exhibere, quin etiam fuistis gaudium meum et corona mea, cum essem in medio vestrum sicut qui ministrat. Et ego, audito nuntio, quod cordi meo grave vulnus inflixit, de obitu mihi admodum carissimi, et jam non sine lachrymis memo- 10 randi domini abbatis G[uarini], laboriosas actiones et anxias occupationes, quas Lia lippiens mihi pro Rachel servienti importune suggerit, omnimodis abjeceram commentum, et ad vestrum religiosum, si quomodo possem consolandum ire disposueram, cum ecce dominus noster Tornacensium episco- 15 pus (1), molestia corporali ad mortis usque exitum, ut putatur, laborans, non equo, sed navi ad ecclesiam nostram adductus est. Intelligit autem prudentia vestra quod nulla ratione subterfugiendum, sed omnimodis congruum et dignum fuit, ut eum praesentes exciperemus, et ei necessaria tanquam epis- 20 copo nostro et excellentissimae religionis monacho diligenter provideremus. Porro nos et fratres nostri pro nobis divinae majestati orationum odoramenta adolere curabimus, et ut in eligendo vobis pastore, cooperante Spiritus sancti gratia, recta sapiatis, et recta faciatis obnixius deprecabimur. Quod si ipsam 25 electionem oportuniori tempori reservare volueritis, transacta proxima feria quarta, Deo propitio, humilitatem nostram presentem habebitis. Valete.

---

(1) Gérard, évêque de Tournai. Il avait été abbé de Villers.

XVIII.

L'ABBAYE DU SAINT-SÉPULCRE DE CAMBRAI.

L'abbaye du Saint-Sépulcre, à Cambrai, fut fondée en 1064 par l'évêque Liébert, et ses biens lui furent confirmés, en 1075, par le pape Grégoire VII, et en 1109 par le pape Paschal (1). Elle reçut, en 1070, de l'évêque Liébert les autels d'Overboulaere et de Brugelette (2). L'évêque Gérard II lui donna, en 1079 et 1090, les autels de Leeuw-Saint-Pierre et de Nieuwenhove, et l'évêque Nicolas, en 1138, l'autel de Tourneppe (3). Elle fut gratifiée, le 20 décembre 1134, par Godefroid Ier de Brabant, d'un alleu de trois bonniers hors de la Steenporte, à Bruxelles, avec un oratoire qui devint l'église de la Chapelle (4).

La bulle suivante confirme spécialement ces dernières acquisitions.

---

(1) MIRÆUS, t. 1, p. 155; LE GLAY, *Revue*, etc., p. 24; PFLUGK-HARTTUNG, *Acta pontificum romanorum inedita*, pp. 47 et 100.

(2) Nos *Recherches*, etc , p. 410.

(3) MIRÆUS, t. 1, pp. 665 et 687, et mieux dans LE GLAY, *Revue*, etc., pp. 54 et 60; nos *Recherches*, etc., p. 453; WAUTERS, *Histoire des environs de Bruxelles*, t. I, p. 88.

(4) MIRÆUS, t 1, pp. 174, 690 et 691; t. IV, pp. 199 et 513; HENNE et WAUTERS, *Histoire de Bruxelles*, t. III, p. 443.

19 février 1142.

Le pape Innocent II confirme les possessions de l'abbaye
du Saint-Sépulcre de Cambrai.

Cartulaire de l'abbaye du Saint-Sépulcre de Cambrai,
fol. 7, verso, *à Lille.*

Innocentius episcopus, servus servorum Dei,. dilecto filio
Parvino, abbati monasterii Sancti-Sepulcri Cameracensis, ejusque successoribus regulariter substituendis, imperpetuum.
Desiderium, quod ad religionis propositum et animarum salutem
pertinens monstratur, animo nos decet libenti concedere et 10
competentium desideriis congruum impartiri suffragium. Eapropter, dilecte in Domino fili Parvine abba, tuis justis postulationibus clementer annuimus, et prefatum Sancti Sepulcri
monasterium, cui Deo auctore preesse dignosceris, sub beati
Petri et nostra protectione suscipimus, et presentis scripti 15
privilegio communimus; statuentes, ut quascumque possessiones, quecumque bona idem monasterium in presentiarum
juste et canonice possidet, aut in futurum concessione pontificum, largitione regum vel principum, oblatione fidelium, seu
aliis justis modis Deo propitio poterit adipisci, firma tibi tuisque 20
successoribus et illibata permaneant. In quibus hec propriis
duximus exprimenda vocabulis : ecclesiam sancti Martini que
abbacia dicitur (1), cum omnibus appendiciis; ecclesiam sancte
Marie Magdalene cum altari, ecclesiam sancti Georgii cum
altari et appendiciis suis, capellam sancti Nicholai (2); forum 25

---

(1) « *In suburbio Cameracensis civitatis, abbatia sancti Martini,* dit
l'acte de fondation de l'abbaye en 1064 (Miræus, t. I, p. 155).

(2) Églises à Cambrai.

in dedicatione Sancti Sepulcri; minutum theloneum, cambas et plura curtilia cum districto toto; terras arabiles circa Came-racum, quas cambivit Liebertus episcopus ab abbate Waldrico Sancti Andree cum aliis pluribus; in Cameracensi suburbio,

5 molendinum unum; apud villam Puerorum (1), molendinum unum et dimidium, cum districtu, et omnem piscationem que inter hec molendina est; apud Nigellam (2), molendinum unum cum districtu. In pago Cameracensi, omnem villam Sancti Hillarii (3) cum altari et districtu toto; de villa Rothlan-

10 court (4) terciam partem cum districtu; ecclesiam et altare de Salegio (5) cum appendiciis; ecclesiam et altare de Thun (6) cum appendiciis suis; altare de Manieriis (7) cum appendiciis suis; in villa de Relincurte (8) curtilia et terram arabi-lem; in villa Blahicurte (9) duas partes unius cambe et curti-

15 lia et terram arabilem; in villa de Bantineis (10), in Hera (11), Rameliis (12), Morenceis (13), Collegio (14), Ollevilla (15), Solo-

---

(1) Proville, arrondissement et canton de Cambrai.

(2) Noyelle, arrondissement de Cambrai, canton de Marcoing.

(3) Saint-Hilaire, arrondissement de Cambrai, canton de Carnières.

20 (4) Roclincourt (?), arrondissement et canton d'Arras (Pas-de-Calais). On trouve un Rollancourt, arrondissement de Saint-Pol, canton du Parcq. aussi dans le Pas-de-Calais.

(5) Sailly, arrondissement et canton de Cambrai.

(6) Thun-Saint-Martin, arrondissement et canton de Cambrai.

25 (7) Masnières, arrondissement de Cambrai, canton de Marcoing.

(8) Raillencourt, arrondissement et canton de Cambrai.

(9) Blécourt, arrondissement et canton de Cambrai.

(10) Bantigny, arrondissement et canton de Cambrai.

(11) Erre, hameau de Ramillies.

30 (12) Ramillies, arrondissement et canton de Cambrai.

(13) Morenchies. arrondissement et canton de Cambrai.

(14) *Collerio* (1064), *Colregio* (1109), Caullery, arrondissement de Cambrai, canton de Clary.

(15) Ovillers à Solesmes, canton de ce nom, arrondissement de Cambrai.

bria (1), Marconio (2), et apud Vtereslis (3), curtilia et terras arabiles; apud Busserias (4) mansum unum cum districtu et terram arabilem; dimidium de Gatineis (5). In pago
de Hainau, Villerellum (6) cum districtu et ecclesiam et altare
cum appendiciis suis, salvo episcopali redditu, qui est duodecim denariorum; terram quoque de Vebut (7) et silvam cum
districto; villam que dicitur Niwehova (8) cum districto, et
ecclesiam, et altare cum appendiciis suis liberum ab omni
debito preter xii denarios. In pago Lethgii, altare de Villa-
nis (9) cum appendiciis suis; altare de Genaincurte (10);
altare de Warluis (11), salvo episcopali redditu qui est
xii denariorum; altare de Boulari (12) cum appendiciis suis,
salvo episcopali redditu qui est quinque solidorum; altare de
Brugelettis (13) cum appendiciis suis, et multa familia; capellam

---

(1) Lieu inconnu

(2) Marcoing, canton de ce nom, arrondissement de Cambrai.

(3) Viesly, arrondissement de Cambrai, canton de Solesmes.

(4) Boursies, arrondissement de Cambrai, canton de Marcoing.

(5) Gatigny à Maretz, arrondissement de Cambrai, canton de
Clary.

(6) Villereau, arrondissement d'Avesnes, canton du Quesnoy.

(7) Ferme de Vult, à Villers-Pol, arrondissement d'Avesnes,
canton du Quesnoy.

(8) Nieuwenhove, arrondissement d'Audenarde, canton de Gram-
mont.

(9) Violaines, arrondissement de Béthune, canton de Cambrin
(Pas-de-Calais). Cette localité du *pagus Leticus* n'est pas citée par
M. Vanderkindere.

(10) Graincourt, arrondissement d'Arras, canton de Marquion.

(11) Warlus, arrondissement d'Arras, canton de Beaumétz-les-
Loges.

(12) Overboulaere, arrondissement d'Audenarde, canton de Gram-
mont.

(13) Brugelette, arrondissement de Mons, canton de Chièvres.

videlicet sancti Gaugerici (1), capellam de Ytrebecca (2), capellam de Ruchebroch (3), capellam de Roth (4), domum
Basteie (5) cum appendiciis suis; altare de Tornepia (6). Confirmamus etiam vobis capellam beate Marie (7) Bruxelle conti-
5 guam, monachorum ordinationem, presbitorum portionem,
in cadem capella, sicut vobis concessum est a Balduino decano
et ceteris sancte Gudille canonicis (8); allodium circa capellam
quod illustris et gloriosus Lotharingie dux Godefridus vobis
concessit; duas partes decime de Handello (9), et omnia que
10 jam sunt cidem capelle collata, in aquis, agris, pratis, silvis,
vel in posterum conferenda sunt; terciam partem decime
de Roth cum plurimo allodio; duo molendinia juxta Roth;
domum Rainbaldi clerici de Lewes (10), cum procinctu totius
curtis; juxta Cameracum, terragium unius caruce liberum
15 quod Rumoldus miles tenebat; Abbatis villam (11) cum districto
toto; altare de Quievi (12) cum appendiciis suis, Castinieris (13)
et Hepeniis (14); omnes sartes nemoris, Nierni (15), Monste-

---

(1) Lieu inconnu.
(2) Itterbeek, arrondissement de Bruxelles, canton d'Anderlecht.
20 (3) Ruysbroeck, arrondissement de Bruxelles, canton d'Uccle.
(4) *Roz* (1138). Rhode-Sainte-Genèse (?), canton d'Uccle; ou
Rhode, dépendance d'Alsemberg.
(5) Lieu inconnu.
(6) Tourneppe, arrondissement de Bruxelles, canton de Hal.
25 (7) L'église de la Chapelle, à Bruxelles.
(8) Voir MIRÆUS, t. IV, p. 513.
(9) *Hundeslo* (1138 et 1141). Lieu inconnu.
(10) Leeuw-Saint-Pierre, arrondissement de Bruxelles, canton de
Hal.
30 (11) Abbeville, lieu à Cambrai.
(12) Quievy, arrondissement de Cambrai, canton de Carnières.
(13) Cattenières, arrondissement de Cambrai, canton de Carnières.
(14) Helpignies, ancienne dépendance de Quievy.
(15) Niergnies, arrondissement et canton de Cambrai.

19 février 1142 rioli (1) pratum cum districto toto; capellam sancti Jacobi et sancti Egidii et plurima curtilia cum districto. Crisma vero, oleum sanctum, consecrationes altarium seu basilicarum, ordinationes clericorum qui ad sacros ordines fuerint promovendi a dyocesano suscipientur episcopo, siquidem catholicus fuerit 5 et gratiam atque communionem Sedis apostolice habuerit, et ea gratis et absque ulla pravitate vobis voluerit exbibere; alioquin liceat vobis catholicum quemcumque malueritis adire antistitem, qui nimirum nostra fultus auctoritate quod postulatur indulgeat. Obeunte vero te nunc ejusdem loci abbate vel 10 tuorum quolibet successorum, nullus ibi qualibet subrepcionis astucia, vel violencia preponatur; sed liceat vobis communi consilio vel parti consilii sanioris, secundum Dei timorem et beati Benedicti regulam, absque ullius contradictione abbatem eligere. Statuimus etiam, ut in parrochialibus ecclesiis, que ad 15 vestrum monasterium pertinent, presbiteros eligatis et episcopo presentetis quibus, si ydonei fuerint et canonice reprobari non potuerint, idem episcopus animarum curam eis committat, ut de plebis quidem cura sibi respondeant, vobis vero pro rebus temporalibus debitam subjectionem exhibeant. Decer- 20 nimus ergo ut nulli omnino homini liceat prefatum monasterium vel ecclesias ad ipsum pertinentes temere perturbare, aut ejus bona vel possessiones aufferre, retinere, minuere, seu quibuslibet indebitis exactionibus fatigare, sed omnia integra conserventur eorum pro quorum gubernacione et substenta- 25 tione concessa sunt, usibus omnimodis profutura, salva Cameracensis episcopi canonica justicia. Si qua igitur in futurum ecclesiastica secularisve persona hanc nostre constitutionis paginam sciens contra eam temere venire templaverit, secundo terciove commonita si non satisfactione congrua 30 emendaverit, potestatis honorisque sui dignitate careat,

---

(1) Dépendance de Proville.

reamque se divino judicio existere de perpetrata iniquitate cognoscat, et a sacratissimo corpore ac sanguine Dei et domini redemptoris nostri Jhesu Christi aliena fiat, atque in extremo examine districte ulcioni subjaceat; cunctis autem eidem loco
5 justa servantibus sit pax domini nostri Jhesu Christi, quatinus et hic fructum bone actionis percipiant, et apud districtum judicem premium eterne pacis inveniant. Amen.

Ego Innocentius, catholice ecclesie episcopus.

Ego Martinus, presbiter cardinalis tituli sancti Stephani in
10 Celiomonte. Ego Albericus, Hostiensis episcopus. Ego Gregorius, dyaconus cardinalis sanctorum Sergii et Bachi. Ego Guido, sancte Romane ecclesie indignus sacerdos. Ego Stephanus, Prenestinus episcopus. Ego Goizo, presbiter cardinalis tituli sancte Cecilie. Ego Thomas, presbiter cardinalis tituli
15 Vestine. Ego Hubaldus, presbiter cardinalis tituli sancte Praxedis. Ego Hubaldus, presbiter cardinalis tituli Pamachii. Ego Hubaldus, dyaconus cardinalis sancte Marie in via lata. Ego Guido, sancte Romane ecclesie dyaconus cardinalis. Ego Petrus, dyaconus cardinalis sancte Marie in Porticu.
20 Datum Lateranis, per manum Gerardi, sancte Romane ecclesie presbiteri cardinalis et bibliothecarii, XI° kalendas martii, indictione quinta, incarnationis dominice anno M° C° XLI°, pontificatus vero domini Innocentii pape II, anno XIII°.

On conserve à Lille, dans les archives de l'abbaye, plusieurs feuillets détachés d'un registre, d'une écriture du XIIe siècle, et qui contenait le relevé des revenus de l'abbaye dans les diverses localités où elle avait des biens. C'est dans ces feuillets que nous avons puisé le document suivant.

XIIe siècle.

ÉTAT DES CENS PAYÉS A L'ÉGLISE DE LA CHAPELLE A BRUXELLES.

*Pièce en parchemin, XIIe siècle, fonds de l'abbaye
du Saint-Sépulcre, à Lille.*

Annotatio census ad ecclesiam capellam beate Marie de 5
Bruxella pertinensis. Henricus, v solidos de ii obolis. In primis
illorum qui infra oppidum manent curtilibus, de uno iii, de
altero ii^{os}. Henricus Pulu, xiiii^{cim} denarios. Heleuvigis, xii^{cim}.
Amelricus textor, xvi^{cim} denarios. Francobonus, vi. Alem-
mus, xxviii. Summa de oppido, de his circa capellam . . xi^{cim} 10
solidi et iiii^{or} denarii.

Godescalus, xl den. Rochardus, xii^{cim} den. Franco, iii solidos. Gillebertus de Vivario, xiiii^{cim} den. Arnoldus, xx^{ti} vi den.
Albertus Longus, xiiii^{cim} den. Gerberga, xii^{cim} den. Bueman-
dus sutor, xiiii^{cim} den. Godescalcus, xx^{ti} den. Reinardus de 15
Lachis, xxx^{ta} iiii^{or} den. Albertus de Peh, xx^{ti} viii^{to} den. Uscelinus, ii^{os} solid. Walterus, xx^{ti} viii^{to} den. Gozuinus, xx^{ti} vi den.
Lantbertus, xx^{ti} vi den. Ricardus, ii^{os} sol. Reibaldus, ii^{os} sol.
Giselbertus, ii^{os} sol. Reinardus, iii sol. Aledis, xiiii^{ei} den. Lantbertus pellifex, xx den. Tisselinus, xx den. Reinsuendis, xx 20
den. Heleuvigis, xx den. Godezo, xx^{ti} den. Alardus, xviii den.
Walterus de ii^{obus} curtilibus, iiii^{or} sol. Fulbertus, ii^{os} sol. Gerar-
dus, iii sol. Altanus, xx^{ti} vii^{tem} den. Gisla, xx^{ti} vii^{tem} den. Inge-
bertus, xvi den. Fredeburgis, xii^{cim} den. Gozuinus, xvi den.
Nevelunc, xx den. Duduius, xx den. Emegardis, xii^{cim} den. 25
Agot, xv den. Walterufus, xx^{ti} vi den. Balduinus, xx^{ti} vi den.
Gozuinus calvus, xx den. Strotus, xxviii den. Arnoldus, xx^{ti}
viiii den. Gozuinus, xxviii den. Magister Walterus, xxviii den.
Henricus, xxviii den. Heldegardis, xx^{ti} viii den. Lantbertus
faber, xxviii den. Heldelinus, xxviii den. Gozuinus hienis (?),

III sol. Ingelbertus, xxx den. Meizo, III sol. Boidinus, III sol. XIIe siècle. Gozuinus, III sol. Aua, xxx den. Balduinus, II sol. Escelinus, xxx den. Hescelinus, III sol. Arnoldus, III sol. Alardus, III sol. Summa de Capella, sex libre VII^{tem} solid.

Hi sunt qui curtilia sancte Marie de Capella Bruxellensi tenent, et bic est census quem annuatim persolvere debent. Emmelinus de Watremale debet II^{os} sol. et I caponem. Badeloch, XII den. et II^{os} capones. Euvruinus, III sol. Oda viova, XVIII den. Theinradus, II^{os} sol. et IIII^{or} den. Balduinus cementarius, II sol. IIII^{or} den. Baldricus Clapart, II sol. et IIII^{or} den. Ascelinus, III sol. et IIII den. Magister Walterus, II sol. et IIII^{or} den. Fulbertus, II sol. et x den. Hildegardis, II sol. et x den. Godebertus, III sol. et VIII den. Tietdo, II sol. et IIII^{er} den. Balduinus de Peetde, III sol. Balduinus carpentarius, III sol. Baldericus textor, III sol. Gislebertus carpentarius, III sol. Albertus textor, III sol.

Menso, II sol. et IIII^{or} den. Wigerus, XIIII den. Witrannus, XIII den. Gislebertus, xx den. Engelbertus, xx den. Ernulfus, xx den. Rodulfus, XII den. Gozelinus, VI den. Ernulfus sutor, x den. Johannes faber, II sol. et IIII den. Vicelinus, II sol. et II den. Gislebertus, XIIII den.

Lietbertus, II sol. et II den. Curtile ibi juxta, XII den. Eno, II sol. et II den. Hescelo, XIIII den.

Ernulfus, III sol. Rembaldus de Peetde, III sol. Uscelinus, IIII sol. et IIII den. Balduinus joculator, XIIII den. Wenechinus, XIIII den. Walterus, xx den. Onulfus textor, xx den. Rembaldus, XVII den. Ernulfus, XXVI den. Ermenaldus, xx den. Gosuinus, xx den. Uxor Egenoti, xx et VIII den. Offridus, XVI den. Albertus, XL den. Alestanus, XIIII den. Remso Winne, x den. Franco, II sol. et IIII den.

19

Heller, qui a réédité, dans les *Monumenta Germaniae historica*, les généalogies des ducs de Brabant, en place la rédaction un peu après 1268, époque à laquelle Jean I obtint le duché de Brabant (1). On écrivit alors, sans doute dans l'abbaye d'Afflighem, l'histoire des ducs, en les rattachant à la race des rois carlovingiens, et même aux mérovingiens.

Dans les cartons de l'abbaye du Saint-Sépulcre on trouve, écrite au XIV° siècle et fort abrégée, l'une de ces généalogies, provenant vraisemblablement de la prévôté de la Chapelle, à Bruxelles.

Le texte s'arrête à Jean III (1312-1355). Il présente un médiocre intérêt et ne fournit rien qui ne soit connu. Nous en donnerons la partie qui concerne la descendance de Charles de France, duc de Basse-Lorraine, héritier du trône de France et qui fut évincé par Hugues Capet en 987.

XIV° SIÈCLE.

XIV° siècle.

GÉNÉALOGIE DES DUCS DE BRABANT.

Rouleau en parchemin, fonds de l'abbaye du Saint-Sépulcre, carton n° 1.

... Ludovicus genuit Karolum, ducem Lotharingie et Brabantie, qui amisit Franciam, que ei debebatur ex prima hereditate et avita successione. Hic cessavit stirps Karoli magni

---

(1) *MGH.*, etc., t. XXV, p. 385. Voir aussi le travail de M. Bormans, publié en 1869 sur ces généalogies. *CRH.*, 4° série, t. X, pp. 65 et suiv.

regnare in Francia, sed principando remansit in Brabantia ex XIVᵉ siècle
qua originem traxit. Karolus dux genuit Gerbergam, comitissam
Bruccellensem; Gerberga genuit Henricum, comitem Bruccellensem seniorem; Henricus genuit comitem Lambertum Bruc-
5 cellensem; Lambertus genuit Henricum, comitem Lovaniensem,
qui occisus est in domo sua. Hic genuit Henricum, comitem
Lovaniensem. Henricus genuit Godefridum cum barba, Lotharingie et Brabantie ducem. Godefridus genuit secundum Godefridum, ducem Lotharingie. Godefridus genuit tercium Gode-
10 fridum, ducem Lotharingie. Godefridus genuit Henricum
seniorem, ducem Lotharingie. Henricus genuit secundum Henricum, ducem Lotharingie. Henricus genuit tercium Henricum,
ducem Lotharingie. Qui genuit Johannem, hujus nominis
primum, ducem Lotharingie, qui dux effectus et marchio
15 regni, nec non et advocatus Aquisgrani, propter impotentiam
Henrici fratris sui primogeniti, anno domini Mᵒ CCᵒ LXVIIIᵒ,
nec non et dux Lemburgis; qui genuit Johannem hujus
nominis secundum ducem. Johannes genuit tercium Johannem,
ducem Lotharingie, Brabantie ac Lemburgis, et marchionem
sancti Imperii.

XIX

L'ABBAYE D'ANCHIN ET SES PRIEURÉS
D'HESDIN ET D'AYMERIES.

L'abbaye d'Anchin fut fondée, en 1079, par Gérard II, évêque de Cambrai, dans le village de Pesquencourt, arrondissement de Douai, canton de Marchiennes.

L'abbaye reçut en 1094, d'Enguerrand, seigneur d'Hesdin, l'église de Saint-Georges en cette ville, et la donation lui fut confirmée par Robert II, comte de Flandre, entre 1094 et 1096 (1). Cette possession fut érigée en prieuré, en 1096, par Manassès, archevêque de Reims (2).

Le monastère possédait un autre prieuré à Aymeries, dans l'ancien Hainaut, aujourd'hui arrondissement d'Avesnes, canton de Berlaimont. Ermengarde de Mons avait, dans la seconde moitié du XIe siècle, doté l'église de ce lieu, que l'évêque Gérard II unit, en 1088, à l'abbaye

---

(1) La charte de Robert a été publiée, d'après l'original, dans *CRH.*, 1re série, t. III, p. 285. L'auteur de la publication et WAUTERS (*Table chronologique*, etc., t. I, p. 565) donnent à cet acte la date de 1086; mais elle doit être reportée aux années 1094-1096 : l'acte cite en effet l'abbé d'Anchin, Haimeric, qui n'occupa le siège abbatial qu'à partir de 1088; et d'autre part, la donation d'Enguerrand que confirme le comte et que nous publions est de 1094; la confirmation est enfin citée dans l'acte de fondation du prieuré, en 1096. Il s'agit donc dans cet acte de Robert II, et non de Robert le Frison, qui mourut en 1093.

(2) ESCALLIER, *Histoire de l'abbaye d'Anchin*, p. 52.

d'Anchin, en présence du comte Baudouin de Hainaut et des deux fils d'Ermengarde, Gossuin et Isembard de Mons (1).

Parmi les bienfaiteurs du prieuré d'Aymeries, il faut citer les sires de Berlaimont, qui avaient leur château-fort à Aulnoye, village voisin; une léproserie, établie à Berlaimont, fut spécialement dotée par eux (2).

1094.

ENGUERRAND, SEIGNEUR D'HESDIN, DONNE A L'ABBAYE D'ANCHIN L'ÉGLISE DE SAINT-GEORGES, A HESDIN.

1094

Copie du XIIe siècle, fonds de l'abbaye d'Anchin, à Lille. A.
5 *— Cartulaire du prieuré de Saint-Georges d'Hesdin, in-folio (XIIIe siècle), fol. 1, à Lille B. — Autre cartulaire, in-4°, fol. 12. C. — Collection de Picardie, t. CCXXXIV, fol. 7, à la Bibliothèque nationale, à Paris, d'après ce dernier cartulaire. D.*

10   In nomine sancte et individue Trinitatis, omnibus soli Deo servientibus, Enguerrannus, sic hujus mundi vanitatem transcurrere ut inde gaudium celeste a Domino mereantur accipere. Quoniam Deum ac Dominum nostrum de omnibus que gerimus justum judicem venturum, et juxta nostrorum merita
15 operum unicuique penas vel premia retributurum credimus,

---

(1) MIRÆUS, t. III, p. 307; ESCALLIER, p. 27. — En 1177, Alard, évêque de Cambrai, met fin à une contestation qui s'était élevée, au sujet d'Aymeries, entre l'abbaye et Béatrice de Boussu, veuve d'un Gossuin de Mons. ESCALLIER, p. 126; nos *Recherches*, etc., p. 612.

20   (2) En 1189, Mathilde, dame de Berlaimont et son fils Gilles font donation au prieuré de terres appelées Lagvbos, Longue épine et Lyvate. ESCALLIER, p. 132.

109‡ justum est ut eum, de facultatibus ab eo nobis commissis, in
ecclesiarum reedificatione honorificemus, ipso per Aggeum
dicente : ascendite in montem, portate lignum, et edificate
domum, et acceptabilis michi erit et glorificabor. Quapropter
ego Ingelrannus ecclesiam sancti Georgii, sitam juxta hoc cas- 5
trum Hisdin (1), dolens multo tempore divini celebratione
sacramenti caruisse, divina ammonitus inspiratione, et Mathildis mee conjugis fideliumque meorum persuasus amonitione,
Gerardi quoque Teruanensis episcopi, a quo illam, sicut alias
etiam quasdam in feodum possideo, et clericorum suorum con- 10
sensu et voluntate, ecclesie sancti Salvatoris de Aquicincto in
cellam jure perpetuo possidendam attribuo ; eo tenore, ut de
Aquicinensis cenobii fratribus ibi tot monachi habeantur, quot
facultas rerum sancto Georgio datarum admiserit. Et ut fratres,
in monasterio eodem manentes, Deo diligentius necessaria 15
humane vite habentes serviant, hec que subscripta sunt, conjugis mee Mathildis consilio, eorum usibus dono : silvam de
Pumeroia ᵃ liberam; vincam meam, vallem de Ponpri ᵇ; curtile
Walteri filii David et terram patris ejus; terram Roberti; terram Stehardi; terram Godefridi Hurlun; terram Bernulfi; 20
terram Rodulfi de Burgeth ᶜ; Humluncam, LX solidos de redditu quadrigarum omni anno, ita ut in die Pasche incipiant
recipere, et tamdiu totum quadrigarum redditum teneant,
quousque LX solidos habeant; aquam ad piscandum; et omnes
silvas meas ad monasterium, ad domos faciendas, ad focum et 25
ad omnia necessaria monasterii; pascua quoque ubique terre
mee in silvis, in nemoribus, in campis, in aquis omnino

a. Pruneroia. D.
b. Punpri. D.
c. Burgetti. D.   30
d. alteris.

(1) Hesdin, canton de ce nom, arrondissement de Montreuil (Pas-
de-Calais)

ubique, propriis porcis et animalibus eorum, sibique servientium omni tempore gratis et sine aliquo redditu concedo
Omnes vero qui in terra eorum manserint, vel mansuri venerint, liberos ab omni teloneo vel redditu, vel exactione facio;
nec umquam per me vel per alium justificabuntur, nisi ubi
male factum fecerint intercepti fuerint; et quamvis sancto
Georgio omnes silvas meas ad omnia monasterii necessaria et
pascuas propriis animalibus eorum gratis concesserim, non
tamen aliter *d* hominibus sancti Georgii quam meis concedo.
Que autem subscripta sunt homines mei meo consensu contulerunt : Hugo Estels quam emit a Nicholao culturam dedit.
Arnulfus de Hesdin, molendinum de Puinta *a* et duas cambas,
atque culturam de Porpri *b* ; Bruile et Poteirval, et curtile apud
Ponpri *c* ; Alardus, curtile Roberti, campum de cruce Andreae,
sicut ipse tenuit. Hugo, filius Winnoldi, curtile Alboldi ; Balduinus, filius Ascelini, ıı curtilia Hugonis et Alberi et terram
Behissart *d*, sic[ut] ipse tenuit; Rodulfus Tenevel, culturam
quam habuit versus Pompri *e* ; Alelmus de Brasli, ıı curtilia, et
ı avesnam versus Sanctum Quintinum, et ı versus Quari-
nam *f* Ingelboldus de Caisnoit *g*, ıı partes altaris et atrii de
Mozelimomonte, concedente Nicholao, et fratribus, et matre,
a quibus ipse tenuit; Walterus, filius Balduini, duo curtilia et
dimidium veir ad Albin; Oilardus et filii et uxor ejus terram
de Wastenois, sicut ipse tenuit.

Si autem quispiam hominum meorum sancto Georgio aliquid, quod a me possedet, donare voluerit, similiter quoque
libere concedo.

a. Puinea. D.
b. Punpri. D.
c. Pumpri. D.
d. Bheisarth. D.
e. Pumpri. D.
f. Gueririnam. D.
g. Laisnoil. D.

1094 " Sciendum vero est quod canonicis sancti Martini, qui ecclesiam sancti Georgii suo juri mancipant, huic mee donationi consentiunt in tantum ut, ipsis hortantibus, predictam ecclesiam ecclesie de Aquicincto tribuam. Ut[b] eis ecclesiam sancti Fusciani, que in eodem castro Hesdino est libere dono cum omnibus sibi pertinentibus; similiter ecclesiam sancti Martini cum omnibus ad eam pertinentibus et duas cambas libere eisdem canonicis tribuo. Quamobrem predicti canonici quicquid in ecclesia sancti Georgii habebant ecclesie sancti Salvatoris de Aquicincto et sancto Georgio contulerunt; excepto quod hos- 10 pites sancti Georgii in Nativitate, in Pascha, in Pentecosten, ad ecclesiam sancti Martini veniant, decimasque segetum et animalium sancto Martino reddant, et ibi baptizandi baptismum, nubentes benedictionem suscipiant. De hortis vero suis nullum debitum persolvant. Nullus serviens sancti Georgii vel 15 quispiam de pane ejus vivens parrochianus sancti Martini erit, nec decimam nec oblationem sancto Martino dabit, nec ipsi monachi de animalibus vel hortis suis decimam dabunt. Alii vero homines sancti Georgii cum obierint III[or] denarios sancto Martino dabunt. Si autem quispiam predictorum cano- 20 nicorum, habitum monachilem suscipere vel mortuus a monachis sepeliri voluerit, statutum est ut sine licentia aliorum ibi recipiatur; alii vero infirmi vel mortui nullo modo sine licentia canonicorum recipiantur.

Hinc rei interfuerunt Ingelrannus, Hugo, Rotbertus Fretel, 25 Odo, filius Oilardi, Rotbertus de Fressini, Nicholaus et ceteri suprascripti. Actum est autem hoc anno ab incarnatione Domini M°LXXXXIIII, indictione II, concurrente VI, epacta I, regnante Philippo, Francorum rege, dominante in Flandria comite Rotberto juniore, cujus assensu et voluntate hoc totum 30 factum est; Gerardo episcopo presidente in ecclesia Terua-

a. D omet tout ce paragraphe.
b. Et.

nensi, et Aimerico abbate in cenobio Aquicinensi; regnante
domino nostro Jhesu Christo, cui est honor et gloria in sem-
piterna secula. Amen.

1094

1100 environ (1)

5 GOSSUIN DE MONS CONFIRME AU PRIEURÉ D'AYMERIES, DÉPENDANT
DE L'ABBAYE D'ANCHIN, LES DONATIONS FAITES PAR SA MÉRE ER-
MENGARDE DE MONS.

1100
environ.

Monasticon Belgicum, fol. 119 recto, *à la Bibliothèque nationale, à Paris, ms. lat.,* n° 11842.

10 Gossewinus de Monte Castriloco cunctis fidelibus frui perenniter celo. Noverit vestra dilectio quod ego Gossewinus omnia
que mater mea, nomine Ermengardis, pro salute anime sue
ecclesie sancte Marie d'Aymeries, ut ingenua et nobilis, libere
concesserat, cadem, consensu fratris mei Isembaldi, post obitum
15 ejusdem matris mee ipse quoque concessi, scilicet Altam-
Villam (1) in pago Vermandensi situm, molendinum illud
quod ab initio adventus monachorum ad eumden locum prefate
ecclesie fuerat collatum, decimam d'Estrees (2) cum adjunctis
sibi viculis, piscationem et alia. Ne autem huic a me facte
20 donationi vel renovationi in posterum refragetur, neve ecclesia sui juris violentiam patiatur... Actum est apud Altum-
Montem coram idoneis testibus, videlicet Theodorico de
Avesnis, Hermanno de Marcyo, Goscello de Baier, Otberto de
Walde, Waldrico de Auberi, Rodulpho et Fulberto prepositis
25 d'Aymeries Castri, et multis aliis.

---

(1) Thierry d'Avesnes, l'un des témoins de l'acte ci-dessus, étant
mort en 1106, on peut fixer la date de cette confirmation aux environs de l'an 1100.

(2) Hauteville, arrondissement de Vervins, canton de Guise (Aisne).
Voir la note sous l'acte de 1018, en faveur de l'abbaye de Saint-
Amand, et que nous avons publié plus haut p. 25.

(3) Estrées, hameau de Bachant, canton de Berlaimont.

1101.

1101 Baudri, évéque de Tournai, donne a l'abbaye d'Anchin l'autel
de Templeuve-en-Pévéle.

*Original scellé, sceau plaqué, fonds de l'abbaye d'Anchin,
à Lille.*   5

In nomine Patris et Filii et Spiritus sancti, ego Baldricus, Dei
gracia Tornacensium seu Noviomensium episcopus, omnibus
Christi fidelibus tam futuris quam presentibus, sic transire
per bona temporalia, ut non amittant eterna. Pastoralis solici-
tudo nos urget, et divina et apostolica preceptio nos admonet, 10
ut, dum tempus habemus, operemur bonum ad omnes,
maxime autem ad domesticos fidei. Quapropter accclesiam
sancti Martini Templovii in Peula (1) et omnia quae ad eam
pertinent, assentiente domno Lamberto archidiacono, et clericis sanctae Mariae Tornacensis, cui Deo auctore deservio, 15
assentientibus, annuente quoque Amulrico, qui ejusdem altaris
actenus erat persona, domno etiam Manasse Remorum venerabili archiepiscopo, necnon et clericis sanctae Remensis
aecclesiae intervenientibus atque consiliantibus, pro remedio
anime meae, atque meorum tam predecessorum quam succes- 20
sorum, tibi, o Aimerice, monasterii sancti Salvatoris, in insula
quae vocatur Aquicinctus constructi, gracia Dei abba, tuisque
successoribus in eodem cenobio dicto famulantibus, jure per-

---

(1) Templeuve-en-Pévèle, arrondissement de Lille, canton de
Cysoing.

petuo possidendam, libere absque persona et absque omni 1101
emptionis vel redemptionis exactione, contrado, dono atque
concedo, ita tamen, ut, singulis annis, solitum censum tu et tui
successores michi meisque successoribus persolvatis Concedimus etiam ut tu vel tui successores presbiterum in cadem
aecclesia constituatis, qui curam animarum a me, vel a vicariis
meis suscipiat, et tam pro se quam pro sibi commissis rationem
reddat. Ut autem hoc inconvulsum et ratum omni tempore
permaneat, corroboramus, et sigilli nostri impressione signa-
vimus. Quicumque autem hanc dationem fideliter servaverit,
in hoc seculo remissionem peccatorum, et in futuro vitam
eternam obtineat; quicumque vero hoc infrigerit, vel infringere molitus fuerit, anathema maranatha fiat. Huic dationi
interfuerunt hi quorum nomina sunt subsignata. Signum mei
ipsius Baldrici episcopi. S. Lamberti archidiaconi. S. Petri
decani. S. Herimanni prepositi. S. Balduini cantoris. S. Siceri.
S. Lietberti. S. domni abbatis Hugonis de Sancto Amando.
S. domni Odonis abbatis Tornacensis. S. abbatis Siceri Gandensis S. Alberti abbatis Hasnoniensis.

Actum est hoc Tornaco, anno dominice incarnationis millesimo centesimo I, indictione VIII, presulatus domni Baldrici
anno III.

Ego Wido cancellarius legi et subterfirmavi.

1145 environ (1).

LES BOURGEOIS D'AVESNES ÉTANT SOUMIS A UNE REDEVANCE
ANNUELLE DE QUATRE DENIERS PAR TÉTE EN FAVEUR DE L'AB-
BAYE D'ANCHIN, GOSSUIN, ABBÉ DE CE MONASTÉRE, LEUR PRO-
MET UNE MESSE SOLENNELLE CHAQUE ANNÉE S'ILS PAIENT 5
RÉGULIÈREMENT CETTE REDEVANCE (2).

*Original, sceau disparu, fonds de l'abbaye d'Anchin, à Lille.
— Cartulaire du prieuré d'Aymeries, pièce 26, fol. 84 recto,
à Lille.*

In nomine sancte et individue Trinitatis, amen. 10

Gozewinus, Dei miseratione abbas ecclesie sancti Salvatoris
Aquicinensis, omnisque ejusdem loci conventus, dilectissimis
filiis suis omnibus burgensibus Avesnis commorantibus, presentis vite prosperitate, et future beatitudine perfrui. Cum
universis ecclesie nostre familiaribus, tam vivis quam defunc- 15
tis, orationibus nostris et elemosinarum beneficiis quaque die
subvenire studeamus, maxime vobis, karissimi, quos non solum
familiares verum etiam coadjutores et rerum nostrarum que
apud vos sunt fidelissimos conservatores cognovimus, cadem
benivolentia impertiri curamus. Notum namque vobis est et 20
adhuc tam posteris quam presentibus manifestum fieri volumus, quod Gozewinus, Avesnensis castri dominus, cum uxore

(1) Gossuin fut abbé d'Anchin de 1131 à 1166; Gautier d'Avesnes, d'autre part, mourut en 1147, après son fils Thierry. L'acte
supposant le père et le fils vivants, on peut fixer la date de cette 25
charte aux environs de l'année 1145.

(2) Nous avons publié l'acte par lequel, en 1115, Raoul, archevêque de Reims, confirme à l'abbaye d'Anchin la donation faite par
Gossuln d'Avesnes de quatre sous à payer chaque année par les
habitants d'Avesnes (*Recherches*, etc., p. 514).

sua Agnete, pro remissione peccatorum suorum, singulis annis   1145 environ.
ad Natale Domini, ɪɪɪ⁰ʳ denarios ab unoquoque proprio pane
vescente in predicto castro commorante ecclesie sancti Salvatoris Aquincineti jure perpetuo tradidit. Hoc etiam Walterus,
successor et nepos suus, cum uxore sua Ida et filio suo Teode-
rico (1), manu propria cidem ecclesie perenni possessione
confirmavit. Vobis autem, qui hujus redditus debitores estis,
et ut jam experti sumus libenter exsolvistis, et sicut nobis
promisistis libentius deinceps persolvetis, assensu ac benivolentia totius conventus ecclesie Aquicinensis, concedimus quatinus, omni anno semel in sequenti die post Epiphaniam Domini,
nisi dies dominica vel aliqua sollempnis festivitas intercesserit,
communiter pro omnibus tam vivis quam defunctis, pro uxo-
ribus filiisque et filiabus vestris, cum pulsatione signorum, sollempne officium faciemus, missam in commune celebrabimus.
Ipsis vero quibus, sub remissione peccatorum suorum, onus
et laborem injunximus ut monachum nostrum cum honore
suscipiant predictumque redditum fideliter perquirant et col-
ligant, Elberto scilicet sacerdoti, Petro maiori, Gozuino de Alto
monte, Walmanno, Adam de Bavai, fratrisbusque suis Alardo
et Willelmo, Waltero de Malbodio, Roberto Crandin, priori
beneficio hoc precipue superaddentes, concedimus ut, eo die
quo obitum predictorum fratrum audierimus, tantumdem pro
ipso explebimus ac si presens corpus ejus in ecclesia nostra
haberetur. Idem beneficium concedimus Adam scolastico et
matri ejus Bonesendi, Roberto filio Alardi, et Emme matri ejus.
Ut autem hoc inconvulsum et inviolabile ritu perpetuo maneat,
scripto nostro utrobique confirmamus, ac sigilli nostri impressione corroboramus.

---

(1) Gautier d'Oisy, neveu de Gossuin, lui succéda, en 1126, dans
la seigneurie d'Avesnes (voir plus haut, p. 268). Il avait épousé Ide
ou Ade, fille d'Evrard Radou, seigneur de Mortagne et châtelain de
Tournai. Voir nos *Recherches*, etc., p. 562, note.

1158.

Le comte Baudouin IV prend sous sa protection spéciale les
biens de l'abbaye d'Anchin, dans le comté de Hainaut.

Original scellé, fonds de l'abbaye d'Anchin, à Lille.

In nomine Patris et Filii et Spiritus sancti, amen. Ego Bal-   5
duinus, Dei miseratione comes Montensis sive Hainoensis,
notum fieri volo omnibus fidelibus tam futuris quam presentibus,
quod ecclesiam sancti Salvatoris Aquicinensis specialis dilectionis affectu honorare cupio, et ut a posteris meis cidem
ecclesie totius venerationis honor exhibeatur, presentis privi-   10
legii tenore commoneo. Notum sit itaque tam meis successoribus quam ceteris omnibus fidelibus, quod ego et Adelidis,
uxor mea, sed et filii nostri Godefridus atque Balduinus (1),
res sive possessiones ad prefatam ecclesiam pertinentes, que
vel fidelium largitione, vel justa adquisitione in jus ejusdem   15
ecclesie devenerunt, quas videlicet in comitatu et sub potestate
nostra legitime sibi adquirere potuit, sub nostre protectionis
et defensionis patrocinio tuendas et defensandas suscipimus,
et contra maliciam perversorum hominum, qui res ecclesiis

---

(1) De sa femme Alide, fille du comte de Namur, Baudouin IV,   20
comte de Hainaut, avait eu un premier fils, Baudouin, qui mourut
jeune. Godefroid, le second, qui apparaît ici, avait épousé Aenore,
fille de Raoul, comte de Vermandois; il mourut en 1163, âgé de
seize ans environ, de sorte que ce fut Baudouin, cité avec lui, qui
succéda à son père, en 1171, sous le nom de Baudouin V (Gislebert,   25
édit. Arndt, p. 70). — Il n'est pas rare de voir à cette époque des
enfants, avant l'âge de la majorité, sceller ainsi des chartes avec
leurs parents.

collatas diripere et in proprios usus intorquere pro nichilo ducunt, auxilii nostri scutum opponimus. De hiis videlicet terris sive possessionibus, quas eadem ecclesia hactenus quiete et sine justa calumnia tenuit, de quibus scilicet diem exequende justicie contra reclamantium injurias nullatenus evitavit, sed ad respondendum se paratam exhibuit, sive exhibere deinceps parata fuerit loco quo, pro elemosina a fidelibus ecclesie collata, filii ecclesie jure convenire debent; et precipue de omni terra que fuit Engebrandi de Beldengies (1), quam idem Engebrandus prefate ecclesie non solum vendidit, sed etiam in elemosinam dedit pro duobus filiis suis quos sepedicta ecclesia in monachos suscepit, de hac, inquam, terra et de ceteris omnibus terris hactenus eidem ecclesie legitime adquisitis, nos tutores et defensores esse recognoscimus, et eas concessione nostra in jus perpetuum ab eadem ecclesia tenendas decernimus, et successores nostros, ut ejusdem patrocinii auxilium sepefate ecclesie impendere et exhibere non negligant, commonemus. Ne hoc igitur possit oblivioni tradi vel a successoribus nostris ignorari, istud privilegium pacis conservande gracia conscribi fecimus, et sigilli nostri impressione ac subtersignatorum testium astipulatione roboravimus. Signum mei ipsius Balduini comitis. S. Adelidis uxoris mee. S. Godefridi et Balduini filiorum meorum. S. Ernulfi de Bealdengies. S. Vualcheri de Bruilo. S. Eustachii de Ruz. S. Theoderici de Linge. S. Adam de Vuallaincurt. S. Egidii de Busennies. S. Roberti de Aisonvilla. S. Theoderici de Vuaslers. S. Gerardi de Douengio. S. Amandi de Donengio. S. Adam dapiferi. S. Florii fratris ejus. S. Roberti de Montengi. S. Vualteri de Alnoith S. Hauvel de Cheveren. Pacem eidem loco servantibus pax eterna, decus in celis. Actum anno Verbi incarnati M° C° L° VIII°.

---

(1) Baudegnies, arrondissement d'Avesnes, canton du Quesnoy.

1218-1238 (1).

1218-1238 GODEFROID (?), ÉVÉQUE DE CAMBRAI, RAPPELLE ET REPRODUIT LE RÉGLEMENT DONNÉ PAR SON PRÉDÉCESSEUR ALARD AUX LÉPREUX DE BERLAIMONT.

Cartulaire du prieuré d'Aymeries, fol. 78, *à Lille.*   5

G., Dei gracia Cameracensis episcopus, leprosis de Bierlain-munt, salutem in Domino. Secundum formam vivendi, que condam prescripta fuit predecessoribus vestris a pie memorie domino Alardo, Cameracensi episcopo, mandamus vobis et volumus quod constitutiones istas que scripte sunt fideliter et 10 firmiter observetis, sicut vos facturos promisistis : videlicet ut omnes fratres et sorores de collegio viventes ordinate pacem inter se habeant. Quod si quis eorum qui domui appendet con-tumeliam cuilibet fratri vel sorori aliquam intulerit, magistro qui ad hoc electus est corrigente, ipso die ad pedes illius quem 15 lesit humiliter procidat, veniam requirat et de fratris offensa tribus diebus pane et aqua contentus a ceteris abstineat; si autem ad hoc rebellis fuerit, sit in pane et aqua quousque facere compellatur. Idem statuimus illi qui contumax humilia-tum recipere noluerit. Item, si magister domus quempiam 20

---

(1) Cet acte pourrait émaner aussi des évêques Guy ou Guiard (1238-1247), Guillaume (1292-1296), Guy II (1300-1306). — Le cartulaire d'Aymeries (fol. 96) contient un acte par lequel l'évêque Alard, en 1176, confirme aux lépreux de Berlaimont une donation qui leur était faite par Mathilde, dame de ce lieu.

fratrum vel sororum quo necessitas domus exigit mittere 1218-1238
voluerit, plane obediat; quod si repugnaverit, prefate abstinen-
tie donec magistro satisficerit, subjaceat. Interdicimus etiam
ne leprosi cum mulieribus leprosis soli loquantur, sed seorsum
5 viri, seorsum mulieres, comedant et dormiant. Quod si contra
vetitum acciderit, tribus diebus sit in pane et aqua; et si de
illicito concubitu, quod absit, conjuncti fuerint, ambo de domo
ejiciantur. Nullus terminos curie absque licentia magistri
exeat; quod si acciderit, die proxima in pane et aqua jejunet.
10 Vestes habeant ordinatas, unius coloris et equalis precii, prout
ratio dictaverit, novas recipientes veteres magistro reddentes.
Interdicimus maxime ne quis ibi redditorum vel reddendorum
quicquid proprio juri reservet. Silentium in mensa teneant et
in dormitorio; loquantur tamen demissa voce servitori, si ali-
15 quo indiguerint. Cum autem de mensa surrexerint, pro episcopo suo et sacerdote suo, pro benefactoribus suis vivis et
defunctis, semel dicant *Pater noster*. In singulis horis diei sep-
ties dicant *Pater noster* in honore sancti Spiritus, ut per eundem Spiritum perseverent. Item, eisdem horis, *Pater noster*
20 pro suo episcopo et sacerdote suo, pro benefactoribus suis
vivis et defunctis, semel dicant. Redditi autem vel reddendi
nullatenus de subjectione domus redire habeant; quod si pre-
sumpserint, excommunicationi nisi resipuerint subjaceant.
Inhibemus etiam arctius ne quis per simoniam recipiatur, et
ne quis ad tales vel aleas ludere presumat.

XX.

LA CATHÉDRALE DE CAMBRAI.

Les archives de la cathédrale et du chapitre de Cambrai sont riches en documents se rapportant aux vastes territoires de l'ancien diocèse de ce nom. Les plus vieux et les plus importants de ces documents sont publiés. Il en est toutefois encore qui méritent d'être connus.

27 avril 941.

27 avril 941

FULBERT, ÉVÉQUE DE CAMBRAI, JUGE UNE CONTESTATION ENTRE RAINIER, L'UN DE SES FIDÈLES, ET UNE FEMME ET SES ENFANTS A QUI CE DERNIER PRÉTENDAIT IMPOSER UNE CHARGE DE SERVAGE QU'ILS NE DEVAIENT PAS (1).

Original, en tête du manuscrit n° 485 de la Bibliothèque de Cambrai.

Notitia qualiter Raincrus tunc [fidelis?] *a* domni Fulberti, episcopi Cameracensis, cum haberet in beneficiis villam que *a*... [nun]cupatur *a*, voluit ibi inservire quandam feminam nomine 10 Greviam cum infantibus suis, quorum haec sunt nomina : Gotlandus, Gerwinus, Ivoria, Volemia, Plectrudis, ut mansos deservirent. Qui cum id renuissent et eis sepius modo

a. *Trou dans le parchemin.*

---

(1) M. Édouard Gautier, bibliothécaire de la ville de Cambrai, ancien 15 élève de l'École des chartes, a bien voulu nous faire la transcription de ce document.

blandiendo modo minitando preciperentur, Cameraco pe-
tentes prosecuti sunt vestigia domni presulis, reclamantes
contra jus nativum indebite servitutis pondus sibi velle imponi,
et ab ipso episcopo juste debere subveniri. Itaque jam praedic-
tus dominus episcopus, suos convocans fideles, cum clericos
honestate praeclaros et laicos nobilitate sublimes, tum etiam
devotos suae potestatis vernaculos, diligenter inquisivit hujus
reclamationis veritatem, sicque veraciter adque stabiliter ab
omnibus inventum est plus per legem et debitam justitiam ª...
supradictas feminas, matrem scilicet et filiabus suis unaquaque
carum ad supradictam villam dare de suo capite denarios ii, et
filii corum iiiiᵒʳ, quam illud servitium facere quod a supradicto seniori eis imponebatur. Et hec sub jurejurando juravit
mater corum, ejusque sequaces subsecuti sunt, quorum hec
sunt nomina : Sicfridus, Ernuldus, Gislehardus, Gilmannus,
Gerbertus, Heribertus. Ut hujus rei veritas lucida atque
indubitata sciatur, jussa est a domino episcopo necnon et a
fideli suo Rainero hacc fieri notitia. Facta est Camaraco,
v kalendas maias, indictione xiiii, anno ab incarnatione
Domini DCCCCXLI, anno scilicet VIII domno Fulberto episcopo, regnante etiam Ottoni regis VI.

Signum domni Fulberti, qui hanc notitiam scribi vel fir-
mari jussit.

Signum Raineri senioris ejusdem potestatis.

Signum Gilbaldi archidiaconi.

Signum Johannis archipresbiteri.

Signum Gerrici vice domini.

Signum Herberti advocati.

Signum Winodi (?) maioris.

Signum Israhelis.

. . . .

a. *Un ou deux mots illisibles.*

b. *Quatre autres souscriptions illisibles.*

1089.

GÉRARD II, ÉVÊQUE DE CAMBRAI, DONNE AU CHAPITRE DE CETTE VILLE
L'AUTEL D'ETERPIGNY AVEC SES ANNEXES.

*Original, sceau plaqué, fonds de l'église de Cambrai, à Lille.
— Cartulaire du chapitre de Cambrai, fol. 38, à la Bibliothèque nationale, à Paris, ms. lat., n° 10968.*

In nomine sancte et individue Trinitatis. Gerardus secundus,
Dei gratia episcopus Cameracensis, omnibus in Christo renatis
premia eterne hereditatis. Est nostri officii ut, si quis ex subditis erga sanctam ecclesiam ad hanc agendum divinitus
inspiretur, ejus bona voluntate delectari debeamus, atque
admonitionis nostre instantia ne qua penitudinis aura a pro-
posito dimoreatur, ipsum confortare studeamus. Ego itaque,
cum vidissem duos canonicos sancte Marie, Vuerinfridum
scilicet et Segardum, in exaltatione ecclesie sancte Marie cui
deserviebant anhelantes, immo penitus ardentes, eorum
desideriis gavisus, auxilium meum promisi non deesse
postulantibus. Ex eorum namque petitione tradidi altare de
Sterpeniis (1), cum appenditiis suis que sunt : Exclusa (2),
Cresenorie (3), Stohengh (4), Monzs (5), Durih (6), Noella (7),

---

(1) Eterpigny, arrondissement d'Arras, canton de Vitry (Pas-de-
Calais).

(2) Lécluse, arrondissement de Douai, canton d'Arleux (Nord).

(3) Les Cressonnières, arrondissement et canton de Douai.

(4) Etaing, arrondissement d'Arras, canton de Vitry.

(5) Lieu inconnu.

(6) Dury, arrondissement d'Arras, canton de Vitry.

(7) Noyelle-sous-Bellonne, arrondissement d'Arras, canton de
Vitry.

Thailuncort (1), tradidi, inquam, canonicis sancte Marie libe-   1089
rum, sine persona et ab omni consuetudine et redemptione
solutum, exceptis debitis annue sonegie et obsoniorum. Dis-
posuerunt autem ut, in vita sua, altare supradictum in manu
5 sua retinerent; pro cujus respectu quotannis duos pastus,
alterum in natale apostolorum Petri et Pauli, pro omnibus
fidelibus vivis et defunctis, alterum vero in elevatione sancti
Gaugerici, pro anima patris prelibati Segardi, canonicis sancte
Marie facerent. Horum autem utrolibet defuncto, superstes
10 hos pastus II^{os} in eisdem sollempnitatibus, tertium vero in
defuncti anniversario canonicis persolvat. Sed et ipso quoque
morte soluto, canonicis totum illud altare sibi vendicantibus,
IIII^{or} pastus, duos in prelibatis festivitatibus, duos etiam in
anniversariis Vuerinfridi scilicet et Segardi, faciet elemosina-
15 rius; et si quid inde residui fuerit, commonemus et in Domino
obtestamur non in aliis usibus nisi in refectione canonicorum
expendatur. Ut autem hoc ratum maneat et inconvulsum, subtersignatorum clericorum testimonio est corroboratum. S. domni
Mascelini prepositi et ejusdem altaris archidiaconi. S. Alardi
20 archidiaconi. Signum Gerardi archidiaconi. S. Ansfridi archidiaconi. S. Bernardi archidiaconi. S. Freerici archidiaconi.
S. Rothardi archidiaconi. S. Hugonis decani. S. Vuerinboldi
arciscoli. S. Guodonis cantoris. S. Goisfridi elemosinarii.
S. Vuerinboldi, qui hanc kartam composuit. Voluerunt autem
25 fratres illi, videlicet W[erinfridus] et S[egardus], ut idem mo-
dus in supradictis pastibus teneatur, qui in illis qui diebus
dominicis fiunt observatur. Actum est hoc anno ab incarnatione Domini, M^o LXXXVIIII^o, indictione XII^a, presulatus vero
Gerardi XIIII°.

_____

(1) Lieu inconnu.

1137-1145 (1).

1137-1145 Nicolas, évêque de Cambrai, déclare qu'au temps de son prédécesseur Burchard, Oda d'Escornaix (Schoorisse), libre de
condition, s'est donnée en servitude a l'église de Cambrai.
(Privilegium domini Nicholai de Oda Descornai, quae se et 5
suos successores ecclesiae nostrae dedit.)

Collection Moreau, t. LVII, p. 97 (*ex chartul. signato A*
eccles. Camerac., cap. 107).

In nomine Domini, ego Nicholaus, Dei gratia Cameracensis
episcopus, tam praesentibus quam futuris in perpetuum. 10
Dignum et justum est ut ea, quae temporibus praedecessorum
nostrorum legitime acta sunt et coram nobis idoneis testibus
recognita, in commemorationem veteris acti scripto signemus
et posterorum memoriae commendemus. Sciant igitur tam
praesentes quam posteri quod Oda libera, liberis exorta nata- 15
libus, Rainero et Oda Descornai (2) edita parentibus, ob salutem animae suae libertatem temporalem deponere dignum
duxit. Sanctae ergo et intemeratae Dei genetrici Mariae apud
Cameracum se tradidit, ea videlicet lege ut duos denarios de
capite, vi pro licentia nubendi, xii pro mortua manu per- 20
solveret, et successores sui, ita sane ut, omni laica advocationis dominatione remota, nullus praeter episcopum Cameracensem praefatum censum accipere praesumeret. De petitione
vero quam laica dominatio a familia ecclesiarum injuste accepit,
se et suos [quittos ?] et liberos, libera traditione liberoque 25

---

(1) Nicolas fut évêque de 1137 à 1166; l'archidiacre Thierry,
qui figure parmi les témoins, est cité de 1132 à 1145.

(2) Escornaix ou Schoorisse, arrondissement d'Audenarde, canton
de Hoorebeke-Sainte-Marie.

arbitrio, prout justum et possibile erat, statuit. Praefatum 1137-1145
vero censum si successores ejus temere quandoque reti-
nuerint ª, in nativitate sanctae Mariae super altare apud
Melin (1), quae propria episcopi Cameracensis villa est; sed qui
5 accipere praesumpserit, banno episcopi coactus, per duos
solidos reddet censum. Haec autem coram domino Burchardo
piae memoriae episcopo acta sunt et coram nobis publice recognita. Ut igitur hujus actionis decretum stabile et inconvulsum
perpetuo perseveret, in conservatores benedictionis, in viola-
10 tores excommunicationis sententiam promulgamus. Hujus
traditionis, tempore quo facta est, testes fuerunt : Rainerus et
Joseph fratres ejusdem Odae; Gerardus camerarius, nepos
ejus; Frenbaldus de Flesseco; Hosto de Harea; Hosto de
Seuva; Arnoldus Bechz; Theobaldus persona de Scornai. Reco-
15 gnitionis vero, quae coram nobis facta est, testes fuerunt :
Theodericus, praepositus Tornacensis et archidiaconus Cameracensis; Vucrinboldus cancellarius; Gerardus Cameracensis;
Stephanus Blandus, Arnoldus debet ᵇ. Haec autem recognitio
coram ecclesia Cameracensi allata est, et in capitulo beatae
20 Mariae coram personis ecclesiae nostrae publice confirmata.
Testes Theodericus praepositus, Johannes, Alardus archidiaconus, Hugo decanus, Walterus cantor, et alii.

a. *Il y a certainement ici une lacune dans le texte.*
b. *Sic.*

---

(1) Melin-l'Évêque, arrondissement de Tournai, canton d'Ath.

XXI

L'ABBAYE DE SAINT-AUBERT DE CAMBRAI.

L'abbaye de Saint-Aubert, dont la fondation remonte à 1066, tenait de la générosité des évêques de Cambrai, au XIe siècle, la possession de divers autels dans le Hainaut et le Cambrésis (1). Trois des actes ci-après concernent des donations d'autels dans la Flandre et le Brabant, au XIIe siècle.

1074.

1074

UN CERTAIN W. DONNE A L'ABBAYE DE SAINT-AUBERT
L'AUTEL D'ESTRÉES-EN-ARROUAISE.

*Original, sceau plaqué, fonds de l'abbaye de Saint-Aubert,
à Lille.*

Quoniam breve scimus et momentaneum vitae nostrae per quod currimus stadium, christiano igitur cuique insistendum est et enitendum, ut comprehendat ad quod tendit bravium. Desistentis enim cursus ipse frustratus est, et spes premii ejus evacuatur; insistenti autem ipse Christus bravium est, merces scilicet et corona qua insignitur. Currendum ergo est ad Christum et insudandum bonis operibus, ut computemur inter servos ejus, quod non possunt non compleri directe ad patrem preces ejus : volo, pater, ut ubi ego sum, illic sit et minister. Nisi itaque qui Christi aecclesiae et ejus catholicis aliquid largitur, servit indiscrete Christo, quia de eisdem : vos, inquit apostolus, estis corpus Christi et membra de membro. Hac

_____

(1) Voir nos *Recherches*, etc., pp. 397, 422, 465, 473 et 544.

ergo Dei deliberatione pulsatus, ego W., in templo sancti   1074
Autberti cui in primis deservieram, aliquod volui memoriale
relinquere, et in spem retributionis aeternae, pro anima patris
mei qui hoc idem mihi suggesserat, et matris mee et parentum
5 meorum et fratris mei, pro mea etiam anima, si ab domno
L[ietberto] episcopo obtinere possem, quoddam altare quod
apud Stradam (1) tenebam, ipsi aecclesiae absolute contradere.
Et, Deo gracias adjuvante nos gracia ejus, non difficilis fuit aut
laboriosa nostra impetratio, favente nobis ejusdem episcopi
10 benivolentia, cujus circa ipsam aecclesiam exestuans erat am-
pliationis et donorum exuberatio. Impetrata itaque hac permissione a domino episcopo et domino M[atselino] archidiacono,
partim precibus, partim pretio, hujus conditionis fuit altaris
traditio, ut, quum altaris ejusdem tunc temporis parvus erat
15 processus, parvus itidem, id est xii denariorum, esset ejus respectus, et quomodocumque esset ex aliis altaribus, ita tamen
sub respectu xii denariorum et obsoniorum, illud a canonicis
sancti Autberti tenerem toto vite mee termino, nisi forte hoc
eis concessissem, aliqua satisfactione inductus. Ne ergo scrip-
20 tum istud evacuetur perversitatis aura subrutum, jussu
domini episcopi L[ietberti] conscriptum est, et sigilli ejus
impressione signatum et probabilium virorum testimonio robo-
ratum.

Signum Gerardi prepositi et archidiaconi. S. Matselini archi-
25 diaconi. S. domini Bernardi. S. Helgoti presbyteri. S. presbyterorum Rainberti, Alboldi, Walteri. S. diaconorum Goiffridi,
Gisleberti, Werinfridi, Fulberti, Rothardi. S. subdiaconorum
Herewardi, Fulchardi, Amulrici. S. donni L[ietberti] pontificis.
Actum est autem hoc Cameraci, anno dominice incarnationis
30 I° LXX° IIII°, indictione xii, regni quoque Heinrici regis nostri
anno XXIII°, presulatus donni L[ietberti] pontificis xxiv°.

---

(1) Estrées-en-Arrouaise, arrondissement de Saint-Quentin, canton
du Catelet (Aisne).

1126.

Burchard, évêque de Cambrai, donne a l'abbaye de Saint-Aubert l'autel de Gavere.

Original scellé, fonds de l'abbaye de Saint-Aubert, à Lille.

In nomine sancte et individue Trinitatis, Patris et Filii et Spi- 5
ritus sancti. Burchardus, Dei gratia Cameracensium episcopus,
tam futuris quam presentibus in perpetuum. Cum scriptura
insonet : ante mortem benefac, quum apud inferos non est
invenire cibum, precavendum est, dum vivimus, ut mortem
nostram actuum inanitate preveniamus. Consilio igitur cleri- 10
corum nostrorum, supplicationi filii nostri Walteri, ecclesie
sancti Autberti abbatis, condescendimus, et altare de Gave-
rah (1) liberum et sine personatu, salvis nostris et ministrorum
nostrorum debitis, prefate ecclesie ad usus fratrum regulariter
ibidem viventium concessimus. Ad arcendas vero quorumlibet 15
importunitates, data conservatoribus pace, in prevaricatores
quoad resipuerint anathematis gladium eximus, atque canonica subsignatione nostra quoque subimaginatione hujus nostri
privilegii decretum assignamus. Signum Anselli, ejusdem
altaris archidiaconi S. Johannis archidiaconi. S. Erleboldi pro- 20
positi et archidiaconi. S. Gerardi archidiaconi. S. Oilardi decani.
S. Rotberti cantoris. S. Haduini et Widonis sacerdotum.
S. Rodulfi, Werinboldi, Rumoldi, diaconorum. S. Lantberti,
Herewardi, Mascelini, subdiaconorum. S. Nicolai, Alardi, Ful-
chonis, acolitorum. 25

Actum anno incarnati Verbi M° C° XXVI°, indictione iiii,
presulatus domni Burchardi undecimo. Ego Werinboldus cancellarius subscripsi et recognovi.

---

(1) Gavere, arrondissement de Gand, canton d'Oosterzeele. — Cet
autel est cité dans une confirmation des biens de l'abbaye par le 30
pape Innocent II, en 1137. Voir nos *Recherches*, etc., p. 546.

1148.

NICOLAS, ÉVÊQUE DE CAMBRAI, DONNE A L'ABBAYE DE SAINT-AUBERT
L'AUTEL D'HÉRINNES LEZ-ENGHIEN, AVEC SON ANNEXE THOLLEM-
BEEK, ET QUATRE CHAPELLES.

1148

5   Original scellé, fonds de l'abbaye de Saint-Aubert, à Lille.

In nomine sancte et individue Trinitatis, Patris et Filii et
Spiritus sancti. Nicholaus, divina miseratione Cameracensis
minister, tam futuris quam presentibus in perpetuum. Cum in
divinis eloquiis sancitum sit : ubi te invenero ibi te judicabo,
10 vigilandum est ut, novissima nostra bono fine concludentes,
militantibus in operibus bonis que gratis accepimus gratis
reddamus, ut ex dominico testimonio si quid sinistra fecerit
dextera non inveniat. Igitur, si omnium ecclesiarum que nobis
commisse sunt curam generaliter gerimus, speciali tamen sol-
15 licitudine et affectu familiares nostros et relligiosos viros
veneramur et amplectimur. Unde ecclesiam sancti Autberti,
que specialiter ad nos pertinet et in diebus nostris virtute
hospitalitatis et odore bone opinionis pollet, optamus et volumus honorare et sublimare. Eapropter, dilecti filii nostri
20 Gualteri prefate ecclesie abbatis petitionem quo decuit amore
suscipientes, altare de Herinis (1), cum appendiciis suis Tho-
lobecca (2), capella sancte Marie, capella sancti Petri, capella

---

(1) Hérinnes lez-Enghien, arrondissement de Bruxelles, canton de
Lennick-Saint-Quentin.

(2) Thollembeek, arrondissement de Bruxelles, canton de
Lennick-Saint-Quentin.

1148 sancti Amandi, capella sancte Aldegundis, que omnia, tam prefatum de Herinis altare quam appenditia subtitulata, una sola sonegiarum solutione nobis et ministris nostris concluduntur, jam dicte ecclesie beati Autberti, ad usus fratrum inibi Deo serventium, liberum et sine personatu concedimus. Ad arcendas igitur quorumlibet importunitates, data conservatoribus pace, in prevaricatores autem quoad resipuerint excommunicationis sententiam exponimus, atque canonica subsignatione et sigilli nostri impressione hujus decreti nostri paginam confirmamus, et autenticarum personarum testimonio roboramus. S. Theoderíci prepositi, ejusdem altaris archidiaconi. S. Johannis, Alardi, archidiaconorum. S. Hugonis decani S. Gualteri, Gerimbaldi, Gerardi, Johannis, sacerdotum. S. Guillelmi, Gualteri, Olrici, levitarum. S. Roberti, Eustachii, Anselmi, Johannis, sublevitarum. S. Parvini, abbatis Sancti Sepulchri. S. Ade, abbatis Sancti Andree de Castello. S. Fulconis, abbatis sancti Petri Hasnoniensis. S. Godescalci, abbatis de Monte Sancti Martini. Actum anno incarnati Verbi M° C° XL° VIII, indictione XI^a, presulatus domini Nicholai XII°. Ego Guerimboldus cancellarius scripsi et recensui.

1189.

1189 ### ROGER, ÉVÉQUE DE CAMBRAI, DONNE A L'ABBAYE DE SAINT-AUBERT LES AUTELS DE WILLEBROECK ET DE VREMDE.

Original, fonds de l'abbaye de Saint-Aubert, à Lille.

Rogerus, Dei gratia Cameracensis episcopus, tam futuris quam presentibus in perpetuum. Notum fieri volumus quod duo altaria Willebroc (1), Vidrene (2), que dilectus noster Fulco,

---

(1) Willebroeck, arrondissement et canton de Malines.
(2) Vremde, arrondissement d'Anvers, canton de Contich.

canonicus ecclesie Remensis, tenebat, in manus nostras reddidit, 1189
et nos eadem, pro salute anime nostre et parentum nostrorum, ecclesie Sancti Auberti in perpetuum tenenda concessimus sine persona, salvo jure nostro et officialium nostrorum.
ß Que concessio ut apud posteros rata et inconvulsa permaneat,
sigilli nostri impressione et testium subscriptione duximus
roborare. S. magistri Sigeri et Johannis, archidiaconorum.
S. Johannis, abbatis sancte Marie de Pratis. S. Walteri capellani. Actum anno Domini millesimo centesimo LXXX IX

XXII.

L'ABBAYE DE SAINT-QUENTIN-EN-L'ILE.

L'abbaye de Saint-Quentin-en-l'Ile (faubourg de Saint-Quentin) remonte au VIIᵉ siècle; elle fut restaurée, vers la fin du Xᵉ siècle, par Eilbert, comte de Vermandois. Elle avait d'importantes possessions dans le nord de la France et dans la Flandre, aux environs de Bruges.

18 octobre 1089.

18 octobre 1089 ROBERT II, COMTE DE FLANDRE, DONNE A L'ABBAYE DE SAINT-QUENTIN-EN-L'ILE LA DÎME D'UNE TERRE NOUVELLE A OOSTKERKE. (De decima quae vastina dicitur, apud Oostkerke, ecclesiac Insulensi concessa.)   5

Manuscrits de Dom Grenier, collection de Picardie, t. CCXXXI, fol. 8 recto, *à la Bibliothèque nationale, à Paris. — Cartulaire de l'abbaye de Saint-Quentin-en-l'Ile (1764),* fol. 476, *à la Bibliothèque nationale, ms. lat.,* nº 10116.

In nomine Patris et Filii et Spiritus sancti paracliti. Quo- 10
niam, Dei disponente clementia, ad hoc in terris principamus, ut que justa sunt decernamus, injusta comprimamus, que recta regamus, que prava pro posse corrigamus, ego Rodber-

---

(1) Robert II avait été associé au comté du vivant de son père, qui mourut en 1093.

tus, Rodberti, Balduini gloriosi principis filii, filius, per Dei 18 octobre 1089 providentiam Flandrensium marchio constitutus, hinc superni gratia respectu, inde patris principumque meorum consilio persuasus, omnem decimationem nove terre que vulgo was-
5 tina vocatur, que ad parrochiam Oskirke (1) pertinet, usque ad terram Frumaldi Musce, Deo sanctoque martiri ejus Quintino in perpetuam possessionem liberrime concessi, quatinus familia Dei sanctique martiris ‖ ejus Quintini aliquid a nobis fol. 477 r° habeat solacium, nosque orationibus fratrum apud martirem
10 sanctum, sancti quoque martiris interventu, apud Deum sentiamus suffragium. Ut autem rata, firma et inviolabilis maneat hujus nostre largitio elemosine, clericorum et laicorum, qui presentes affuerunt, nomina huic jussimus annotari pagine : domnus abbas Girardus; Werenfridus decanus; Lainardus
15 prepositus; Engelbertus cantor; alius Engelbertus; Liedbertus, prepositus Brugensis; Bertulfus capellanus; Rainerus parvus; Ricuardus; Dodinus de Oskirka; Erenboldus castellanus; Robertus filius ejus; Cono; Alardus filius ejus; Alardus de Spinoit; Isaac, filius Rainoldi; Lambertus Niger; Ricuardus; Er-
20 chenboldus; Algrinus; Hencradus, filius Didun. Actum Burggis, xv kalendas novembris, anno dominice incarnationis M LXXX VIIII; regnante rege Francorum Philippo anno XXV; episcopante pio patre Ratbodo anno XXIIII.

Ego Rambertus, Islensis canonicus, subscripsi.

---

(1) Oostkerke, arrondissement et canton de Bruges.

1106.

1106 BAUDRI, ÉVÊQUE DE NOYON ET DE TOURNAI, DONNE A L'ABBAYE DE
DE SAINT-QUENTIN-EN-L'ILE LES AUTELS DE SAINGHIN EN MELAN-
TOIS ET D'ENNEVELIN.

Cartulaire de Saint-Quentin-en-l'Ile (*XVII*ᵉ siècle), fol. 68
verso, à la Bibliothèque nationale, à Paris, ms. lat.,
n° 12895.

In nomine Patris et Filii et Spiritus sancti. Ego Baldricus
Dei gratia Noviomensium atque Tornacensium episcopus, omnibus sanctae religionis cultoribus, beatitudinis aeternae
gloriam quam promisit Deus se diligentibus. Scitis, dilectissimi,
malignorum spirituum legionem hanc adversum nos habere
semper intentionem, ut a justitiae semita nos deviare faciant et
damnationis suae consortes efficiant. Quapropter, fratres, oportet nos a malis declinare, et in bonis actibus perseverare
sanctorumque ac religiosorum virorum orationibus vitam
nostram commendare, quo eorum meritis et exemplis muniti,
praedictae legionis insidias transcamus illaesi. Bonorum igitur
precibus et meritis desiderans adjuvari, et ab omni maligni
hostis pravitate liberari, ego B[aldricus], Noviomensis atque
Tornacensis ecclesiae servus, bene viventibus et Deo devote
servientibus, etsi non per omnia saltem in aliquibus, subvenire
saluberrimum consideravi. Benivole siquidem domni Ingelberti,
fol. 69 rᵒ abbatis sancti Quintini de Insula, ‖ et fratrum inibi servientium
suscepta petitione, ut attentius necessariis non indigentes Deo

valeant inhaerere, ob animae mcae remedium, altaria Sengin (1)   1106
et Anevelin (2) cum appenditiis suis, quae diu sub personatu
tenuerat, Lamberto archidiacono nostro laudante, necnon clericorum nostrorum assensù praeveniente, cidem ecclesiae
sancti Quintini de Insula et monachis concessi, absque personatu perpetuo possidenda libere; tali tamen tenore, ut
sinodalia jura sicut antea episcopo vel ejus ministris persolvant,
et presbyteri quos abbas aut ejus successorcs ibi constituerint,
sive aliqua decessione mutaverint, omni postea munerum
exactione ab episcopo vel ejus ministris curam suscipiant qui
rationem illius reddere debeant Ut autem hoc ratum et inconvulsum valeat permanere, ne quis violare praesumat, inter-
posito anathematc, subscriptorum testimonio commendare
praecepi, sub sigilli nostri impressionc. S. Lamberti archidiaconi. S. Gotheri decani. S. Gunteri praepositi. S. Balduini
cantoris. S. Henrici presbyteri. S. Joannis presbyteri. S. Hellini presbyteri. S. Letberti. S. Gildulfi. S. Desiderii. S. Radulfi.
S. Berneri. S. Gunberi. Actum anno ‖ dominicae incarnationis   fol. 69 rᵒ
MᵒCᵒVIᵒ, indictione xiii, regnante Ph[ilippo], domno B[aldrico]
episcopante, Roberto juniore Flandrensium marchiam obti-
nente. Signum Guidonis cancellarii.

---

(1) Sainghin-en-Melantois, arrondissement de Lille, canton de
Cysoing. — Un diplôme du roi Lothaire, du 5 août 976, affranchit
ce domaine de l'abbaye de la juridiction du comte et de ses officiers.
MARTÈNE et DURAND, *Amplissima collectio*, t. I, col. 326; *RHF.*, t. IX,
p. 640.

(2) Ennevclin, arrondissement de Lille, canton de Pont-à-Marcq.

1110.

1110 BAUDRI, ÉVÊQUE DE NOYON ET DE TOURNAI, CONFIRME A L'ABBAYE
DE SAINT-QUENTIN-EN-L'ILE LES BIENS QU'ELLE POSSÉDE DANS SES
DEUX DIOCÉSES. (De omnibus altaribus quae possidet ecclesia
beati Quintini martyris in Insula, in Noviomensi et Torna- 5
censi diocesibus, tempore Baldrici, Noviomensis et Tornacensis episcopi, et de aliis multis rebus.)

Cartulaire de Saint-Quentin-en-l'Ile (*XVIIᵉ siècle*), fol. 6
verso, *à la Bibliothèque nationale, à Paris, ms. lat.,*
n° 12895.   10

In nomine Patris et Filii et Spiritus sancti, amen. Ego
Baldricus, Dei gratia Noviomensis et Tornacensis ecclesiae
pontifex, omnibus in Christum salutem credentibus. Quum
oportunum est, quum licet, quod expedit, quodcumque potest
manus vel pes instanter operetur, quoniam nec sermo nec 15
ratio proderunt apud inferos; qua in re cuicumque christiano, sed praecipue ecclesiae praelato, summopere praeca-
vendum est ne, per inertiam atque segnem desidiam,
a gradu eminentiori periculosum incidat praecipicium, si
manus remissas a bono subtrahat opere, vel pedes devios 20
declinet a rectitudine. Forma namque et exemplar videtur
esse personae, in populo Dei quae fungit[ur] honore pontificali, cui semper necesse est ut operetur bonum ad omnes,
maxime autem ad domesticos fidei. Operetur, inquam, et

(1) Une bulle du pape Paschal II, du 1ᵉʳ décembre 1114, confirme 25
à l'abbaye les possessions énumérées ci-après. (Même cartulaire,
fol. 83 recto.)

psàlmistae versiculum rationali suo intextum sibi teneat, et   1110
decantet dicens : homo, cum in honore esset, non intellexit...,
quoniam, cum interierit, non sumet o. n. d. c. e. g. e.ᵃ. Onus igitur suum honori suo praeferens episcopus rationabiliter et cum
5 caritate bonorum vota et justorum deprecationes clementer
exaudiat, et decorum domus Dei omni intentione veneretur, ‖   fol. 7 vᵒ
exaltet et diligat. Unde, quia sic necesse est ut fiat, notum sit
sanctae et universalis ecclesiae filiis tam praesentibus quam
futuris, quod ego Baldricus, Noviomensium sive Tornacensium
10 sacerdos vel episcopus, his atque aliis adhortationum exemplis
commonitus, et vivere volens post obitum et cum Christo
regnare, filii nostri Ingeberti abbatis fratrumque suorum
justis deprecationibus et volis condescendere, et pro animae
meae remedio et anniversaria obitus mei recordatione, proque
15 antecessorum meorum salute, ecclesiae sancti et gloriosi martyris Christi Quintini, cui ipse preest, omnia quae in meo episcopio Noviomensi et Tornacensi possidere dignoscitur altaria,
diversis olim exactionibus et personis adgravata, liberrima
traditione absque personatu concessi.
20   Remotis itaque consuetudinum exactionibus cum personis,
excepimus obsonia quae, temporibus suis et terminis, mihi
meisque successoribus quotannis in perpetuum ab eodem
suisque successoribus solventur, sicuti per singula altaria inferius est digestum : altare sancti Eligii cum capella in parte
25 ipsius insulae sita, in suburbio Sancti Quintini; altare de Nova
Villa (1) cum ecclesia; in territorie ejusdem castri, altare de
Regni (2) cum ecclesia; quae tria altaria per singulos annos in

    a. ... omnia, neque descendet cum eo gloria ejus. *Psaume 48.* —
  Sur cette manière de citer les textes de l'Écriture sainte, voir REUSENS,
30 *Éléments de paléographie,* p. 123.

---

    (1) Neuville-Saint-Amand, arrondissement de Saint-Quentin, can-
ton de Moy (Aisne).

    (2) Regny, arrondissement de Saint-Quentin, canton de Ribemont.

1110 festivitate sancti Remigii solvunt mihi vel meo ministro
quinque solidos de obsoniis et tres de pastu. Super Somenam
fol. 8 rᵒ fluvium juxta ‖ Sanctum Quintinum, altare de Harli (1) cum
capella quae vocatur Maisnill (2), quod in supradicta festivitate duos de obsoniis solvit solidos, et octodecim denarios 5
de pastu. In territorio Virmandensi, altare de Trister ᵃ, quod
in eadem die duodecim nummos de obsoniis, et octodecim de
pastu solvit. In pago Medetenensi, altare de Segin (3), cum ecclesia et capella una quae dicitur Anstain (4), quod in festivitate
apostolorum Simonis et Judae solvit duos solidos et unum 10
modium avenae per singulos duos annos; in tertio vero anno
qnatuor solidos solvit, cum uno tamen avenae modio. Aliud
quoque altare de Anevelin (5), cum duabus capellis Marke (6)
et Anterviles (7), quod similiter in eadem festivitate singulis
duobus annis duos solidos, in tertio vero quatuor, cum uno 15
tamen avenae modio solvit. In Flandriis, super mare (8), altare
de Oskerke, cum ecclesia et quatuor capellis : prima de
Vulps (9), quae sita est in maris insula; secunda de Laps-

a. Tristi, *dans la bulle de Paschal II, dont il a été parlé plus haut.*

(1) Harly, arrondissement et canton de Saint-Quentin. 20
(2) Mesnil-Saint-Laurent, arrondissement et canton de Saint-
Quentin.
(3) Sainghin-en-Melantois. Voir p. 320.
(4) Anstaing, arrondissement de Lille, canton de Lannoy.
(5) Ennevelin. Voir p. 320. 25
(6) Pont-à-Marcq, canton de ce nom, arrondissement de Lille.
(7) Autreuille à Avelin, arrondissement de Lille, canton de Pont-
à-Marcq.
(8) On remarquera cette indication : *super mare*, appliquée à
Oostkerke. 30
(9) L'île de Wulpen, qui existait autrefois sur la côte de Zélande,
à proximité de Cadsant, et qui fut engloutie par la mer au XVIᵉ siècle.
Gilliodts-Van Severen, *Coutumes de la ville et châtellenie de Furnes*,
introduction, p. 25. Voir aussi Galbert (édition Pirenne), p. 120;
Annales de la Société d'émulation de Bruges, 2ᵉ série, t. VII, p. 382; 35
3ᵉ série, t. II, p 128, et t. V, p. 211.

cures (1); tertia de Murkerka (2); quarta de Vuas " (5); quod
altare cum capellis solvit in supradicta festivitate de obsoniis
decem solidos.

Altarium igitur expleta annotatione et abbatis praelibati
fratrumque suorum instantia, obtinentes res ejusdem coenobii,
quas regum, comitum, nobilium, potentum virorum ac faemi-
narum devotae personae, pro amore Dei, cidem loco legali concessione tradiderunt, villas videlicet, alodia, terras, prata,
aquas ‖ , molendina, silvas, vel quascumque possessiones ab fol 8 v°
exordio sui possidet, ut, sicut in antea et in antea et in prae-
senti, ita et in futurum firmo tenore possideat, huic nostro
subtitulantur privilegio. Omnis villa ipsius Insulae cum thelo-
neo et toto districto pertinet ad idem coenobium, unum molendinum intra officinas ipsius Insulae situm. Item molendinum
aliud quod dicitur ad Canalem (4), situm inter Insulam et bur-
gum Sancti Quintini, quod commune est monachis et princi-
palis ecclesiae canonicis, quod perpetuo censu accensiverunt
monachi contra canonicos unoquoque anno, in decem modiis
tritici. Pertinet etiam ad idem cenobium omnis piscatio superior a Rouveroi (5) et a Harli, in longitudine et latitudine,
usque ad pontem ejusdem Insulae, cum districto toto; inferior
quoque omnis ab eodem ponte usque ad molendina de Rove-

a. Wace, *dans la bulle de Paschal II;* Wacres, *dans l'acte
de 1165 ci-après.*

---

(1) Lapscheure, arrondissement et canton de Bruges.

(2) Moerkerke, arrondissement et canton de Bruges.

(3) GILLIOTS-VAN SEVEREN, *Coutumes du bourg de Bruges,* t. I,
pp. 167, 231 et 327, signale une cour de Waes à Cortemarc, une
autre à Lichtervelde, et une troisième à Leffinghe.

(4) Canali, moulin à Saint-Quentin.

(5) Rouvroy, arrondissement et canton de Saint-Quentin.

1110 court (1), cum toto similiter districto, excepta ea aqua quae dicitur *biez*, quae fuit inter molendinum de Canali et aliud molendinum quod vocatur Grounart (2). Item omnis Novavilla (3), cum districto toto, et ci adjacens silva quae dicitur Lucosa Vallis (4); villa etiam omnis pene de **Regni** (5), 5 scilicet ad viginti quinque hospites, qui singulatim divisi hospitantur super decem curtilia, cum certo redditu et districto toto, et multae terrae arabiles cidem adjacentes; aqua etiam

fol. 9 r° tota a confinio terrae sanctae ‖ Benedictae (6) usque ad retentionem aquae super vadum, et duo prata, quae omnia ita libere 10 possidet ut in viis et extra vias itineris, aquis, pratis, totum habeat districtum. Ad Baienpont (7), eurtilia et terra arabilis et unum pratum cum districto. Super Iseram, juxta Ribodimontem (8), quatuor prata ad territorium de Rigni pertinentia cum districto. Ad Tasini (9), curtilia, et terra arabilis et tria 15 prata. Dimidium Villarem Siccum (10) in hospitibus, curtilibus, terra arabili et silvis cum toto districto. Villa omnis de Bertegnicourt (11), cum terris, pratis, aqua, molendino et

---

(1) Rocourt, à Saint-Quentin.

(2) Gronart, moulin à Saint-Quentin. 20

(3) Neuville-Saint-Amand. Voir plus haut.

(4) Lorival, à Neuville-Saint-Amand.

(5) Regny. Voir plus haut.

(6) Origny-Sainte-Benoite, arrondissement de Saint-Quentin, canton de Ribemont. 25

(7) Bayempont, à Regny.

(8) Ribemont, canton de ce nom, arrondissement de Saint-Quentin.

(9) Tassigny, à Ribemont.

(10) Villers-le-Sec, arrondissement de Saint-Quentin, canton de Ribemont. 30

(11) Berthenicourt, arrondissement de Saint-Quentin, canton de Moy.

districto toto. Ad Moy (1), ad Aunott (2), ad Cauvini (3),   1110
super Iseram, ad Clastres (4), ad Aissegni (5), ad Sorbi (6),
curtilia plura et terrae arabiles. Super Somenam, Juciacus (7)
totus cum terris, molendino, aqua, silva cum districto. Ad
5 Roisest (8), ad Pontrule (9), ad Brouecort (10), plura curtilia et
terrae arabiles, et silva ad Montegni (11); quarta pars ejusdem
villae cum terris et silvis, quae pars suum ceterarumve par-
tium totum tenet districtum. Ad Fuilaines (12), unum curtile
et unus mansus de terra arabili, et decima sexta pars de alodiis
10 totius villae ad Aldigneis (13); quarta pars ejusdem villae cum

---

(1) Moy, canton de ce nom, arrondissement de Saint-Quentin.

(2) Annois, arrondissement de Saint-Quentin, canton de Saint-
Simon.

(3) Brissay-Choigny, arrondissement de Saint-Quentin, canton de
15 Moy.

(4) Clastres, arrondissement de Saint-Quentin, canton de Saint-
Simon.

(5) Essigny-le-Grand, arrondissement de Saint-Quentin, canton
de Moy.

20 (6) Sorbi à Urvillers, arrondissement de Saint-Quentin, canton
de Moy.

(7) Jussy, arrondissement de Saint-Quentin, canton de Saint-
Simon.

(8) Roisel, canton de ce nom, arrondissement dé Péronne (Somme).

25 (9) Pontruet, arrondissement de Saint-Quentin, canton de Ver-
mand (Aisne).

(10) Brocourt, arrondissement d'Amiens, canton d'Hornoy
(Somme).

(11) Montigny, arrondissement d'Amiens, canton de Villers-
30 Bocage (Somme).

(12) Fieulaine, arrondissement et canton de Saint-Quentin (Aisne).

(13) Andigny, dépendance de Vaux-Audigny, arrondissement de
Vervins, canton de Wassigny.

1110 terris et silvis. In pago Laudunensi, ad Asci (1) et ad Mon-
tals (2), curtilia et terrae arabiles, prata et silva. In pago Por-
ciensi (3), villa cum ecclesia de Martinmont (4), et terra arabilis,
et prata, et piscatio. Ad Dignicurt (5) in Santers (6), curtilia
et terra arabilis cum familia servorum et ancillarum. In pago 5
fol. 9 v° Medenetensi (7), insula de ‖ Sengitum (8), cum ecclesia et districto. Ad Perencies (9), secus fluvium qui vocatur Lis (10),
duo feodati Sancti Quintini. Ad Oskerkam (11) super mare,
sexaginta diurnales de terra arabili. Ad Seraucourt (12), unus
mansus de terra arabili. Ad Leheries (13), curtilia et terra 10
arabilis.

Haec autem et quaecumque nunc in praesentiarum habet, et
quae in futurum, Deo auxiliante, habere contigerit, authoritate
pontificali corroboramus. Et ut hoc nostrae traditionis privilegium ratum habeatur et inconvulsum, sigilli nostri impres- 15
sione corroborando firmamus, et testium subscriptorum com-
mendamus. Signum Baldrici episcopi Signum Roscelini decani.

---

(1) Assis-sur-Serre, arrondissement de Laon, canton de Crécy-
sur-Serre.

(2) Monceau-sur-Oise, arrondissement de Vervins, canton de Guise. 20

(3) Le Porcien.

(4) Lieu inconnu.

(5) Idem.

(6) Le Santerre.

(7) Le Mélantois.   25

(8) Sainghin-en-Melantois. Voir plus haut.

(9) Pérenchies, arrondissement de Lille, canton de Quesnoy-sur-
Deûle (Nord).

(10) La Lys.

(11) Oostkerke. Voir plus haut.   30

(12) Seraucourt, arrondissement de Saint-Quentin, canton de
Saint-Simon.

(13) Hérie-la-Viéville, arrondissement de Vervins, canton de Sains.

Signum Gerardi archidiaconi. Signum Lamberti archidiaconi. 1110
Signum Rorigonis praepositi. Signum Anselli praesbyteri.
Signum Arnulfi presbyteri. Signum Fulceri scolastici. S. Hage-
nonis cantoris. Signum Landrici succentoris. S. Radulfi clerici
5 et Arnulfi clerici. S. Petri clerici. S. Odonis clerici. S. Rascelini clerici. S. Desiderii clerici. Si quis autem, temeritate
aliqua, regum, comitum, antistitum, nobilium, ignobilium, vel
cujuscumque dignitatis vel ordinis, contra hoc nostrae constitutionis privilegium venire temptaverit, et vim aliquam seu
10 invasionem in rebus et possessionibus assignatis diabolico
instinctu ingerere voluerit, deleatur de libro viventium, et
alienus a corpore et sanguine Domini cum diabolo et angelis
ejus aeternis ignibus cruciandus subjiciatur, nisi ‖ digna satis- fol. 10 r°
factione male acta sua correxerit. Actum Noviomi, anno
15 dominicae incarnationis M° C° X°, indictione tertia, regnante
rege Ludovico anno secundo, episcopante domno Baldrico anno
XI. Ego Hugo cancellarius subscripsi.

1163.

Gérard, évêque de Tournai, confirme a l'abbaye de Saint- 1163
20   Quentin-en-l'Ile l'autel d'Oostkerke avec ses dépendances. (De altaribus de Osekerche, et de Wolpes, et de
Wacres, et de Lappescurc, et de Morcherche, et de Lesiterruse).

Cartulaire de l'abbaye de Saint-Quentin-en-l'Ile, aux Archives
25   *du département de l'Aisne, à Laon.*

In nomine sanctae et individuae Trinitatis, Patris et Filii et
Spiritus sancti, amen. Ego Giraldus, Dei gratia Tornacensium
episcopus, tam futuris quam praesentibus in perpetuum.
Quidquid locis divino cultui mancipatis intuitu misericordiae
30 et pietatis juste et canonice collatum fuisse dignoscitur, ad
nostrum spectat officium satagere ne in posterum, suggestione

1163 pravorum hominum, divellatur sive imminuatur. Eapropter, charissime fili Balduine, abba sancti Quintini de Insula, tibi tuisque successoribus, ob remediam animae mcae et annuam obitus mci recordationem, personatum quem Dodinus et sui praedecessores olim tenuerunt, nihilominus etiam ipsum altare de Oskerca cum suis appendiciis, videlicet Wolpes, Lappescure, Morkerke, Wacres, Lesiterruse (1), totius capituli conniventia in perpetuum libere tenendum, salvo jure episcopali et suorum ministrorum, contradidimus. Nc autem hanc nostram eleeme-synae largitionem quisquam ausu temerario in irritum ducere praesumat, sigilli nostri impressionc confirmamus, et testium qui interfuerunt subscriptione corroboramus. S. domni Gerardi episcopi. S. Walteri decani. S. Evrardi, Desiderii, archidiaco-norum. S. Letberti praepositi. S. Letberti cantoris. S. Simonis, Amulrici, presbyterorum. S. Raineri. S. Herbrandi. S. Wiberti. S. Lamberti. S. Walteri. S. Oliveri. S. Henrici. Item S. Henrici. S. Danielis. S. Walteri. Actum Tornaci, anno millesimo cente-simo sexagesimo tertio.

1178.

1178 MATTHIEU, ABBÉ DE SAINT-QUENTIN-EN-L'ILE, RÈGLE LE MODE DE PAYEMENT DU CENS DÛ PAR LES GENS D'YZENDIKE, A RAISON DE L'AVOUERIE DE L'ABBAYE. (De debito ecclesiae sancti Quintini de Insula apud Isandicam, ab uno colligendo et apud Oskerke deferendo.)

Cartulaire de Saint-Quentin-en-l'Ile (XVII.ᵉ siècle), fol. 72 recto, à la Bibliothèque nationale, ms. lat., nº 12895.

Noverint tam praesentes quam futuri quod ego Matheus, Dei miseratione abbas ecclesiae sancti Quintini de Insula, assensu capituli nostri, nolens vexari eos nec molestari qui ad

_____

(1) Lieu inconnu.

nostram advocatiam pertinent apud Isandicam (1), concessi   1178
eis ut unus corum, quem ego in hominem suscepi, benigne et
amicabiliter colligat debitum ecclesiae nostrae pro advocatia
annuum censum, octodecim videlicet denarios Flandrensis
5   monetae, et eos apud Oskerkam deferat Disposui autem et
praesentis paginae confirmavi munimine, ut nullus, occasione
hujus advocatiae, eis aliquid gravaminis vel molestiae inferat; sed solus ille quem procuratorem collectionis census
constitui, denarios ab eis exigat, et eos nobis tribuat. Actum
10   est hoc Bru[gis], anno dominicae incarnationis M. C. LXXVIII.
S. Omeri, Galteri, Nicolai, sacerdotum, monachorum diaconorum Renaldi, Roberti, Joisberti; subdiaconorum Werrici,
Galteri, Roberti. S Alardi fratris, et Willelmi ‖ , Brugensis   fol. 72 v°
decani, et Galteri presbyteri. S. Gerardi de Messines et Lambini
15   notarii. S. Rolini. S. Bernardi. S. Donatiani. S. Joseph. Signum
Symonis, clerici de Oskerke.

---

(1) Yzendike, qui dépendait autrefois du Franc de Bruges, appartient aujourd'hui à la Hollande.

XXIII.

L'ABBAYE DE SAINT-PIERRE DE BLANDIN, A GAND.

Les *Annales abbatiae sancti Petri Blandiniensis* (p. 105) contiennent une courte notice d'un acte par lequel un certain Eilbodo et sa femme Imma donnent à l'abbaye des biens dans la Flandre, l'Artois et l'Escrebieu (*pagus Scrirbiu*) (1).

La Bibliothèque nationale, à Paris, a acquis récemment l'original de cet acte que nous publions ici.

Les *Annales* datent à tort le document du 6 octobre 972 ; M. Omont le place au 6 octobre 976 (2). Par des considérations auxquelles nous ne pouvons que nous rallier et qu'il publiera prochainement, M. Vanderkindere recule d'une année la date de cette donation.

---

(1) L'analyse est reproduite par VAN LOKEREN, *Chartes et documents de l'abbaye de Saint-Pierre au mont Blandin, à Gand,* t. I, p. 46.

(2) *Inventaire des nouvelles acquisitions de la Bibliothèque nationale,* dans la *Bibliothèque de l'École des chartes,* t. LIX (1898), p. 101.

6 octobre 975.

EILBODO ET SA FEMME **I**MMA DONNENT A L'ABBAYE DE **S**AINT-**P**IERRE
DE **B**LANDIN DES BIENS DANS LA **F**LANDRE, L'**A**RTOIS ET L'**E**SCRE-
BIEU (*Au dos :* Donatio Eilbodonis et conjugis ejus Immae,
5   de Wainau in pago Flandrensi, et Til Atrabatis, et Flers cum
ecclesiis duabus, et Lantuin et Bellou in pago Scirbiu).

*Original sur parchemin, à la Bibliothèque nationale, à Paris,
nouvelles acquisitions latines, n° 2574, pièce 1.*

E voraginis patentis gremio salubriter emersis universalis
10   custos moderatorque mundi monet (?) Christi fidelibus cle-
menterque sacrosancto evangelii organo insonat dicens :
« Facite vobis amicos de mamona iniquitatis, ut cum defece-
» ritis, recipiant vos in eterna tabernacula » ; et alibi : « The-
» zaurisate, inquit, vobis thesauros in celo, ubi nec erugo nec
15   » tinea demolitur ». His ergo paribusque salutifere commoni-
tionis accensi documentis, ego inde Eilbodo et conjunx mea
Imma, ipsius unius verique mediatoris Dei et hominum amore
pariterque nostrarum, post hujus terminum evi, salvatione et
refrigerio animarum, partes quasdam hereditatis nobis jure
20   patrimonii competentes et diversis in locis jacentes, videlicet in
Flandrinsi solo possessionem Wainau (1), et villam Til (2) in

---

(1) Cette localité est citée encore dans un diplôme d'Henri Ier, roi
de France, de 1037 : « itemque mansum in dominicatu (indominicatum) in Vuinau ». **V**AN **L**OKEREN, t. I, p. 83. — D'après **P**IOT (*Les*
25   *pagi de la Belgique,* p. 24), il s'agirait de Wyngene (arrondissement
de Bruges, canton de Ruysselede). Ce pourrait être également
Wynberg, dépendance de Langemarck, ou l'une des localités du nom
de Wynendaele.
(2) Ce nom pourrait correspondre à Tilloy-les-Mofflaines, arron-
30   dissement et canton d'Arras, ou à Tilly-Capelle, arrondissement de
Saint-Pol, canton d'Heuchin.

6 octobre
975

pago Atrebatinsi, et Flers (1) cum ecclesiis duabus, et Lan-
vuin (2) et Bellon*(3), in pago Scirbiu (4), concedimus ad
monasterium famoso nomine Blandinium nuncupatum, quod
olim sancte recordationis antistes dominus Amandus, eliminato
circumquaque ritu spurcissimo demonum, Deo sibi in cunctis 5
suppeditante, instituit in honore sancti Petri, apostolorum
principis, Pauliquegentium doctoris, adhibita ad monastice jura
norme perhenniter exercenda Christi famulorum frequentia
Succedentibus vero non paucorum curriculis annorum, idem
cenobium, a nobilissimo marchiso Arnulfo augustius totius 10
ecclesiastici decoris venustate reparatum, a Remorum archi-
presule Adalberone consecratum, uberiore quam retro ante
nobilium et infimorum coepit ex eo devotione. Nos ergo tandem,
non modicam circa jura fidelium contuentes ambitionem,
meliorum imitatores et cooperatores, in bono fore voluimus 15
haud ignari propensiorem nobis exinde cunctipotentis affutu-
ram benivolentiam, dum ex his que nostris nos dempsisse
gloriamur usibus, Dei vacantes famulitio contigerit recreari.
Hujus denique largitionis auctoritatem tam notis quam ignotis,
proximis ac affinibus expetimus satisfierique et intimari, non, 20
ut assolet, in ammanum dantes favori*, verum ne a posteris,
succedenti tempore, aliqua prefatis Christi famulis ex rebus
prenominatis ingeratur molestia, sed presentem largitionem
jure perenni teneant et possideant ac, quicquid exinde animo
fecerint, agantur. Quod si quislibet quamvis proximus vel pro- 25

a. Bellou. *Van Lokeren.*
b. in animarum dantes favorem?

(1) Flers-en-Escrebieu, arrondissement et canton de Douai.
(2) Lauwin-Planques, arrondissement et canton de Douai.
(3) Berclau (?), à l'est de La Bassée, d'après M. Vanderkindere. 30
Il y a aussi Bellonne, arrondissement d'Arras, canton de Vitry;
mais cette localité est sur la rive droite de la Scarpe.
(4) Sur l'Escrebieu, voy. VANDERKINDERE, *Le capitulaire de Servais,*
CRH., 5, VII, pp. 117 et suiv.

pinquus, seu pauper sit ipse, seu dives, sive barbarus, sive
notus, aliqua forte prereptus vesania huic nostre largitiuncule
quam super in respectus gratia annuentes facere ratum duximus, roborarique scriptis expetivimus, vim inferre nisus fuerit
5 aut quoquo pacto refragari vel deprivare aggressus fuerit, pro-
tinus summi passimque tonantis Dei offendat; iram, et ... beati
Petri et Pauli gentium cruditoris, et aliquorum insuper sanctorum ibidem quiescentium, scilicet venerandi Wandregisli,
archipresulis Ausberti, ejusdemque ordinis et martyris Vulfrani,
10 Christo etiam domino cunctumque Christi... Amalberge, se non
ambigat actoritate multandum, affectumque tam detestande
repetitionis nullus subsequatur effectus; quin potius attributio
presens, dum placidis mundus agitatur habenis, dum Phebi
radiis dierum augentur vel minuuntur curricula, dum etiam
15 lux et tenebre alternanti similiter federantur vicissitudine,
quieta totiusque incommoditatis et infestationis occasione persistant remota, cum assignatione subjuncta. Actum autem in
cenobio Blandinensi publice, II nonas octobris, indictione III,
inclito rege Lothario in sceptris Francorum annum XX^m uum
20 II^{dum} agente; et proximo mane, abbate Womaro, anno regiminis ejusdem cenobii XX^{mo} III°. Signum Eilbodonis et Imme
conjugis ipsius, qui hanc largitionem fecerunt firmarique
scriptis testimoniisque nobilium obnixe petierunt. Signum
Arnulfi majoris ^a, junioris. Signum Ingelberti advocati. Signum
25 Raineri. Signum Odonis. Signum Oduini. Signum Gerardi.
Signum Galandi. Signum Erkengeri. Signum Godozuini. Signum
Nathardi. Signum Clarboldi. Iterum signum Raineri. Signum
Evezonis.

    Ego quoque Luco, peccator, et tunc temporis levita, scripsi
30 et subscripsi, res utriusque legens. Luconis peccatoris. et
misericordia Dei indigentis in Christo signum.

    a. marchionis?

XXIV.

L'ABBAYE DE SAINT-VAAST D'ARRAS
ET LA PRÉVOTÉ D'HASPRES.

Le cartulaire de l'abbaye de Saint-Vaast contient quelques actes intéressants qu'il nous a paru utile de publier, spécialement ceux qui concernent la prévôté d'Haspres, dans l'ancien Hainaut, dont nous rappellerons l'origine ci-après.

1102.

1102   BAUDRI, ÉVÊQUE DE NOYON ET DE TOURNAI, DONNE A L'ABBAYE DE SAINT-VAAST L'AUTEL DE MONS-EN-PÉVÉLE.

Cartulaire de l'abbaye de Saint-Vaast, dit : LIVRE ROUGE, *fol.* 124, *aux Archives du département du Pas-de-Calais,* 5 *à Arras.*

In nomine sanctae et individuae Trinitatis, Patris et Filii et Spiritus sancti. Ego Baldricus, Tornacensis et Noviomensis Dei gratia episcopus, nostris et ceteris sanctae matris Ecclesiae filiis, salutem et benedictionem. Cum ante cetera prae- 10 ceptorum christianae religionis commendabiliter existat ramus utriusque charitatis, Dei videlicet amor et proximi, et utriusque tanta praedicetur connexio ut alterum *ᵃ* non valeat, nisi semper altero posito, ut ad summum valeamus ascendere,

a. alter.

alterum amorem, dico proximi, studeamus nobis infatigabiliter   1102
ponere. Merito siquidem hoc praeceptum debemus amplecti
quod tanto tempore divina Providentia commendavit : hoc
namque per legem et prophetas mundo prius innotuit. Quod
5 ut altius Dei filius commendaret, in tempore oh ª gratiae visi-
bilis apparens in sole tabernaculum suum posuit; et quoniam
charitas loquitur : omni petenti te da, et viscera charitatis
nunquam inopia, oportet nos elaborare petentibus hylariter
administrare, prout ratio dictabit et aequitas. Quamobrem
10 ego Baldricus, Tornacensis et Noviomensis episcopus, saepius
imploratus, satisfacere volui dulcissimis precibus domni
Alouldi, venerabilis abbatis, et fratrum Atrebatensis coenobii
de titulo gloriosi confessoris Christi Vedasti, ut altare de
Monte in Pabula (1), quod personaliter tenuerant, firmarem
15 sine personatu possidendum praedictae congregationi. Unde,
cum fratre Lamberto, archidiacono meo, et caeteris clericis
nostris, communicato consilio, tibi, reverendissime abba Alolde,
tuisque successoribus, pro redemptione peccatorum meorum,
sine quavis turpis lucri exactione, praedictum altare non
20 solum concedimus, verum etiam qua praesidemus auctoritate
sine personatu in perpetuum confirmamus; ea tamen conditione ut presbiter, quem abbas elegerit altari deservire,
episcopo vel archidiacono vel decano, per abbatem vel ejus
legatum, ad curam suscipiendam ducatur, propulsa venalitate,
25 salvo in omnibus jure episcopi et redditibus ejus et archidiaconi et ministrorum ejus. Si vero presbiter ipse postea abbati
vel fratribus displicuerit, alterum eliget et praemisso modo
substituat altari. Si quis autem, post hanc diffinitionem
nostram, manu sacrilega, ab ecclesia cui, disponente Deo,

30   *a*. suæ?

---

(1) Mons-en-Pévèle, arrondissement de Lille, canton de Pont-à-
Marcq.

1102 annuimus, aufferre vel pecunias exigere praesumpserit,
dator et acceptor vel ablator cum haeretico Simone anathema
sit. Cujus rei gratia pignus hoc charitatis nobis recompensan-
dum reduci volumus ad memoriam, quatinus, audito obitu
nostro, exequias et anniversarium meum, nomine meo inter   5
nomina fratrum posito, perpetualiter abbas et fratres celebrare
studeant. Sine quoniam in deterius deffluunt tempora, nec
humanae actiones possunt retineri nisi per litteras, hoc donativum libertatis annotamus praesente pagina, Quod ut inconvulsum et sine refragatione permaneat, in augmentum   10
firmitatis praesentium testium subscripsimus nomina. S. Baldrici, venerabilis episcopi, et Lamberti, archidiaconi. S. Petri
decani. S. Gonteri praepositi. S. Balduini cantoris. S. Hellini.
S. Joannis S. Henrici decani. S Elberti. S. Geldulphi. S. Guar-
mundi decani. S. Guarmondi scholastici. S. Desiderii. S. Ber-   15
nardi. S. Rodulphi. S Kazelini. S. Aymerici, abbatis Agrianni.
Actum est Tornaci, anno M. C secundo ab incarnatione Domini, indictione x, regnante rege Philippo Franciae, episcopante
domino Baldrico anno quarto. Ego Guido cancellarius scripsi,
dictavi et subterfirmavi.   20

1068-1104.

68-1104 ALOLD, ABRÉ DE SAINT-VAAST, AUTORISE DEUX SERFS A CHANGER LA
LOI QUI LES RÉGIT, ET A PASSER, POUR POUVOIR SE MARIER, DANS
UNE CLASSE DE TRIBUTAIRES PLUS FAVORISÉE, A LAQUELLE APPAR-
TIENT LEUR FUTURE ÉPOUSE.   25

Cartulaire de l'abbaye de Saint-Vaast, dit : LIVRE ROUGE,
fol. 53, *aux Archives départementales du Pas-de-Calais,
à Arras.*

In nomine Patris et Filii et Spiritus sancti. Amen. Reveren-
dis filiis et fidelibus sanctae Ecclesiae sibi commissae presenti-   30
bus atque futuris, humilis abbas Aloldus, praesentis vitae

commoditatem et futurae beatitudinem. Cum rerum mutationes 1068-1104
ecclesiasticis aliisque personis saepe damna inferant; cum vel
propter retinendum commodum, plus quam constitutum sit
aliquis adjiciat, vel propter evitandum damnum aliquid alius
5 detrahat, ego quorumdam ecclesiasticorum servorum commutationem, quo ordine fecerim, scriptis manifesto. Duo fratres,
qui erant ex familia sancti Vedasti de dimidia possessione pro
mortua manu (1), ad ministerium cellerari i pertinentes, Aus-
bertus et Stephanus, me adierunt quoniam alter uxorem
10 accepturus, nisi de lege duorum denariorum (2) fieret sicut
femina erat, conjugium assequi non poterat. Orabant ergo ut
id obtinerent, per se non impetrantes, per comitis Roberti
minoris *a* deprecationem simul et consilium et per amicos,
commodo etiam nostro intercedente, quod rogabant ex con-
15 sensu fratrum et fidelium nostrorum concessimus. Est autem
permutatio hujus modi : ex omni numero totius suae stirpis,
solis Ausberto et Stephano fratribus, qui de dimidia possessione
sancti Vedasti erant, hanc commutationem legis indulgemus
ut, a priore lege ipsi duo soluti, deinceps duorum denariorum
20 censum persolvant, sicut et uxores quibus sociantur. Quam
commutationem etiam litteris mandamus, ne vel illi ultra
quam constitutum est praesumant, sed ita eis inconvulse

    a. junioris?

---

(1) C'est-à-dire, deux serfs appartenant à la classe de ceux qui
25 devaient, au décès, la moitié de leur avoir. Cette qualification marque
le trait essentiel de leur condition, mais il ne résulte pas de là qu'ils
fussent exempts du cens capital et de la taxe de mariage.

(2) L'expression *de lege duorum denariorum* indique une autre
classe de serfs plus favorisée, et désignée ici par le *census capitis*
30 qu'ils payaient annuellement, indépendamment aussi des taxes de
mariage et de décès.

1068-1104 manent, vel ne nobis successuri quod aliter a nobis manumissi
sunt intelligant; et hoc testimonio subscriptorum et factum et
confirmatum est.

Ego Aloldus, abbas, feci et confirmavi. Decani, cappellani,
cellerarii. S. Gualteri S. Guatselini. S Gerbodonis. S Alradi
editui. S. Iberli. S. Ingelberti. S Ausberti et Stephani quibus
confirmatum est. S. Alelmi S Henrici. S. Helefridi S. Seiberti.
S. Balduini, filii nostri. S. Rogeri fratris ejus. S. Rogeri canonici. S. Ursionis, filii Gerardi. S. Balduini. S. Wiberti, filii
oram (*sic*).

L'abbaye de Jumièges avait acquis, sans doute au commencement du XIe siècle, le village d'Haspres dans l'ancien Hainaut (1). Ce bien se trouvant trop éloigné, elle le
céda, en 1024, à l'abbaye de Saint-Vaast, qui lui donna
en échange ce qu'elle possédait à Angicourt (2). Cet
échange est relaté dans un acte de l'abbé Leduin (3). Un
autre acte du même abbé, et qui fait suite au premier,
relate comment, treize ou quatorze ans après, le village
d'Angicourt fit retour à Saint-Vaast; ce document est rapporté dans la chronique de Jacques de Guyse qui en a
omis la date; la voici d'après le cartulaire de l'abbaye :

« *Actum Corbeiae publice, anno incarnationis Verbi*
» *M XXX VIII, regni autem Henrici Francorum regis* VII.
» *Ego Balduinus cancellarius relegendo subscripsi* » (4).

---

(1) Haspres, arrondissement de Valenciennes, canton de Bouchain
(Nord).

(2) Arrondissement de Clermont, canton de Liancourt (Oise).

(3) JACQUES DE GUYSE, t. IX, p. 246; MIRÆUS, t. I, p. 265. Celui-ci
attribue à l'acte la date de 1044.

(4) *Cartulaire de l'abbaye* dit : Livre rouge, fol. 163.

Haspres fut, à diverses reprises, confirmé à Saint-Vaast par les papes, notamment en 1024, 1107, 1136, 1152 (1). Une prévôté y fut établie, qui, sous l'autorité de l'abbaye, réunit les différents domaines de celle-ci dans le diocèse de Cambrai. Nous publierons plus loin une confirmation des biens de cette prévôté.

On a conservé le texte des coutumes d'Haspres. Leur rédaction est due à un débat qui s'éleva, dans la seconde moitié du XII° siècle, entre les comtes de Hainaut et l'abbaye de Saint-Vaast, au sujet de leurs droits de juridiction respectifs dans cette localité. L'abbé s'étant plaint au pape des usurpations du comte Baudouin V, l'évêque de Tusculum, alors légat, avait mis le Hainaut en interdit (3).

Le différend prit fin en 1176. Les usages d'Haspres, recueillis de la bouche des échevins (*ore scabinorum villae ipsius primo recognitum*), furent examinés et discutés par quatre chevaliers du comte et quatre des hommes de l'abbaye. Il y eut un point sur lequel la commission ne put se mettre d'accord : il concernait les droits que pouvait réclamer le comte à Haspres, en cas de mariage de ses filles, ou s'il était fait prisonnier, ou encore dans le cas d'acquisition d'un château hors des limites de son comté.

---

(1) Talliar, *Recherches pour servir à l'histoire de l'abbaye de Saint-Vaast*, dans les Mémoires de l'Académie d'Arras, t. XXXI, pp. 365, 375, 378, 382; Van Drival, *Cartulaire de l'abbaye de Saint-Vaast*, pp. 59, 73, 75, 81.

(2) Par un acte de 1162, Martin, abbé de Saint-Vaast, vend à l'abbaye de Ninove un alleu de la prévôté à Catthem, dépendance de Borgt-Lombeeke (arrondissement de Bruxelles, canton de Lennick-Saint-Quentin). Van Drival, p. 412.

(3) Bulle d'Alexandre III, du 18 août 1179, citée ci-après.

Le point fut et demeura réservé.

Les coutumes d'Haspres furent ensuite consignées par écrit, et le comte en donna sa charte, en 1176, avec serment de les maintenir, en présence des évêques de Cambrai et d'Arras (1).

L'acte fut confirmé par le pape Alexandre III, les 26 août 1177 et 18 août 1179 (2).

Il parait que les difficultés ne tardèrent pas à renaitre : l'acte de 1176 ne réglait pas les cas de meurtre et de blessure avec perte d'un membre *(affolatio)*, et la paix, pour ce motif, était troublée dans la localité (3). Les parties se mirent d'accord, et un nouvel acte de 1184 édicta les règles à suivre dans ces cas (4).

L'abbaye de Saint-Vaast dut avoir des craintes au sujet de l'exécution de ces accords par le comte de Hainaut; car, à peine Baudouin V fut-il mort (17 décembre 1195), qu'elle demanda le renouvellement des déclarations et confirmations de 1176 et de 1184 (5).

---

(1) Miræus, t. III, p. 347; Le Glay, *Revue*, etc., p. 155; Martène et Durand, *Amplissima collectio*, t I, p. 891.

(2) Voir la bulle du 26 août 1177, ci-après; celle du 18 août 1179 est dans Martène et Durand, t. II, p. 96; *RIIF*, t. XV, p. 968; Migne, *Alexandre III ... opera omnia*, p. 1245.

(3) « Quia, accrescente malitia, per easdem sanctiones non poterat ad plenum villa coherceri... » Acte de 1184.

(4) Miræus, t. III, p. 351; Le Glay, *Revue*, etc., p. 156; Martène et Durand, *Amplissima collectio*, t. I, p. 962.

(5) « Nos, defuncto predicto illustri comite Balduino, filium ipsius Balduinum, qui ei jure hereditario successerat, convenimus, et ut ejusdem ville consuetudines, secundum auctenticum patris sui, suo et scripto et sacramento renovaret et confirmaret, postulavimus. » Charte d'Henri, abbé de Saint-Vaast, de 1197.

En 1197 donc, Baudouin VI, par deux chartes distinctes, confirma les accords de 1176 et de 1184, et les originaux en furent remis à l'abbaye (1). L'abbé Henri, de son côté, scella deux chartes rédigées dans des termes identiques, et qui furent remises au comte (2).

Après la mort de Baudouin de Constantinople, la comtesse Jeanne, à la sollicitation sans doute de l'abbaye, vidima les deux confirmations de son père.

Les deux documents sont en latin et reproduisent littéralement les actes de 1176 et de 1184; mais le vidimus en donne une version française, qui prend ainsi un caractère officiel, et c'est à ce titre que nous la reproduisons. Elle se place vraisemblablement dans les années 1214-1226 ou 1233-1237 (3).

---

(1) On trouve le texte des deux actes dans le Cartulaire de l'abbaye dit : *Livre rouge*.

(2) L'original de la première se trouve dans les archives de la Chambre des comptes, n° 213, à Lille; l'original de la seconde, qui portait le n° 214, a disparu; mais il en existe une copie dans le premier cartulaire du Hainaut, pièce n° 171.

(3) Le *vidimus* n'est pas daté, et ni le comte Ferrand ni Thomas de Savoie n'y interviennent, ce qui permet de le placer à l'une des dates que nous indiquons. Il est ainsi conçu : « Jou, Jehane, par » le grasce de Dieu, contesse de Flandres et de Haynau, à tous » chiaus ki ces presentes lettres verront et oront, faisons connute » chose ke nous avons veu l'escrit auctentike de nos très chier pere » Bauduin, jadis conte de Flandres et de Haynau, confremé par » d'auctorité de son seel, en ces paroles... »

1155-1167 (1).

NICOLAS, ÉVÊQUE DE CAMBRAI, CONFIRME A L'ABBAYE
DE SAINT-VAAST LES POSSESSIONS DE LA PRÉVÔTÉ D'HASPRES.

Cartulaire de l'abbaye de Saint-Vaast, dit : LIVRE ROUGE,
fol. 123 verso, *aux Archives du département du Pas-de-Calais,*   5
à Arras.

In nomine sanctae et individuae Trinitatis, amen. Nicolaus,
Dei gratia Cameracensis episcopus, tam posteris quam hodier-
nis in perpetuum. Sicut bonae voluntatis inditum est bene-
facta proborum benigniter approbare, ita malignitatis argu-   10
mentum est manifestum eisdem indignanter obviare. Eapropter
decessorum nostrorum quorum memoriale hominum in ore
laude refulget, beneficia Hasprensi ecclesiae collata voluntarii
approbamus, dominique Martini, bonae opinionis viri, abbatis
sancti Vedasti, precibus exauditis, sigilli nostri appositione   15

---

(1) Nicolas fut évêque de Cambrai de 1137 à 1167, et l'abbé
Martin gouverna l'abbaye de Saint-Vaast de 1155 à 1184; l'acte se
place donc entre 1155 et 1167. Il est même probablement antérieur
au 14 novembre 1164, date d'une bulle d'Alexandre III confirmative
des mêmes possessions. Voir *Inventaire des archives départementales*   20
du Pas-de-Calais, série H, p. 6. — Une autre bulle d'Alexandre III,
du 11 janvier 1169, énumère aussi les biens de la prévôté et y
ajoute notamment l'autel du Quesnoy (TAILLIAR, *Recherches pour
servir à l'histoire de l'abbaye de Saint-Vaast,* dans les MÉMOIRES DE
l'ACADÉMIE D'ARRAS, t. XXXI, p. 392; VAN DRIVAL, *Cartulaire de*   25
l'abbaye de Saint-Vaast, p. 91).

corroborantes confirmamus, altare videlicet de Floury (1), quod 1155–1167
nunc est apud Haspram, cum tota decima, altare de Mon-
chiaus (2), altare de Halcin (3), altare de Monasteriolicuria (4),
altare de Giseni (5) cum tota decima, totam decimam de
5 Fossis (6), altare de Mulli (7) cum appenditiis suis, altare de
Obiis (8) cum appenditiis suis, altare de Loveniis (9), altare
de Onosiïs (10); quae duo extrema duodecim denarios singula
obsonium sunt debentia; in territorio de Humur (11), decimam
in quadam terra quae Galteri cultura dicitur; item in eodem
10 territorio, decimam alterius terrae quae Roberti cultura dicitur; in territorio Avesnensi, decimam quam dedit Albertus et
Asais, uxor ejus, pro Goberto filio suo Ne autem quorumdam
temerarius ausus haec contra praesumat, praevaricatores
eorum excommunicationis sententiae subjicimus, et personas
15 quarum nomina subsignata sunt in testimonium objicimus.
S Theoderici, archidiaconi et praepositi. S. Joannis, Alardi,

---

(1) Fleury, ferme à Haspres.

(2) Monchaux, arrondissement et canton de Valenciennes.

(3) Haulchin, arrondissement et canton de Valenciennes.

20 (4) Montrécourt, arrondissement de Cambrai, canton de Solesmes.

(5) Ghissignies, arrondissement d'Avesnes, canton du Quesnoy.

(6) Les Fosses, à Eth, arrondissement d'Avesnes, canton du
Quesnoy.

(7) Ce lieu est cité en 1143, aux environs de *Noflus*, qui devint
25 peu après le Quesnoy (nos *Recherches*, etc , p. 188, note). L'abbaye de
Saint-Vaast était collateur de la cure du Quesnoy (*Ibid.*, p. 258).

(8) Obies, arrondissement d'Avesnes, canton de Bavai.

(9) Louvegnies-Quesnoy, arrondissement d'Avesnes, canton du
Quesnoy.

30 (10) Onnezies, arrondissement de Mons, canton de Dour.

(11) La bulle de 1169 porte *Ilbrie*. Serait-ce *Illies* (arrondissement
de Lille, canton de la Bassée), dont l'autel était à la collation de
l'abbaye de Saint-Vaast?

1155-1167 Evrardi, Radulphi, archidiaconorum. S. Galteri, Joannis, Garini, presbyterornm. S. Guillelmi, Galteri, Ofrici, diaconorum. S. Roberti, Pipini, Anselmi, subdiaconorum. Ego Eustachius cancellarius recensui.

26 août 1177.

26 août
1177

LE PAPE ALEXANDRE III CONFIRME LES COUTUMES D'HASPRES.

Cartulaire de l'abbaye de Saint-Vaast, dit : LIVRE ROUGE, *fol.* 131, *aux Archives du département du Pas-de-Calais, à Arras.*

Alexander episcopus, servus servorum Dei, dilectis filiis 10 abbati et fratribus ecclesie Sancti Vedasti, salutem et apostolicam benedictionem. Justis petentium desideriis dignum est nos facilem prebere consensum, et vota que a rationis tramite non discordant effectu sunt prosequente complenda. Eapropter, dilecti in Domino filii, vestris justis postulationibus gratis con- 15 currentes assensu, villam Hasprensem et antiquas et rationabiles consuetudines quas in eadem villa habetis, sicut villam ipsam rationabiliter possidetis, vobis et monasterio vestro auctoritate apostolica confirmamus, et presentis scripti patrocinio communimus; statuentes ut nulli omnino hominum liceat 20 hanc paginam nostre confirmationis infringere vel ei ausu temerario aliquatenus contraire. Si quis autem hoc attemptare presumpserit, indignationem omnipotentis Dei et beatorum Petri et Pauli apostolorum ejus se noverit incursurum. Datum Venetie, in Rivo alto, VII kal. septembris.

1197.

BAUDOUIN VI, COMTE DE HAINAUT, CONFIRME LES COUTUMES D'HASPRES.

Cinquième cartulaire de Hainaut, fol. 250 et suiv.,
aux Archives de la Chambre des comptes, à Lille.

El non de sainte et non devisée Trinité, amen. Jou Bauduins,
par le grasce de Dieu cuens de Flandres et de Haynau, fius
de celui Bauduin ki fu li quins Bauduins puis celui Bauduin ki
tint Flandres et Haynau, à tous chiaus ki liront ou oront ceste
presente page, à tousjours. Nous creons et recounissons ke
nous sommes establi en souveraineté par l'ordenance de Dieu
pour chou ke nous, piuwement disposant *a*, doions par no
consel deffendre, warder et maintenir les choses qui à Dieu
apiertienent, et chiaus ki à nostre tuition s'atendent, et espé-
ciaument les églises et chiaus ki sont mis el serviche Dieu;
pour chou ke, quant les tribulations et li tumulte de ceste
présente vie seront trespassé, que nous au mains, par les
mérites des sains et par les orisons des hommes religieus,
puissons aquerre le vie pardurable, se nous par nos propres
mérites ne le poons aquerre. Dont nous, dévotement rewar-
dant ces choses, che qui est de Dieu, nous resignons loyau-
ment à Dieu; et les droitures et les coustumes de le vile de
Haspre, c'est asavoir quels choses sains Achaires et li église
Saint-Vaast ont en celi vile, et quels choses nos i devons avoir,
ensi que il fu connut au tans no pere, par bouke d'eschievins
de cele vile de Haspre, et apriès prouvé, selonc le connissanche
des eschievins devant faite, par concordant tesmoignage et par
enqueste de vérité de aucuns des homes no pere, c'est asavoir

a. Texte latin : pie disponentes.

1197 de Eustasse de Rueth, Hauvel de Kievraing et d'autres, et
aussi d'aucuns des homes de l'Eglise, c'est asavoir Watier
d'Arras, Wicart Der Viler et mout d'autres, nous reconnissons
ciertainement et prometons i che de nous et de nos successeurs
à warder à le ditte Eglise, sans aler encontre, et le confremons 5
encore par no sairement.

Councute cose soit donc aussi à chiaus ki sont à venir comme
as presens ke li vile de Haspre apartient à le juridicion de
saint Achaire et del Eglise de Saint-Vaast d'Arras, en molins,
en fours, en tonliu, en cens, en markiet et en autres rentes. 10

Li prevos del Eglise, ki est iluec ou lieu l'abbé, tient le
segnerie ès choses devant dites et en toutes les autres choses
de cele vile.

A lui apartient tous les homes de cele vile semonre et
aiourner as plais, par le maieur et par le dyen ki est asignés 15
et estaulis pour tous besoingnes.

A lui apartient assigner estakiement le jour de ces plais
selonc le jugement d'eschievins, et estaulir et faire eschievins.

A lui apartient aussi, en pain, en vin, en cars[a] et en autres
veneus, faire les bans en le présence dou maieur et des eschie- 20
vins, et avoir les enfraintures de ces bans teles kelles seront
assises tout entirement.

A quels bans faire, li prevos le Conte et li autre chevalier
de le vile doivent i estre present. Et se il ni voelent i estre,
pour chou ne lairoit mie li prevos del Eglise à faire ces 25
bans.

Et li ban ki seront fait ensi que devisé est, seront à tenir
i an. Et s'il les convenoit muer dedens l'an pour le commun
pourfit de le vile, il porront i estre mué, al eswart du prévost
del Eglise et des eschievins, sauf chou ke li prevos le Conte et 30
li autre chevalier i soient apielé Et s'il n'i voloient i estre,
ensi ke descure est dit, ja pour che ne lairoit li prevos del

a. in carnibus.

Eglise à prouveir au pourfit de le vile et en le muanche des
bans, par le consel dou maieur et des eschievins.

Li pois et les mesures dou vin et des autres veneus ª à
prouver s'eles sont vraies ou fausses, doivent i estre aportées
5 devant le prevost del Eglise et devant les eschievins; et celes
ki seront trouvées fauses seront condampnées. Et cil à qui elles
seront paieront au prouvost del Eglise xiiii sols pour le fourfait
de le fauseté.

Se li prevos del Eglise et li maires estoient negligent en
10 amender et en corregier le trespassement des bans fais ᵇ, et le
fauseté des pois et des mesures, et li quercle en venoit au prevost le Conte, il doit amounester le prevost del Eglise et le
maieur premiers par lui, après devant ii eschievins, que il
facent amender et corrigier ces choses; et s'il en estoient
15 negligent, adonc le porra amender li prevos le Conte, par le
jugement d'eskevins. Et se fourfais en eskiet, les ii parties
seront à l'Eglize et li tierche au prevost le Conte.

Li prevos del Eglise ne se clamera à nule autre justiche de
toutes les coses kil porra justichier par lui.

20 Se aucuns, par se folie ou par sen orguel ou par autre
maniere, ne se laisse justichier par le prevost del Eglise. par le
maieur et par les eschievins, li prevos del Eglise et li maires
doivent leur claim faire au prevost le Conte, et adont il semonra
et ajournera le coupable celui de cui il se plainderont par
25 eskievins en le court saint Achaire. Et se li cose est jugié par
lui et aucune cose i eskiet, li Eglise i ara les ii parties et il le
tierche.

Nus de le ville ne doit clameur faire au prevost le Conte,
s'il ne puet, par ii eskievins, monstrer que li prouvos del Eglise
30 et li maires li aient escondit à faire justiche ᶜ.

---

a. Ceterisque venalibus.
b. bannorum impositorum transgressionem.
c. nisi... justicia fuerit denegata.

1197 Se aucuns par malisse se plaint à le justiche le Conte et de
sen prevost, tant que li prouvos del Eglise et li maires li
voellent faire justiche et droit, et chou est connut par eskievins, il amendera se presumption et se folie au prouvost del
Eglise et au maieur selonc le loy de le vile par III sols. 5

Quant li provos del Eglise et li maires ont denoié et refusé
à faire droit à aucun, par le tiesmoignage de II eskievins, adont,
sans fourfais, se porra chils plaindre au prevost le Conte,
liquels prevos le Conte plaidera ou porche devant le prouvost
del Eglise par le jugement d'eschievins, s'ara le tierche partie 10
dou conquest *a* et li Eglise les II pars.

Li Quens est avoés del Eglise et de le vile. Ne des choses, ne
des homes del Eglise il ne se doit entremettre s'il n'en est
requis del abbé et dou prouvost del Eglise.

Cascune maisons de le vile, fors les maisons des clers et des 15
chevaliers, et celes ki sont dedens l'atre, et aucunes autres
maisons ki de ceste coustume sont délivrés et frankes, doivent
au Conte cascun an I witel *b* d'avaine et III deniers. Et ces coses
tienent de lui en fief aucun chevalier.

Toutes voies, pour le plus grande seureté, et pour chou ke 20
li Cuens par ses markies et par ses castiaus conduise, deffenge
et sauve les homes de Haspre et leur marcandises, par l'eswart
dou prouvost del Eglise et des eskievins on li donne cascun
an LX libvres de blans, ke li home de le vile de Haspre paient.

Li home de le vile de Haspre doivent au prouvost le Conte, 25
qui là est de par lui, III plais generaus par an en se maison :
au Noël, à le Paske, à le Saint-Jehan-Baptiste. Li quel plait
sont ensamble apelé par une cloke, et sont demené par jugement d'eskievins *c*. Et à ces plais doit i estre présens li maires
del Eglise et amparliers *d* de le vile. Et en ces plais ne doit li 30

a. questus.
b. octuale.
c. et judicio scabinorum exercentur.
d. prolocutor.

prevos le Conte faire claim sour aucun de plus ke de v sols, et   1197
si seront sien sil sont desrainié *a*.

Il ne doit jà nule chose redemander qui par jugement d'eskievins ait esté déterminée devant le prevost del Eglise.

Li devant dit plait ne pueent mie estre ralongiet à autres
termines que chiaus ki sont dit; et che ki niert mie terminé
au jour de sen plait, il respitera *b*, s'il voet, duskes al autre jour
de cel meisme plait.

Des choses kil ne vaurra mie resqiter il s'en plaindera au
prévost del Eglise et au maieur; et il, sour che, li assigneront
jour par loy, et li feront droit ensi comme eskievins jugeront.

Se li Cuens voet plaidier sour aucun home de le vile, se ce
n'est d'iretage, le prevost del Eglise le fera ajourner à lende-
main; et se c'est d'iretage, à la quinsaine.

Et sour lui li Cuens ne puet plaidier fors ou porche saint
Achaire, et ne puet clamer plus de LX sols et I denier; et s'il
ataint sen claim, il en ara le tierche part et li Eglise les
II pars.

Se chius est eskievin et on se plaint de lui au prevost del
Eglise, li prevos del Eglise le semonra à droit par II eskievins,
et teuls jours li sera assignés ke li autre eskievins de le vile
jugeront.

Li eskievins doivent aler à enqueste à Valenchienes de che·
qu'il ne saront.

Se li Quens fait ban général par se Conté à vin vendre *c*, de
brasser, de se monnoie afermer, chius bans doit estre ferme-
ment tenus en le vile de Haspre par le commandement le
prevost del Eglise; sauf che ke pour l'Eglise il puet retenir
une cambe, se besoins est et pourfis.

Et saucuns est trouvés par jugement d'eskievins kil ait tres-

a. si disratiocinati fuerint.
b. dilberet.
c. super vini venditione.

1197 passé cel ban, et li Cuens en voet plaidier, les II parties de
cest fourfait seront al Eglise et li tierche au Conte.

Se aucuns en le vile de Haspre fait sanc courant *a* ou burine,
et il est prouvé par loyal tesmoingnage, le fourfait du sanc il
amende par LX sols, et de le burine par XXX sols, de que li
Eglise ara les II pars et li Cuens le tierche.

Se aucuns en le vile de Haspre est soupechouneus de larrechin, il doit estre ajourné devant le prevost del Eglise par
le maïeur et par les eskievins. Et s'il a pleges ki le voellent
raplegier duskes au jour con li assignera, il sera laissiés aler
délivrés; se il n'a pleges, on le baillera au dyen pour warder
et pour ramener au jour dou plait. Et se il au jour dou plait
est quités par le jugement d'eskievins, il sera delivrés; et se il
est convaincus, ses coses seront à l'Eglise et il sera delivrés et
bailliés au prevost le Conte pour punir et pour faire justiche.

Et se leres *b* venans d'ailleurs a porté en cele vile aucunes
choses levées par larrechin, et s'il est illuec siwis dou prevost
le Comte ou d'autrui ki ke che soit, et soit pris à tout le mani-
fest et l'apparent larrechin, adont li leres, à tout ses coses,
sans attendre le jugement d'eskievins, pour che kil est jugiés
par l'apparant larrechin, karra *c* et venrra eu le partie dou
Conte et de sen prevost.

Tous les ajournés et retenus en prison ki n'aront pleges,
doit li dyens warder dusques dont kil seront devant le
prevost del Eglise, par jugement d'eskievins, condampné ou
délivré.

Se li Cuens dedens se conté voet aler en ost ou faire chevauchie, pour le tierc deffendre ou pour maittre au desous

a. sanguinem fluentem.

b. latro.

c. cedet.

aucun ki soit rebelles à lui, il mande par sen prevost au pre-   1197
vost del Eglise ke il, les homes de le vile, en cele ost et en
cele chevauchie, fache amonnester. Li quel amounesté, sous
paine de x sols par le maïeur et par le dyen, doivent aler en
5 l'aiwe le Conte à s'onneur et à l'onneur del Eglise, estruit et
warni d'armes et des choses ki à che sont nechessaires; et
doivent seurement i estre conduit dou maïeur et del Eglise et
dou prevost le Conte, en alant et en revenant. Ne ne doit nus
i estre escusés des choses ke nous avons dit devant, sans cause
10 resnable, ou d'eage ou de maladie de cors, forsmis chiaus ki
seront ensonniiet *a* ou sierviche del Eglise.

Des mariages des filles le Conte, de le prise de lui ou d'acat
de castiel hors de sen fief, pour che ke, ensi que on treuve en
l'auctentike no pere, li home devant dit et li home del Eglise
15 selonc le pure verité de l'enqueste, [comme] nule cose concor-
damment il n'en porent déterminer, deviserent à laissier ensi
kil avoit esté devant. Nous, ki leur fais ensiwons, n'avons riens
determiné de chou mis en cest ecrit; mais ensi kil a esté
duskes à ore, en tel maniere, ordenons nous kil soit chi
20 apriès.

Apriès avoec ces choses, est il asavoir que toutes les querelles
et li plait en le court del Eglise, devant le prevost del Eglise
et le maïeur, par jugement d'eskievins doivent estre termi-
nées. Ne ailleurs que la sour aucun homme del Eglise li cuens
25 ne doit plaidier; et riens il ne puet ataindre fors par jugement
d'eskievins. Et de toutes les coses ki li seront adjugées par
jugement d'eskievins, il ara le tierche part et li Eglise les
ii pars. Ne ne doit sour nul home de le vile faire claim de plus
que de lx sols i denier, ensi que dit est descure.
30 Ces coustumes anchiennes approuvées, et des eskievins de
le ville premiers connutes, et après des barons no pere et des

a. occupati.

1197   homes Saint-Vaast selon le connissanche des eskievins, ensi
que dit est, concordampment recounutes, nous à l'Eglise devant
dicte, par l'otroi de Mariien contesse no femme, par sairement... (1).

---

(1) Le reste manque, un feuillet ayant été déchiré. — Voici la
finale de la charte latine, d'après le cartulaire de Saint-Vaast : « Has
» igitur consuetudines antiquas et approbatas et a scabinis ville
» primo cognitas, postea a baronibus patris mei et ab hominibus
» Sancti-Vedasti juxta cognitionem scabinorum, ut supra dictum est,
» concorditer recognitas, nos cidem ecclesie, concedente Maria 1
» comitissa, uxore nostra, simili modo sub jurejurando confirmamus.
» Et ne, per succedentia tempora, vel oblivione deleatur vel pravorum
» hominum machinatione pervertatur, legitimis hominum nostrorum
» et hominum Sancti-Vedasti, qui presenter viderunt et approba-
» verunt, testimoniis assignatis, presentem paginam, in perpetuum 15
» ecclesie munimentum, sigilli nostri auctoritate communimus, quo-
» rum nomina sunt hec. Signum Gerardi, Brugensis prepositi,
» Reineri de Thrit, Willelmi avunculi mei, Willelmi de Haussi,
» Gerardi de Provi, Willelmi de Gommeniis, Theoderici de Thions,
» Amandi prepositi Haspre, et Symonis de Genlein, hominum nos- 20
» trorum. Signum Amandi Haspere prepositi, Amandi et Manasse
» militum, Adam Pipart, Wiscardi et Nicolai, hominum abbatis
» Sancti-Vedasti.
   » Actum anno dominice incarnationis millesimo centesimo nona-
» gesimo septimo. »

1197.

BAUDOUIN VI, COMTE DE HAINAUT, CONFIRME LES COUTUMES D'HASPRES CONCERNANT LES CAS DE MORT D'HOMME ET DE BLESSURE AVEC PERTE D'UN MEMBRE.

Cinquième cartulaire de Hainaut, fol. 250 et suiv.,
aux Archives de la Chambre des comptes, à Lille.

El non de sainte Trinitet nient devisée, amen. Jou Bauduins, par le grasce de Dieu cuens de Flandres et de Haynau,
ficus celui Bauduin conte, ki fu quins apriès celui Bauduin
ki tieunt Flandres et Haynau, à tous les foïaus de Crist ki sont
et ki avenir sont, en perpetuitet.

Nous faisons chose conneute à tous chiaus ki sont et ki
avenir sont, que mes peres, ensi com il est trouvet en sen
autentike, et si baron ont affremet et par escrit et par sairement, à warder plainnement les coustumes de le vile de Haspre, ki est de saint Vaast et de saint Achayre, de quele je suis
avoués temporeus. A le requeste del home de boine memore,
dant Marthin, abbet de Saint-Vaast, et jou ensement et mi
baron, à le requeste de l'onneraule Henri, abbet de Saint-
Vaast, ki fu sixtes abbés apriès le devant dit Marthin, l'avons
ensement escrit et l'avons confremet, et jou et il, par nos
scaus. Et avec chou jou et mi baron avons juret sur saintes
reliques ke nous warderons plainnement ces meismes coustumes; et nous le ferons, se Dieu plaist, à tous jours. Mais
pour chou ke, par malisse ki acroist, li vile ne pooit mie i
estre destrainte plainnement par ces meismes coustumes, mes
peres et li abbés Jehans, ki fu tiers abbés apriès le devant dit
Marthin, i escrisent par commun consel, et ajousterent puis

1197 ce di d'ommc ochis ou affolet; sauves toutes les choses ki sont contenues ou premier escrit. El jou, et li abbés Henris devant dis, qui nous aherdons à leurs voics *a*, avons aussi ces choses escrites et i avons ajoustet ces autres choses ki chi sensuient, par les queles cele meisme vile pora i estre wardée permenau- 5 lement en pais et en repos, sans damages et sans noises.

Donques s'il avient ke hons de Haspre ait affolet home en le vile de Haspre ou devens l'allue *b* de le vile ou en toute le conté de Haynnau, cil ki affolet l'ara perdera membre pour membre. 10

Et s'il avient kil l'ait ochis, cil ki ochis l'ara sera ochis et tout li meule *c* de l'ochi[s]eir seront saisit par le main dou prevost del Eglise, et wardet par le tiesmoingnage dou prevost le Conte ou de sen siergant et des eskievins de le vile de Haspre; et de ces meules, les ɪɪ parties seront 15 del Eglise de Haspre, et li tierche sera le Conte, sauve le droiture de son prevost. Et li maisons de l'ochieur et tous ses iretages sera à cele meismes Eglise, dusques a dont ke si fil ou si hoir raront le pais de la terre *d*, soit quant il aront fait chou ki apertient à le pais, il requerront et reprenderont leur 20 iretage de l'abbet et del Eglise.

Et se li homechides escape et soit fuitis, si meule seront saisit et departit ensi comme il est dit descure, et ses iretages venra al Eglise, dusques adont kil ara aquis le institution de le pais et le concorde des cousins *e* à l'ochis, et qu'il ara rechiut 25 le grasce del abbet et dou Conte de revenir en le vile; et quant il ara fait plainnement chou ki apertient à le pais, il requerra et reprendera sen iretage del abbet de le devant ditte Eglise.

a. corum inhaerentes vestigiis. 30
b. infra allodium.
c. mobilia.
d. pacem terre subierint.
e. consanguineorum.

Et s'il avient ke il muire entrues kil est hors de le tiere, si   1197
fil ou si hoir, sil font chou kil apiertient à le pais, il requerront
et reprenderont leur iretage del abbet et del Eglise.

Et se li affoleres est retenus, et on li tot [a] membre pour
membre, il ne perdera nient de sen meule ne de sen iretage ;
et s'il s'enfuit, on fera de ses meules et de ses iretages aussi
com des meules et del hiretage l'ochieur.

Et s'il avient ke li ochieres soit de le tiere le Conte et ait en
le vile de Haspre meules ou aucuns wages sour maisons ou
autre iretage, ces meismes meules saisira li prevos del Eglise
et apielera avoec lui, ensi comme dit est, le prevost le Conte et
les eskievins, et les rendera on au Conte ou à son sergant, fors
tant ke li Cuens ou ses prevos ne pora mie retenir les iretages
en wages, ains les pora rachater li prevos del Eglise de tant
kil ara sus [b].

Apriès, se li homechides ou li affoleres soit de le vile de
Haspre et il escapent en fuiant, anscois kil puissent i estre pris,
tout cil par qui aiwe il escaperont seront en tel dampnation
com cil estoient. En apriès, li parent à l'ochieur et al affoleur
fourjuront sour sains [iceux], ensi com li institutions de le pais
l'ensengnera ; et donront pais et seurtet li parent de l'ochis et
del affolet par sairement à chiaus ki le fourjur aront fait. Et
cele pais, se cil meisme parent sont dou pooir saint Achayre,
feront tenir li abbes et li Cuens ensaule ; et se il sont dou pooir
le Conte, li quens tout seus le fera aseurer.

Et cil ki ne vorront mie fourjurer chiaus ki fuit s'en seront,
seront en le cache [c] de l'abbet et dou Conte et des parens à
l'ochis, et leur meule et leur iretage seront saisit et departit
ensi comme li meule et li iretage des ochieurs et des affoleurs,
ensi com il est descure dit. Ne ne porront puscedi [d] revenir

a. si membrum pro membro perdiderit.

b. a prestita pecunia.

c. eos abbas et comes et occisi cognatio totis viribus prosequentur.

d. *Pour* puis (depuis) ce jour.

1197 en le vile, nient plus ke li ochieur ne li affoleur, se che n'est par le volenté et l'assentement del abbet et dou Conte.

Es se li ochieur ou li affoleur ou cil ki ne vorront mie faire fourjur, ki fuit s'en seront, ont fait pais au Conte, et voellent ensement faire pais à l'abbet et revenir en le vile, et li abbés 5 ne le voelle mie souffrir, ou pour hayne ou pour detriement, ou pour chou kil convoite a tenir plus longement leurs ire-tages, se plainte en vient sour chou au Conte, et li abbés et li Cuens s'en assaulent, adont li abbés prendera deus de ses homes, ques ke il vorra, et li Cuens ensement ii des siens, et 10 seront conjuret, et fera en che cas li abbés par leur consel; sauf chou ke li abbés ne li Cuens ne donront congiet à chiaus de revenir en le vile, duskes adont kil aront fait pais as cou-sins de l'affolet ou de l'ochis.

Et s'il avient ke cil ki fuit s'en seront pour fourgur, muirent 15 anchois kil reviengnent, leur fil ou leur hoir, s'il voellent faire chou ke à le pais apiertient, requerront et reprenderont leurs hiretages par le grasce del abbet et del Eglise.

Apriès, il est eswardet ke, toutes les fiés ke cas avenront d'affolement ou d'omechide ou des choses ki descure sont 20 dittes, se li faiseur de teus choses s'en fuient, on les tenra pour encoupes [a]. Et se li verités de le chose est oscure, elle sera enquise destroitement, par foit et par sairement, par trois homes nobles del abbet et trois homes nobles le Conte. Et quant verités sera diligaument enquise et bien clere, toutes 25 les choses seront faites et ordenées ensi comme dit est.

Et cest ordenanche de pais avons nous ordenée jou et li honnerables abbés Henris de Saint-Vaast, par no commun conseil et no iwuel consentement [b] et de nos homes, et l'avons commandet par chirograffe. Et pour chou ke ille soit ferme 30 chi apriès et entire, nous l'avons warnis de l'auctoritet de nos

a. pro convictis.
b. pari consensu.

scaus et avons escrit les nons de nos hommes ki i furent present, et qui l'oirent et l'approuverent (1). Ce fut fait l'an de le
domenike incarnation mil cent nonante siet.

---

(1) Le texte latin ajoute : « Signum Gerardi Brugensis prepositi,
» Reneri de Trit, Willelmi avunculi comitis, Willelmi de Haussi,
» Gerardi de Provi, Willelmi de Goumegnies, Theoderici de Thions,
» Amandi prepositi Hasprensis et Simonis de Genlain, hominum
» nostrorum. Signum Amandi prepositi de Haspera, Petri majoris
» ejusdem villae, Amandi et Manasse militum, Adam Pipart, Wisardi
» et Nicolai, hominum abbatis Sancti Vedasti. »

XXV.

LA TERRE DE GUISE.

Le cartulaire de la terre de Guise, précieux recueil analysé par Cocheris (1), renferme les titres relatifs à la seigneurie de ce nom : reconnaissances des droits du seigneur,
conventions avec les abbayes ou les possesseurs de fiefs,
acquisitions, aliénations, octrois, etc. Il contient notamment divers actes d'association pour la création de villages nouveaux, et bon nombre de lois accordées par les
seigneurs d'Avesnes et de Guise à des communautés
rurales.

Le texte des documents latins est suivi d'une traduction
française du temps (2). Cocheris a donné la version française de plusieurs de ces lois de villages ; nous publions le
texte latin des deux plus anciennes.

---

(1) *Notices et extraits,* etc., t. II, pp. 499 et suiv.

(2) « Et est à savoir que celles qui sont en latin sont doublées;
» quar l'original dou latin est premiers escrips, et tantost après le
• françois; et sont saingnés ces deux lettres, c'est à savoir celle en
» latin et celle en françois, en la rebriche sous un nombre, quar les
» deux lettres ne font que une lettre. » Note indicative en tête du
cartulaire (Cocheris, pp. 501 et 551).

1156 (1).

Loi donnée au village d'Hirson par Godefroid de Guise, 1156
Nicolas d'Avesnes et Jacques son fils (C'est la charte des
franchises, des estatus et des ordenances de la ville
5 d'Yreçon, dont li teneurs est tels en latin, et s'ensuit après
li françois) (2).

*Cartulaire de la terre de Guise (XIVe siècle), fol. 187 verso,
à la Bibliothèque nationale, à Paris, ms. lat., n° 17777.*

Notum sit omnibus tam futuris quam presentibus quod
10 Godefridus de Guisia, et Nicholaus de Avenis, et Jacobus filius
ejus, assensu domine Aeilidis, uxoris Burchardi (3), post mortem
ipsius, hanc libertatem habitantibus apud Yreçon (4) tenendam

---

(1) L'abbé Pécheur, *Histoire de la ville de Guise,* p. 105, parle
d'un acte de 1161 dans lequel figurerait encore Bouchard de Guise.
15 Dans ce cas, il faudrait supposer une erreur de date dans le présent
acte et lire « anno MCLXI » au lieu de « anno MCLVI ». L'acte ne
peut être postérieur à 1163, date de la mort de Nicolas d'Avesnes.
(2) Gautier d'Avesnes confirma cette charte en 1202. *Cartulaire,* etc., fol. 188 verso.
20 (3) Bouchard de Guise ne laissait qu'une fille en bas âge, Adeline
ou Adeluie, fiancée à Jacques d'Avesnes, encore enfant lui-même
(*in annis puerilibus*), ce qu'il faut comprendre en ce sens qu'il avait
au moins 7 ans, âge des fiançailles. Le mariage dut avoir lieu entre
1163 et 1168 : des documents que nous avons publiés ailleurs
25 montrent que le fils aîné de Jacques d'Avesnes naquit en 1169 ou
en 1170 (*La querelle des Dampierre et des d'Avesnes,* p. 43).
(4) Hirson, canton de ce nom, arrondissement de Vervins (Aisne).

1156 fidei sue sacramento juraverunt, quatinus singuli corum, qui
proprio pane vescuntur et familiam habent, domino de Guisia
duos solidos bone moncte in Pascha singulis annis persolvant,
quibus solutis, per totum annum nichil juste domino deinceps
dabunt, nisi aut captus fuerit, aut filiam maritaverit, aut forte
fol. 188 r° subscripta forefacta in castro eve ‖ nerint.

Si prelii causa vadimonia preposito dantur, prelium fiet et
quidam ᵃ prelium exigit, aut Lxᵃ tantum solidos, si prelium
remanserit, illi [s] dabunt qui in causa sunt.

Si quis proximum suum quemlibet intra villam aut infra
bannum ville percusserit et sanguinem fecerit, et hoc duo
jurati prospexerint, horum testimonio comprobatus Lxᵃ solidos
persolvet.

De latrocinio, si quis duorum juratorum testimonio convictus fuerit, in manu domini erit.

Si orbas percussuras ᵇ alicui aliquis infra pacem ville fecerit,
et hoc duo jurati viderint, vii solidos et dimidium reus persolvet.

Quidquid duo jurati contra quemlibet testificaverint, stabit.

De omnibus querelis suis, lege et consuetudine Laudunensi
appositis et judicibus causa et judicium terminabitur.

Si quis externorum in villa ad habitandum venire voluerit,
lege duorum solidorum suscipietur quamdiu ei placuerit.

Si discedere voluerit, per licentiam prepositi remeare
potest ad propria, vel alias transire, quando ei placuerit.

Si, ignorante preposito et juratis, discesserit, comprehensus domino tradetur.

Si dominus in villa venerit, de proprio se procurabit; vadi-

a. quod. — *Le texte français porte :* « ... li champs de bataille se
» fera et ce que li bataille requiert, ou cil qui sont en la cause don-
» ront Lx sous tant seulement, se li bataille demeure. »

b. Se aucuns fait... orbes blessures...

monia ejus, si opus fuerit, propter venalia, non recusabunt accipere.

De omnibus viis et missaticis que eatenus faciebat amodo liberi erunt, datis decano duobus solidis ex communi.

5 Omnia forisfacta que ad dominum pertinent, jurati tantummodo nunciabunt preposito.

Qui pacem ville infregerit, comprehensus tradetur preposito et LX^a solidos persolvet.

Quicumque villam ingressus fuerit pacem integram 10 habebit.

De omni forisfacto ville, nichil amplius quam septem solidos et dimidium dominus accipiet preter sanguinem et vadimonium.

Latronem vero legaliter convictum dominus judicabit.

15 Ad munitionem castri, cum ceteris domini sui hominibus adjutorium impendent.

De omnibus negotiis suis placitum habituri de villa non egredientur, sed juxta legem et consuetudinem suam in villa coram domino aut preposito placitum habebunt.

20 Hec omnia dominus Godefridus, frater Buchardi, et Jacobus, cum patris sui assensu et consilio, omni injusta occasione remota, fidei sue juraverunt sacramento, et testibus subcriptis firmaverunt, facto cyrographo. Hii sunt testes : Godefridus de Guisia; Nicholaus de Avesnes; Jacobus, filius ejus; Symon, 25 prepositus de Cymai; Godescalcus; Rainerus, dapifer; Werricus Havars; Rohardus de Fasci; Drogo de Ducelum; Evrardus Levis; Clarembaldus de Fasci; Ernulphus de Lesdain; Frumentinus, Robertus de Ultroise.

Si autem, quod absit, dominus terre quicumque jure here- 30 ditario terram de Guisia tenuerit, alicui de villa super hiis que scripta sunt in hac pagina injuriam fecerit, homo ille de villa egredietur; et nisi infra dies XV dominus ab injusticia illa respuerit, omnes alii post illum egredientur.

1156 Sciendum est etiam quod si prepositus an quilibet ministrorum domini aliquem de villa infra hayam cedentem *a* repperierit, absque testibus convincere non poterit.

Actum anno Domini M° C° LVI°, Godefrido, fratre Burchardi, rectore regionis (Jacobo adhuc in annis puerilibus constituto herede terre, per matrimonium Adeluidis Burchardi filie).

1170-1189 (1).

1170-1189 JACQUES D'AVESNES DONNE UNE LOI AU VILLAGE DE BUIRONFOSSE.
(C'est li chartre en latin des franchises, des estatus et des **10** ordonances que Jaques, sires d'Avesnes, donna et ottroia as habitans de le ville de Buironfosse, dont li teneurs est tels, et s'ensuit apres li françois; et se il y a aucune defaute, ainsi est-il en l'original) (2).

Cartulaire de la terre de Guise, fol. 206 recto, **15**
à la Bibliothèque nationale, à Paris, ms. lat., n° 17777.

In nomine Patris et Filii et Spiritus sancti, amen. Notum facere volumus tam futuris quam presentibus quod ego Jacobus, Avennensis dominus, et Galterus de Popiola, et Galterus de Bozeis, consilio totius curie mee et continuo assensu bur- **20**

a. « trenchant dedans la haye », *coupant le bois dans la forêt.*

---

(1) Jacques d'Avesnes partit pour la Terre-Sainte en 1189. Gautier de Bousies est cité en 1177. Voir nos *Recherches*, etc., p. 613.

(2) COCHERIS, t. II, p. 574, n'a publié qu'un très court fragment du texte français.

gentium de Buirinfossa (1), leges subscriptas, et pactiones et 1170-1189
redditus, et libertates de Perices (2), sine aliqua molestia vel
inquietudine successorum nostrorum, concessimus eisdem burgensibus tenendas in perpetuum, preter furnum et cummu-
5 niam.

Quicumque tenuerit mansum in villa de Buironfossa persolvere debet, in festivitate sancti Remigii, xii denarios et
unum mencoldum avene ad mensuram de Landrechies; et
infra quartum diem Natalis Domini, ii°ˢ panes et duos
10 capones.

Si vero duos mansos tenuerit, amborum mansorum redditum solvet, exceptis xii denariis.

Nulli licebit tenere mansos nisi duos.

Quod si unum vel plures emere vel adquirere sibi voluerit,
15 exemptis et adquisitis, redditus ex integro solvet.

Qui mansum non tenuerit et in libertate ejusdem ville permanere voluerit, in festivitate sancti Remigii tantummodo
xii nummos persolvet.

Statuto etiam foro, debet unusquisque in eadem villa ma-
20 nentium, in festivitate sancti Martini, iiii°ʳ denarios pro thelo-
neo; supervenientes vero mercatores debitum theloneum
more Avenensium solvent; quod nisi persolvent, lege Avesnensi emendare debent.

---

(1) Buironfosse, arrondissement de Vervins, canton de la Capelle
25 (Aisne).

(2) Prisches, arrondissement d'Avesnes, canton de Landrecies. —
La loi de Prisches, dont le texte ne se retrouve malheureusement
pas, était une loi type qui fut appliquée successivement à Buironfosse par l'acte ci-dessus, à Nouvion en 1196 (Cocheris, p. 558), à
30 Landrecies vers 1200 (De Reiffenberg, *Monuments,* etc., t. I, p. 330),
et sans doute aussi à d'autres localités. Elle est rappelée en 1330
(De Villers, *Monuments,* etc., t. III, p. 238).

1170-1189   Si quis burgensium, iiii°ʳ rotis vel duabus, onere jumenti
vel asini, in eadem villa vinum adduxerit et illud vendiderit,
nullum ex eo redditum debet.

Si autem ipse vel alius per foragium vinum illud vel aliud
vendere voluerit, de iiii°ʳ rotis unum sextarium, de duabus vero   5
dimidium, de onere autem jumenti vel asini obolatam vini
dabit.

Si quis vero superveniens ibidem vinum adduxerit, de iiii°ʳ
rotis quatuor denarios, de duabus duos, de onere jumenti vel
asini obolum dabit.   10

Quicunque in eadem villa cambam facere voluerit, faciet;
et de unaquaque cervisia ii°ˢ sextarios cervisie solvet.

Si autem dominus cambam facere voluerit, licebit facere.

Qui medum ᵃ vendiderit, eadem mensura qua vendiderit
unum sextarium de eodem dabit.   15

Homo de eadem villa pergens ad forum in eundo redditus et,
winagia persolvet; in redeundo vero, nec redditus nec wiena-
gia persolvet.

De terris vero suis decimam et terragium dabunt.

. Quicumque pratum tenens in eadem villa pro unoquoque   20
fol. 206 v° jornali ‖ unum denarium persolvet in festivitate sancti
Johannis.

Uno anno pratum arare poterit sine terragio. Si vero in
secundo anno araverit, decimam et terragium persolvet.

Decretum est etiam quod nullam exactionem sive querelam   25
preter statutos redditus, nisi sponte, domino dare debent.

Si quis propriam hereditatem domini ejusdem ville devas-
tare vel auferre voluerit, quinquies in anno contra adversarios
suos illos secum ducere poterit. Primo die, ibunt cum expensis
propriis; ceteris vero diebus, cum expensis domini sui.   30

a. miessée *dans le texte français.*

Semel in anno, ubicumque voluerit, ducere eos poterit uno 1170-1189
die, cum expensis tamen eorum.

De villico autem statuimus nullum super eos fieri, nisi de
ipsorum lege fuerit; ipsum autem in eadem villicatione non
posse permanere, nisi quantum domino placuerit et ipsis
burgensibus.

Omnes mensure tam frumenti quam avene et vini, secundum
mensuras Avesnenses erunt.

Si quis vero de eisdem mensuris aliquid defraudaverit,
pretio xv^{cim} solidorum emendabit, x domino, v burgensibus.

Si dominus vadimonium suum pro aliquo venali alicui burgensium posuerit, xv diebus illud servabit; transactis autem
xv diebus, in presentia domini, coram testibus ei offeretur.
Quod si redimere noluerit, ab illa die, aut in vadimonium
ponere aut vendere licebit. Quod si de pretio aliquid defuerit,
dominus supplebit. Si vero aliquid superhabundaverit, ipse
dominus habebit.

Si quis militum alicui burgensium aliquod debitum debuerit, et aliud ei negaverit, lege eorum se deffendere poterit, nisi
burgensis ydoneos testes habuerit.

Si vero debitum cognoverit, et persolvere neglexerit, ubicumque suum proprium in eandem villam inventum fuerit,
sive in presentia sui, sive absque presentia, nisi manu tenuerit, pro debito recipiatur. Si vero hoc modo debitum habere
non poterit, hospitium et venale ejusdem ville coram testibus
ei prohibeatur.

Si quis autem burgensium hec non servaverit, debitum persolvet.

Si quis aliquod debitum alicui debuerit et ci negaverit, et
coram judice clamor venerit, si ydoneos testes clamans
habuerit, debitum recipiet. Dabit autem debitor pro emendatione forisfacti domino tres solidos, clamanti vero duos.

Si burgenses aliquid inter se consideraverint et aliquis
eorum hoc contradixerit, insuper si ira sua burgensiam suam

1170-1189 hac de causa reddiderit, in primis, quod consideratum est, solvet; deinde pro regressu burgensic sue xii denarios dabit, et pro emendatione tres solidos dabit domino et duos burgensibus. Et quia hoc ad dedecus corum non fecerit, se juramento purgabit.   5

Si quis alicui quocumque modo sive judice aliquid abstulerit, per x solidos emendabit domino et per v clamanti.

Unusquisque vicino suo domum suam vendere poterit sine redditu aliquo.

Nulla domus vendi potest, ita ut ducatur extra villam.   10

Homo quilibet, de cadem villa egredi volens, quecumque habuerit vendere cuilibet poterit, preter ad ecclesiam. Convocatis autem vicinis, debitum solvet, et corum licentia exibit; domino vero dabit xii denarios pro egressu suo, et ipse cum conducet quantum poterit sine ingenio.   15

In propriis nemoribus domini sui nullum pastinagium dabunt.

Statutum est etiam quod homines ejusdem ville ubicumque voluerint filios et filias suas mittent ad nubendum, et si alienos in cadem villa induxerint, licebit.   20

Est etiam in lege corum quod neminem de terra domini sui in cadem villa retinere poterunt sine licentia ejus.

Si aliquis in cadem villa mortuus fuerit sine herede, et tali herede qui sit suus infans, aut infans filii, aut filie, aut fratris, aut sororis, dimidiam partem pecunie sue in elemosinam dare 25 poterit; reliqua vero pars custodietur usque ad annum et diem.
fol. 207 r° Si heres adve ‖ nerit, eam ex integro recipiet. Si autem non advenerit, dominus eam recipiet.

Si vero morte subitanea preventus fuerit, ejus pecunia custodietur usque ad predictum terminum. Si heres non advene- 30 rit, burgenses mediam partem recipient, et in elemosinam dabunt. Reliqua vero pars in usu domini erit.

Post mortem uxoris vir recipiet sua et sine occasione aliqua. Similiter uxor post mortem viri.

Item, si in eadem villa aliquis venerit et manere voluerit, 1170-1189
qui aliquid tale perpetratus sit quod ad judicium venire non
audeat, non eum recipient.

Si autem contigerit quod talis repertus sit, quandiu ad judicium venire audebit, inter eos securus manebit, et eorum
auxilium habebit; sin alias conducent eum extra fines suos
securitate, quantumcumque poterunt, absque ingenio.

Si aliquis, qui occulte homicidium perpetratus fuerit, ad
hanc villam confugerit et eum aliquis insecutus fuerit, nichil
in eum agere audebit sine lege eorum.

Nemo de familia domini sui contra eos in testimonium con-
ducetur.

Omnes redditus domini nisi ad constitutos terminos solvantur; lege duorum solidorum emendari debent.

Si aliquis alicui convicium dixerit, si ydoneos testes habuerit
et rem usque ad clamorem duxerit, ille qui convicium dixit
per x solidos domino emendabit, clamanti vero per v.

Qui percusserit pugno, vel baculo, vel virga, sine membri
amissione vel sine sanguine, ita ut percussus non cadat, xx solidos emendabit, v percusso, xv domino; deinde firma pax erit
inter ipsos duos eorumque amicos. Qui vero pacem tenere
noluerit, expellatur.

Qualicumque modo aliquis aliquem percusserit ita ut sanguis exeat aut percussus cadat, lx solidos dabit, xx percusso,
xl domino.

Si vero membrum amiserit, qualicumque lesione intulerit,
talem et sustinebit, id est oculum pro oculo, dentem pro dente,
mortuum pro mortuo. Deinde pax rata et firma.

Mulier que mulieri convicium dixerit, si conviciata testimonium habuerit duorum virorum, vel viri et femine, vel
duarum feminarum; si ad clamorem ierit, illa que convicium
dixerit x solidos dabit, vel duos lapides qui statuti sunt a
capite ville usque ad finem ad collum deportabit; decem solidi

24

1170-1189 vero si dentur, in usus ville per manus burgensium expendantur.

Si aliquis locator assuetus alicui homini in eadem villa convicium dixerit, homo quidem fustem non queret si non habuerit; pugno vero eum tribus vicibus percutiet, si voluerit. Si autem fustem vel virgam manu tenuerit, eum tribus vicibus percutet, si placuerit.

Si iterum convicium dixerit, ad judicem eum ducet et ipse de eo justiciam faciet.

Si vero infra domum suam convitium dixerit, verberabit 1 eum quantum voluerit, sine morte et sine membrorum amissione. Deinde, si ei placuerit, eum in ceno projiciet.

Ubicumque latro inventus fuerit, sive in monasterio, sive in atrio, burgenses eum accipient et de eo vindictam faciant.

Si furatus fuerit pretium majus quam v solidorum, suspen- 1 detur, si eis placuerit. Si vero voluerint, domino tradent et ipse de eo vindictam faciet.

Si aliquis manentium de eadem villa sine licentia domini et burgensium clam aufugerit, et persecutus capi poterit, debitum, si debuerit, in primis solvet, deinde ipse et omnis pos- 20 sessio ejus in manu domini erunt.

Concedimus etiam institutionem pacis hanc, scilicet quod infra terminos pacis nullus quispiam servum vel liberum nisi pro pace violata capere possit sine justicia.

Si vero aliquis alicui indigene vel extraneo aliquam inju- 25 fol. 207 vo. riam fecerit, si de pace fuerit is qui injuriam ‖ fecit, infra quartum diem submonitus ante majorem et juratos veniat; et vel se de objecta culpa purget, vel sicut ei judicatum fuerit emendet.

Si autem de pace non fuerit qui injuriam fecit, infra quin- 30 tum decimum diem justiciam exequi oportebit.

Si vero ad justiciam venire vel per dominum finiri vel per nos noluerit, liceat majori et juratis de eo et rebus suis sine forisfacto justiciam capere.

Si quis alicui aliquod imperpetuum dixerit, vel eum per- 1170-1189
cusserit, salvo jure nostro, de reliquo in arbitrio majoris et
juratorum erit.

Mortuas manus omnino excludimus.

5 Si quis erga aliquem odium habuerit, non liceat ei vel
exeunti de pace prosequi, vel venienti insidias tendere.

Quod si fecerit etiam extra terminos pacis, sicut de pace
violata responsurus accedat.

Quod si ei membrum truncaverit, vel eum interfecerit,
10 legitimo testimonio convictus, membrum pro membro, vel
caput pro capite reddet, vel, consideratione majoris et juratorum, dignam pro membri aut capitis qualitate redemptionem
persolvat.

Homines pacis extra pacem placitare non compellentur,
15 nisi extra pacem forisfecerint.

Si vero extra pacem forisfecerint et quiete redierint, infra
terminos pacis placitabunt.

Si vero de nostro vel de procerum nostrorum jure aliquid
interceperint, liceat eis, infra quintum decimum diem ex quo
20 eis monstratum fuerit, sine forisfacto emendare.

Si quis infra terminos pacis possessionem habuerit, et eam
anno integro et die, sine legitima calumpnia, tenuerit, eam postea in quiete obtinebit, exceptis expatriatis, et quibus propter
etates vox placiti non est concessa.

25 Si autem hereditate non habuerit, sed de matrimoniis ques-
tum facientes substancia ampliati fuerint, altero eorum mortuo, alteri tota pecunia remanebit.

Si quis per majorem et juratos justiciam capere neglexerit,
major ei prohibeat ne illi quem odio habet malum faciat.

30 Quod si ei, vel in pace, vel extra, malum fecerit, violate
pacis judicio subjacebit.

Preterea duellum a Buirunfossa removemus omnino, nisi
de proditione et de murdro.

Si quis super aliquem *catei l* clamaverit, sola manu probabit;

1170-1189 alter vero tertia manu se defendet, vel, si defendere se noluer it, debitum reddat.

Porro si dominus ville *cateil* super aliquem clamaverit, serviens domini, qui custos erit ville, pro domino jurabit. Burgensis vero tertia manu se defendet, vel, si defendere se noluerit, juramento et, ut dictum est, tertia manu debitum reddet.

Table chronologique des documents publiés ou analysés dans cet ouvrage.

Table des noms de personnes et des noms de lieux cités dans ce Recueil.

A

ANCHIN, abbaye à Pesquencourt (Nord), *Aquicinctum*, 25, 293-305 et l'erratum. — Ses abbés, voy. AIMERIC, ALVISE, GELDUIN (HILDEGUIN), GOSSUIN. — Voy. aussi GERLAND.

Andelmari sartum, 41.

ANDIGNY, dépendance de Vaux-Andigny (Aisne), *Aldigneıs*, 327.

ANDRÉ, chanoine d'Arras, 165.

ANDRÉ, évêque d'Arras, 140.

Anevelin, voy. ENNEVELIN.

ANGELELME, bienfaiteur de Saint-Vanne, 97

ANGICOURT (Oise), 340.

ANGREAU (Hainaut), *Hangrel*, 120

ANHOLT (Allemagne), 68.

ANICHE (Nord), *Hanic*, 165.

ANNOIS (Aisne), *Aunoll*, 327.

ANSCHER, bienfaiteur de Saint-Vanne, 95.

ANSEAU (ANSELLUS), archidiacre dans le diocèse de Cambrai, 113, 151, 314.

ANSEAU, chapelain de Cambrai, 110.

ANSEAU, prêtre de Noyon ou de Tournai, 329.

ANSEAU, sous-diacre, à Arras, 165.

ANSELME, archidiacre dans le diocèse de Cambrai, 51, 267.

ANSELME, comte d'Hesdin, 261.

ALSELME DE HERRIN, 253, 260.

ANSELME DE RIBEMONT, 43, 44.

ANSELME, évêque d'Havelberg, 217.

ANSELME, sous-diacre, a Cambrai, 346.

ANSELME, sous-lévite, à Cambrai, 316.

Anselmi curtis, 76.

ANSELMUS *de Gokes*, 253, 259.

ANSFEID, archidiacre dans le diocèse de Cambrai, 309.

ANSTAING (Nord), *Anstaın*, 324.

ANTOING (Hainaut), *Antonium*, voy. ALARD, GERULF, GOSSELIN, GOTREMILDE, GUILLAUME, HUGUES.

ANVAING (Hainaut), *Anvinium*, *Ansvennium*, 51, 78. — Voy. ERMENTRUDE, HERIBRAND,

ANZIN (Nord), *Aisin*, *Azinium*, 74, 118.

Arborea, voy. ROBERT.

ARC-AISNIÈRES (Hainaut), *Arc*, 150, 151.

ARDE DE CONCHIL, 259.

ARDICIO, cardinal diacre, 249.

AREMBOUTS-CAPPEL (Nord), *Herembaldi capella*, 245.

Argeletum, *Argiletum*, 94.

Arida Gamancia, voy. ARROUAISE.

ARNAVILLE (Meurthe), *Arnaldi-villa*, 93.

ARNOULD, ARNOLDUS, ARNULFUS, ARNULPHUS, ERNALDUS, ERNOLDUS, ERNULPHUS, HERNALDUS.

ARNOULD, abbé d'Honnecourt, 66, 268.

ARNOULD, abbé de Saint-Denis en Broqueroie, 124, 220.

ARNOULD, archevêque de Cologne, 217.

B

FREMBALDUS, FREMBOLDUS, FRENBOLDUS.

FREMBALDUS, bienfaiteur de Saint-Vanne. 95.

FREMBALDUS DE VELSIQUE, 311.

FREMBALDUS, serf de Saint-Amand, 41.

FREMELENDIS, serve de Saint-Amand, 28.

FRESNE (Aisne), ancienne dépendance de Barizis, *Frasna*, 20.

FRESNES-EN-WOEVRE (Meuse), *Frasnidum*, 90, 91.

FRESNOY-LE-GRAND (Aisne), *Fraxiniacum*, 279. — Voy. ROGER.

FRESSIN (Pas-de-Calais), voy. ROBERT.

Frethena, voy. VREDEN.

FREVILLERS (Pas-de-Calais), *Fresvillers*, 197, 199.

Frigidus mons, voy. FROIDMONT.

Friscoldum, voy. HUGUES.

FRISE, *Frisia*, 58, 59.

FROIDMONT (Hainaut), *Frigidus mons*, 23, 54, 77.

Frodmermunt, 255.

FROHOLFUS, FROOLDUS, FROOLFUS, FROULFUS.

FROHOLFUS, châtelain de Bergues, 222, 226, 230, 232, 233, 238.

FROMERÉVILLE (Meuse), 90. — Ses dépendances de Ban de la Croix, et de Germonville, voy. ces mots.

FROMEZEY (Meuse), *Frumosa*, 95.

FROOLFUS, FROULFUS, voy. FROHOLFUS.

Frosmorterum, 255.

FRUMOLD, FRUMALD, FROMOLD.

FRUMOLD, archidiacre d'Artois, 126.

FRUMOLD, châtelain d'Ypres, 261.

FRUMOLD, châtelain d'Ypres (?), 242.

FRUMOLD DE WYNGÈNE, 228, 230.

FRUMOLD, notaire (*imbreviator*) de Robert II, comte de Flandre, 222, 230.

Frumaldi Musce terra, à Oostkerke, 319.

Frumosa, voy. FROMEZEY.

FRUVINUS, bienfaiteur de Saint-Amand, 35.

FRUWETIA, serve de Saint-Amand, 72.

FULBERT, FOUBERT, FOUBERTUS, FULBERTUS.

FULBERT, abbé du Saint-Sépulcre, 268.

FULBERT, chanoine de Saint-Amé, 199.

FULBERT, diacre de Cambrai, 313.

FULBERT, diacre de Laon, 46.

FULBERT, évêque de Cambrai, 306, 307.

FULBERT, fils du médecin Gautier, 230.

FULBERT, *infans*, 263.

FULBERT, prévôt d'Aymeries, 297.

FULBERT, prévôt de Corbie, 139, 147.

FULCARD, FOLCARDUS, FULCARDUS, VOLCARDUS.

FULCARD, abbé de Marchiennes, 173.

HAMEL (Nord), *Hamel, Hamella*, 120. 259.

HAM-EN-ARTOIS (Pas-de-Calais). *Hamm* —Voy. BERNARD, GAUTIER,

HAMOIS (Namur), *Ham* (?), 87, 88, 98, 103.

HAM-SUR-SAMBRE (Namur), *Ham*(?), 87, 88, 98, 103, 104.

Handellum, Hundeslo, voy. HUNSEL.

Hangrel, voy. ANGREAU.

Hanic, voy. ANICHE

HANZINELLE (Namur), 271.

HANZINNE (Namur), *Hauzenœ, Hancines*, 271, 272, 274, 275, 276.

Haponis cortis, Happonis cortis, voy. IPPÉCOURT.

Harbodi villa, voy. HERBEUVILLE.

HARDUIN, bienfaiteur de Saint-Vanne, 91.

HARDUIN, évêque de Noyon et de Tournai, 9.

HARDUIN DE MONS, 124.

HARDUIN, maïeur, 220.

Harea, voy. OTHON.

HARGNIES (Nord), 77.

Harignœ super Mosam, voy. HERINGEN.

HARLY (Aisne), *Harli*, 324, 325.

HARMIGNIES (Hainaut), *Harmenium, Harminiacum*, 212, 215, 216. — Voy. THIERRY.

HARNES, voy. MICHEL.

Harvia, voy. HERVE.

HASKENDYKEN (Frise), *Escreda, Esterga* (?), 58.

Haslenium (Nord), voy. HELESMES.

HASNON (Nord), abbaye, *Hasnonia*, 14, 15, 87, 105-127. — Ses abbés, voy. ALBERT, BONIFACE, FOULQUES, LAMBERT, LOTBERT, ROLAND.

Hasperach, lieu à Flers en Escrebieu (Nord), 199.

HASPRES (Nord), prévôté de l'abbaye de Saint-Vaast, *Haspra, Haspre*, 336, 340-359. — Ses coutumes, 347-359 — Sa dépendance de Fleury, voy. ce mot. — Voy. aussi AMAND. PIERRE.

HASSELT (Limbourg), *Halut, Hasluth*, 86, 145.

HATTONCHATEL (Meuse), *Castrum Hadonis*, 93

HAUDION, dépendance de Lamain (Hainaut), *Haudiun*, 77.

HAULCHIN (Nord), *Halcin*, 345.

Hauri, voy HOUR

HAUSSY (Nord), *Halciacus, Haltiacus*, 39, 75. — Voy. GUILLAUME.

HAUTEVILLE (Aisne), *Alta villa*, 20, 25, 297.

HAUTMONT, abbaye (Nord), *Altus mons*, 81, 297. — Ses abbés, voy CLAREMBAUT, GUALBERT. — Voy. aussi GOSSUIN.

HAUTRAGE (Hainaut), *Haustragia*, 209

HAUWEL DE QUIÉVRAIN (ARNOULD?), 219, 220, 303, 348.

HAVELBERG, voy. ANSELME.

HAVELUY (Nord), *Havelui*, 116.

HOLARD, HOYLARD, voy OILARD.

HOMBLIÈRES (Aisne), *Humolariæ*, 24, 278-280. — Ses abbés, voy. GARIN. — Voy. aussi HUBERT, ULMUNDUS.

HON, rivière, 205, 210.

Honenniæ, voy. ONNAING

HONNECHY (Nord), *Hunechiæ*, *Huneciæ*, 265, 266.

HONNECOURT (Nord), abbaye. — Ses abbés, voy. ARNOULD.

HORDAIN (Nord), *Horden*, *Hordenium*, 58, 74

Hosbere, voy. GODESCALC

HOST, HOSTO, voy OTHON.

HOUPLIN (Nord), *Huuling*, 198

HOUR (Namur), *Hauri*, 274.

Hout, 246

HOUTHULST, forêt et hameau de Clercken (Fl. occid), *Oudhulst*, *Outhulst*, *Woltehulst*, 128, 129, 137. — Voy. WALNE.

HUARD DE VIESLIS, 126.

HUBERT, doyen de l'église de Liége, 145.

HUBERT, prieur d'Homblières, 279.

HUBY-SAINT-LEU (Pas-de-Calais), *Hubi*, 255, 257.

HUCBALD, HUBALDUS, HUCBALDUS, UBALDUS.

HUCBALD, cardinal-prêtre, 287.

HUCBALD, cardinal-prêtre, 287.

HUCBALD, cardinal-diacre, 287.

HUCBALD, frère de Marcel de Nimy, 220.

HUCBALD, moine, notaire de l'abbaye de Saint-Amand, 24

HUGOES, abbé de Corbie, 146.

HUGUES, abbé de Crespin, 204.

HUGUES Ier, abbé de Saint-Amand, 50, 52, 53, 54, 56, 57, 61, 62, 63, 299.

HUGUES II, abbé de Saint-Amand, 71, 79, 124, 176, 179, 279.

HUGUES, abbé de Saint-Pierre de Gand, 176, 179.

HUGUES, archidiacre dans le diocèse de Cambrai, 81.

HUGUES CAPET, roi de France, 290.

HUGUES, cardinal-diacre, 249.

HUGUES, cardinal-prêtre, 122.

HUGUES, chambrier de Robert II, comte de Flandre, 228, 230.

HUGUES, chancelier de Baudri et de Lambert, évêques de Noyon et de Tournai, 254, 329

HUGUES, chanoine d'Arras, 114.

HUGUES, châtelain de Lille, 177, 179.

HUGUES, châtelain de Douai, 182, 183, 198

HUGUES, clerc d'Arras, 115.

HUGUES, connétable de Philippe I, roi de France, 186, 190.

HUGUES D'AUDENARDE, 174.

HUGUES DE BAPAUME, 73.

HUGUES DE BAIVE, 274.

HUGUES DE CHAUNY, 186.

HUGUES D'ENGHIEN, 220.

HUGUES D'ENGLOS, 255, 260.

M

O

OBERT, OBERTUS, OTBERTUS.

OBERT DE VAUX, 139.

OBERT *de Walde*, 297.

OBERT, moine de Saint-Amand, 42.

OBIES (Nord), *Obiœ*, *Obies*, 123, 345.

OCQUIER (Liége), *Scora*, *Scuira*, 138, 145. — Voy. GODEFROID, GUIL-
LAUMB.

OCTAVIEN, cardinal diacre, 122

ODA D'ESCORNAIX (Schoorisse), serve de l'église de Cambrai, 310.

ODA DE VELSIQUE, bienfaitrice d'Hasnon, 126.

ODA DE WARLAING, serve de l'abbaye de Marchiennes, 180.

ODECINIS, serve de Saint-Amé, 182.

Odegin, voy. OEUDEGHIEN.

ODELIN, frère de Thierry de Gerpines, 276.

ODILE, fille d'Herman de Verdun, abbesse du monastère de Sainte-
Odile, 101.

ODILE, serve de Saint-Amand, 70.

ODOLF, chambrier de Robert II, comte de Flandre, 222, 226.

ODOV, abbé de Saint-Martin de Tournai, puis évêque de Cambrai, 50, 51, 150, 299.

ODON, cardinal-diacre, 122.

ODON, chantre de l'église de Reims, 187.

ODON, clerc de Noyon ou de Tournai, 329.

ODON DE MOLEMES, 219.

ODON, diacre de Laon, 46.

ODON, garant de l'avoué de Corbie, 133.

ODON, mari de Liétarde, bienfaitrice de Saint-Amand, 23

ODON PES LUPI, 170, 171.

ODON, pêcheur, serf d'Auchy, 259.

ODON, prévôt de l'église d'Arras, 114, 165.

ODON, sous-diacre de Laon, 46.

ODUIN, abbé de Saint-Ghislain, 202, 206.

OEUDEGHIEN (Hainaut), *Odegin* (?), 202. — Voy. GUILLAUME.

OFFIN (Pas-de-Calais), *Olvin*, 256.

OFRICUS, diacre de Cambrai, 346.

OGER, ODGERUS, OGERUS, OT-
GERUS.

OGER, chanoine de Bruges, 227.

OGER, chapelain de Baudouin VII, comte de Flandre, 232.

OGER ou ROGER, comte et abbé de Saint-Amand, 22, 24.

OGER, notaire, 226.

OGER, prévôt de l'église de Saint-
Omer, 238.

OGER, prévôt de Tronchiennes, 238.

OHEY (Namur), 88. — Sa dépendance de Walhay, voy ce mot.

OILARD, HOLARDUS, HOYLAR-
DUS, OILARDUS, OYLARDUS,
ULARDUS.

Q

29

Y

ERRATA.

—

Page 15, note 4, ligne 3, au lieu de : *Blandain,* lisez : *Blandin.*

Page 63. Cet acte de 1116, que nous croyions inédit, a été publié par M. A. d'Herbomez, dans son intéressante *Histoire des châtelains de Tournai* (*Mémoires de la Société historique et littéraire de Tournai,* t. XXV, p. 2). Il s'agit, dans cet acte, de Gautier, châtelain de cette ville.

Page 72, ligne 6, au lieu de : *Hansonie,* lisez : *Hasnonie.*

Page 77, note 13, après les mots : *Harignœ super Mosam* (MIRÆUS, t. II, p. 1151), ajoutez : *M. Vanderkindere* (*Le Capitulaire de Servais, dans C. R. H.,* 5, VII, 126) *traduit avec raison* HARIGNAR SUPER MOSAM *par Heringen, au nord-est de Venloo.*

Page 114, ligne 27, au lieu de : *Baduini,* lisez : *Balduini.*

Page 150, note 2, ligne 3, au lieu de : *l'an IIII,* lisez : *l'an 1111.*

Page 214, ligne 24, au lieu de : *regis Francis,* lisez : *regis Francie.*

Page 229. La charte de Robert II, comte de Flandre, en faveur de l'abbaye de Bourbourg, a été publiée par Miræus, t. IV, p. 189. La date du 27 mai 1112, qu'elle porte dans le cartulaire, doit être remplacée par celle du 27 mai 1107, comme le dit avec raison WAUTERS, *Table chronologique,* t. II, p. 34.

Page 239, ligne 7, au lieu de : *Milon, évêque de Tournai,* lisez : *Milon, évêque de Térouanne.*

Page 239, ligne 14, au lieu de : *Tornacensis*, lisez : *Morinensis*.

Page 253, ligne 15, au lieu de : *Hubi* (2); *camporum*, lisez : *Hubi* (2), *camporum*.

Page 258, ligne 13, au lieu de *Cupella*, lisez : *Capella*.

Page 259, lignes 26 et 27, au lieu de : *Rotgerus, castellanus Islensis Gerardus*, lisez : *Rotgerus, castellanus Islensis. Gerardus* ..

Page 276, ligne 12, après *Allo Villari*, ajoutez : *(1)*.

Page 314, ligne 20, au lieu de : *propositi*, lisez : *prepositi*.

Page 338, ligne 16, au lieu de : *Agrianni*, suivant la leçon du cartulaire, il faut lire évidemment *Aquicincti*.

Page 406, col. 2, ligne 10, supprimez : *Evrard, châtelain de Tournai, 63*.

Page 406, col. 2, ligne 16, après : *châtelain de Tournai*, lisez : *63, 301*.

TABLE GÉNÉRALE DES MATIÈRES.

CPSIA information can be obtained
at www.ICGtesting.com
Printed in the USA
BVHW08*1338170918
527708BV00012B/776/P